U0126229

朱伯崑 著

燕園耕耘錄

——朱伯崑學術論集（上冊）

臺灣學生書局印行

臺灣版自序

此學術論集，原爲紀念北京大學建校一〇〇周年，在大陸編輯出版。今增補論文三篇：〈在中國哲學與易學學術研討會上的發言提要〉、〈《周易》導讀〉、〈周易的特質及其現代價值〉，更名爲《燕園耕耘錄》，以正體字在臺灣付梓，爲開展兩岸學術文化交流提供方便之門。

我在大陸版〈自序〉中談及此學術論集，「多少反映了我幾十年來探討中國哲學問題的歷史足跡。足跡總會打上時代的烙印。時代前進了，舊的足跡則成爲歷史的記錄，供人評論而已」。我堅信，任何學術論著，都是它所處的那個時代和環境的產物，並非永恆眞理的化身。我衷心盼望臺灣讀者，能從我所處的學術環境及其變遷中，理解拙著各篇的由來及其內容，指出其中不妥或失誤之處，從中吸取經驗教訓，勉勵我於有生之年繼續前進，爲弘揚中國哲學和中華文化，發揮餘熱，則不勝感激之至。

此論集臺灣版得以刊行，承蒙朱高正博士多次督促並代爲校勘和訂正，又蒙學生書局董事長孫善治先生大力支持，此情此意難以忘懷，在此一併致以謝意。

朱伯崑

二〇〇〇年十月北京大學燕園

燕園耕耘錄——朱伯崑學術論集

目　錄

上　冊

臺灣版自序……I

哲學史編……一

我們在中國哲學史研究中所遇到的一些問題……三
中國大陸五十年來中國哲學史研究……一一
中國傳統哲學的未來走向……四九
馮友蘭著《中國哲學小史》（英文版）讀後……七一
「照著講」和「接著講」——芝生先生治學方法淺談之一……八五
談傳統道德的兩重性……九一
談傳統與創新……九五
在中國哲學與易學學術研討會上的發言提要……一〇三

儒學編……一二三
略談儒學的特質……一二五
談先秦儒學的開放性……一三七
關於儒學的現代價值問題的幾點意見……一三九
關於宋學研究……一四九
儒家政治哲學中的民本論……一五三
儒家文化與和諧主義……一六七
重新評估儒家功利主義……一七五
中國歷史上德教和法治的論爭……一七七
范縝神滅論與佛教神不滅論的鬥爭……一九一
從王韓玄學到程朱理學……二四七
談宋明理學中的體用一原觀……二六七
王夫之論主觀和客觀……二八一
戴震倫理學說述評……三〇九
中國當代人學的開拓者——評梁漱溟著《人心與人生》……三九五
梁漱溟先生的儒學觀——紀念梁先生誕辰一百周年……四〇五

下冊

道家、道教編……四二一
《管子》四篇考……四二三
再論《管子》四篇……四四三
《管子》的國家管理學說……四四九
重新評估老學——關於深入研究老子思想的幾點意見……四八三
道家的思維方式與中國形上學傳統……四九三
莊學生死觀的特徵及其影響——兼論道家生死觀的演變過程……五二九
老莊哲學中有無範疇的再檢討……五四五
張角與《太平經》……五六一
易學編……五八七
請來認識《易經》……五八九
《周易》導讀……六〇一
帛書本《繫辭》文讀後……六四三
帛書本《易》說讀後……六五七

帛書易傳研究中的幾個問題……六六九
談儒家人文主義占筮觀……六七七
《周易》與儒家的安身立命觀……六八七
易經的憂患意識與民族精神……七〇一
《易傳》的天人觀與中國哲學傳統……七一三
易學中邏輯思維與辯證思維傳統……七三一
論《易經》中形式邏輯思維對中國傳統哲學的影響……七五五
方氏易學中的邏輯思維與儒家形上學傳統……七八七
從太極圖看易學思維的特徵……八〇一
易學與中國傳統科技思維……八二一
易學與中國傳統文化……八三九
易學研究中的若干問題……八七五
談周易文化中的兩種傳統……九二五
周易的特質及其現代價值……九三三

哲學史編

我們在中國哲學史研究中所遇到的一些問題

中國的哲學遺產是十分豐富的。總結和整理祖國的哲學遺產，是一件十分嚴肅的任務。就北京大學中國哲學史教研室幾年來的教學研究工作看，我們覺得有以下幾個學術問題，時常引起爭論，沒有得到很好的解決，因此，在教學和研究中時常遭到困難。現在把一些主要問題提出來，以供學術界參考。

㈠關於「中國哲學史」的對象和範圍問題。我們認為中國哲學史和其他各民族的哲學史一樣，應該把唯物主義哲學的發展及其跟唯心主義哲學的鬥爭，作為研究的對象和範圍。但對這個問題，卻有不同的理解。有些同志認為，唯物和唯心鬥爭主要表現在自然觀、認識論、歷史觀等哲學問題上，因此應該把這些問題作為哲學史研究的範圍。但有的同志不同意這種意見，認為如果僅僅限於這些問題，那麼中國哲學史的內容就顯得貧乏了。中國哲學史這些方面的材料，不太豐富，不能跟西方相比。因此，有些同志指出，還應該把一般的政治思想、社會思想等都包括在內，這些方面的材料是十分豐富的，如果遺漏掉，就太可惜了。

但又有些同志不同意這種擴大化的辦法，認爲這樣一來，「中國哲學史」就成了一部中國意識形態發展史了。實際上就已出版的有關這方面的著作來看，有的叫作「中國哲學史」，有的叫做「中國思想史」，有的又叫做「中國政治思想史」、「中國學術思想史」等，名目雖然不同，但是對象和範圍都差不多。當然，哲學思想跟其他思想是有聯繫的，不能孤立地看哲學思想，但也不能因此便把哲學史上的問題和其他意識形態的問題等同起來，否則，就會使「中國哲學史」這門科學的領域模糊不清了。這個問題實際上牽涉到「哲學史」這門科學的性質問題。

㈡關於對歷史上哲學家的分析和評價問題。對歷史上哲學家的思想進行正確的分析和批判，並不是一件容易的事。這方面的問題，也是最容易引起爭論的，綜合起來，有以下幾點：

⑴唯物和唯心的界限問題。分析一個哲學家的思想，總是指出在哲學基本問題上屬於唯物主義，還是唯心主義的陣營。但做起來並不那麼簡單；有的哲學家的思想，既有唯物主義的成分，又有唯心主義的成分，二者很難說哪一方面是基本的。我們在教學中曾經把古代哲學家思想中的唯心和唯物的成分，都提了一下，結果同學反映說，陣營不清楚，有些混亂。後來作了改進，陣營是清楚了，但有人又指出，這樣做，太簡單化了，劃到唯心主義陣營的，有人認爲有許多唯物主義成分；劃到唯物主義陣營的，有人又認爲有許多唯心主義的成分。有的同志認爲索性不扣什麼唯心和唯物的帽子。但講哲學史，不指明一個哲學家是唯心或唯物，那和過去資產階級的哲學史又有什麼區別呢？

⑵階級分析問題。研究哲學史，總要指出某一派的哲學觀點基本上代表那個階級的利

益。按照一般的說法，唯心主義總是代表歷史上反動的沒落階級的利益。而唯物主義總是代表歷史上進步的階級的利益。但這個問題，也不是那麼簡單。有人曾經認爲在中國的封建社會中，農民是被剝削的階級，因此反映農民的哲學觀點，應該是唯物主義的。但實際上並不然。例如，太平天國的革命思想家，相信上帝，總不能說，他們在世界觀上是唯物主義者。又如，先秦道家的思想，老子、莊子的學說，不相信上帝和鬼神，提倡「天道自然」，反對目的論，應該說是古代的唯物主義者和無神論者。但他們（尤其是莊子）的社會政治觀點，卻強烈地反映了沒落貴族的情緒，顯然是代表當時沒落階級的利益。與此相反，孟子在社會政治上發表了許多有利於當時新興封建勢力的言論，但他在哲學基本問題上卻信「天命」，講神秘主義，主張神權政治。怎樣說明這些歷史事實和哲學發展規律的關係呢？如果說，這些問題只是例外，但歷史上這種例外太多了，原則也就成問題了。過去，我們有些同志，爲了在理論上不犯錯誤，採取了簡單的辦法。如果碰到一個唯物主義者，就想盡辦法，從階級上找出他的進步的根源。例如，既然肯定古代道家是唯物主義流派，那麼就應該想辦法證明他們代表農民的利益，而實際上這方面的證據是十分有限的。此外，中國封建社會中的哲學家，絕大多數都是和封建地主階級有聯繫的。其中有進步的，也有反動的。他們之間的思想鬥爭應怎樣理解呢？過去曾經這樣處理過：反動的哲學家總是代表封建貴族和大地主階層的利益；進步的哲學家代表中小地主階層的利益。後來有人反對這種簡單的處理方法。因爲中小地主階層的哲學家，基本上還是代表封建階級的利益，用階級的帽子，很難說明他們在封建社會中的進步性。有人說，一部中國古代哲學史，其中的思想，說來說去，不是代表大地主，就是代表小地主，實際上沒有什麼階級分析。這些問題，不僅僅是對具體材料如何分析的問題，同時也牽涉到有關歷史唯物主義的某些理論問題。

(3)對唯心主義的評價問題。我們有些同志，尤其是一些年青的同志，曾經對歷史上的唯心主義者採取了全盤否定的態度。即使其中有些好東西，也不願講。並且對唯心主義哲學的分析，過於簡單化，認爲只要指明他是個唯心主義者，是爲反動階級服務的，目的就達到了。而且爲了加強哲學史的黨性原則，在講授中往往把唯心主義者臭罵一頓，以爲就算完成任務了。顯然，這種對待唯心主義的方式，不能滿足目前的要求了。應該怎樣分析批判呢？唯心主義體系中有沒有好東西？如果有，應該怎樣估價呢？例如，有的同志認爲王陽明的「良知良能」的學說，肯定了天賦觀念，這是唯心主義觀點。但它卻又教導人們樹立獨立進取的精神，堅持是非的態度，不盲從別人，反對傳統的束縛，並且在歷史上的確對某些進步思想家起了很大的影響。能夠因爲是唯心主義觀點，就一筆勾銷它嗎？又如有的同志認爲歷史上唯心主義哲學體系，對唯物主義的發展也起過一定的促進作用。唯物主義者時常用唯心主義者所提出的問題，來豐富自己的內容的。因此，他們的某些貢獻也不能抹煞。以上這些意見都是値得重視和進一步鑽研的。

(4)關於辯證唯物主義和歷史唯物主義的因素問題。在馬克思主義哲學出現以前，哲學史上有沒有辯證唯物主義和歷史唯物主義的觀點或因素呢？過去，我們有些同志認爲，只有馬克思主義哲學出現以後，才有辯證唯物主義的觀點。如果企圖從馬克思主義以前的哲學中尋找唯物辯證法的觀點，就是用古代哲學比附馬克思主義哲學，這是錯誤的，是違反了馬克思主義哲學的黨性原則。因此，在處理古代哲學問題時，只能說，某一哲學家，在某種問題上有唯物主義的觀點，而在另外一些問題上，才有辯證法的因素。古代哲學家並沒有把二者結合起來。但實際情況，並非完全如此。就是對同一問題說，也有既唯物而又辯證的看法。例如，中國古典哲學中關於「氣」的學說，肯定世界的物質基礎是「氣」，這是樸素的唯物主義世界觀，但同時肯定作爲世界物質基礎的「氣」本身又是不斷變化和發展的，甚至有唯物主義者認爲「氣」本身也是不斷更新的。這不又是以一種辯證的觀點來對待世界的物質根源問題嗎？這類的問題，在中國哲學史上不算少的。其次，有些同志還認爲，馬克思主義以前的哲學，對社會歷史問題的看法，都是唯心主義的。但有的同志提出，我們當然不能說，馬克思主義以前的哲學家已建立了歷史唯物主義的體系，但是否在社會歷史方面的個別問題上，他們也提出過唯物主義的觀點呢？幾年來，對這個問題，我們不敢明確肯定，恐怕犯錯誤。例如，我們在教學中，曾經指出韓非的歷史觀具有唯物主義的因素。因爲，韓非不承認上帝的意志和人的主觀願望是社會發展的動力，而肯定社會人口的增加和社會財富的多寡是社會變動基本原因。當然，這種看法是不科學的，但他企圖從社會本身的物質生活條件中去尋找社會變動的基本原因，這是唯物主義的。這類例子在中國哲學史上是很多的。例如，荀子的性惡論，肯定人性是惡的，這是一種唯心主義的提法。但是，他卻肯定人的道德品質並不是天賦的，而是後天的環境養成的，這又是一種唯物主義的觀點。應該怎樣對待荀子的倫理學說呢？能不能說，荀子的倫理觀具有唯物主義的因素呢？有人說，如果不把這類問題弄清楚，那就會把中國哲學史上對於社會歷史問題的寶貴意見，都用唯心主義的大帽子抹煞了。這種意見，的確是有道理的。

㈢關於中國哲學的特點問題。過去，我們講授中國哲學史時，強調了哲學史的一般規律，因而，看不出中國哲學的特色。最近，很多同志都提出這種做法是不對的，應該著重闡明中國哲學的特點。但中國哲學的特點，究竟包括哪些內容呢？有的同志認爲，中國歷代哲學家都特別重視社會政治問題，他們的哲學觀點和當時社會實踐有密切的聯繫，這是中國哲學的一大特色。有的同志認爲中國封建社會中的唯物主義哲學，有著他自己獨特的形式。在西方哲學史上出現了三種唯物主義的形式——樸素的唯物主義，形而上學的唯物主義和辯證唯物主義。這三種形式都不能說明中國古典唯物主義的特點。因爲中國的古典唯物主義含有鮮明的自發的辯證法的因素，在許多問題上超過了西方古代的樸素的唯物主義形態。另一方面，中國近代的資產階級，也沒有建立起西方那樣的形而上學的唯物主義體系。因而，不能簡單地用西方哲學發展的過程，來比附中國哲學發展的過程。還有人認爲研究中國哲學的特點，應該著重指出中國哲學史上的特殊問題，通過這些特殊問題，來看唯物主義反對唯心主義鬥爭的總的規律。例如，先秦時代關於「名」和「實」的爭論問題，魏晉時代的「崇有」和「貴無」的爭論問題，宋明清時代關於「理」和「氣」的爭論問題等。又有人認爲，中國的唯物主義思想經常跟無神論緊密聯繫在一起的。甚至於歷史上著名的唯心主義流派，如程、朱等，也都反對宗教迷信，如果說，他們和西方的唯心主義者一樣，最後也倒向上帝，那就不合乎中國歷史上唯心主義哲學發展的情況。無神論在中國古代思想界所起的巨大的影響，也應該是中國哲學發展的特點之一。總之，這方面的問題也是很多的，很需要大力開展研究。不然的話，很容易把中國哲學史講成西方哲學史的翻版。

㈣關於如何繼承和發揚祖國的哲學遺產問題。我們一致肯定在中國歷史上有著豐富的珍貴的哲學遺產。但應該如何繼承這份遺產，爲當前的社會主義建設服務呢？過去，有的同志認爲研究中國哲學史，只不過是提高自己的民族自信心，鼓舞人們的愛國主義情緒而已，除此以外，很難說有什麼用處。因爲，歷史上的唯心主義，都是些壞東西，只有批判，很難吸收。而歷史上的唯物主義，跟馬克思主義哲學比較起來，又非常貧乏。好東西，馬克思主義哲學都有了，何必再向舊紙堆中尋找呢？當然，這種觀點，有著狹隘的實用主義的傾向。但這種看法卻反映了一種實際情況，即目前還沒有把中國哲學史的研究跟現代的革命實際很好地結合起來。我們有許多同志曾經企圖解決這個問題。例如，有人指出，中國歷史上有過許多唯物主義地解決哲學基本問題的範例。如古代傑出的無神論者范縝，對形神關係的論證，現在用來說明精神和物質的依賴關係，也是很有力的，而且又是中國人自己的貢獻，所以用來特別親切。有人指出，對中國古代唯心主義哲學的批判，可以肅清對現代人的影響，加強宣傳馬克思主義哲學。更有人提出了繼承自己民族的哲學形式的問題。認爲在文學和藝術領域中，可以提倡民族的形式和社會主義的內容，在哲學領域中，爲什麼不可以這樣做呢？例如，古代的儒家學者，在社會倫理觀點上，提倡過「仁」、「義」、「禮」、「智」、「信」等道德規範。當然，這些道德規範，就其階級內容說，是爲封建地主階級服務的，是用來維護封建等級制度的。但抽掉它們的階級內容，灌入社會主義的道德，仍可以爲社會主義建設服務。難道我們現在就不需要提倡愛人類嗎？不提倡有禮貌嗎？不提倡守信用嗎？有的同志反對這種意見。理由是，哲學的形式和內容是不可分割的，拋棄了階級內容，這種形式也就成了多餘的東西了，而這種繼承，實際上只是一個民族所使用的名詞和辭彙的繼承，和思想本身的繼承，沒有什麼關係。所以，這種繼承，實在沒有什麼意義。有的同志不同意這種意見，認爲問題並不那麼簡單。例如，孔孟經常教導人們要具有「殺身成仁」和「捨身取義」的道德品質，當然，就當時的社會意義說，是叫人們服從封建社會的利益。但這種學說本身卻含有利他主義的因素，是跟個人利己主義的思想相對立的，而且曾對中國人起過教育的作用，正因爲如此，我們今天才可以利用這些形式。總之，這方面的問題也是很多的。一方面，要反對民族虛無主義；一方面，也要反對封建復古主義。如何能夠做得正確，的確也是一件比較困難的事情。

以上幾個問題，不過是我們過去在教學和研究以及科學討論會中所發現的比較顯著的問題，其它沒有解決的具體問題還很多。以上這些問題的提出，一方面反映了過去有些同志受了教條主義的影響，但一方面也反映了許多同志進行著獨立的思考，在反對教條主義的研究風氣。我們相信，這些問題，今後在百家爭鳴的空氣中，是可以逐步解決的。從以上這些問題中，我們還可以看出，中國哲學史的研究，不僅僅是單純的歷史問題，同時也是哲學本身的理論問題。我們深信，通過中國哲學史的研究，是可以豐富和發展馬克思主義哲學的內容的，我們很希望這方面的專家和學者，以及對中國哲學史有興趣的同志們，多多提供寶貴的意見，進行爭辯，共同研究，把中國哲學史的科學水平提高一步。

（《中國哲學史問題討論專輯》，科學出版社，一九五七年）

中國大陸五十年來中國哲學史研究

一、學習馬克思主義哲學，編寫中國哲學史（一九四九—一九七八）

一九四九年，中華人民共和國成立後，哲學界掀起了學習馬克思主義哲學的熱潮，並以馬克思主義哲學觀點和方法研究編寫中國哲學史，標誌著哲學史的研究，進入一新的階段。以下，講三個問題：

㈠客觀的哲學史與人寫的哲學史

哲學史有兩層涵義：客觀的哲學史和人寫的哲學史。前者指哲學自身形成和發展的歷史，有其自身的邏輯過程和發展的規律。後者指哲學史家或史學家對各時代的哲學發展的認識、詮釋和總結。二者既有聯繫又有區別。人寫的哲學史，不一定就是客觀的哲學史。因爲人對客觀歷史的認識，乃一不斷深入的過程，在認識過程中，往往是仁者見仁，智者見智，未必完全符合客觀歷史發展的全貌。尤其是，寫哲學史的人，由於對哲學的理解不同，對歷史上哲學流派的考查和解釋，各有偏勝；對其評價，各有褒貶，甚至相反。因此，人寫的哲學史呈現出多元化的傾向，甚至形成許多流派。這是中外哲學史學史上的通例。就中國哲學史說，南宋的朱熹寫了《伊洛淵源錄》，對北宋以來道學的形成和發展作了一次總結，但此書則以程朱理學爲正統。又如黃宗羲的《明儒學案》，其論明代哲學發展的過程，又以心學爲主流，其對理學的評價，又不同於朱熹。近代以來，由於西學東漸，所寫的中國哲學史，就其選材、銓釋和評價說，又頗受歐洲哲學的影響。如胡適的《中國哲學史大綱》即受美國的實用主義哲學的影響。馮友蘭寫的兩卷本的《中國哲學史》又受新實在論哲學的影響。范壽康的《中國哲學史通論》又受馬克思主義哲學的影響。哲學史學史上形成的不同流派，並不妨礙人們對客觀的哲學史的認識，只要是有所見，不違背歷史實際，即成一家之言。有一種見解，認爲寫的哲學史，往往因作者的立場觀點而異，帶有很大的主觀性，因而客觀的哲學史是無法認識的。此種見解，將哲學史家對客觀歷史認識的相對性，片面誇大，不懂得認識過程的辯證法，倒向了不可知論。《中庸》說：「道並行而不相悖」，《易傳・繫辭》說：「同歸而殊途，一致而百慮」。各家所見，雖有不同，但都有助於對歷史眞象的揭示和理解。還有一種見解，認爲只有依他那一派的觀點寫的哲學史才是正確的，從而排斥其他流派的哲學史。這種見解，同樣將自家的所見，片面誇大，不懂得認識過程的辯證性，又倒向了獨斷論。總之，寫的哲學史，只要持之有故，言之成理，成一家之言，對客觀歷史的認識，即有所貢獻。將學派變成宗派，是違背科學精神的。

㈡馬克思主義哲學史觀的基本原則

一九五二年，中國大陸進行院系調整，全國的哲學系教員合併到北京大學哲學系，學習馬克思主義哲學。講授和研究中國哲學史的教員包括教授，都參加了馬克思主義的理論學習班。斯大林主編的《聯共黨史》爲基本教材，其中斯大林所著《辯證唯物主義和歷史唯物主義》更是哲學工作者的必讀典籍。關於哲學史的研究，重點學習前蘇聯哲學家日丹諾夫的《在西歐哲學史討論會上的講話》。此講話，代表蘇共中央關於開展哲學史研究的原則性的指示。爲了將哲學史研究納入馬克思主義的軌道，北京大學哲學系還邀請前蘇聯專家講授世界哲學史。以上是五〇年代初大陸哲學史的工作者學習馬克思主義的基本情況。在這一時期，搞歐洲哲學史的，大都依據前蘇聯專家研究歐洲哲學史的思路及其提供的教材，開展自己的研究工作。而搞中國哲學史的，則無蘇聯的著述和教材可以參照，只好自己開闢途徑，即運用馬克思主義哲學史觀考查和探討中國哲學發展的過程和規律。這對研究中國哲學史的人，是一項十分艱巨的任務。一九四九年以前，中國大陸的馬克思主義學者，雖有一些研究中國傳統哲學的著作，但並不深入。以馬克思主義觀點和方法系統地研究中國哲學史，則是一九四九年以後的事。

以日丹諾夫爲代表的馬克思主義哲學史觀，提出哪些基本原則？總起來說，有以下幾條：

⑴哲學屬於意識形態，乃上層建築的一個層次，受經濟基礎即生產方式的決定，並爲經

濟基礎服務。此是唯物史觀的一般原則。

⑵哲學區分爲兩大陣營，即唯物論和唯心論，哲學史即唯物論和唯心論兩條路線鬥爭的歷史。唯物論有三種形態，即從樸素唯物論，到機械唯物論，再到辯證唯物論，此是哲學史發展的主流。

⑶唯物論和唯心論具有階級屬性。唯物論是爲先進的和革命的階級服務的，而唯心論是爲反動的和落後的階級服務的。哲學史上兩條路線的鬥爭，是先進階級和保守階級的階級鬥爭在意識形態領域的反映。

⑷寫的哲學史要爲無階級革命事業服務，爲當前的政治鬥爭服務。

以上四條，被稱爲哲學史的黨性原則。這些原則，有的見於馬克思和恩格斯的著作，如唯物史觀；有的見於列寧的著作，如區分唯物論和唯心論；有的則是斯大林和日丹諾夫對馬列哲學觀和哲學史觀的闡發，如兩大陣營的對壘，兩條路線的鬥爭等。五〇年代中國大陸的哲學史工作者就是依據上述的原則，開展中國哲學史研究的。

㈢研究的成果和問題

五〇年代初期，由於大陸各大學的哲學系合併於北京大學哲學系，關於中國哲學史的研究，在北京形成兩個中心。一是以侯外盧爲代表的中科院歷史研究所中國思想史研究組，一是以馮友蘭爲代表的北京大學哲學系中國哲學史教研室。一九五七年前後，中科院設立哲學研究所中國哲學史研究室，由馮友蘭兼任主任。同時全國各重點大學又恢復了哲學系，人民大學亦設立了哲學系。北京大學哲學系搞中國哲學史的教員，有的重返原校執教，有的調到外校或研究所，從事中國哲學史的研究。總之，五〇年代初期形成的兩個中心，爲全國的中國哲學史的研究和教學隊伍奠定了基礎，並且形成了兩大學派。這兩派都以馬克思主義哲學史觀爲指導，從事中國哲學史的研究，但各有偏重。前者偏重於從經濟基礎的演變考查中國哲學形成和發展的過程，後者偏重於對哲學流派的理論進行邏輯的分析。侯外盧主編的《中國思想通史》五卷六冊，二六〇萬字，一九五七年—一九六〇年由人民出版社出版，即此派的代表作。此書在海內外頗有影響。六〇年代初，中央提出編寫文科教材的指示，集中北大、人民大學、社科院哲學所等搞中國哲學史的教員和研究員編寫《中國哲學史》，由任繼愈任主編，共四冊，一九六二年—一九六三年發表了三冊，一九七四年發表了第四冊，由人民出版社出版，列爲大專院校的教材。參加此書的撰寫人，大都同五〇年代初期北京大學哲學系中國哲學教研室有聯繫，或爲當時的教員，或爲學生，或爲同事。這套中國哲學史實際反映了以北大爲主的研究學風。在此時期，馮友蘭爲響應編寫文科教材的號召，自編《中國哲學史新編》，一九六二年—一九六四年，發表了兩冊，由人民出版社出版。此時期的中國哲學史研究，除編寫通史以外，還召開了多次學術研討會，如一九五六年召開的全國性的哲學史問題研討會，六〇年代召開的老子哲學和孔子哲學研討會等。此外，報刊上還發表了大量研究中國哲學史的論文。在史料整理方面，由科學院哲學所和北大哲學系合編的有《中國哲學資料選輯》、《中國歷代哲學文選》以及中國哲學史編寫組主編的《中國哲學史教學資料匯編》。這些著作，皆有注釋，有的有現代漢語的譯文。總之，短短十餘年間，中國大陸學術界，通過集體的形式，開展中國哲學史的研究，就廣度和深度說，都超過了一九四九年以前的研究水平。

此時期的中國哲學史研究，就學術內容說，也取得了不少的成果，總起來說，有以下幾點：

其一，哲學作爲一種觀念形態或意識形態，就其整體說，其形成和發展同當時的社會制度，特別是生產方式的變革有其內在的聯繫，或者說，是受一個時代經濟發展的水平制約的。此是唯物史觀的一條基本原則。因此，研究中國哲學形成和發展的進程，除探討其邏輯的進程外，還要闡明其賴以存在和演變的社會基礎或社會歷史背景。如春秋戰國是古代哲學形成和百家爭鳴的時代。爲什麼此時期出現了百家爭鳴局面，並非偶然現象，有其社會根源。大陸學者從古代社會的轉變歷史作了解釋。這涉及到中國古代社會的歷史分期問題。當時歷史學界有兩種流行的見解：一是以范文瀾爲代表的西周封建制說，此說認爲，春秋戰國是由封建領主經濟向封建地主經濟轉變時期；一是以郭沫若爲代表的西周奴隸制說，此說認爲春秋戰國爲奴隸制瓦解和封建制的形成時期。兩家的分期儘管不同，都承認古代社會制度的轉變，促進了人們的思想解放，從而在哲學上呈現出百家爭鳴的局面，各家代表不同的階級和階層的利益，登上了歷史舞台，形成了不同的流派。任繼愈主編的《中國哲學史》即執此種見解。又如明末清初出現了一批敢於批判封建專制制度和封建正統觀念的思想家和哲學家，如顧炎武、黃梨洲、王夫之以及後來的顏元、李塨、戴震等，他們的學說和思想又爲中國近代的啓蒙思潮的興起，開闢了道路。此亦非偶然現象，有其社會根源。侯外盧等歷史學家，通過明清社會史的研究提出資本主義萌芽和市民階級興起說，解釋這一時期哲學發展的進程。又如南北朝隋唐時期佛教和道教的興盛是由於門閥世族的倡導，宋明以來理學的盛行，又是由官僚地主階層的支持。大陸的哲學工作者，大都持此見解。探討社會制度的演變同哲學發展的關係，是一個十分艱巨的課題。一方面要熟悉中國的經濟史和社會史，一方面又要熟悉中國哲學發展的歷史，二者結合起來，方能取得顯著的成果。大陸學者在這方面所作的努力是不容抹煞的。

其二，大陸學者因受兩軍對壘和路線鬥爭說的影響，探討中國哲學史上各派哲學的性質，即屬於唯心論、還是唯物論，屬於辯證法、還是屬於形而上學，辨別其異同，成爲研究中國哲學史的一項重要任務。近代以來，歐洲哲學傳入中國後，歐洲的哲學史家經常使用的哲學史範疇，如唯物論、唯心論、二元論、機械論、生機論、目的論等，也被中國的學者所採用，用來區分中國哲學流派的哲學宗旨及其特徵。區分哲學流派的哲學性質，不始於馬克思主義的學者。如德國的黑格爾所著《哲學史演講錄》，即以唯物論和唯心論爲主要線索，評論歐洲哲學史發展的過程。而且歐洲近代的哲學家，如十八世紀的唯物論者，自稱其哲學是唯物主義的。至於公開宣稱其哲學體系爲唯心論的，更不乏其人。但是，運用歐洲哲學史家治哲學史的範疇，研究中國哲學史，卻帶來很大的困難。因爲在中國哲學史上，沒有一位哲學家宣稱他的哲學是唯物論的。至於公開宣稱其哲學爲唯心論的，只有佛學和宋明心學兩家，因此，要弄清中國哲學史上各流派哲學的屬性，要對其哲學體系進行分析，方能引出結論。分析的過程是，首先確定某一哲學體系中的最高範疇或命題，然後，就其對思維與存在關係問題的回答，確定其哲學性質，如以思維爲第一位，則屬於唯心論陣營，以存在爲第一位，則屬於唯物論的陣營。如先秦時期的老子，以「道」爲其哲學的最高範疇。大陸的學者，通過分析，形成兩種意見：一種意見認爲老子的「道」指尚未成形的細微的物質，老子則屬於唯物論陣營；一種意見認爲老子的「道」，乃抽象的觀念，其哲學則屬於唯心論的陣營。又如程朱理學，以「理」爲其哲學的最高範疇，認爲有理而後有個體事物，主張理爲氣本。通過分析，確定其哲學體系爲客觀唯心論或觀念論。又如陸王心學，以個人的心，特別是倫理生活中的良知、良能，爲其哲學的最高範疇，主張心外無物，依此確定其哲學體系爲主觀唯心論。又如，中國傳統哲學中，早在先秦時期便提出以「氣」爲本原的學說，到漢代形成了「元氣」範疇，到宋明時期發展爲氣本論，主張有氣而後有理、有心，同理學和心學對立起來。通過分析，「氣」屬於物質的範疇，因而氣本論屬於唯物論的體系。作爲哲學史家探討中國哲學流派的哲學傾向，這是無可非議的。問題在於其所作的分析及其引出結論是否正確、符合其本義。大陸學者對歷史哲學流派的分析，雖然存在這樣和那樣的問題，而且存在著不同的看法，如關於宋代張載哲學的分析，有的認爲屬於唯心論，有的認爲屬於唯物論。但卻鍛煉了區分唯物論和唯心論，辯證法和形而上學的思維能力，這也是不容抹煞的。

其三，任何寫的哲學史都難於避免以某種哲學體系作爲其撰寫哲學史的主要線索。特別是哲學家寫的哲學史更具有這種特色。如中國最早的哲學史文獻《莊子・天下》是站在道家的立場，講述當時的哲學流派；司馬遷父子的〈論六家要旨〉又是站在當時黃老之學的立場，講述先秦各哲學流派的特徵。黃宗羲的《明儒學案》又以心學爲主流。歐洲哲學史家寫的哲學史，更具有這種特色。如黑格爾的《哲學史演講錄》是爲其哲學體系服務的。中國大陸的哲學史工作者，因受馬克思主義哲學影響，撰寫中國哲學史，也有自己的立場，即著重探討中國哲學史上唯物論和辯證法的傳統。侯外廬的《中國思想通史》和任繼愈主編的《中國哲學史》都具有這種特色。關於唯物論的傳統，有先秦的荀子，漢代的王充，魏晉的楊泉，南北朝的范縝，唐代的柳宗元、劉禹錫，宋代的李覯、王安石、陳亮、葉適，明代的羅欽順、王廷相，清代的王夫之、顏元、李塨以及戴震。北大一派，則以張載爲宋代唯物主義傳統的代表。張岱年教授發表了《張載——十一世紀中國唯物主義哲學家》一九五七年，湖南人民出版社出版，作了論證。一九五七年他又出版了《中國唯物主義思想簡史》（中國青年出版社出版）。關於辯證法思維，如先秦的老子，宋代的張載，清代的王夫之，都被認爲是古代哲學中的辯證法思想的代表人物。此外，還從各派的哲學體系中尋找其辯證法的因素，以此證明中國傳統哲學存在著這一傳統。按前蘇聯哲學史專家的說法，古代的唯物論和辯證法具有樸素的、直觀的性質，爲低級的形式，不同於高級階段的馬克思主義的辯證唯物論。中國大陸的學者，也採取此說，作爲評判中國傳統哲學中唯物論和辯證法傳統的依據。探討中國唯物論和辯證法的傳統，作爲哲學史研究的一大課題，這也是無可非議的，問題在於是否存在這一傳統，如何對待這一傳統。大陸哲學史工作者，通過十幾年的研究，肯定了這一傳統，特別是關於宋明哲學的研究，北大一派提出了氣學派和氣本論的傳統，打破了以程朱陸王區分哲學流派的舊框框，無疑是一大進步。

其四，大陸的哲學史界，通過十幾年的研究，還發現了過去少爲人知或不被重視的思想家和哲學文獻寫入了中國哲學史。如《管子》四篇即〈內業〉、〈白心〉、〈心術〉上下篇，被郭沫若視爲先秦諸子中宋鈃、尹文流派的文獻。大陸學者，通過考證，認爲以「氣」或「精氣」解釋老子的「道」，標誌著老子學說的新發展。又如唐代柳宗元和劉禹錫的天論，明代的羅欽順和王廷相的氣論，李贄和左派王學，方以智的科學哲學觀等，都被列爲傳統哲學中的重點，加以評述。侯外盧的《中國思想通史》，著重發掘歷史上反正統的異端人物，對此作出了重要的貢獻。

以上四點，可以說是大陸學者在馬克思主義哲學指導下對中國哲學史的研究取得的主要成就。此外，對哲學史重點人物的思想剖析，也有獨到之處，如以相對主義解釋莊子的〈齊物論〉，以辯證思維解釋《孫子兵法》，以物質實體和功能解釋范縝的〈神滅論〉，以一般和個別解釋王弼的貴無論和王夫之的道器觀等，已被大陸學者所公認。總之，以馬克思主義哲學史觀和方法論研究中國哲學史，爲哲學史的研究開闢了一個新的領域，這是值得肯定的。

此時期的研究工作，雖然取得一定的成果，但也存在著許多未能解決的問題，甚至嚴重的缺欠。總的問題是，教條主義的學風較爲嚴重，日丹諾夫提出哲學史的黨性原則，就具有教條主義的傾向。中國大陸學者，奉其爲馬克思主義哲學史觀的指導原則，不加辨別地加以貫徹，從而爲自己的研究帶來損失。就經濟基礎與上層建築特別是意識形態的關係說，一方面意識形態受經濟基礎的制約；另一方面，如馬、恩一再指出的意識形態又有相對的獨立性，有其自身發展的規律。而教條主義者，知其一，不知其二，不探討哲學自身發展的邏輯進程及其規律，從而將客觀的哲學史只看成是隨經濟關係、階級關係的變化而變化的歷史，哲學自身的特殊性格，被抹煞了。此時期寫的中國哲學史都具有這種偏向。如從某流派所代表的階級利益中直接尋找其理論思維的根源，說當權派的貴族大地主倡導唯心論，不當權的中小地主倡導唯物論等，便是教條主義的表現。關於兩條路線的鬥爭，教條主義者片面誇大了鬥爭的一面，忽視和抹煞不同流派在其發展過程中相互影響的一面。如中國哲學史上儒釋道三種哲學形態，一方面相互抗爭，另一方面又相互影響，通過抗爭，走上相互融合的道路，成爲中華傳統文化的一大特色。漢代史學家班固論百家爭鳴說：「其言雖殊，譬如水火，相滅亦相生也」，「相反而皆相成也」（《漢書·藝文志》）。將中國哲學史簡單地歸結爲兩條路線鬥爭和階級鬥爭的歷史，是違背哲學發展的辯證規律的。關於區分唯物和唯心兩大陣營問題，教條主義者將這對哲學史範疇，作爲框框，到處套用，同樣妨礙對歷史上哲學形態的認識。歷史上有些哲學問題，並非都是圍繞思維與存在的關係展開的。如關於人性問題的討論，有的主人性善，有主人性惡，有的主善惡混，將其扣上唯心或唯物的帽子，反而將問題攪混了。有些哲學家的哲學，既有唯物主義成份，又有唯心主義成份，更難於將其劃入那一陣營了。歷史上哲學派別的對立和分歧，不是戰爭中的兩軍對壘，一方吃掉一方。

關於唯物論和唯心論的評價問題，大陸的哲學史工作者，一直將高揚唯物論和辯證法，批判唯心論和形而上學，爲自己的任務。因而對歷史上唯心主義流派經常採取粗暴的否定的態度，或者視其爲唯物論的反面教員。所以如此對待唯心主義流派，是基於唯心論代表反動、沒落階級利益的哲學史觀。此種觀點，同樣抹煞了哲學發展的特殊規律。一種哲學體系的價值，在於同其前輩相比，提出新見解、新觀念，而其新觀念又爲人類的理論思維的發展提供了新的內容。就此而言，唯物論者雖有所見，唯心論者亦非一無所見。從哲學史上看，唯心主義大師所闡發的理論思維，比那些淺薄的唯物論更爲深刻。這是古今中外的哲學史所常見的。教條主義者不懂得唯心論同樣是哲學這棵大樹的支幹之一，粗暴地加以否定，不是科學的態度。最後，以左傾教條主義學風處理哲學史，又將寫的中國哲學史變成宣傳馬克思主義哲學原理的教科書，從而抹煞了中國哲學固有特色。人們談中國哲學史，只是從中學馬克思主義原理，而不是從中國哲學中尋找智慧，以鍛煉人們的理論思維能力。以上這些嚴重的缺欠，在當時的歷史條件下，也是難以避免的。

一九五六年，中央提出在學術界和文化界實行百花齊放、百家爭鳴的方針，以此繁榮社會主義的新文化。人民日報的記者，向我約稿，談談哲學史研究中的問題，以便引起爭鳴。我寫了〈我們在中國哲學史研究中所遇到的一些問題〉一文，刊登在人民日報上。我在此文中提出四個問題，關於中國哲學史的對象和範圍問題，關於對歷史上哲學家的分析和評價問題（包括唯物論和唯心論的界限問題、階級分析問題、對唯心主義的評價問題），關於中國哲學的特點問題，關於如何繼承和發揚祖國的哲學遺產問題。所以提出這些問題，「一方面反映了過去有些同志受了教條主義影響，但一方面也反映了許多同志進行著獨立的思考，在反對教條主義的研究風氣」（《中國哲學史問題討論專輯》一九五七年，科學出版社出版）。這篇文章，受到有關方面的重視，不久，在北京大學召開了全國性的大規模的哲學史問題研討會，當時在大陸的老一輩的哲學家和哲學史家，如馮友蘭、賀麟、張岱年、朱光潛、溫公頤以及艾思奇、胡繩等，都發表了專文，參加討論。這次會議的論文，其中五十五篇輯在《中國哲學史問題討論專輯》中。這次會議後仍在報刊上發表文章，展開討論，直到文革以前。關於中國哲學史問題的討論表明，以馬克思主義觀點和方法研究中國哲學史，一方面要堅持馬克思主義的原則，另一方面又要克服教條主義的偏向，的確是一時難以解決的重大課題。這場學術討論，對開展中國哲學史研究起了一定的促進作用。

一九六五年，大陸開展文化大革命。文化大革命前期提出反四舊的號召，中國傳統文化屬於「四舊」的範圍，受到嚴重摧殘。中國哲學史的研究，也停頓下來。文革後期，由於林彪事件的暴露，在林彪的家中發現懸掛「克己復禮」的條幅。於是文革的領導者，又將林彪的思想同孔子的思想聯繫起來，在學術界和思想界開展了批孔反儒的鬥爭。搞中國哲學史的人，幾乎都參加了這場運動。文革的領導人，推出法家來，作爲儒家的對立面，要搞中國哲學史的人，編寫儒法鬥爭史，作爲批林批孔的教材。北京大學又成了編寫儒法鬥爭史的中心。當時編寫鬥爭史的指導思想是：儒家同林彪的言行一樣代表反動階級的利益，而歷史上法家則代表革命階級和先進階級的利益。而後者提倡唯物論，前者鼓吹唯心論。並且將儒法鬥爭史，從先秦一直貫穿到近現代，企圖以儒法鬥爭史代替中國哲學史。就中國哲學史的研究說，儒法鬥爭史推出，乃兩個階級、兩條路線鬥爭的左傾教條主義學風極端泛濫的產物，將哲學史的研究變成政治鬥爭的工具。這也是歷史遺留給大陸學者的一條歷史教訓。

二、「文革」後，重新學習馬克思主義，爲哲學史的研究開創了新局面（一九七八——一九九五）

針對「文革」時期的極左路線，檢討教條主義的危害性，本著實事求是，解放思想的學風，開展哲學史的研究，中國哲學史的著述，如雨後春筍，呈現空前繁榮的局面。以下談三個問題：

㈠研究的狀況

「文革」以前，中國哲學通史的著作，寥寥無幾。「文革」以後，此類的著述，出版了許多種，作爲大學文科的教材之一。其中作爲文科教材的有北京大學哲學系中國哲學史教研室編寫的《中國哲學史》兩冊，中華書局版；人民大學哲學系中國哲學史教研室編寫的《中國哲學通史》共四冊，人民大學出版社版；蕭箑父等主編的《中國哲學史》共兩冊，人民出版社版；師範院校主編的《中國哲學史稿》河北出版社版；任繼愈主編的《中國哲學發展史》已出四卷，人民出版社版；孫叔平著的《中國哲學史稿》上海人民出版社版等。這些講通史的著作，同文革以前的教材相比，有一顯著的特點，都將哲學史看成是人類的認識史，學習哲學史是爲了提高人們的理論思維水平，鍛煉理論思維能力，從而著重闡述了哲學思維的邏輯的演變過程，並且不同程度上糾正了教條主義的錯誤。如任繼愈主編的《中國哲學發展史·導言》所說：「解放以後，我們接受了日丹諾夫的定義來研究中國哲學史，又產生了另一種偏向，而只看到哲學史上的兩軍對戰，用全部注意力去給哲學家劃分陣營，不去著重研究人類認識螺旋上升的曲折複雜的發展過程，不去總結這種發展過程中的規律和經驗教訓，也不去注意分析每個哲學體系的內部結構和它在認識史上的地位。」這種認識，無疑是一個進步。但在實際的編寫中，「文革」前的教條主義烙印，有的還較嚴重，如北京大學編寫的《中國哲學史》。除列爲教材的通史著作外，張岱年教授重新出版了他早年完成的《中國哲學大綱》，以哲學問題的形式，講述哲學史，亦頗有影響。此時期，還出版了許多論述中國哲學家的傳記，學說的論文和專著。代表性的著作爲一九八〇年以來由中國社會科學院哲學所主編、齊魯出版社出版的《中國古代著名哲學家評傳》共三卷四冊；《中國古代著名哲學家評傳》續編，共四冊；《中國古代佚名哲學名著評述》，共三卷；《中國近代著名哲學家評傳》共兩冊。此套叢書，共十三冊，洋洋大觀，大陸的中國哲學史工作者幾乎都參加編寫。侯外盧在爲此書古代篇所寫的《序》中說：「粉碎四人幫以來，中國哲學史戰線上已經收穫了許多可喜的成果，評傳的出版又爲我國增添了一項新的成果」。這套叢書，關於中國哲學評論，作者各抒己見，不受條條框框的約束，體現了百家爭鳴的學風。此時期的中國哲學史的研究，還轉向斷代史、專題史的研究。陸續出版了《兩漢思想史》、《魏晉玄學史》、《宋明理學史》、《明清實學史》、《中國現代哲學史》、《中國唯物論史》、《中國辯證法史》以及《中國倫理思想史》、《中國儒學思想史》、《中國佛教史》、《中國道教史》、《中國邏輯學史》、《易學哲學史》等多種著作。此外，還發行了專門刊登中國哲學史研究的刊物，其中影響大的有中國社科院歷史所主辦的《中國哲學》；哲學所主辦的《中國哲學史研究》；還有《孔子研究》、《道家文化研究》等。爲了加強中國哲學史界的學術交流和研究，還成立了全國性的中國哲學史學會，《中國哲學史研究》即由該會主辦。配合改革開放的大形勢，大陸哲學史界還舉辦了多次國際性的學術研討會，同海外的專家、學者交流研究心得，打破了文革前閉門研究的局面。尤爲重要的是，「文革」後，培養了一批研究中國哲學史的人材。全國各重點大學的中國哲學專業和社科院哲學所和宗教所的中國哲學研究室，從一九八〇年始，陸續招收碩士生和博士生，他們在導師的指導下，寫出了一大批關於中國哲學史研究的論文，多數已公開發表，有的論文以專著出版，受到海內外同行的好評。總之，改革開放以來，大陸的中國哲學史界，呈現出欣欣向榮的局面，這同突破教條主義的束縛和倡導學術自由討論的學風是分不開的。

(二)主要收穫和問題

「文革」以後，哲學史界重新學習馬克思主義的實事求是的學風，在清算左傾教條主義的干擾中，在中國哲學史的研究領域，究竟有那些主要成就，是一個值得討論的問題。對此，大陸學術界尚無共識。以下，就我個人的感受，結合學術界研究的現狀，談以下幾條意見：

其一，探討哲學思維的邏輯進程及其成果和經驗教訓。每個時代的哲學都是它處的時代精神的表現，除受它所處的社會歷史條件（生產方式和社會制度）的制約外，還有它自身發展的規律。其所提出的問題和答案，往往是那一時代人類的智慧的結晶，其中含有永恆價值的因素和眞理的顆粒，爲後人留下一筆可貴的精神財富。從這一角度研究哲學史，被一些學者稱爲「理論分析」或「邏輯分析」，以糾正「文革」前從事的「階級分析」的片面性。「文革」後出現的中國哲學史的著作，大都向這方面努力。如任繼愈主編的《中國哲學發展史》的〈導言〉所說：「本書著眼於中國哲學邏輯的發展進程，所以稱之爲中國哲學發展史」。關於這方面的研究也取得了不少的成果。如先秦的老子以「道」爲宇宙的本源，認爲道生成萬物的過程是一個自然的過程，不體現某種意志和目的，所謂「道生一，一生二，二生三，三生萬物」。拋開「道」的性質是物質性的還是精神性的問題外，他視天地萬物爲一生成的過程或演化的過程，這在自然觀上是一大飛躍。以後，在中國哲學史上，出現了多種關於生成論的模式，如漢唐的太極元氣說，宋朝周敦頤的太極圖說，認爲從宇宙的本源即太極分化出陰陽二氣，陰陽二氣又分化爲五行之氣，五行之氣又分別形成萬物和人類。陰陽二氣和五行之氣是中國古代農業社會提出的解釋自然現象的範疇，並沒有科學的依據，但視宇宙爲一自然的演化過程，認爲天地萬物和人類乃一有機聯繫的整體。此種理論思維則具有眞理的因素，對提高人們觀察自然現象變化的過程和規律具有重要意義，不是被劃入唯心或唯物兩大陣營，便可以講清楚的。又如先秦時代的儒家創始人孔子，奠定了中國的人文主義傳統。他提出維繫人際關係的準則——「忠恕之道」、「己欲立而立人」、「己所不欲，勿施於人」。「文革」前，哲學史界認爲孔子的「忠恕之道」是宣揚抽象的愛，麻痺人民的階級鬥爭意識，將其全盤否定。「文革」後，研究孔子的倫理學說，普遍認爲，「忠恕之道」以及孔孟的仁愛學說，其中具有永恆的價值，因爲任何社會制度中的人，都處於人際關係之中，非孤立地存在。要維繫一個社會的安定與和諧，調整個人與群體的關係，孔子提出的「忠恕之道」是一條重要的道德原則。雖然，在孔子的時代，他所提出的「仁愛」，帶有宗法等級制度的時代烙印，但其中所含有的關於人類同情心的道德原則，不是通過階級分析，便可以抹煞掉的。以上，僅以孔老兩家哲學研究爲例，表明中國哲學史的研究向前推進了一步。值得注意的是，爲了揭示哲學家的邏輯思維進程，哲學史界又開展了關於中國哲學範疇的研究。如張岱年著有《中國古典哲學概念範疇要論》，一九八九年中國社會科學出版社出版。一九八五年人民出版社出版了《中國哲學範疇集》。此外，還出版了有關論《中國哲學範疇發展》的專著。關於開展中國哲學範疇的研究，涉及到古代漢語的特徵和演變，古典的詮釋以及邏輯的剖析等各方面的問題，難度很大，一時難以取得共識，至於哪些概念屬於範疇，更是一個值得爭議的問題。總之，從範疇的角度，研究中國哲學史，是一新的嘗試，也是文革後，對以階級鬥爭和路線鬥爭爲綱寫哲學史的一種揚棄。

其二，探討中國哲學的特色。中國哲學的發展過程，一方面遵循人類理論思維發展的普遍的原則，另一方面又有自己的民族特色。「文革」前的哲學史的研究，由於受教條主義的影響，突出哲學發展的普遍原則，忽視中國哲學自己發展的特色。人民大學哲學系編寫的《中國哲學通史》第一卷第二章中說：「教條主義在研究中國哲學史問題上的錯誤，就在於不懂得必須研究中國哲學史的特殊性」，表達了文革後，哲學史工作者探討中國哲學特色的良好願望。中國哲學究竟有哪些特色，可謂仁者見仁、智者見智，各家的說法不一。《中國哲學通史》的作者提出五條：辯證思維傳統、唯物主義傳統、本體論的唯物主義和唯心主義形態、中國近代進化論的唯物主義和唯心主義。由進化論的唯物主義到辯證唯物主義和歷史唯物主義。任繼愈主編的《中國哲學發展史》提出三條：中國封建制度發展得相當充分而完善，中國封建社會的哲學歷史最長；神學化了的儒學佔有較大的優勢；有光輝的唯物論和無神論的傳統。張岱年爲《中國大百科全書——哲學卷》中「中國哲學史」辭條寫的關於中國哲學的特點，提出五條：封建時代的哲學有比較充分的發展；中國封建時代的哲學主要是同經學結合，而不是同神學結合；中國傳統哲學與倫理學的聯繫極爲密切，本體論、認識論往往同道德論相互滲透，表現出濃厚的倫理色彩；中國哲學的思維方式傾向於整體性、有機性與連續性；中國哲學有自己的獨特的傳統概念範疇，如道、氣、理、神、虛、誠、明、體、用、太極、陰陽等，凝結著中國思想家的智慧。近年來，還有人認爲，中國哲學的特點是倡導人文主義的道德論及其形上學，還有人認爲其特點是倡導主客不分、天人合一等等。上面所引各家的見解，是否代表中國哲學的特色，還要進一步研究。如果說，中國哲學的特點是倡導辯證法和唯物論，但中國的辯證思維和唯物論是否也有自己的特色，不同於西方的傳統，如果揭示不出來，談特色，仍舊落空。上述各家，似乎都不肯承認中國的唯心主義傳統有自己的特色，未免偏向唯物主義了。至於將儒家哲學神學化，視爲中國哲學的特色之一，更是值得爭議的問題。關於道德形上學和天人合一的傳統是否是中國哲學的特色，也是值得爭議的。總之，這方面的研究，可以說是剛剛起步。探討中國哲學的特色，要熟悉外國哲學，特別是歐洲哲學發展的歷史，通過中西的對比，方能得出較爲確切的結論，這是一項艱巨的任務。大陸改革開放以來，西方現代哲學流派的學說，也介紹到哲學界，如存在主義、後現代主義、系統論等。有些搞中國哲學的人，藉用這些主義和理論，重新詮釋中國古代的道家學說、陰陽五行學說。這些研究，對探討中國哲學的特色，雖然開闢了新的視野，但從整體上看，並未擺脫以西方某些哲學體系解釋中國傳統哲學的思路。

其三，開展專題或專題史的研究。文革前，這方面的研究，除汪奠基的《中國邏輯學史》外，無其它著作問世。文革後，這方面的專著，如中國倫理學史，中國美學史，中國無神論史，中國人性論史等，陸續出版。表明中國哲學史的研究向縱深發展。我寫了《易學哲學史》共四卷，從經學史即易學史的角度，探討中國傳統哲學，特別是宇宙論、本體論形成和發展的過程以及中國傳統的思維方式的特徵，亦屬於專題史的範圍。文革前，關於周易系統典籍的研究，被認爲是宣揚封建迷信，受到批判。此時期成爲熱門之一，出版了大量的有關周易研究的著作，視周易爲中國哲學的源頭。由於馬王堆出土的帛書文獻先後公布，哲學史界又掀起了研究道家，特別是黃老學派的熱潮。探討道家黃老之學形成和發展的歷史，取得了一定的成果，爲中國哲學史的研究添補了一項空白。值得注意的是，關於開展中國哲學中人文主義傳統的研究，也有不少的成果。其中關於儒家心性學說，道家和禪家的境界學說的研究，尤爲突出。境界說被視爲是中國哲學的一大傳統，或一大特徵，即以提高內心的精神境界作爲安身立命的依據，代替宗教宣傳的關於彼岸世界的追求或精神的寄託。此問題的研究亦受到海外新儒家哲學的影響。關於海外流行的新儒家哲學的研究和評價，亦是這一時期的熱門話題之一，先後出版了多種研究牟宗三、唐君毅等新儒家的著作。心性學說，屬於主體性研究的領域。文革前，屬於禁區，被認爲是鼓吹抽象人性論或主觀唯心主義。文革後，哲學界圍繞人學的研究，探討心性學說中的價值，以提高人的道德修養境界和精神境界，擺脫因物質競爭造成的精神空虛。此種研究，也是對否定唯心主義價值的一種反動。近年來，在中國傳統哲學研究中，開展價值觀的探討，受到了學術界的普遍重視。

總之，此時期的中國哲學史的研究，開始擺脫了文革前的教條主義的束縛，所謂以馬克思主義原則爲指導，並非將原則變成抽象的公式，硬套在中國哲學的身上，而是從史實出發，具體地分析中國哲學發展的過程，從中引出結論。而且在研究的過程中，各家各抒己見，彼此爭鳴，那種一家獨尊的排斥不同觀點的大批判的學風得到了糾正，從而形成了中國哲學史研究的繁榮局面。

㈢努力的方向

研究中國哲學史，特別是中國傳統哲學，對人類當今和未來的生活，對人類未來的文化，有什麼價值和意義？這也是此時期哲學史界經常討論的課題。其中有兩個熱門的話題：一是中國傳統哲學的當代價值和傳統哲學現代化的問題，一是關於中西哲學的衝突和融合的問題。分別評介於下：

其一，關於中國傳統哲學現代化的問題。此問題是同中國傳統文化現代化問題一起展開討論的。中華書局出版的《傳統文化與現代化》的雙月刊，經常討論這方面的問題。此外，關於研究中國文化的刊物，也經常刊登此類問題的文章。在大陸召開的有關傳統文化和中國哲學的研討會，也結合現代化問題開展討論，並出版了多種論文集。其中關於儒學的現代化和當代價值問題，是最熱門話題。在研討中，有兩種不同的意見：一種是傳統文化有助於推進現代化的進程，一種意見持否定的立場。前者所持的理由是，任何民族和地區現代化，都不可能脫離自己的文化和哲學傳統，實現工業化和後工業化，也是如此。如亞洲四小龍，在經濟上的騰飛，即帶有東方文化的特色。儒家倡導的群體意識和家族觀念，以此爲基礎形成的道德規範，增強了這些地區和國家在經濟競爭中的凝聚力，加速了現代化的進程。儒家倡導的以提高人的道德修養爲目的的價值觀，可以抵制在工業化過程中出現的消極的和腐朽的觀念，如個人利己主義、拜金主義、享樂主義等對人的精神上的腐蝕。後一種所持的理由是，實現現代化的歷史任務，從文化上說，靠的是先進的科學技術，民主和法制，儒家倡導的價值觀恰好與此相反，如宗法等級意識、君權論、聖人論以及人治原則，都有壓制個性的意義，不利於建立民主的和法制的現代化社會。這涉及到關於傳統文化和創新的關係問題。傳統文化和哲學只有通過創新，結合新時代的要求，方能重新獲得生命力。如孟子倡導的民本觀念，是建立在君權論基礎上的，君民和官民都不是平等的關係。其民本主義，必須經過改造，同近代的民主觀念相結合，方能轉化爲現代人所接受的政治理念。中國傳統哲學中具有永恆價值的命題，都要經過更新，重彈老調，是不會有前途的。

其二，關於中西文化和哲學的衝突和融合問題。此問題，由來已久。近代史上形成的東西文化問題論戰，辯論中西文化的優劣，即是明顯的例證。大陸改革開放以來，在學術界，又一次掀起了辯論此問題的熱潮。就期刊上發表的論文和研討會的發言看，同樣有兩派意見：一派認爲，由於西方物質文明的高度發達，不僅破壞了人際關係的和諧，也破壞了人與自然的和諧，造成了環境污染以及生態失衡，嚴重威脅人類的生存。究其根源，由於西方人的思維方式追求分析、對抗，視人與自然爲對立物，主張人征服自然，結果在工業化過程中，造成了對自然環境的破壞。而東方人的思維方式，追求綜合和世界的普遍聯繫，倡導整體思維，可以挽救西方物質文明帶來的弊病。結論是：人類未來的文明，都要走東方文化的道路。另一派的意見是，提倡東方人的思維方式，其後果是抹煞主觀與客觀的差別，人與自然的差別，鼓吹一種順應自然的精神境界，不利於科學技術的發展，將人類文明引向倒退。環境污染問題，還得靠科學技術自身發展來解決。這是近年來大陸學術界，特別是哲學史界開展的關於「天人合一」問題討論的主要焦點。此問題的討論，兩派各有所見，其共同點都承認東西文化和哲學無有調和的餘地。東西文化和哲學能否融合，走互補的道路，中國思維方式究有哪些特色和價值，這也是進一步深入研討的一大課題。

以上兩個問題的討論，目前仍在進行，但尚停留在議論的階段，沒有落實到踏實的科研的基礎上。要解決這兩個熱門話題，需要花大氣力，從各方面加以論證。這是一艱巨的文化工程，不是發表一些感想和雜談，就可以解決的。這兩個問題的討論，爲中國哲學史的工作者提出一項重要的任務：中國哲學史的研究，要面向現代和未來，爲歷史而歷史的研究學風是不會有吸引力的。

三、馮友蘭的中國哲學史研究（一九四九—一九九〇）

馮友蘭先生是我國近現代著名的哲學家和哲學史家。他的哲學造詣又同中國哲學史的研究有著密切的關係。他從事中國哲學史的研究，從本世紀二〇年代開始，到九〇年代臨終為止，嘔心瀝血，奮鬥了一生。他寫的兩卷本的《中國哲學史》，繼胡適的《中國哲學大綱》，開闢了中國哲學研究的新紀元。中華人民共和國成立後，因受馬克思主義的影響，他立志重寫中國哲學史。經過四〇年的努力，終於完成《中國哲學史新編》七卷本。他後半生的中國哲學史的寫作生涯，代表了近五〇年來中國大陸老一輩的學者從事哲學史的研究的艱苦過程。總結他這一時期中國哲學史的研究的成果及其經驗教訓，對於我們理解和發展中國哲學史的研究有重要意義。以下，談兩個問題：

㈠《新編》的寫作過程

早在一九五一年，馮先生在清華大學任教時，受中國科學院的委託，為蘇聯大百科全書撰寫中國哲學辭條，為後來編寫《新編》構建了框架。一九五二年，因院系調整，到北大任教，任哲學系中國哲學史教研室主任，並參加馬列主義哲學學習班，學習日丹諾夫關於哲學史問題的講話以及蘇聯專家編寫的關於歐洲哲學史的講義，主持編寫《中國哲學史講授提綱》的討論會。後為本科生講授中國哲學史。一九五六年，參加了哲學史問題的研討會，發表了〈關於中國哲學史研究的兩個問題〉和〈中國哲學遺產的繼承問題〉等論文，批評了中國哲學史研究中的教條主義學風，爲後來編寫《新編》提供了原則。五十年代，他爲哲學系的本科生開設了中國哲學史，從孔子講到孫中山，自編講義（鉛印本）。這套講義，吸收了中國哲學史教研室集體研究的成果，也是他以馬克思主義哲學史觀爲指導，系統地編寫中國哲學史的一次嘗試，爲後來編寫《新編》打下了基礎。馮先生所以接受馬克思主義哲學史觀，同他以前的中國哲學史的研究，也有關係。他的兩卷本的《中國哲學史》，頗受唯物史觀的影響，如以社會經濟制度的變革，說明春秋戰國時代諸子百家之興起的原因，並肯定了黑格爾的正、反、合理論。新中國成立後，通過學習馬列著作，重新研究中國哲學史，這在學術上是順理成章的事。

六〇的年代初，他響應中央編寫文科教材的號召，開始編寫《新編》。文革前，出版了兩冊，即先秦和兩漢篇。這兩部著作，用功頗深。就取材說，同兩卷本相比，增加了范蠡、孫子、《管子》、賈誼等章節，有的擴大篇幅，如對《易傳》、《淮南子》、《禮記》和王充等的論述，以體現唯物主義和辯證思維傳統在先秦和兩漢哲學史上的地位。此兩冊出版後，受到大陸讀者的好評。不久，文革爆發，此書受到造反派的批判，認爲是「大毒草」，因爲書中批評了董仲舒的「定於一尊」大一統思想是對人民進行思想統治。造反派認爲這是借批評董仲舒，影射攻擊馬列主義爲統治的思想。文革後期，馮先生被「解放」，又從事《新編》的寫作，寫了魏晉隋唐哲學書稿，並未付印。其後，參加了批林批孔運動，並查閱文獻，研究儒法鬥爭史，並寫了《論孔丘》的小冊子，後來受到學術界的非議。文革期間，他想修改《新編》第一、二冊，但未能成書。文革後，面臨改革開放的新形勢，馮先生決定按自己的觀點，重寫《中國哲學史新編》。對文革前出版的《新編》一、二冊，加以修訂或改寫。這就是後來出版的《新編》七卷本中的一、二、三冊的內容。他在一九八〇年修訂本《新編》第一冊〈自序〉中說：「我生在舊邦新命之際，體會到一個哲學家的政治社會環境對於他的哲學思想的發展、變化有很大的影響。我本人就是一個例子，因而在《新編》裡邊，除了說明一個哲學家的哲學體系外，也講了一些他所處的政治環境」。「如果作的比較好，這部《新編》也可能成爲一部以哲學史爲中心而又對於中國文化有所闡述的歷史」。也就是說，以文化史爲背景改寫《新編》。因此，修訂本的前三冊的內容，又將文革時代有關儒法鬥爭史的材料保存下來，加以評述。如增加了管仲、鄧析與子產、晉法家、商鞅變法、《鹽鐵論》等章。就對哲學家的評價說，一九八〇年修訂本同一九六二年的《新編》本比較，對老子和董仲舒哲學的評價變化很大。一九六二年本以老子哲學爲唯物論，一九八〇年修訂本則以老子哲學爲唯心論。一九六二年以董仲舒的哲學是爲鞏固封建制度服務的，喪失了進步性。一九八〇年的修訂本，認爲其哲學是爲封建制度建立上層建築，合乎當時歷史發展的趨勢。這種變化，是受到當時哲學史界關於老子和董仲舒評價的影響。

一九八六年，《新編》第四冊出版，作者未稱爲修訂本，表示是接著一九六二年來的《新編》寫的。此冊講魏晉南北朝隋唐時期的哲學。其底本是在「文革」前和「文革」前期寫成的，發表前又作了加工和修飾。基本上反映了文革前的思路，同時也是兩卷本《中國哲學史》中論玄學、佛學的觀點在新的歷史條件下的發展，乃其哲學史的代表作。如他在此冊的〈自序〉中所說：「自從開始寫《新編》以來，我逐漸摸索出來了一個寫哲學史的方法；

要抓時代思潮，要抓思潮的主題，要說明這個主題是一個什麼樣的哲學問題。能做到這幾點，一部哲學史就可以一目了然了。《新編》的這一冊就是有意識地照著這個方法作的。我認爲它是成功的」。此冊也是在馬克思主義哲學史觀指導下寫的，但受教條主義的影響較少，也無儒法鬥爭史的痕跡。一九八八年，出版了《新編》第五冊，講宋明哲學部分。他寫此冊時，年已九十高齡，體力和精力大爲衰退，已無力重新查閱史料，探討新問題。此冊的底稿，一部分來自於五十年代編寫的《中國哲學史講義》，一部分來自於一九五二年以來在期刊發表的有關論宋明哲學的文章，一部分來自於兩卷本《中國哲學史》。將這些底稿加以編排、整理和補充，並增補了個別章節，寫成此書。宋明理學是馮先生的專長，對其理解，造詣頗深。如果精力許可，定會寫出更加成熟的篇章來。他在此冊的〈自序〉中說：「現在我希望比較完全做到的，是在哲學問題上比較完全地說明了一個時代思潮的來龍去脈。能多少做到這一點，就覺得所寫的哲學史簡明得多了。這樣的體裁對所寫的哲學史有提綱挈領，提要勾玄的作用」。此冊對宋明哲學的論述，確有提要勾玄的作用。但也表明深入鑽研此時期哲學發展的邏輯進程，已感到力不從心了。

一九八九年，出版了《新編》第六冊，此冊從清初的黃宗羲寫到民國初期的王國維。主要內容是談中國近代的思想史。他在此冊〈自序〉中說：「現在這本《新編》第六冊，沒有指出什麼眞正的哲學問題是這個時代思潮所討論的中心。這一冊《新編》看起來好像一部政治社會思想史，這種情況是有的，但不是由於我的作風改變，而是由於時代不同了」。在這種思想的指導下，此冊的內容，偏重於社會政治思想，並未對此時期的哲學問題作深入的發掘和分析。在行文中，大量節錄思想家著述的原文，只是於引文後，加以簡要的評論。他此時雙目已漸失明，不能親自動筆寫作，而是憑記憶，讓助手查閱史料，念給他聽，再口述自己的觀點，由其助手整理成書面文字，完成此書。他寫《新編》第七冊時，更爲艱苦，除口述自己的觀點和主題思想外，都是其助手代筆寫成底稿，念給他聽，經他認可，成爲定稿。他寫這兩冊時，正是大陸大力推行改革開放路線，以經濟建設爲中心代替以階級鬥爭爲綱，致力於實現四個現代化的年代。書中對近現代的政治家和思想家的評論，都是立足於這一政治環境而展開的。

總之，馮友蘭先生從一九四九年開始，立志重寫《中國哲學史》，到臨終前，經過四十餘年努力，終於實現了自己的願望。其中經歷了許多艱苦和曲折，不斷改寫，一直堅持下來，這在中外哲學史學史上是少見的。他的《新編》的寫作過程，也是大陸學術界四十餘年來在馬克思主義指導下從事研究的演變和發展的過程。四十餘年來，大陸政治環境的變化，對他的寫作起了重大的影響。但有一點，他始終堅持不渝，如他在《新編》修訂本第一冊〈自序〉中所說：「中國是古而又新的國家。《詩經》上有句詩說：周雖舊邦，其命維新。舊邦新命，是現代中國的特點。我要把這個特點，發揚起來」。這種高度的愛國主義的情操，是他撰寫《新編》的強大動力。

㈡主要貢獻和問題

馮友蘭先生因受馬克思主義哲學史觀的影響，從事中國哲學史的研究，確實做出了不少的貢獻，影響一代人的哲學史的研究。總起來說，有以下幾個方面：

其一，辯證地處理不同的哲學流派的分歧和論爭。針對「兩軍對壘」的教條主義，他於五〇年代初期，便提出質疑，指出「唯物主義與唯心主義是一個東西（哲學）的兩個對立面。它們相互排斥，又相互影響，相互滲透，這就是這兩個對立面的矛盾與統一。我們處理中國哲學史中唯物主義與唯心主義鬥爭的問題，只強調於其互相排斥，而沒有注意於其互相影響互相滲透」。又說：「我們近來的哲學史工作，大概用的是形而上學的唯物主義的方法，把哲學史中的唯物主義與唯心主義的鬥爭，簡單化、庸俗化了，使本來是內容豐富生動的哲學史，變成貧乏、死板」（〈關於中國哲學史研究中的兩個問題〉，《中國哲學史問題討論專輯》，科學出版社出版）。他第一次提出不同流派的哲學在發展過程中相互影響和相互滲透的觀點，批評了將哲學發展簡單化和庸俗化的教條主義。他在一九六二年《新編》第一冊〈緒言〉中，將這一觀點作為一條原則肯定下來。並且認為對立的哲學流派，其觀點不僅相互滲透，而且可以相互轉化。他列舉了中西哲學史上許多實例，作了論證。就中國哲學史說，如儒家和墨家是互相批評的。但兩家對對方的批評，構成兩家體系中的一個不可分的組成部分。又如王夫之的哲學，一方面繼承張載的氣學，一方面批評了程朱理學，但不是照原樣回復到張載，而是經過程朱繼承張載。具體地說，張載以氣為天地萬物組成的物質要素，但為什麼萬物各有差別，張載的氣論沒有明確回答。程朱提出「理」來，認為萬物稟有的理不同，故屬於不同類型。但程朱主張理在事先，認為先有理而後有事，倒向客觀唯心論即觀念論。到王夫之和戴震，在批評程朱觀念論的鬥爭中，提出理在事中，理不能脫離事物單獨存在。並且同張載的氣論結合起來，認爲離氣無理，完成了氣學的理論體系。如果，沒有程朱的理在事先的命題，王夫之很難提出「理在事中」的命題。就此而言，程朱觀念論，經過王夫之、戴震的改造，則轉化爲唯物論或樸素實在論。馮友蘭先生的這些論述，不僅揭示出了哲學思維發展的辯證過程，同時，也肯定了唯心主義哲學流派在人類認識史上的地位。他提出的這條原則，文革後，爲大陸哲學史界大多數學者所認同。

其二，深入分析歷史上不同哲學體系的理論結構及其形成的邏輯進程。馮友蘭先生十分重視邏輯思維在哲學中的作用，認爲學哲學的，首先要學邏輯學。他的兩卷本的《中國哲學史》，所以受到學術界的推崇，原因之一是，他擅於對中國哲學中的概念、範疇和命題，進行邏輯分析，進而揭示各種哲學體系的邏輯結構，將其所討論的哲學問題，清晰地展示在讀者面前，使學習中國哲學史的人，一目了然。馮先生認爲，中國傳統哲學的內容和形式，是通過漢語或漢字來表達的。古代漢字爲方塊體，一字有多種歧義。哲學家用來表達其概念和命題，往往語義不清，加之語體簡練，又不直接將其理論思維的內容說出來，如不進行邏輯分析，往往不知其所云。以邏輯分析方法，揭示中國傳統哲學的內容，是馮友蘭先生研究中國哲學史的貢獻之一。他的《新編》同樣表現出這一特色。

他在《新編》修訂本〈緒論〉中論哲學和哲學史工作者的任務說：「哲學是人類精神的反思」，即「對於認識的認識」，或「認識的反思」。如《周易》這部書，即中國古代哲人對其周圍世界認識的反思。王充的《論衡》認爲其任務是對古今往來之事，「折衷以聖道，析理於通材，爲衡之平，如鑑之開」，即對古今的認識進行評判，即對人類精神生活的反思。反思是一種理性的活動，要運用思維能力，形成概念或範疇，遵循邏輯推理法則，將反思的結果即命題，表達出來，即是哲學。「哲學是一種理論思維」，不同於宗教、文學和藝術。因此，哲學史工作者的任務是，將哲學家的反思過程揭示清楚，並對其命題作邏輯的分析，指明其理論的意義和價值。他舉例說，公孫龍提出「白馬非馬」這一命題，表面上是一種詭辯。但通過分析，其理論思維的內容是「白馬作爲馬的外延，不等於其內涵，所提出的哲學問題是個別不等於一般。但由此認爲，馬作爲共性可以獨立存在，便流爲詭辯了。」馮先生的這些分析，已被認爲是定論。

他在《新編》第四冊和第五冊中。評論魏晉玄學，隋唐佛學和宋明道學，都是著眼於剖析其哲學體系的邏輯思維的特徵。關於魏晉玄學，他認爲有兩大流派，即貴無論和崇有論。前者以王弼爲代表，後者以裴頠和郭象爲代表。王弼派以沒有任何規定性即無名的「道」爲天地萬物即萬有的本原。但其所謂的「道」或「無」實際上是抽象的一般概念，以其爲實體則陷入了觀念論和外因論。而裴頠和郭象則以「無」爲零，以「道」爲自然而然，認爲無不能生有，萬有的存在都是自生、自化，無任何造物者使之然，承認個體存在的客觀實在性，主內因論，屬於唯物主義流派。從邏輯上說，兩派爭論的焦點是一般和特殊哪一方爲根本。關於隋唐佛學，馮先生認爲其根本教義是主張「神不滅」通過修煉，擺脫生死輪迴之苦，使靈魂不再轉生，進入涅槃的彼岸世界。就哲學問題說，主張個人精神可以脫離形體而不死。佛教哲學各派，爲了論證這一根本教義，都以現實世界爲虛幻，彼岸世界爲眞實。其所論證的方式，或採取客觀唯心主義的說法，以心爲宇宙的心，如華嚴宗以自性清淨之「眞心」爲本體，以此岸即現象世界爲眞心所顯現的生滅象爲虛幻；又如南派禪宗慧能以「自性」或「本性」爲不生不滅的彼岸世界，以悟得本性即在此岸中，爲「見性」；或採取主觀唯心主義的說法，以心爲個體的心，如道生以「眞我」爲宇宙變化和成佛的主體；又如唯識宗以「阿賴耶識」藏有一切法的種子，主張「識外無物」，論證此岸世界爲虛幻。馮先生通過對佛教各派哲學所說的心性範疇，進行邏輯分析，區別宇宙的心和個體的心，從而揭示其唯心主義體系的特色及其同佛教教義的內在聯繫。特別是對於禪宗的宗教哲學所作的分析尤爲精闢。關於宋明道學，他在《新編》第五冊中，將道學分爲三派，即理學派，氣學派和心學派，也是基於對其理論思維的剖析。理學派可以朱熹爲代表，心學派以王守仁爲代表，氣學派以王夫之爲代表。馮先生認爲，他們的哲學體系是圍繞理、氣、心、性問題展開的。朱熹主張理本氣末，王守仁主「心外無理」，王夫之主張「氣外無虛託孤立之理」。就邏輯思維說，三家都涉及到一般與特殊、主觀與客觀的關係問題。朱熹以理爲一般，氣爲特殊，以邏輯在先說論證「理在氣先」，形成其客觀唯心主義體系。王守仁不區分形上和形下認爲心即理，其哲學體系具有主觀唯心主義傾向。如馮先生所說：「理學和心學的根本對立是理學注重客觀，心學注重主觀」。這裡的客觀，指理在個人的心外存在。而王夫之則以理爲氣化的秩序條理，提出「無其器則無其道」，認爲一般不能脫離特殊而單獨存在，主張理在氣中和理在事中，並區別主觀與客觀，主張「能必符其所」。因此，王夫之的哲學體系屬於唯物主義。馮先生認爲，魏晉玄學和宋明道學作爲兩大時代思潮，其哲學家對哲學問題的回答，確有唯心和唯物的分歧。通過對其哲學的邏輯結構的分析，分別作了論證，從而不贊成大陸哲學史界某些人將玄學和道學一概視爲唯心主義的見解。

他所以主張深入分析各派哲學的理論思維，其目的也是出於對教條主義學風的不滿。如他所指：「不作這種工作，而是抓住哲學的片言隻語，就斷定他是什麼論者，從而批評之。這就是用『戴帽子』、『抓辮子、打棍子』的辦法。用這種辦法批判今人，必造成冤假錯案，用這種辦法批判古人，必寫不出眞實的歷史」（《新編》修訂本〈緒論〉）。在中國大陸曾有一派馬克思主義哲學工作者，將形式邏輯等同於形而上學和唯心論，反對邏輯分析，馮先生這些話也是對此而發的。當然，馮先生對哲學家的哲學所作的理論分析，就其細節說，有的尚可商榷，但作爲研究哲學史的一種方法，是應當肯定的，並且培養了一批哲學史工作者，成爲馮派哲學史研究的一大特色。

其三，揭示和發掘哲學史上的重要流派及其發展線索。由於馮先生注重對哲學體系的理論思維的分析，往往發現被人們所忽視的哲學流派。如其兩卷本的《中國哲學史》，將《莊子・天下篇》中所記載的「辯者二十一事」區分爲離堅白與合同異兩派，受到了學術界的重視。他編寫《新編》時，仍重視哲學流派的分化和演變。如他論兩漢經學，認爲今文經學從董仲舒到易緯，倡非常可怪之論，將孔子神化，鼓吹神秘主義。而古文經學派劉歆則以孔子爲歷史人物，其後揚雄、桓譚、王充皆繼承這一傳統，倡無神論，同今文經學派的神秘主義思潮展開了鬥爭。他對先秦道家的研究，尤其重視學派的分化和演變。其對老子道論的分析，一九六二年的修訂本，以老子的哲學爲唯物主義，理由是「道」作爲宇宙的本源，無形無名，相當於古希臘哲學家阿那克曼德的「無限」，乃原初物質。到《新編》修訂本，又以老子的

「道」爲「一般」或「共相」，認爲在有無問題，主張「有生於無」，其體系則爲客觀唯心主義。但談到老子後，道家哲學的發展，則認爲分化爲兩大流派，一是莊子，向唯心主義發展；一是齊國稷下的道家學說，向唯物主義發展。後一流派，一九六二年本稱爲稷下唯物派，修訂本稱爲稷下黃老之學。所依據的史料即《管子》中〈內業〉、〈白心〉等四篇。重視此四篇的研究，始於郭沫若；黃老之學的提出，也始於郭沫若。但分析這四篇的理論思維及其在哲學史的地位，馮先生作了大量的工作。特別指出，其中的「精氣」說，是對老子道論所作的唯物主義的詮釋。他認爲黃老之學的特點有二：一是治身即養生，一是治國即推行法家的刑名之治。就宇宙論說，黃老精氣說乃中國哲學中氣論的先驅，對後來的中國哲學的發展起了巨大的影響。指出這一傳統，到漢代被《淮南子》、《易緯》，劉歆和王充繼承下來，提出元氣說，解釋宇宙的本源和天地萬物的形成。其後，魏晉的楊泉、唐代的柳宗元都是元氣說的倡導者。到了宋明時期，又被張載、王廷相、羅欽順、王夫之、顏元、李塨和戴震所闡發，形成了氣學派，同理學、心學成爲三足鼎立之勢。這一哲學傳統的發掘，並非馮友蘭先生一人之功，但他在近五十年的中國哲學史的研究中，始終探求這一傳統，並且在《新編》中，以通史的形式，肯定下來。同他寫的舊著兩卷本比較，這是一大轉變。他本人的哲學思維也因此由理本論轉變爲氣本論。這一轉變的關鍵，是他接受了一般寓於個別之中的辯證思維，揚棄了將一般和個別加以分割的思維方式，從而爲中國哲學的研究作出了重要貢獻。他在《新編》修訂本〈緒論〉中說：「共相即一般，具體即特殊，一般寓於特殊之中。特殊不能離開其中所寓之一般而存在，一般也不能離開其所寓之特殊而存在」。「講一般又顧及其所寓之特殊，這個一般就是具體的共相」。這段話，即是他研究中國哲學史的指導原則之一，也是他自己的哲學思維轉變的肺腑之言。

其四，關於中國遺產的繼承問題。一九五六年在全國的中國哲學史問題研討會上，馮先生先後發表了〈中國哲學遺產的繼承問題〉和〈關於中國哲學遺產繼承問題的補充意見〉。如何繼承中國哲學遺產？他提出一條原則：有些哲學命題，含有抽象意義和具體意義兩重性，抽象的意義可以繼承下來，其具體的意義應當拋棄。後來，又將這種兩重性，改爲一般的意義和特殊意義。他所以提出這一問題，也是基於對教條主義倡導的階級分析說的一種質疑。按哲學爲階級鬥爭服務的理論，考查歷史上哲學流派，其理論都是爲剝削階級的利益服務的，自然會導出傳統哲學沒有什麼可以繼承的結論，這就是他在文章中所說的「對中國古代哲學似乎是否定的太多了一些，可繼承的遺產就少了」。特別是關於中國傳統道德的繼承問題，尤爲敏感，在當時幾乎成爲禁區。史學家范文瀾在他的《中國歷史簡編》中，提出民族形式說，認爲仁義、禮智和忠孝等道德規範，代之以社會主義的內容，如將「忠君」代之以「忠於人民」，仍有其價值。馮先生從此說中得到啓發，提出他的抽象的意義說。此說被大陸學術界稱之爲「抽象的繼承法」。他舉了許多例子，說明其意義。如《論語》「學而時習之，不亦悅乎」，就這句話的具體意義看，孔子叫人學的是詩、書、禮、樂等傳統的東西，對現代人沒有多大用處，不需要繼承它。如果從其抽象意義看，無論學什麼東西，學了之後，都要及時的經常的溫習和實習。這句話，到現在還是正確的。又如孔子講的「愛人」和忠恕之道：「己所不欲，勿施於人」，也有抽象的意義和具體的意義。儒家主張親親，認爲人們因爲血緣關係而有親疏的不同，其所說的愛人是有差等的，並且有緩和階級鬥爭的意義，此是其具體的意義，應當拋棄的。但從抽象的意義看，也有現代所謂的愛人的意義，也是一種很好的待人接物的方法。又如孟子主張人性善，認爲人皆可爲堯舜，王陽明倡導致良知，認爲滿街都是聖人。這些話，就其具體意義說，叫人成爲維護封建之道的聖人，其內容是提倡封建道德。但就其抽象意義說，則認爲人在本質上是平等的，可以成爲打破封建等級制度的一種理論根據。事實上，左派王學如李贄和黃宗羲，正是繼承其抽象的意義，走向了反對封建權威的道路。由此，馮先生認爲，哲學史上某些哲學問題，就其抽象意義說，可以爲不同的階級服務，這也就是《莊子》中所說的「盜亦有道」，將仁義道德看成是刀槍等武器一樣，誰想將其團體組織起來，誰就用它。總之，依其抽象的繼承法，「說明哲學思想中有爲一切階級服務的成份」。馮先生自認爲是大膽提出這一問題，結果受到了多方的批判，在大陸展開了多年的爭論。被認爲馬克思主義理論家的陳伯達爲此發表了文章，依哲學和道德的階級性原則，對馮先生的抽象繼承問題作了批駁。文革後，馮先生又在〈三松堂自敍〉中對陳文作了反駁。這一爭論，就馬克思主義學術界說，可以看成是左傾教條主義同不滿意教條主義學風的一場鬥爭。因爲馮先生並沒有否定哲學的階級性，並且依據馬克思主義經典作家的有關論述，作爲他立論的根據。將他的抽象的繼承法說成是反馬克思主義，是欲加之辭。馮先生這一問題的提出，對一切從事中國哲學和中國文化研究的人來說，都有重要意義。它涉及到傳統與創新的關係問題，傳統文化的現代化問題。按著左傾教條主義的說法，中國傳統文化實在沒有什麼可以繼承和發揚的東西。反之，將傳統文化和傳統道德，不加區分地一概視爲國粹，加以宣揚，不僅同現代人的生活格格不入，而且有礙於現代化的進程。馮先生提出的傳統文化和傳統哲學具有兩重性的觀點，即是爲解決這一問題提供一種途徑。他所說的哲學命題中的抽象意義或一般意義，是指傳統文化中具有永恆價值的東西，乃人類共同的精神財富，繼承和發揚這一優良傳統，是無可非議的。就中國傳統哲學說，所謂繼承命題的一般意義或抽象意義，主要指邏輯思維的繼承性說的，屬於人類的認識問題，理論思維自身發展的規律性問題。邏輯的意義，具有超階級的性質，可以爲不同階級和階層服務。如關於一般和個別、本質和現象、主觀和客觀、群體和個體等問題的辯論，其正確的結論，是人類共同的哲學遺產，馮先生提出此問題，爲哲學史的研究，開闢了新的視野。所以文革後，他的抽象繼承法，受到學術界的重視，已被視爲處理傳統道德繼承問題的原則之一。

以上四項，是馮友蘭先生近五十年來研究中國哲學史的主要貢獻，但他的研究也存在著未能解決的問題。就《新編》的寫作說，近現代部分，顯得很薄弱，把不是哲學和哲學問題的思想寫進了哲學史。他在《新編》的〈緒論〉中一再指出，學習哲學史的目的是「鍛煉人們的理論思維能力和提高人的精神境界」。可是處理近現代部份時，則沒有貫徹這一原則，將主要的篇幅論述社會政治思想。關於中國哲學史的分期，他區分爲先秦子學、兩漢經學、魏晉玄學、隋唐佛學、宋明道學等不同的發展階段。可是，到了近現代部分則稱爲「變法」和「革命」，從而將洪秀全和曾國藩等人物列入哲學家的行列，哲學史則變成了文化思想史。變法與革命只能是哲學思想形成的社會政治環境或歷史背景，不應成爲哲學史的主題。此時期的思潮，不是沒有哲學問題及其特徵。明顯的特色是歐洲的哲學傳入中國，對中國哲學的發展起了深刻的影響。如進化論問題，便是其一。從康有爲、譚嗣同到嚴復和章太炎等人都談進化論，但觀點並不相同，分析他們的理論結構，對鍛煉人們的理論思維能力，是有意義的。馮先生處理近現代的哲學史，以社會政治思潮爲主流，未免將政治與哲學混爲一談了。任何時代的哲學家和哲學史家，他們的研究工作，都不可避免的帶有時代的烙印和某種偏向。馮先生作爲一代大師，也是如此。這是不能苛求於前賢的，問題在於他們的研究是否對人類理論思維的闡發做出了貢獻。

（一九九六年在香港浸會大學的演講）

中國傳統哲學的未來走向

一、引言

中國傳統哲學是中華傳統文化的重要部分，如果從春秋時期說起，已有兩千多年的歷史，形成許多流派，對東方和西方文化都曾起過影響。但處於當今工業化的時代，傳統的東西是否還有其生命力，如何發揮其生命力？此是思想界和學術界普遍關注的問題，也是近代以來人們長期爭論的課題之一。我想，就此問題，談談我個人的想法。

中國傳統哲學，同中華文化一樣，不僅源遠流長，而且豐富多彩。就其影響之廣泛說，有儒釋道三大系統。此三大系統的哲學，在後來發展的過程中，又互相影響，甚至相互融合，在世界哲學史上獨樹一幟，具有自己的民族特色，成爲東方文化的代表。因此，談中國傳統哲學的未來走向，應從其特色出發，在同世界上其它民族特別是西方哲學的比較中，認識其價値和意義。任何傳統哲學，就其理論思維說，一方面具有人類的共性，一方面又有民族的特性。這是因爲，一個民族所處的生活環境不同，其生活經驗和生活智慧也不盡同。某一民族所見者，往往爲其他民族所不見。「仁者見仁，智者見智」，各有千秋。談中國哲學的未來走向，應著眼其所見者，而不是將自己的傳統納入其他民族的思維模式中。

談中國傳統哲學的未來走向，無可諱言，涉及到目的和任務問題或價值取向問題。有一種意見，認為一個民族的傳統文化是該民族生命力之所在，弘揚傳統文化及其哲學，可以增強民族的凝聚力，提高民族的自尊心，延續民族的生命，從而獨立於世界民族之林。作為中國人和炎黃子孫，以此看待中國傳統哲學的價值，這是無可非議的。但這只是問題的一個方面。除此之外，還應看到中華文化對人類前途所擔負的使命。中華文化，博大精深，過去曾為人類文明做出自己的貢獻。今後也應為人類的未來做出自己的貢獻。就傳統哲學說，要實現這一目的，只有走同現代人的生活方式和思維方式相結合的道路。所謂發揚優秀傳統，不是自我欣賞，而是從傳統中汲取與現代生活相關的有價值的東西，解決今人所面臨的問題，為人類文明的建設，盡自己應盡的義務。總之，要立足於現代，面向世界的未來。

傳統的東西怎樣走向世界，使其成為人類新文化的組成部分，不僅有益於中國，而且有益於全人類？這涉及到傳統哲學現代化的途徑問題。我的想法是，在創新而不是重覆老一套。所謂創新，是在傳統的基礎上更新。所謂更新，不只是用現代人習慣使用的哲學語言，詮釋中國古典哲學著作，便於現代人理解，更為重要的是，運用現代科學的治學方法，闡述中國傳統哲學的特色，並以西方傳統的思維方式為借鑒，發揚中國傳統哲學中的眞知灼見，進而創建適合時代需要的，而又具有中國特色的哲學體系。近代以來，關於中國傳統哲學現代化問題，有一種傾向，以為用西方近現代某一流派的哲學，解釋中國傳統哲學，便走上了現代化的道路，實際上其對中國傳統哲學的闡發，成為西方某一哲學流派的注腳，沒有擺脫歐洲文化中心論的影響。處於當今世界各民族文化交流向縱深發展的時代，閉門造車是沒有前途的，但在交流中抹殺自己的傳統，使中國哲學成爲歐洲某一哲學流派的附庸，同樣是不可取的。

以下，就我近年來在教學和研究中的體會，試圖從五個方面，探討一下中國傳統哲學的特色及其未來走向，供學術界參考。

二、人本主義與自然主義的結合

中國傳統哲學，特別是儒道兩家的哲人，皆以哲學爲「天人之學」，意謂聖人和哲人的智慧，不僅知人事，還要通天道。此種學術傳統，始於先秦孔老二家。在殷周天命論和鬼神信仰統治的時代，儒家孔子發現了「人」，道家老子則發現了「自然」。前者創建了中國哲學中人本主義或人文主義傳統，後者創建了自然主義傳統。後經孟子和莊子的闡發，各自形成體系，一直影響於後世，孔孟可以說是古代人學的開拓者，老莊則是古代自然哲學的探索者，孔孟倡導的人本主義，重視人的研究，以人倫和人的道德生活爲人道的本質，如孟子所說：「仁也者，人也，合而言之，道也。」（《孟子·盡心》）認爲人生的目的是從事道德上的自我完善，至於個人的吉凶禍福，不必掛在心上，所謂盡人事、聽天命。老莊倡導的自然主義，則面向自然，認爲自然界的變化，無人的意識，不體現某種意志，無欲無爲，無主宰者使之然，人類的生活也應效法天道。如老子所說：「人法地，地法天，天法道，道法自然。」

（《老子》二十五章）孔孟以人事明天道，老莊則推天道以明人事，各有偏重，但皆不言福善禍淫的神道，都不相信天命鬼神可以擺佈自然界和人類的命運，而是從人類自身或自然自身中，尋找生活的規律，這在古代思想史上是一大解放。孔孟老莊都認爲人道和天道有某種同一性，談天道，應顧及人事；談人事，應顧及天道；從而奠定了中國傳統哲學的基本導向。

此種哲學導向，到了戰國後期，得到進一步的發展，即將孔孟倡導的人本主義和老莊倡導的自然主義結合起來，觀察人事和天道。《易傳》的作者，通過對《周易》的解釋，以道家的自然主義講天道，以儒家的人本主義談人道，如〈說卦〉所說：「昔者聖人之作易也，將以順性命之理。是以立天之道曰陰陽，立地之道曰剛柔，立人之道曰仁義。」儒家荀子，依道家的自然主義寫了〈天論〉，依儒家的人文主義寫了〈禮論〉，並將二者結合起來，取兩家之長而揚其短，形成了講天人之學較爲完備的體系。漢代以來，哲學家們都以「明天人之際」爲自己的任務，並不同程度吸收了儒道兩家的觀點。如董仲舒，其論天道，雖然形式上恢復了天命論，但其對天道內涵的理解，一方面吸收了孔孟的仁愛說，另一方面又容納了道家以天象言天的傳統，從而將自然界的變化引向倫理的目的論。魏晉時期形成的玄學，其論天道，本於道家的自然無爲說；其言人道，又吸收了儒家的名教之治，並將二者結合起來。宋明時期形成和發展起來的新儒學即道學，其談哲學問題，即言天道、又講人道，並將二者融爲一體。張載談哲學家的任務說：「爲天地立心，爲生民立命，爲往聖繼絕學，爲萬世開太平。」其所謂「爲天地立心」，指發揚道家的自然主義；所謂「爲生民立命」，指發揚儒家的人本主義，從而建立起其哲學體系。道學各派對天道的理解，雖不盡同，但都不言主宰的天或意志天，而是從自然或人類生活自身中尋找天道和人道統一的原理，如程頤所說「天地人只是一道。」王陽明所說：「在天爲天道，在人則爲人道，其分雖殊，其理則一也。」（《全書·山東鄉試錄·易》）此種將天道和人道進行整合研究的哲學，集中體現了中國古代哲學家倡導的「天人之學」的特色。

道家的自然主義和儒家人本主義相結合的傳統，也體現在具有中國特色的宗教，即道教和佛教禪宗的哲學中。道教出於先秦時期黃老之學的養生論，以人爲自然的人，如葛洪所說，人稟氣而有生命，但人獲得生命後，即爲我有、「爲我制御」，通過人爲的修煉，可以延年益壽，甚至長生不死。此種生命觀是道家自然主義和儒家人本主義思想結合的產物。因而又提出道本儒末說，以「忠孝和順仁信」等道德作爲修道成仙的手段之一。唐代慧能所創建的禪宗，其所倡導的「無念爲宗」說，頗受道家因順自然如郭象所說「無心以順有」的境界說的影響。其所倡導的頓悟成佛說，認爲人性即佛性，有此覺悟，衆生即是佛，此又是受了孟子的良知良能說以及「思則得之，不思則不得」反省內求的修養方法的影響。儒家的人本主義和道家的自然主義，都於人的本性中尋找安身立命的精神境界，不求助於外在的力量，如歸依於上帝和神靈的拯救，而禪宗的成佛說，以彼岸世界即在此岸之中，正是體現了這一特色，從而揚棄了從印度傳來的那種出世主義的宗教觀。

總之，古代哲人倡導的天人之學，其義有二，一是講天道不離人道，或講人道不離天道，並尋求天道和人道之間的內在聯繫；二是以自然主義和人本主義相結合的方式考查自然和人生。其總的傾向是，企圖從自然界和人類自身中引出基本原理，解釋宇宙的統一性，而不是借助於神道。這同人類科學思維發展的走向是一致的。但此種哲學觀，由於追求宇宙的同一性，未能引導人們對自然和人分別進行深入的研究，其對統一原理的總括，往往缺乏實證的精神，如後來方以智所批評的，「捨質測而冒言通幾」，必流於空疏。此是天人之學的一大弱點。但針對西方從古希臘開始的偏重於分別研究自然和人的思維模式，以及依此種模式而造成的近代自然和人的思維模式，以及依此種模式而造成的近代自然科學與人文科學分道揚鑣的走向，中國傳統的天人之學，又有其優點。它有助於推動自然科學與人文科學的溝通，探討二者的聯繫，開展新的研究領域，進一步揭開自然與人生的奧秘。自然法則和生活規範，既有差別，又有同一性。明代哲人羅欽順說：「天之道，莫非自然。人之道，皆是當然。凡所當然者，皆其自然不可違者也。」（《困知記》上）清代戴震說：「必然乃自然之極則」。中國傳統哲學探討自然、必然和當然三者的聯繫，無疑是一種更高層次的智慧。

三、群居和一的人道觀

人際關係是中國傳統哲學探討的課題之一。個人總是生活在與他人交往的關係中，形成了人的群體生活。個人與群體的關係是歷代社會學、政治學和倫理學建立的基石。儒家倡導的人學，主要回答人際關係即群己關係問題，並在此基礎上提出了自己的人道觀。其人道，重視人類生活的群體性，而且以倫理關係解釋人類群體生活的特徵。此種人道觀，對中國人的生活方式和生活理念影響深遠，成爲中國傳統哲學的一大特色。

孔子因批評當時的隱士生活而提出「人群」這一概念，後被孟子闡發爲「人倫」說，將人際關係歸結爲五種秩序，即五倫：「父子有親，君臣有義，夫婦有別，長幼有序，朋友有信。」認爲人際關係中的雙方，應相互關懷和負責，以此維繫群體生活的和諧。至荀子進而提出「群居和一」說：「人生不能無群，群而無分則爭，爭則亂，亂則離，離則弱，弱則不能勝物。」（《荀子·王制》）認爲人類從事於有秩序的合群生活，方可使個體的行動協調一致，免於爭奪和動亂，於是產生巨大的凝聚力，從而戰勝自然物。孔孟荀皆認爲人同動物的根本區別在於人能從事倫理的合群生活，聖人即是人倫生活的表率，如孟子所說：「聖者，人倫之至也。」荀子所說：「聖也者，盡倫者也」。就個人同群體的關係說，儒家反對只知有個人或不肯爲群體生活盡義務的人，如孟子斥責楊朱的獨善其身和「拔一毛而利天下不爲也」的言行爲「禽獸」。總之，重視人倫生活並以此理解人道的內容，成爲儒家各派人學的出發點。

從維繫人倫生活出發，儒家提出了自己的道德原則和政治原則以及實現這些原則的道德規範和政治措施。儒家的道德原則可稱之爲以人倫爲中心的人道主義。孔子提出的仁和禮即是實現這一原則的道德規範。禮的功能在於維繫社會秩序的安定，要求個人自覺地遵守在人倫中的地位及其應盡的職責，互盡義務。仁的功能即「愛人」，要求對別人有同情心，彼此關懷和愛護，此即孔子倡導的「忠恕之道」、「己欲立而立人，己欲達而達人」、「己所不欲，勿施於人」。孟子依此，提出推己及人的生活方式：「老吾老以及人之老，幼吾幼以及人之幼」，即「大學」所說的「絜矩之道」。儒家認爲，禮和仁是統一的。就維繫人倫生活說，二者不可偏廢。後來儒家各派的倫理學，即言禮，又講仁，視禮仁結合爲調整人際和諧的基本道德。儒家倡導的仁愛之德，具有人道主義的特色，乃儒家人學的精華，到了近代，則被一批啓蒙思想家闡發爲博愛主義。儒家治國的政治原則可稱爲民本主義和德治主義。其視國家爲群體生活的一種形式，但以人民百姓爲國家的基石。爲了維繫政治生活中人際關係的和諧，孔孟提倡德政和仁政，要求執政者如愛護自己的子女一樣，關心百姓的生活疾苦，反對虐政和暴政。爲了實現群居和一的生活，孔孟還提出社會公正即均平原則，主張調均貧富和救濟鰥寡孤獨的窮人。〈禮運〉依此，提出「天下爲公」說，以大同世界爲人類的理想社會，鮮明地體現了儒家人道主義精神，至近代，則被先進的思想家視爲批判封建制度的價値準則。

儒家以家庭爲群居生活的核心，視天下、國家爲家庭生活的擴大，從而將「父慈子孝，兄友弟恭」看成是維繫群居生活的榜樣。在儒家看來，人類的群體生活乃一倫理的共同體。在此共同體中，其成員因社會地位的不同，形成了不同的對立面，如君臣、父子、夫婦、兄弟、朋友等，難免有摩擦和衝突，但終會歸於和解。因爲對立的雙方，在交往中，產生了情感，進而形成互相尊重、互盡義務的責任心。儒家認爲，這種人際關係，不是相互計算的個人利害關係，而是互敬互愛的倫理情誼關係。此種人際關係，一方面出於理性，一方面又基於情感，既有情、又有義，方能實現群體生活的和諧局面。孔子倡導的仁禮結合，孟子提倡的「四心」和「四德」，都是情義合一的表現。此是儒家人學的又一特徵，不同於唯情主義或唯理主義的倫理學說。此種人道觀，基於愛群和重義的原則，又不同於以個人爲中心的功利主義。從孔子開始，圍繞群己關係問題，便展開了義利之辯。孔子說：「君子喻於義，小人喻於利。」後來宋儒程頤闡發爲公私之辨和理欲之辨。儒家所斥責的「利」和「欲」，指危害人倫生活的私心私欲和私利。其所倡導的「義」，指維護群體生活利益的責任感，即個人要爲群體的生存和昌盛盡義務。儒家並不排斥個人的利益，更不主張宗教的禁慾主義，而是如孔子所說的，「見利思義」，荀子說的「先義而後利」，孟子所說的「形色，天性也，惟聖人然後可以踐形」，即個人利益和慾望的滿足，不應違背或侵犯他人即群體的利益。此種義利合一和理慾合一說，也是儒家人道觀的特色之一。儒家以其情義合一與義利合一的思想，在歷史上哺育了一批「殺身成仁」、「舍生取義」的仁人志士和民族英雄，爲中華民族的生存和發展，寫下了可歌可泣的篇章。

總之，儒家提倡的群居和一的人道觀，具有東方文化的特色。凡以家庭爲社會單位的民族和國家，其談人道，大都具有這一傾向。此種人道觀，在古代社會，因受等級制的約束，以君父爲家國的代表，認爲順從君父的言行，即是爲群體謀福利或盡義務。這種思想，到漢代被董仲舒引申爲「三綱」說，成爲維護封建特權統治的工具。就此而言，儒家的群體觀，又含有壓制個性和輕視個人權利的偏向。同西方文化中以個體爲中心的人道觀相比，缺乏近代的平等觀念和民主意識，具有時代的局限性，但其中提出的維繫人際和諧的基本原則，如仁禮合一、情義合一、義利合一等，對任何社會中的人都是適用的，有其永恆的價值。就人類當前面臨的社會問題和生活走向說，儒家的人道觀仍有現代的價值。基於個人競爭而形成的西方近代文明，在推動工業化進程中起過積極的作用，但也帶來難以解決的社會矛盾。如爲了獲得更多的財富，在人際交往中，無情無義、唯利是圖，甚至互相傾軋，個人利己主義和享樂主義腐蝕人們的靈魂，黑勢力橫行，青少年犯罪率增高等，又破壞了人際關係的和諧，阻礙著社會生產的發展。這些社會弊端，不是單靠法律制裁可以解決的。儒家人道觀中的優良傳統，可以彌補西方近代人道觀的缺欠，有助於社會經濟的繁榮和人類文明的進步。

四、天人合用的宇宙觀

人與自然的關係也是中國傳統哲學長期討論的課題，被稱爲天人關係問題。歷代哲學家對天和人的理解，其義不一。此處所說的「天」，取道家郭象義，指天地萬物的總稱，即自然界之義，不包括人的作爲。「人」，指人的意識、目的和作爲。此問題也包括人在宇宙中的地位問題，從而構成了中國傳統哲學中宇宙觀的主要內容。

關於人和天地萬物的關係，道家老莊提出了因循自然說，認爲自然界的變化非人力所能參與，人只能順受，走向了自然宿命論。儒家孟子以「誠」解釋天道，以思誠者爲道，又將自然理念化，導出「萬物皆備於我」的結論。道家肯定自然獨立於人的意識而存在，但否定人的主體性，不承認人對自然的反作用。儒家孟子肯定了人的主體性，又抹殺了自然的客觀實在性。前者見天不見人，後者見人不見天，從而揭開了中國傳統哲學中天人之辯的序幕。至《易傳》和荀子，綜合了兩家的天人觀，取其長而揚其短，提出了人參與自然變化的學說。《易傳》說：「天地設位，聖人成能」，「后以財成天地之道，輔相天地之宜」。荀子於

《天論》中說：「天有其時，地有其財，人有其治，夫是之謂能參。舍其所以參，而願其所參，則惑矣」。他以人爲能參，以天地萬物爲所參，認爲人能控制自然界的變化，從而提出「制天命而用之」的號召。《中庸》的作者亦說：「能盡人之性，則能盡物之性。能盡物之性，則可以贊天地之化育」，「則可以與天地參矣」。所謂「盡人之性」，指充分發揮人的主觀能動性，進而窮盡萬物之性，則能贊助自然界的變化。以上這些觀點，一方面區別了自然和人，如荀子說的「明於天人之分」；另一方面又肯定人有能力控制和影響自然，爲中國傳統哲學中的天人之辯，奠定了理論基礎。

漢唐是宇宙論流行時期。此時期的天人之辯，圍繞自然界的變化是否有意識和目的而發展。董仲舒將人的仁愛意識加於自然界，宣揚倫理的目的論。從《淮南子》、揚雄、桓譚至王充都反對這種目的論。他們因受道家自然主義影響，斷言自然界無人的意識，但同時認爲人在自然面前並非消極無所作爲，如王充所說：「雖然自然，亦須有爲輔助。」至唐朝，柳宗元、劉禹錫同韓愈的辯論中，柳氏提出「天人不相預」說，劉氏提出「天人交相勝」和「天人還相用」說，認爲人與自然，各有其職能，不相代替，但人乘氣而生，爲智最大，能執人理，與天交勝，輔助自然物更好地成長。劉、柳同樣區分了人與自然，同時提出了人與自然相互作用的觀點，對以前的天人之辯做了一次總結。

到了宋明時期，隨著本體論學說的流行，天人之辯又獲得了新的內容，著重討論了人在宇宙中的地位問題。《周書．泰誓上》說的「惟人萬物之靈」和《禮記．樂記》說的「人者，天地之心」的命題，對此時的天人之辯起了很大影響。心學派依此，強調人的主體性，導出人心爲自然立法的結論，如王陽明所說：「心即天，言心，則天地萬物皆舉之矣。」（《全書·答季明德》）理學派和氣學派都認爲，自然之理有其客觀性，「非心意之所造作」，人心之所以可貴在於認知自然之理，如程頤說的「即物窮理」。張載和王夫之都認爲天地無人的思慮和仁愛之德，其化育萬物，出於自然。而智慧和仁德乃人的特質，如王夫之所說：「天地之生，以人爲始，故其吊靈而聚美。」（《周易外傳·復》）故人能以其聰明智慧，深入自然內部，揭示天地萬物之功能。關於人與自然的關係，張載說：「天能爲性，人謀爲能。大人盡性，不以天能爲能，故曰天地設位，聖人成能」（《易傳·繫辭下》）。「天能」，指氣化萬物的規律；「盡性」，謂發揮人的智謀，成就天之所能。王夫之則提出「天道無擇，人道有辨」說。後一句是說，人能辨別是非善惡，從自然界中，選擇有利於人類生存的東西，「裁成天地而相其化」。因此他得出結論：「自然者天地，主持者人，人者天地之心。」（《周易外傳·復》）他將後一句，理解爲人是自然界的主人。在王氏看來，自然之所能是「生萬物」，而人之所能是「治萬物」、「用萬物」。人所以能治理自然界，因爲人在自然面前有通權達變的主動權。人類應發揮自己的主動性，控制和駕馭自然界，使其造福於人類生活。據此，他提出「延天以祐人」說，「相天」、「竭天」和「勝天」說，即竭盡人之能，延長和添補自然之能，使自然的東西，爲人類所用。由此得出結論：「聖人賴天地以大，天地賴聖人以貞」（《周易外傳·繫辭上》）。他將此種關係，稱之爲「天人之合用」。明末清初的科學家方以智及其父方孔炤，亦持此種天人觀。他們提出「聖人宰天」和「聖人以造造化」說，認爲人有「制變宰物之大權」，有理性、能格物致知、窮理盡性、極深研幾，認識自然界變化的規律，從而控制和改造自然，「以前民用」。其將這一論點，稱之爲「盡人還天之用，與天人必用之用」（《周易時論·說卦》）。意謂盡人道使天道發揮其應有的功能，人與自然共成其大用，並存而共榮。

總之，中國傳統哲學認爲，天地人三者乃一整體，非孤立地存在，而是相互影響。人是自然界中的一類，賴自然而生存。但人又不同於其它自然物，爲萬物之靈，有理智和仁德，能認知自然的法則，依其法則控制和改造自然的現狀，使其爲人類服務。這種天人觀，已爲人類幾千年的生產實踐所證實，但不同於西方近代以來人征服自然的學說，即將人與自然對立起來，看不到人與自然統一的一面。其結果，將人改造自然，引向破壞自然界的秩序，甚至破壞人賴以生存的自然環境，從而又爲人類的生存帶來危機，如工業化進程中形成的環境污染和對生態平衡的破壞。而中國傳統哲學，視自然爲人類的夥伴，如孟子說的「仁民而愛物」，張載說的「民胞物與」，故將改造自然理解爲控制、參與、輔助和利用自然，即使自然發揮對人類生活有益的功能，而不是毀滅自然。前面所說的「成能」、「制天命」、「與天地參」、「輔相天地之宜」以及「延天」、「竭天」等，皆是此義。總之，人與自然雖有排斥的一面，但從宇宙整體上看，又相互依存，相輔相成。此種宇宙觀，乃中國古代科學家從事科技發明創造的指導思想，今後，仍有其生命力，值得發揚光大。

五、陰陽推移的變化觀

中國傳統哲學，無論哪一流派，都研究事物變化的過程和法則，都認爲自然和社會處於變化的過程，宇宙中沒有不變的存在物。孔子說：「逝者如斯，不舍晝夜。」老子說：「天地尚不能久，而況於人乎。」《管子・乘馬》說：「春秋冬夏，陰陽之推移也」，「天地莫能損益也」。戰國後期形成的《易傳》，通過對《周易》卦爻象和卦爻辭的解釋，總結了其以前的陰陽變易說，成爲中國傳統哲學中論事物發展規律學說的代表，並對中國傳統文化的發展起了深遠的影響。

以《易傳》系統爲代表的陰陽變易說，如何看待事物的變化和發展？歸納起來，有以下幾條原則：

㈠一陰一陽

此條是說，任何事物的性質都有陰陽兩方面，即又陰又陽。此種觀點，始於老子：「萬物負陰而抱陽」。莊子解釋爲「師陰而無陽，其不可明矣。」（《莊子・秋水》）《易傳・繫辭》則稱爲「一陰一陽之謂道」，以陰陽不可偏廢，爲事物存在和發展的基本規律。此條原則，又被闡發爲陰中有陽，陽中有陰，即陰陽相間，朱熹稱爲「陰陽交易」說。認爲宇宙中無孤陰孤陽或純陰純陽的事物，要求人們從陰陽兩方面觀察和研究自然現象和社會現象，不犯片面性的錯誤，如張載所說：「兼體而無累」。

㈡陰陽相推

此條是以陰陽相互推移解釋事物變化的原因、過程和形式。老子提出「反者道之動」，將運動的形式歸之爲向反面轉化，如月滿則虧、物盛則衰、多藏則厚亡。莊子稱之爲「消息盈虛，終則有始」（《莊子・秋水》）。《易傳》則概括爲「剛柔相推而生變化」。所謂「相推」，包括相互排斥、相互代謝和相互轉化，循環不已。此條原則又引伸爲「物極則反」和「窮則變、變則通」。總之，宇宙中的事物總是經歷屈伸往來、盈虛消長以及從量變到突變的過程。朱熹稱之爲「陰陽流轉」說。此條原則，要求人們從對立面轉化的觀點觀察事物的變化，從而防微杜漸，控制事物發展的過程和方向。

㈢陰陽合德

此條是以陰陽相濟相成爲事物發展的基本準則。老子提出「沖氣以爲和」，視陰陽二氣之調諧爲萬物生長的根本條件。但老子貴陰柔而賤陽剛，見屈而不見伸。《易傳》則提出「陰陽合德」說，乾始坤成說，即陰陽互補的原則。此原則是說，事物雖有陰陽相反的雙重性，有排斥的一面，但又有相通、相交相濟的一面。如《易傳》所說，「天地睽而其事同」，即天地同有生化萬物之功，即「天地交而萬物通」。又如男女雖爲異性，其交合方有人類生命之延續。水火雖相滅，但水可使火免於燥烈而滅盡，火可使水免於凝聚而不流，二者又交相養。剛柔雖相勝，但以柔濟剛，剛者不敗；以剛濟柔，柔者不靡，二者又交相成。人文現象亦是如此，寬猛相濟、德刑相輔、文武相參，方能維繫群體生活的安定和繁榮。人的精神現象亦不例外，思學相資、仁智兼備、知行合一，方有非凡的智慧和完善的品德。此條原則，又稱爲「相反而相成」。總之，天地萬物雖殊形異質，甚至相排斥、相鬥爭，但說到底，是以其相資相濟保持其富有而日新，此即《易傳》所說：「保合太和乃利貞」，亦即張載所說：「仇必和而解」，王夫之所說：「天地以和順爲命，萬物以和順爲性。」（《周易外傳·說卦》）此條原則，要求人們從陰陽互補的角度觀察事物的發展和變易。

㈣陰陽不測

此條是關係如何看待事物變化的不定模式及其前途。《易傳》提出「神無方而易無體」，「陰陽不測之謂神」，「不可爲典要，唯變所適」等論點。「神」，謂陰陽變易、神妙莫測，即沒有固定不變的模式或體制。此條原則，經後來哲學家們的闡發，其義有二：一是事物的變易，無窮盡之時，總是變化而日新。此即《易傳》所說：「生生之謂易」，「日新之謂盛德」。「日新」是說，不斷更新，不是舊事物的重複。王夫之稱爲「陰陽不停，推陳致新。」（《周易外傳·頤》）二是事物變化的內容和形式極其豐富，不能以其中某一種形式，規定事物發展的方向。王夫之稱爲「不可執一凝滯之法」，「以爲典要」。（《周易內傳·繫辭下》）如天地日月，表面上看，似乎千古如是，實際上其內在的素質，每日不同，總是揚棄舊的，生出新的。人類社會的變化亦是如此，所謂「勢日變而不可復」。因而人對自然和社會的認識及其思維方式，也不能停留在一種模式上，應隨事物的變易而改變。

中國傳統哲學中，關於事物變易的研究，不僅有理論的概括，又有經驗的證實，從老子開始，經過《易傳》和歷代易學，至近代，一直沒有間斷，世代相傳，自成體系，其深度和廣度，是世界哲學史上少有的，成爲中國哲學的一大特色。此種發展觀，同西方的傳統思維相比，即非機械論，也非生機論，而是以陰陽兩種性能的相互作用，解釋事物變易的泉源、過程和規律，具有內因論的特色。關於對立面相互作用的解釋，也不同於西方從古希臘哲學開始的以對立面的鬥爭為事物發展動力的學說。西方傳統思維，強調對抗，追求一方征服或吃掉另一方，所謂相兼相併，弱肉強食，視自然和人類社會的變化為不斷鬥爭的歷史，總之，鬥爭就是一切。而中國傳統思維所追求的是對立面的相濟相成，是宇宙的均衡與人類的和諧。此種哲學，並不否認對立面的排斥、對抗和鬥爭，而是視鬥爭為達到或實現更高層次和諧的步驟或手段。在中國傳統哲學看來，鬥爭講過了頭，是見分而不見合，見對立而不見統一，致使任何統一體永遠處於分裂的局面，最後導致人類和宇宙的毀滅。事物的對立和依存，不容分割。中國傳統哲學的發展觀，揭示了陰陽依存與和諧的一面，可補西方傳統思維方式之偏，也是值得發揚的。

六、氣化流行的形上學

形上學是傳統哲學中的重要問題。中國哲學同樣具有形上學傳統，並有悠久的歷史。此問題，始於老子的論道，討論天地萬物的本源問題。老子認為道作為本源的實體，其自身無任何形狀，無以名之，故為天地萬物的祖先，即其所說：「天下萬物生於有，有生於無」。「無」，謂無形、無名、無為、無欲，即形而上的東西。「有」謂有形有象的個體事物。老子提出的「有生於無」的思維模式，成為中國哲學家談形上學的基本原則。此原則在漢唐時期成爲談宇宙生成問題的指導思想。魏晉時期玄學家王弼，依此原則，建立起本體論學說，認爲本體作爲天地萬物的共同本質，其自身必須無形無象，即無具體的形象，方爲一切有形有象的個體存在的根據。東晉南北朝時期，印度大乘佛學傳入中國，其中性宗，如《大乘起信論》則以萬象爲本體自身的顯現。到了宋明時期，道學家依《易傳》中「形而上」和「形而下」的範疇，吸收了玄學和佛學本體論的思維，建立起儒家本體論和形上學的哲學體系。這一體系，至王夫之發展到高峰。哲學史表明，將中國哲學傳統，歸之爲只談人際關係而不談世界的本源問題，則是一種誤解。

中國傳統哲學中的形上學，就本體論說，其影響大者，有五種類型：玄學貴無論、佛學眞如論、道學理本論、心本論和氣本論。本體論討論的核心問題是本體與現象的關係。對此問題的回答，這五大流派各有其特色。首先，對本體的內涵理解不一。玄學派以「無」爲本體，佛學性宗以眞如清淨心爲本體，道學理本論以理即事物之所以然和當然之則爲本體，心本論以倫理的心如良知爲本體，氣本論則以氣爲本體。其次，對現象的理解也不盡同。佛學則以現象爲虛幻或假象，而玄學和道學則以現象爲實有。但就本體與現象的關係說，五派的理解又有共同點，即本體與現象不即不離。王弼提出「無必因於有」，佛家主「體用不二」，道學則主「體用一源，顯微無間」，皆是此義。但就本體論思維發展的趨向說，從區分形而上和形而下，導向二者不可分割，最後得出無形而下即無形而上，本體只能寓於萬象之中的結論。這一結論是通過氣本論的形上學而完成的，成爲中國傳統哲學的一大特色。

氣本論也可以稱爲氣化流行的形上學。因爲氣作爲天地萬物的本體，其特點是，自身具有運動變化的性能，而且永遠處於流行中。所以屬於形上學的範疇，因爲氣自身無形，不是某種具體的有形有象的東西，如寒暑之氣、呼吸之氣、水蒸氣一類的氣體。氣作爲哲學的範疇之一，早在先秦即已形成了，如《老子》中的「沖氣」，《管子》中的「精氣」，《莊子》中的「通天下一氣」。漢唐時代又衍爲「元氣」，宋代朱熹歸之爲陰陽五行之氣，張載則提出「太虛之氣」，王夫之闡發爲「太和絪縕之氣」。盡管各派對氣的理解不盡同，但都以氣這一範疇，解釋天地萬物的形成，而氣本論者則以氣爲本體。此種本體論，張載倡於前，羅欽順、王廷相、方以智、王夫之明於後；到清代，顏李和戴震仍繼承這一傳統；至近代，康有爲和譚嗣同仍主氣化萬物說。可以說，氣論哲學，源遠流長，乃中國古代自然哲學的代表。宋明時期的氣本論即在此基礎上，建立起形上學體系。此種形上學體系，歸納起來，有以下幾個特點：

其一，氣無具體的形象，充滿太空，如張載所說：「太虛即氣則無無」；並且寓於一切有形的個體中，如王夫之所說，「全具一絪縕之體而特微耳」。其二，氣作爲本體永恆運動著，故宇宙爲動的宇宙，即氣化流行的宇宙，如王天之所說：「太虛恆動」。氣自身含有陰陽兩重性，其相互吸引和推移是一切運動變化的泉源，如張載所說：「一故神，兩故化」。其三，天地萬物皆氣化的產物，氣有聚散，聚則凝結爲萬象，萬象因稟有氣的分劑不同，而千差萬別。個體有生死成毀，氣則永恆不滅。人的肉體和精神是氣化的最高形式，陰氣爲形，陽氣爲神，氣外別無人性。其四，氣作爲本體，其運動變化有其客觀規律性，規律依賴於氣化的過程，故「氣外無理」。人心是氣之精靈依肉體而產生的功能，故「氣外無心」。其五，氣爲形而上，天地萬物爲形而下，但二者不容分割，本體自身溶化於現象中。本體作爲世界的同一性，其自身即含有差異性。因而本體不在現象之外或之上，也不是以獨立實體的形式寓於萬象中。如方以智所說：「舍多無一」，核仁之生機即寓於全樹葱翠之中。又如王夫之所說：「象外無道」、「體用相涵」、融爲一體。此即「體用一源，顯微無間」。其六，既然本體與現象相互涵蘊，通過現象，方能認知本質；通過個體，方能認知規律。此即方以智、王夫之所說：「即費求隱」、「即器求道」、「因物明理」。

以上六條，是氣本論形上學的基本原則，形成一完整的體系，對理本論和心本論都起了深遠的影響。程朱理學，論天地萬物的形成，皆依氣化論。心學大師王陽明，論良知爲宇宙的本體，也引氣化說，所謂「語其流行謂之氣」，以氣之流行，論證良知無所不在。由於氣本論的影響，致使某些哲學家從程朱派中分化出來，如羅欽順；從陸王心學派中分化出來，如劉宗周和黃宗羲，成爲氣本論的倡導者。中國古代的自然科學，包括天文、地理、物理、化學、生物和醫學，都依氣本論的原則，解釋其所研究的自然現象的變化過程和規律。有一種說法，認爲氣本論所講的氣，屬於程朱派的系統。此說始於朱熹《伊洛淵源錄》和《近思錄》，乃朱氏一家之言，企圖將氣學納入理學的體系，以抹殺二者的根本分歧。哲學史家黃宗羲早已辨明這一點。在宋明哲學的研究中，應恢復氣本論的歷史地位。

氣學本體論的形上學，不同於歐洲的形上學傳統，將本體與現象對立起來；也不同於歐洲的粒子論的系統，深入探討存在物內在的物質結構；而是通過「氣」這一特質範疇，尋求宇宙中個體事物間的普遍聯繫，將天地萬物和人類聯結爲一整體，並以物質形態的相互轉化和物體功能的相互作用，解釋世界的普遍聯繫，說明宇宙永遠處於流轉和不斷更新的過程。此種形上學，就其理論思維說，不同於西方哲學中重分析的邏輯思維，而是出於重統一的辯證思維。此種思維方式，同西方的傳統相比，有所見，亦有所不見。但處於當今西方科學思維面臨挑戰的時代，中國氣論哲學中之所見者，可以補西方傳統思維之不足，有助於爲科學技術的發展和人類社會的進步提供某種新的思維方式。

近代興起的新儒家，有的更新程朱理學，創建「新理學」；有的更新陸王心學，創建「新心學」。但迄今爲止，還沒有人創建「新氣學」的體系。這不能不說是一種遺憾。盼望中國哲學的研究者，擔負起這一任務，爲弘揚中國傳統文化，再放異彩。

中國傳統哲學的特色及其未來走向，不限於上述五個方面。如關於心性的研究，安身立命的修養方法，也有獨到的見解。近人所論甚詳，不再贅述。二十一世紀是中華民族騰飛的時代，衷心盼望在這個新時代，中國傳統哲學經過新的闡發，走向世界，伴隨社會經濟的繁榮，成爲人類新文化的一面旗幟，爲人類的文明再做出自己的貢獻。

（《詮釋與創造》一九九五年，臺灣聯合報系文化基金會刊行）

馮友蘭著《中國哲學小史》(英文版)讀後

《中國哲學小史》(A Short History of Chinese Philosphy)❶是馮友蘭先生於一九四七年在美國賓夕法尼亞大學講授「中國哲學史」的英文講稿，後經整理，於一九四八年由麥克米倫公司出版。此書出版後，曾有法文、意大利文和南斯拉夫文的譯本出版。但此書過去無中文譯本，現由涂又光同志據英文本譯爲中文，改稱《中國哲學簡史》，即將由北京大學出版社出版，供國內研究中國哲學史的人們參考。

作者早在抗日戰爭前，著有《中國哲學史》兩卷本(解放後由中華書局重印)，此書是在兩卷本的基礎上改寫的，內容和篇幅都縮小了，所以稱爲「小史」。雖稱《小史》，並非只是兩卷本的縮影，從材料到觀點，都有新的編排和論述。作者完成兩卷本《中國哲學史》後，陸續寫了《新理學》、《新原人》、《新原道》、《新知言》等哲學著作，形成了自己

❶ 這跟一九三四年上海商務印書館印行的馮友蘭著《中國哲學小史》是完全不同的兩種書。商務印書館所印的《小史》乃作者兩卷本《中國哲學史》的節錄本。

的哲學體系。《小史》是在這些哲學著作出版之後寫成的，其特點是以作者的哲學體系為指導，講述中國哲學發展的歷史。此書最後一章：〈中國哲學在現代世界〉，就是作者專為介紹自己的哲學體系而寫的。因此，這本書的基本內容和輪廓，與其說是來於作者的兩卷本，勿寧說是來於他的《新原道》（又名《中國哲學之精神》，有英文譯本），其哲學的興趣顯然比歷史的興趣更為濃厚。

此書，無論在史料的選材和解釋，哲學流派的敘述和取捨，問題的分析和評論等都體現了作者的哲學觀和史學觀。《小史》的哲學觀集中表現在作為全書導言的〈中國哲學的精神〉一章中。此章討論了哲學的性質，哲學史的對象和範圍以及中國哲學的特點。作者認為，「哲學就是對於人生的有系統的反思」，而對人生的反思，說到底是「對超現實世界的追求」，從而提出「以哲學代宗教」的號召。作者的觀點是，在科學昌明的今天，宗教的權威下降了，宗教所追求的彼岸世界已不能維繫人心，人們應該到哲學領域來滿足「對超現實世界的要求」，體驗超道德境界的價值。而這一點正是作者所謂中國傳統哲學的精神，即在現實生活中求得精神上的解脫，達到人與宇宙同一的境界。這種哲學觀，表面上看，將哲學同宗教區別開來，實際上是以哲學唯心主義代替宗教唯心主義，認為哲學應該是超科學的。

作者依據這種哲學觀，考察了中國哲學發展的歷史。認為儒家系統中的孔孟天命觀，《中庸》的人與天地參，宋明時期張載的〈西銘〉，程朱派的「理學」和陸王派的「心學」；先秦道家學系統中老子的道、德說，莊子的〈齊物論〉和〈逍遙遊〉，魏晉時期郭象的玄學；佛學系統中「空宗」的中道觀，「性宗」的涅槃說，竺道生的頓悟成佛說，唐代以來禪宗的明心見性和「不修之修」說等，都是追求人與宇宙同一的境界，從而把這些流派的理論作爲中國傳統哲學的主流來加以敘述。作者認爲其在《新理學》、《新原人》、《新知言》等書中所提出的哲學體系，就是這一傳統主流的發展。《小史》論述上述哲學流派時，有些章節，如對莊子和禪宗哲學的邏輯思維的分析，十分清徹，乃兩卷本所無有；指出我國過去儒家和道家哲學都不是屬於宗教的類型；又認爲宋明道學的形成同佛學中「性宗」和「禪宗」的修養方法有著繼承的關係。這些分析，對研究上述流派的理論思維的內容和形式都有一定的啓發性，也可說是作者多年來研究中國傳統哲學的收穫之一。

但是，由於《小史》把上述流派的觀點，特別是追求「天人合一」的精神境界，視爲中國傳統哲學的精神，其結果對其它哲學流派，特別是唯物主義流派的介紹和分析，或者簡單化，甚至根本不承認其歷史地位，這就不符合歷史實際了。在中國哲學史上，除作者所欣賞的哲學傳統之外，還存在著另一傳統，就是先秦荀子所開創的「明於天人之分」的傳統，漢代的王充，南北朝的范縝、唐朝的柳宗元、宋代的功利學派、清代的王夫之、顏元、李塨和戴震等，都是這一傳統的繼承者。他們力圖按照世界的本來面貌來解釋世界，區分「天」和「人」，強調人力可以勝天，都不贊成甚至反對追求神秘主義的「天人合一」的境界。這一唯物主義和無神論的傳統，也有兩千多年的歷史，激勵著中華民族爲改造自然和改革社會而鬥爭。作者於兩卷本中，並未否認這一傳統。可是《小史》除對荀子和王充作了一些簡單的介紹外，對其它人物，一字未提。同兩卷本《哲學史》相比，其內容顯得更見貧乏了。同時，由於作者以追求人同宇宙合一的境界爲眞正的哲學，對歷史上唯心主義流派的論述也有不公正之處。如將孟子的「養浩然之氣」說，解釋爲追求超道德的價值，將莊子追求的精神境界同佛教哲學（包括禪宗）追求的彼岸世界視爲同類，又將王守仁所講的「心」，歸結爲一種「宇宙的心」，這又掩蓋了這些流派的特點。值得注意的是，《小史》對唯心主義流派的論述，也是有選擇的。在〈魏晉玄學〉一章中，以郭象哲學爲新道家的代表，重點講述其精神境界說，而對玄學創始人王弼的哲學僅作爲郭象學說的陪襯，只描繪了幾筆。同兩卷本相比，王弼的歷史地位，就大大降低了。這大概因爲王弼的玄學比較富有邏輯思辨的性質，缺乏新莊學那種神秘主義傾向，從而受到《小史》的輕視。

《小史》還探討了哲學流派形成和演變的原因，表現了作者的歷史觀。作者十分重視哲學思想形成的歷史條件，以此說明中國哲學及其流派的特點。〈中國哲學的背景〉一章，集中討論了這個問題。作者提到的歷史背景，有經濟的、政治的和文化的等方面，特別重視經濟的和政治的背景，認爲一種哲學，總是哲學家所處的生活環境的產物。這是此書的優點之一。作者認爲，古代的中國，長期以農業生產爲生活資料的主要來源，屬於農業人口的民族。這種狀況表現在思想上，則形成了儒家和道家兩大哲學流派。儒家學說在於論證以農業生產爲基礎的家族制度的合理性，而道家學說的贊美自然，又是對田園生活的理想化。這是企圖從經濟條件說明中國傳統哲學的特點。又如作者認爲，董仲舒的哲學是爲統一的漢帝國提供理論根據，魏晉玄學即新道家的流行是當時社會政治的大動亂的產物，北宋道學即新儒家的興起又是適合於中國重新統一的需要，近代西方哲學的傳入又是同近代中國的經濟、政治的變化聯繫在一起的。這是企圖從政治形勢的變化說明哲學流派的興衰。同兩卷本相比，這些觀點也是對其中的「時勢造英雄」說的發展，同時拋棄了以往所主張的哲學家的氣質說和人格先決說，這無疑是一個進步。

但《小史》在處理經濟背景時，所強調的是生產手段和交換條件，並將其歸之於人們所生活的地理環境。如作者認爲，中國是大陸國家，故以農業生產爲主，農業人口靠自然條件謀生，考慮問題總是難免從直觀出發，所以儒家和道家爲代表的中國傳統哲學，重視直覺或直接領悟，提倡安於現狀，順應自然。相反，古希臘是海洋國家，以工商業爲主，商人在交易中，總是同數目打交道，並追求新奇，所以古希臘哲學，重視數學推理和抽象的概念，提倡創新。作者認爲，此即孔子所說「知者樂水，仁者樂山」。這些論斷，即以大陸和海洋，農業和商業來區分中西哲學之不同，看到一個民族的經濟生活條件對其哲學發展的影響，並非毫無所見。但這種觀點，說到底是經濟史觀和地理決定論。它並不能揭示出哲學的發展及其流派分歧的根本原因。如作者在評論先秦法家的歷史哲學時，認爲儒家提倡復古和歷史倒退論，是出於農業生產尊重過去的經驗而形成的因循守舊的觀點。法家反對守舊，主張變革，則是一種例外。爲什麼會有這種例外呢？作者沒有作出回答。法家提倡耕戰，重農抑商，以農業爲立國之本，這是人們所公認的。儒法兩家的代表人物，同生於古代的農業社會，同樣關心農業生產，可是其歷史觀卻如此相反。這說明經濟史觀和地理決定論，最終不能解釋哲學流派分歧的原因。要說明哲學發展的根本原因，還得向一個時代的生產關係的變革中，向當時的階級分化和階級鬥爭中尋找答案。

作者於《小史》中，還討論了中國歷史上的「夷夏之辨」，從文化史觀的立場，評論了少數民族的歷史地位。其中把民族壓迫歸之於少數民族的文化低下，這不能不說是一種大漢族主義和種族主義的偏見了。

英文本《小史》是作者爲歐美人士了解中國哲學發展的歷史而寫的。中國傳統哲學有自己的術語、範疇和問題。有自己的文化傳統，特別是通過本民族的語言來表達其理論思維的內容，總之，有自己的民族形式。因此，將中國傳統哲學介紹給西方，並使西方人士能夠理解，這是一項艱巨的任務。做到這一點，不僅要精通中國古典文獻，而且還要熟悉西方哲學發展的歷史，並且能將二者融會貫通。英文本《小史》可以說是相當出色地實現了這一任務。

《小史》首先碰到的困難是，如何將中國古典文獻中的文句，譯爲英文。作者於本書〈中國哲學的精神〉一章中，談到「語言障礙」問題時說：「一種翻譯，終究不過是一種解釋。」又引古代佛教經典的大翻譯家鳩摩羅什的話說，翻譯工作「有似嚼飯與人」。這是作者的由衷之談。中國古代漢語，言簡意賅，一個詞和一句話，常具有多種含義。將其譯成外文，總只能是取其中一種含義。究竟取哪一種含義最爲恰當，首先得領會文句的精神實質，對其作出確切的解釋，然後再以西方哲學的語言明確地表達出來。這項工作不僅包括對中國傳統哲學的理解，同時也包括對西方哲學的理解，那不只是一般的字面上的翻譯問題。應該肯定，作者爲此付出了艱苦的勞動。例如，「道」是中國傳統哲學經常使用的術語和範疇。但各派哲學對「道」的解釋並不一樣，即使同一哲學家使用「道」這一術語來表達自己的觀點時，也因不同情況而異。《小史》將其譯爲英文，顯然是通過自己的領會而分別譯出的。或者譯爲「道路」（way）、或譯爲「原理」（principle）、或譯爲「眞理」（truth）、或音譯爲「Tao」，指世界的本原。又如「氣」，也是各家經常使用的術語和範疇，其含義也不完全一致。作者譯爲英文時，有「氣體」（gas）、「空氣」（air）、「以太」（ether）、「原素」（element）、「質料」（matter）、「生命力」（vital force）等，也是因情況而異。又如莊子的〈逍遙遊〉，作者譯爲「絕對的自由」（absolute freedom）或「絕對的幸福」（absolute happiness）。再如公孫龍的〈指物論〉，「物」則譯爲「具體的特殊的東西」（concrete particular things），而「指」則譯爲「抽象的共相」（abstract universals）。這些譯文，滲透著作者對中國傳統哲學和西方哲學研究的成果。

《小史》在講述中國傳統哲學時，還引用了不少西方哲學中的概念、範疇、問題和某種理論體系，來考察和解釋中國傳統哲學。這種中西哲學對比的研究方法，已見於兩卷本的《哲學史》，而《小史》則更鮮明表現了這一特色。這個問題，實際上涉及到人類理論思維發展的普遍規律和各民族哲學的特殊性的關係。人類理論思維的發展，有共同探討的問題，也有共同遵循的思維規律。例如研究思維和存在的關係，探討世界的統一及其運動的規律，這是共同的。但各民族所作的答案及其表現的形式，又各有自己的特點。在中西哲學對比的研究中，如果只看到問題的一方面，而忽視另一方面，就會產生將中國哲學獨特化或將中國哲學歐美化的弊病。《小史》作者意識到這一點，一方面尋求中國傳統哲學的特點，另一方面又探求中西哲學在理論思維方面的共同點。作者提出的「中國哲學的精神」，是否代表中國哲學的特點，這是可以爭議的。但尊重中國文化的傳統及其在人類歷史上的地位，不同於歐洲中心論和全盤西化論，這種治學精神是可貴的。關於中西哲學共同點的研究，《小史》

提出不少有益的見解。例如認爲名家公孫龍關於〈白馬論〉、〈堅白論〉的辯論，宋明哲學中程朱派關於理事關係、形上和形下問題的辯論，同古希臘柏拉圖的理念論，歐洲哲學中的唯實論屬於同一類型的理論思維，即區別一般和個別，以一般的東西（universals，作者譯爲「共相」）不依賴於個別的東西而存在。又如作者於〈新儒家兩派起源〉一章中，認爲理學和心學之爭，同歐洲哲學中柏拉圖式的實在論和康德式的觀念論之爭，其理論思維路線也是相同的。這些論斷，並非表面的比附，而是通過分析得出來的，爲研究中國傳統哲學在世界哲學史上的地位，提供了一條線索和途徑。

當然，《小史》在中西哲學對比的研究中，也存在一些值得商榷的問題。可能由於作者爲了便於使西方人士理解中國傳統哲學的理論意義，或者由於作者推崇新實在論的觀點，有時又不免忽視了中國傳統哲學的特點。例如，作者在解釋朱熹哲學中的理氣範疇時，認爲理和氣的關係，如同柏拉圖的理念和事物，亞里士多德的形式（form）和質料（matter）的關係。作者僅看到客觀唯心論的理論思維有其共同點，沒有注意到朱熹說的理，按他自己的解釋，乃事物之所以然和當然之則，還不就是希臘哲學中的理念和形式。所謂氣，按朱熹的解釋，指陰陽五行之氣，乃形而下者，有其自身的規定性，也不就是作爲物質一般的metter。又如講到莊學的「以理化情」時，認爲這就是斯賓諾莎的認識必然便獲得自由的觀點。其實莊學把生死必然看成是不可認識、不可理解的現象，宣揚命定論，而斯賓諾莎則主張唯物主義的決定論。又如《小史》解釋《老子》的「天下萬物生於有」的命題時，把「有」解釋爲「Being」，即「有」一般，把「生」解釋爲「邏輯在先」，認爲此命題的意義是「萬物的存在蘊涵著有的存在」。其實，《老子》說的「有」，乃「有名」之省語，指具體的存在的東西，此處的「有」指天和地。所謂「生」乃母生子之義，存在著時間先後的關係。將《老子》這一命題解釋爲「有」一般邏輯上先於各別事物而存在，這未免將老子的哲學實在論化了。總之。在探討中西哲學異同時，如果看不到中國傳統哲學的歷史特點，就難免不出現以「西瓶裝中酒」的毛病。

《小史》還運用歐洲哲學史的一些範疇，考察中國傳統哲學的問題。如形上學（metaphysics）、本體論（ontology）、宇宙論（cosmology）、認識論（epistemology）、實在論（realism）、觀念論（idealism）、目的論（teleology）、機械論（mechanism）等，皆爲作者用來評論中國傳統哲學的依據。西方哲學史範疇反映了西方哲學發展的成果，有些範疇也反映了人類認識史的普遍規律，有助於分析中國傳統哲學問題。作者於兩卷本《哲學史》中，已從事了這項工作，《小史》又有新的補充。如對先秦儒家的分析，認爲孔子之後，分化爲兩大流派：一是以孟子爲代表的理想主義流派（The idealistic wing），一是以荀子爲代表的現實主義流派（The realistic wing）；而《易傳》和《中庸》則討論了形上學問題，是對儒家學說的發展。又如認爲先秦的陰陽五行學說乃中國的宇宙論的先驅，其在後來的發展中又形成兩種傾向：目的論和機械論。這些概括，都是比較深刻的。正因爲如此，作者對於中國哲學史的研究，同舊的封建時代的研究相比，確實有令人耳目一新之感。當然，以西方哲學史範疇分析中國哲學，如果處理不當，有時也難免有削足適履之嫌。

作者於《小史》二十七章，談到西方哲學傳入中國後對中國哲學所起的影響，認爲最重要的是給當時中國哲學界一種研究的方法，即「邏輯分析法」（The method of logical analysis）。所謂「邏輯」，指從西方傳入的形式邏輯學。所謂「分析」，即依據形式邏輯的法則，分析古代哲學中的概念、命題、推理和結論，從而明確其理論意義。作者認為自己研究中國哲學的最大的收穫是「用邏輯分析的方法解釋和分析古代的觀念」。這也是作者對自己解放前研究中國哲學史方法的總結。這種方法的主要精神是，對古代的觀念作出比較明確和清晰的解釋。這對研究中國傳統哲學是有重要意義的。

如前面所說，古代漢語非屈折體，同一個詞，表示多種概念，同一字義又包含不同的詞組，哲學上使用的術語，所提出的命題，尤其如此。哲學的理論思維是通過概念、命題來表現的，而概念和命題又是通過語言來表達的，如果弄不清文字所表達的概念和命題的確切內容，就不會對其義理有清楚的理解。宋代的朱熹及其後學，已注意到這個問題，要求對其哲學觀念作出明確的解釋，如陳淳的《北溪字義》。明末清初哲學史家黃宗羲提出辨析義理於毫末之微，同樣重視對哲學概念和命題的分析。清代的考據學家又從文字訓詁方面，進行了探討。作者在哲學史的研究中，吸取了這方面的成果。但是，中國古代辨名析理的方法，由於缺乏西方那樣的嚴密的邏輯學的指導，對概念和命題的分析，還不夠深入。到了近代，由於嚴復的介紹，西方的形式邏輯方受到中國哲學家的重視，被看成是提高理論思維能力的重要方法，並且用來考察中國傳統哲學。

作者在兩卷本《哲學史》和〈序言〉中說，一種學說成為理論，「其方法必為邏輯的、科學的。」作者依此，探討了歷史上各哲學流派理論的邏輯結構，從其概念到命題、推理，都進行了剖析。例如「天」是中國傳統哲學的重要術語，但就其概念的內容說，各家的理解不一。作者通過分析，提出天有五義：物質之天、主宰之天、自然之天、命運之天、義理之天，並以此考察各派天論的理論意義。又如，公孫龍的「白馬非馬」這一命題，作者從概念的內涵和外延兩方面，對公孫龍提出的「馬」進行分析，指出其所說的「馬」，指馬性，或馬一般的概念，從而導出「白馬非馬」的命題。又如，孔孟和老莊都使用「道」這一術語，但作爲哲學觀念，並不相同。作者認爲，孔孟說的「道」指人道，而老子說的「道」則指天地萬物之所以生之總原理。道家各派都以「道」爲「無」，作者經過分析，指出老子說的「無」，是對具體事物的有而言，意思是說，作爲本原的「道」不是具體有形象的事物，但不是不存在，如同數學上的零。莊子講的「無」，則指無差別的境界。後來郭象一派解釋《莊子》，也以「道」爲「無」，但其所謂「無」乃不存在之義。等於數學上的零，從而導出天地萬物自生自化的結論。以上這些分析，也都見於《小史》中。《小史》對傳統哲學的分析，也有兩卷本《哲學史》所沒有的。如對新儒家的創始人周敦頤的「無欲而主靜」的分析，指出新儒家所說的「無欲」和「靜虛」，同道家和禪宗說的「無爲」和「無心」，並不相同。三家的修養方法，都排斥欲望的干擾。但新儒家的「無欲」指無私欲，即無私心，非一般排斥欲望，屬於入世主義，而道家和禪宗的無欲，則屬於出世主義。關於禪宗追求的「第一義」，即「無」，作者認爲是指「無心」的境界。所以其修行的方法爲「不知之知」和「不修之修」。「不知」（having no-knowledge）並非「無知」（having-no knowledge），而是不以知爲知；「不修」（non-cultivation）並非不做任何事，而是以「無心」做事。前者是自然的境界，後者則是精神創造。從而認爲禪家的哲學受了道家莊學的影響，具有中國佛教的特色。以上這些分析，並非作者附加的，而是依據史料，將各派的原來的觀念，清晰地顯示出來，澄清了由於古代漢語的不確定性而帶來的概念上的模糊不清。這是作者研究中國哲學史的一大收穫，爲人們研究中國傳統哲學提供了一種必經的步驟和途徑。

但是，邏輯分析法，只是用來弄清傳統哲學觀念的確切含義，對研究中國哲學史說，只可說是一種初級的方法，還不是唯一的科學方法。研究哲學史，除闡明哲學家的哲學觀念外，還要探求其理論思維發展的內在的規律，揭示其理論思維的邏輯的和歷史的進程。就這方面的研究說，形式邏輯的分析法便難以勝任了，還要進一步藉助於辯證法。作者的兩卷本《哲學史》和《小史》都沒有能運用這一科學的方法。其結果就連各哲學流派之間的批判和繼承的關係，都難以揭示清楚。例如，作者在論述新儒家哲學形成的原因時說：「新儒家是禪宗的合乎邏輯的發展。」意思是，禪宗的教義是「擔水砍柴，無非妙道。」新儒家依此命題，則推出其邏輯的結論：「事君事父，亦是妙道。」這樣，禪宗便轉爲新儒家了。這種邏輯的分析，沒有也不能揭示出新儒家的理論思維形成的過程。道學從其先行者唐代李翺的〈復性書〉開始，到二程學說的建立，都以儒家的社會倫理觀念爲武器，反對佛教包括禪宗在內的教義，這是儒家一貫的立場，其「事君事父」的理論並非從「擔水砍柴」的命題中引伸出來的。道學的修養方法，提倡主靜或主敬，又是批判地吸取了禪宗的「無心」說，亦非以虛無境界爲「妙道」。從禪宗到道學，儒佛兩家的思想經歷了長期的鬥爭，在鬥爭中，即相排斥，又相滲透，相互揚棄，方產生道學的修養方法。這一歷史的和邏輯的發展過程，以形式邏輯的推理形式是總結不出來的，至於作者於《小史》中，認爲其哲學體系，也是以邏輯分析法建立的，就是說，從概念分析入手，以概念爲脫離感性的一般或共相，進而得出形而上的原理，應該是超經驗的，對實際無所肯定的純粹抽象的觀念。作者以這種方法建立起來的哲學體系，則不能不是唯心主義的，最終要通向超理智的神秘主義。這又是西方哲學傳入中國後給作者帶來的消極的後果。

總之，《小史》同兩卷本《哲學史》比較，雖各有其特點。但其共同點是藉助西方哲學和哲學史的範疇，並用西方近代學者研究哲學史的觀點、方法，分析和解釋中國傳統哲學。這就將中國傳統哲學納入了世界哲學史的研究領域，突破了封建時代和受封建時代侷限的哲學史家只知有中國而不知有世界的舊傳統，使中國哲學走向世界，這可說是作者解放前長期來研究中國哲學史的主要貢獻。

馬克思主義哲學是哲學史上的根本變革，並且使哲學史的研究成爲科學。以馬克思主義科學的哲學史學，總結中國傳統哲學的遺產，爲譜寫人類認識史增添新的篇章，這是時代賦予我們的任務。「五四」運動以來，中國的馬克思主義者在中國哲學史的研究中，取得了不少的成績。解放後，三十餘年來，馮友蘭先生也是在這條道路上前進的。作者的《中國哲學史新編》，同兩卷本的舊編和《小史》相比，無論就史料的取材和解釋，問題的概括和分析，都是一大進步。但是，馬克思主義哲學同歐洲傳統哲學有著密切的聯繫。以馬克思主義哲學史學爲指導，研究中國古代哲學，不僅同樣存在著中西哲學的融會貫通的問題，而且是一個革命的變革，存在著更加艱巨的任務。《小史》和兩卷本《哲學史》借助於歐洲哲學的概念、範疇和問題，分析和解釋中國傳統哲學，雖然其觀點不是馬克思主義的，有其歷史的侷限性，但畢竟爲以馬克思主義觀點總結中國傳統哲學，將其本來的面貌介紹給世界，提供了有益的經驗教訓。我想，這就是《小史》中譯本在國內出版的目的和意義。

《小史》中譯本，譯文流暢、簡明，特別是對作者所引中國古代文獻中的文句，一一作了核實，個別史實作了更正。但是，由於譯文體裁的限制，如將作者所譯中國古書中的英文譯文，還原爲古代漢語，其中作者所作的解釋，則往往看不出來了。如僧肇的《不眞空論》，《小史》英譯爲No real unreality，即「沒有眞實的空」。顯然，這是作者的理解。這一命題，還有一種理解，即「不眞，故空」。此種理解符合僧肇的本義。中譯本將英文直譯爲古代漢語「不眞空論」，作者的見解便表達不出了。又如孟子的「浩然之氣」，《小史》英譯爲Great Morale，即偉大的氣節或正氣，中譯本譯爲孟子的原話，作者多年研究的心得便不易看出了。這是中譯本的難處。讀者欲深入研究《小史》的內容，特別是總結其中西哲學交流的經驗教訓，則還有讀英文本的必要。

以上所談，是個人讀英文本《小史》的一些感想，作爲此書中譯本正式出版的介紹，不妥之處，盼作者和讀者指正。

（《哲學研究》，一九八四年第十二期）

「照著講」和「接著講」——芝生先生治學方法淺談之一

馮友蘭先生作爲中國當代著名的哲學家和哲學史家，關於如何研究中國哲學問題，提出不少精闢的見解，值得我們總結。這裡僅談一個問題，即「照著講」和「接著講」。馮先生認爲，對中國古代哲學典籍的研究，有兩種途徑：歷史的敘述和哲理的闡發。用通俗的話說，前者爲「照著講」，後者爲「接著講」。他在《新理學·緒論》中說：「我們說『承接』，因爲我們是『接著』宋明以來底理學講底，而不是『照著』宋明以來底理學講底。」此表明，其所著的《新理學》，是接著宋明理學講的，不同於「照著」宋明理學講。兩者的區別在於「照著講」是哲學史家或歷史學家的任務，而「接著講」則是哲學家的任務。二者雖有聯繫，但不能混同。這對我們研究中國傳統哲學，有重要的指導意義。

這涉及到哲學家和史學家治學方法的不同。作爲歷史學家，研究哲學史，其任務是弄清歷史事實，總結理論思維發展的規律，準確地敘述哲學家提出的範疇、命題和論點。其所運用的方法，包括文獻考證、文字訓詁、史料編纂和選擇，對其理論體系進行歷史的和邏輯的分析等。其目的在於忠實地揭示出歷史的本來面貌，而不是借題發揮，以己意強加於歷史上的哲學流派和哲學家。作爲哲學家，研究哲學，其任務是創建理論體系，雖從前輩提供的思想資料出發，但不依傍前人，而是將傳統的東西加以消化，推陳以致其新。其所運用的方法，包括提出新的範疇和命題，或對舊的範疇和命題作新的詮釋，進而構建邏輯的體系，其論證又須持之有故、言之成理。這兩種治學方法，由來已久，並非馮先生所獨創。問題在於前人對此往往糾纏不清，從而引起哲學家們長期爭論不休。如陸王一派的治學方法，被認爲是「六經注我」，如陸九淵的弟子楊簡所說：「六經當注我，我何注六經？」其視傳統的東西爲闡發自己觀點的工具。王陽明繼承這種學風，寫了《朱子晚年定論》，認爲朱熹晚年的學說同其觀點完全一致，企圖將理學拉入心學陣營。當時，羅欽順通過對朱熹晚年著述的考證，力辨其非，揭露了王陽明不顧史實，任意曲解前輩哲學家的學風。其實，六經注我和我注六經之爭無非表示哲學家和史學家治學方法的分歧。到了清代，漢學興起，學術界又展開了漢宋之爭。宋學解經，重義理、輕考據，其目的是通過對經典的解釋建立和闡發自己的哲學體系。而漢學家的興趣，在於恢復經義的本來面貌，尊重古訓和史實，提倡考據學風，反對宋學任意解釋經義，當時稱爲「實學」或「樸學」。兩派的爭論，說到底，仍意味著哲學家和史學家兩種治學方法的分歧。當時，如果有人將這兩種治學方法講清楚，說明二者各有自己的任務，也就不會爭辯不休了。在中國學術史上，第一次將這兩種方法，分別處理，並且在自己的著述中體現出來，當歸功於馮先生。

馮先生一生的著述，可分爲兩大類：一類是他作爲哲學史家或歷史學家講中國哲學史的著作，如兩卷本的《中國哲學史》和有關論文；一類是他作爲哲學家的著作，如《貞元六書》和有關論文。前一類著作，他使用的方法是「照著講」；後一類的著作，他使用的方法是「接著講」。關於中國哲學史的研究，馮先生曾提出對歷史上各派哲學抱同情了解的態度或客觀的敘述態度。後來，馮先生對這條治學原則被迫作了自我批評，認爲犯了「客觀主義」的錯誤。其實，「客觀的」和「客觀主義」是兩個不同的概念。任何史學家，其史學都具有時代的烙印，從來沒有超時代的史學家。就此而言，不存在「客觀主義」的史學家。但由此認爲，寫歷史對史實可以任意塗抹或曲解，以滿足自己主觀的需要，這比「客觀主義」更爲糟糕。如果，將「同情的了解」理解爲不存有主觀偏見，忠實地揭示歷史的眞面貌，這正是史學家的高貴品德。馮先生在自己寫的中國哲學史的著作中，力圖堅持這一原則。如關於中國哲學史的分期，將春秋戰國稱爲子學時代，從漢朝到近代的康有爲，稱爲經學時代。這種分期，突破了西方哲學史的框架，符合中國哲學發展的史實。因爲從董仲舒開始，哲學家們大都是通過對經典注釋的形式來闡發自己的哲[2]學體系的。又如，對先秦名家的剖析，歸結爲離堅白和合同異兩種不同的思維路線，從而將《莊子·天下篇》中「辯者二十一事」所辯論的問題，解釋清楚，使人一目了然。由於馮先生研究哲學史，努力遵循「照著講」的治學方向，所以其兩卷本的中國哲學史，至今仍被海內外學人視爲了解中國哲學史的重要參考書。

關於中國哲學的研究，馮先生提出「上繼往聖」、「下開來學」。意謂提出一種哲學體系，同其前輩的哲學總是存在某種繼承關係，不可能憑空建立，同時又要有新的闡發或建樹，並啓迪後人探討新問題。此即馮先生所說：「一時代不能有全新底哲學，而可有全新的哲學家」（《新理學・緒論》），這一論斷符合意識形態發展的一般規律。正是本著這種治學精神，他寫了《貞元六書》，成爲當代中國的哲學之一。作爲哲學家，如果只是因襲或轉述傳統的東西，其論點毫無新意，這種人，用馮先生的話說，只能算是注疏家。道理很簡單，如同一位繪畫史專家，將流派的風格，講得頭頭是道，但他自己不會創作，不能稱其爲畫家一樣。馮先生在構建自己的哲學體系時，一方面繼承傳統；一方面又要超越傳統，此即是「接著講」。「接著講」的特點在於創新。就《新理學》提出的範疇和命題說，如理氣範疇，未有其事、已有其理的命題都是遵循這一原則。在程朱理學中，視理爲獨立自存的實體，以太極爲陰陽五行之所以然。而馮先生則不取此說，以理爲純形式的抽象，是存於眞際，即共相世界，進而以太極爲衆理之全，即萬理之大全。關於氣，程朱以其爲陰陽五行之氣，乃生物的材料，而馮先生則以其爲「絕對底料」，即連物質性皆無有的純邏輯的觀念。程朱談理在事先，是就本體論講的，包括自然物在內，而馮先生則以「未有飛機之先，已有飛機之理」加以論證，此種論證是以人造的器物爲例，亦不同於程朱說。以上這些論點，都在於將程朱理學進一步邏輯化和形式化，引向純粹思辨的道路，可以說是對程朱理學的新發展。又如馮先生於《新原人》中，談到中國哲學之精神時說：「聖人有最高的覺解，而其所行之事，則即是日常底事。此所謂極高明而道中庸。」（〈境界〉）「極高明而道中庸」，語出《中庸》。按鄭玄注，訓「庸」爲用，謂《中庸》乃「記中和之爲用」。《正義》據此，以「極高明」爲君子之德應極盡天之高明，以「道中庸」爲通達中庸之理。鄭注和孔疏，皆不以「庸」爲平常。《莊子・齊物論》亦訓庸爲用。此當爲古訓。至宋程頤，方訓「庸」爲平常，朱熹亦採其說。但朱熹於《中庸集注》中，則以「析理則不使有毫釐之差，處事則不使有過不及之謬」解釋這句話。並未以「道中庸」爲行日常之事。而馮先生於此處避開「過猶不及」說，依禪宗的平常心是道，解釋中庸，以此論證中國哲人談理想境界並不脫離日常生活之事。此種中庸說，亦可以說是「接著講」，而非「照著講」，從而建立起自己的人生哲學體系。

以上只是舉例說明馮先生研究中國哲學的兩種途徑或方法，分別加以運用，從而取得了不同的成果。有一種意見認爲，研究歷史，「照著講」是不可能的，所持的理由是，歷史自身不會說話，寫歷史的人，總是按著自己的觀點替歷史講話。此種觀點，就對史實的敘述說，難以苟同。歷史科學，要求忠於史實，古人所謂「實錄」，不是編寫「封神演義」和「三國演義」一類的小說。還有一種意見認爲，所謂「接著講」，並非是「舊瓶裝新酒」或「新瓶裝舊酒」。此種觀點，也難以苟同。「接著講」並非只是形式或內容更新的問題，而是對傳統的東西吸收和揚棄的問題。就形式和內容說，也不能以瓶酒之喻，否定其創新或革新的價值。如以現代芭蕾舞的形式表現《紅樓夢》的劇情，可謂「新瓶裝舊酒」；以古詩說格律，稱贊當代的英雄事迹。可以說是「舊瓶裝新酒」。但這都是無可非議的。當然，哲學不等於藝術，但就其對傳統文化的更新說，其道理是一樣的。

我認爲，馮先生提出的兩種治學途徑，各有千秋。不能依一方而否定另一方。就馮先生一生的學術實踐說，是從「照著講」開始的，後來走向「接著講」。因爲他有踏實的「照著講」的功夫，故其「接著講」使人感到對中國傳統哲學的闡發，能融會貫通，既有時代感，又有傳統的韻味，融古今於一爐，而不是生搬硬套，從而對弘揚中國傳統文化和哲學作出自己的貢獻。就人類文化發展的歷史說，傳統的東西，只有「接著講」方有其生命力。否則，依樣畫葫蘆，只能成為博物館中的陳列品而已。

我作為馮先生的學生，長期以來，治學以「照著講」為宗旨，未能學到「接著講」的本領。但「照著講」對我說來，又談何容易，能做到近似，已感力不從心。儘管如此，我願借此機會，向從事中國哲學研究的同仁們，表示一點淺見。近幾十年來，海內外出版了一大批研究中國哲學的著述，就其治學的途徑說，無非是兩大類，即「照著講」和「接著講」。問題在於有些著述，分明是「接著講」，卻自認是「照著講」，如依儒家某派的資料所構建的哲學體系，依《周易》經傳的資料所闡發的易學觀等。這些學者，不但不敢公開聲明自己是「接著講」，相反，卻聲稱只有其對傳統的闡發，才符合傳統的本義或其眞面貌，儼然以正統派和衛道者自居。此種學風，借陸王派的語言說，即是以「六經注我」為「我注六經」，仍將「接著講」與「照著講」混為一談，從而在學術界引起不必要的爭論。此派學者，似乎有一種成見，即認為只有將自己對傳統的新解釋，說成是傳統的本義，傳統的東西方有其生命力。而實際上，傳統的東西，正是由於對它作出不盡同的解釋，方有其生命力，方為現代人所接受。古今中外的文化史、思想史和哲學史都證明了這一點。相比之下，馮先生提出的兩種治學態度，可貴之處，就在於他自覺地運用這兩種方法於不同的學術領域，特別是不以「接著講」為背離先哲古訓為不可取，從而在哲學和史學兩方面都作出了貢獻。此種治學方法，應該說是一種嚴肅的科學態度，是值得後人學習的。

（《馮友蘭先生紀念文集》，北京大學出版社，一九九三年）

談傳統道德的兩重性

中華民族有幾千年的道德傳統，又有自己的特點，在世界文明史上獨具一格，維繫著民族的生命綿延不息。但如何對待自己的道德傳統，從近代以來，便長期爭論不休。有兩種對立的意見：一種是，視傳統道德爲新制度的絆腳石，應拋棄或打倒；一種是，視傳統道德爲國粹，理應發揚光大。經過中國近代和現代史的檢驗，兩派意見，各有偏頗。前者往往通向民族虛無主義，後者難免倒向復古主義。這是人所共知的事實，無須多加評述。

道德作爲人類精神文明的重要部分，從一個民族生存和發展的歷史看，既有其時代性，又有其永恆性。所謂時代性，是說一個民族的道德觀念和行爲總是受其所經歷的社會制度的制約，打上時代的烙印。所謂永恆性，是說道德作爲一個民族維繫其群體生活的精神支柱。其中又含有永恆的價值取向，不因某一社會制度的變遷而消失。任何民族的道德傳統都具有這種兩重性。如果只見其一，便會導出上述兩種偏向。長期以來，人們因受極左思潮的影響，只看到或只承認道德的時代性或階級性，忽視或不肯承認其中具有永恆價值的因素，結果在道德繼承問題上，長期陷於困境而不能自拔。

傳統道德中所蘊涵的永恆的價值因素，是指一個民族在生產和生活中處理人際關係的智慧或理性的抉擇。如人類生活的特徵之一是，個人總是生活在群體之中，從出生到老死，莫不如此。如何處理好人己關係，則成爲人們共同關心的重要課題。針對此問題，中國傳統倫理學的奠基人孔子和孟子提倡「愛人」和「仁者愛人」，作爲處理人際關係的一條準則。這條準則要求社會成員彼此關懷和愛護，如孔子所說：「己所不欲，勿施於人」；「己欲立而立人，己欲達而達人」。孟子所說：「無惻隱之心，非人也。」這種同情心，出於理性的選擇和自覺，說明人與動物不同。動物靠其本能而生活，彼此爭奪食物，甚至相互呑噬，無理性的自律可言。「仁者愛人」，揭示了人道的本質，適合於任何制度下的群體生活的需要。如果反其道而行之，以彼此仇恨爲行爲的準則，生產則遭到破壞，社會勢必分崩離析，最後，社會成員在相殘中同歸於盡。儒家倡導的仁愛道德和推己及人的爲仁之方，爲維繫個體和群體的生存和發展，提供了一條生活智慧，成爲傳統道德中具有永恆價值的因素之一，從而受到不同時代人們的贊揚。

但這條生活準則，因受古代封建等級制的制約，儒家學者，從孔子開始，又提出「克己復禮」、「愛有等差」以及「理一分殊」等要求人們彼此關懷不能違背等級關係的規定。如父母爲一家之長，國君爲一國之長，愛父母和國君的情感要勝過其他成員，否則便有不孝不忠之嫌，甚至宣稱「天下無不是的君父」。這樣，儒家倡導的仁愛觀又打上了等級制的烙印。所以到了近代，隨著新的社會制度的形成，其中的忠君孝父觀念，不能不受到先進的啓蒙思想家的批判。

傳統道德中的永恆命題和時代性格，在實際生活中是融合在一起的。因此，我們談傳統道德繼承問題，要善於分析其歷史的和邏輯的內容，方不至於倒向兩極端，或者全盤否定，或者全盤肯定。

由於傳統道德具有兩重性，談弘揚中華優秀文化傳統，固然要剔除其中曾爲等級制服務的如男尊女卑、君貴臣賤等壓制個性和民主的封建教條，更爲重要的是，從正面闡發其中具有永恆價值的觀念、命題和學理。長期以來，關於傳統道德繼承問題，有一流行的說法，即民族形式說。認爲所繼承的是其形式，而不是其內容，或者說，用傳統的形式表現新的道德內涵。此說，將繼承問題歸之於民族語言文字的表達方式。如用孔孟的「殺身成仁」和「舍生取義」的名言來表達爲革命而獻身的高貴品德。此種弘揚傳統道德的方式，可稱爲舊瓶裝新酒，未免將問題簡單化了，忽視了這兩句名言中所蘊涵的永恆的價值觀念。孔孟的這兩句話，關係到如何看待個人的幸福和生命的價值問題，認爲生活的意義在於實現其所嚮往的理念，而不是追求個人的福利，體現了人的自主自立的品格，閃爍著理性的光芒。中華民族歷史上許多仁人志士，正是依據這種具有永恆價值的幸福觀，爲民族的生存和發展寫下了可歌可泣的篇章。弘揚傳統道德，應闡發其中的人生哲理，以此教育青年一代，而不是藉用其辭句，只是爲推行新道德提供一種宣傳的工具。

弘揚傳統道德中的永恆命題，還應同現代人所處的社會制度、生活走向以及文化知識水平相適應，不是重彈老調及其仁義道德的說教。宋朝的理學家程顥寫了〈識仁篇〉，其中說：「仁者渾然與物同體」，認爲只要內心體驗到此理，不假思考，「天地之用，皆我之用」。他將仁愛說成是天地萬物的本性和美德，鼓吹人和萬物融爲一體，以此頌揚仁愛之德的偉大。

此種將自然法則和價值取向混爲一談的道德形上學，在當今科學知識昌明的時代，不值得再加宣揚了。倡導孔孟提出的幸福觀，也應同現代社會中各行各業的生產和生活走向相結合，不能僅限於頌揚那些在戰場上爲國捐軀的英雄人物。一個普通工人，爲了防止重大事故的發生，保護集體的財富，不顧個人生命的安危，奮勇搶險，何嘗不是「殺身成仁」。一個愛國愛民的科學家或企業家，爲了求得其事業的成功，實現其理念，積勞成疾，以至獻出生命，又何嘗不是「舍生取義」！總之，傳統道德中有永恆價值的東西，必須結合現代社會向前發展的需要，重新詮釋，加以更新，方能煥發出其生命力，成爲全民的美德。傳統道德與現代文明相結合，是一艱巨的文化工程，也是歷史賦予我們的使命，要長期耕耘，方見其效果，不是三言兩語，喊幾句口號，談幾點感想，就可以實現的。

（《群言》，一九九五年第七期）

談傳統與創新

如何對待中華傳統文化和哲學，是近年來人們經常爭論的問題，大陸學術界稱爲遺產繼承問題。此問題所以長期爭論不休，因爲中華文化源遠流長，博大精深，面臨新時代，即從農業社會進入工業社會，特別是面向二十一世紀，是否還有其生命力，的確是十分尖銳的問題。大陸學界和關心中國傳統文化的海外學者，經常開展討論，稱爲傳統文化與現代化的討論。所謂現代化，就其本質說，就是傳統文化如何適應工業社會發展的需要。我想，就此問題，結合學術界、文化界研討的情況，談談我個人的看法，以下講三點：

一、弘揚傳統文化貴在創新

有一種意見，認爲傳統的東西，已屬過去，不再適應現代的需要，或者說，適應農業社會的思想文化體系，不能適應於工業社會，因爲兩種社會制度，根本不同。因此，研究傳統文化的目的和任務，是將傳統的東西，整理清楚，所謂「整理國故」，展示給現代人，如同開博物館一樣，說明我們的民族，曾有光榮的歷史，在文化上有過偉大的貢獻，以此教育青年一代，提高民族的自尊心，增強愛國主義意識。這種意見，基於民族的情感，看待傳統文化，是無可非議的，而且整理文化遺產，也是一場十分艱巨的任務。但由此將傳統與當代文明一刀兩斷，則難以苟同。因爲傳統是割不斷的，而且從人類文明發展的歷史看，任何新文化的誕生，都同傳統有著密切聯繫。如「五四」運動時期的文學改革，提倡白話文，可謂創新，但沒有文言文，特別是民間流行文學，不能有白話文。又如西方近代的文藝復興，亦非憑空而降，而是在古希臘文化傳統的基礎上的創新。傳統與創新，並非水火不相容。那種依據生產方式的差異，從而否認傳統與創新的關係，是站不住腳的。

因爲創新並不脫離傳統，所以傳統文化和哲學，也只有走創新或更新的道路，方能獲得生命力，否則，只能成爲博物館中的陳列品，這是不依人們的意識爲轉移的。人類的文化史和哲學史也證明了這一點。如西方中世紀的基督教文化，通過宗教改革，方成爲與近代工業社會相適應的宗教。印度的佛教，經過從小乘教到大乘教的更新，方成爲影響世界文明的宗教。宗教如此，哲學亦是如此。就中國儒家學說說，宋明儒學的形成和發展是儒學的一大轉變或更新。正是經過這次更新，從而影響到亞洲，如日本、韓國的文明。傳統哲學的更新，也是哲學發展的一條規律。歐洲哲學史上有許多冠以「新」字的流派。如新柏拉圖主義、新黑格爾主義、新康德主義、新實在論等，也是在傳統基礎上的更新。否認更新，哲學也就停止了發展。王夫之有一句名言：「推陳而致其新」，既是宇宙發展的規律，也是人類文明發展的規律。教條主義是否認更新的，將傳統的東西，看成是萬古不變的教條，墨守家法，不敢有所異同，如漢代的經師們，依樣畫葫蘆，只有走向衰亡。

目前，在傳統文化和哲學的研究中，有兩種值得注意的傾向：一是挑選傳統文化中可利用的東西，用來醫治現代生活中的弊病，以此解決傳統文化現代化的問題。這種對待傳統的態度，可以稱之爲「拿來主義」。所謂「拿來」，即不需要加工、改造，如同購買進口的名牌汽車，拿來就用。但作爲觀念形態的文化，如哲學、社會倫理等，不是搬過來就可以解決問題的。如針對市場經濟發展帶來的消極因素，如個人利己主義、享樂主義以及社會道德敗壞等現象，從宋明儒學中拿來維護特權階層利益的公私之辨、義利之辨、理欲之辨，要人們存理去欲、爲公去私。又如針對遺棄父母的現象，拿來傳統文化中維護家長制的孝道，甚至從二十四孝中找範例，教育青少年。又如，爲了安定社會秩序，將古老的禮節儀式，也搬了出來，要人們遵守。這種對待傳統文化的態度，難以產生預期的效果，反而成爲建設新的工業文明的障礙。「拿來主義」不是更新，是沒有生命力的。另一種傾向是，對傳統的東西作了新的闡發。但不敢承認自己的新解釋，是對傳統的發展，反而宣稱是眞正符合傳統的本義。這種態度，可以稱爲「衛道主義」。衛道主義在儒家文化中最爲突出。唐朝的韓愈提出了「道統」說，排斥異端，企圖維護孔孟之道的純潔性。此說影響深遠，從二程到戴震，再到近代的康有爲，都認爲他們對孔孟學說的闡發，才是正確的，符合孔孟的本義。當代的一些儒家學者，解釋儒家典籍，明明是引進了近代的概念，但卻聲稱是恢復了孔孟的正統。這種衛道主義的精神，是沒有必要的。我們將要進入二十一世紀，傳統經學時代形成的「正統」觀念早已失去了生命力。對傳統的東西，有所異同，既是勢之必至，也是理所當然，要勇於承認這一眞理，無須再打出衛護「聖人之道」的旗號。

二、創新要面向現代與未來

傳統文化必須更新方有其生命力，但向什麼方向更新，這也是人們經常爭論的問題。由於人們對人類社會發展的前途，有不同的理解，對此問題可以有不同的答案，但有一點是大家所共識的，即二十一世紀將是工業文明高度發達，科學技術飛速發展，信息廣泛傳遞，經濟上實行全球合作，文化上進行頻繁而深入交流的時代，任何形式的鎖國主義，一去不再復返。弘揚傳統文化，如果脫離這一走向，仍舊不能獲得新生。談更新，如果脫離這一走向，其所謂「新」，也只是曇花一現，是不可能持久的。

有人會提出這樣的問題，此種更新的方向，是一種實用主義，著眼於經濟的高速發展和科技的進步，污染了傳統文化中的理想主義、人文主義的傳統，使傳統文化和哲學成爲追求物質文明的奴僕。因爲中華傳統文化中，儒、釋、道三大系統，其精神都是要人們從物質生活的追求中得到解脫。面臨二十一世紀的到來，弘揚傳統文化的目的，不是適應經濟和科技的調整發展，而是糾正其偏向。這種面向未來的傳統文化觀，早在二十世紀初，第一次世界大戰後，一些儒家學者，迎合歐洲文明破產的論調，便提出來了。即以東方的精神文明，醫治西方物質文明的沒落。據說，本世紀八○年代中，一批諾貝爾獎金的獲得者，在巴黎集會，發表了宣言，其中說：「人類要在二十一世紀生存下去，必須再從兩千五百年前孔夫子那裡去尋找智慧。」其所要尋找的智慧，是如何挽救道德危機和生態危機。這一宣言，並不同於二十世紀初歐洲文明破產論，但贊揚中華傳統文化中的人本主義，則是一致的。不可否認，東方文化中的人文主義傳統，豐富多彩，應當發揚光大。問題在於發揚這種傳統，是將人們引向過去，回到農業社會寧靜的田園生活方式中去，還是面向未來，推動工業文明的健康發展。如果是前者，則是重彈東方文化派的論調，這是難以苟同的。任何理想主義和人文主義傳統，如果同當時的社會經濟發展的趨向背道而馳，理想則流爲空想，不可能在生活中產生實際效果。

傳統文化中，究竟有沒有適應二十一世紀社會經濟發展的東西，或者通過變異和更新，將其納入現代和未來的文明的軌道？這是一個新的課題，要認眞研討。就儒家文化系統說，有許多具有永恆價值的觀念和命題，通過更新或變異，可以成爲人類未來文明的組成部分。如孔孟倡導的富民政策，繁榮經濟的學說，政治上的民本主義，文化上尊重知識和教育的傳統，道德上倡導的義利合一、情理合一、仁禮合一，儒家倡導的大同理念，人與自然和諧的理念以及眞善美並重的思維方式，通過更新，都可以成爲二十一世紀人類文明的內容，有利於經濟和科技的健康發展。對儒家文化的評估，不能局限於倡導人格自我完善一條，就這一條說，也要通過變異或更新，吸取其中尊重個人尊嚴的精神，而不是恢復維護等級差異的修養經。

總之，面向現代和未來，是傳統文化更新的立足點，否則，就要走向復古主義的道路。復古是沒有前途的。

三、創新是一巨大的文化工程

傳統文化的創新，不是喊口號、談感想，就可以解決的，要付出艱苦的努力，長期耕耘，方能見其成效。印度佛教從小乘教到大乘教的轉變，宋明儒學的形成和發展，都是通過幾代人的努力而實現的。就此而言，一種學理的更新，是一巨大的文化工程，不是一蹴而就的。我們現在面臨傳統文化的大轉變時期，進入二十一世紀，更爲突出。如何實現這一轉變，也是值得爭議的問題。

關於傳統文化和哲學的更新，有兩種值得注意的傾向：一種是引入西方文化和哲學的概念，解釋中國傳統文化和哲學。此種傾向，可稱之爲「中學西釋」。中學西釋，只是中西文化比較的初步嘗試，還不就是傳統文化的變異和更新。另一種傾向是，借題發揮，即借用傳統的東西，或歷史的事迹，談論現代人生活相關的問題，從中吸取教益。這種古爲今用，也不是傳統文化的更新，而是以古爲鑒。所謂更新，是在傳統文化精神的基礎上，拋棄其中陳腐的東西，引進新概念和新知識，並且加以消化，創建新的理論體系。宋明儒學的更新，就是這樣，拋棄了傳統儒學中意志的天，從佛老二家中引入新概念，作爲養料，形成自己的理論體系。我們今天處於科學昌明的時代，談更新，不同於古代，要從現代科學（包括自然科學與社會科學）的積極成果中引進新概念、新知識，實現傳統文化的大轉變。也就是說，走與現代科學相結合的道路，傳統的東西，方能獲得新的生命力。

更新傳統文化，使古老的傳統，適合於近代工業化的進程，中國近代史上的思想家，作過多種努力和嘗試。如啓蒙思想家譚嗣同，寫了《仁學》引入自由、平等、博愛的概念，解釋儒家的仁愛學說，引入西方近代物理中的以太概念，解釋傳統哲學中的元氣論，從而建立了自己的仁學體系。值得人們注意的是，當代儒學的代表人物梁漱溟先生對傳統儒學的闡發。他晚年寫了《人心與人生》一書，從近現代的生物學、生理學、心理學、社會學、進化論和歷史科學的成果中，引進新概念和新知識，來論證儒家的理性主義、人道主義是人類未來社會發展的指南。他引入近代平等觀念，解釋孔孟倡導的五倫說，以互以對方爲重，解釋「君臣有義，父子有親」等命題，企圖將傳統儒學納入現代文明的軌道。居住在港台的儒家學者，也寫了大量著作，探討儒學與現代文明相結合的道路。這些例子表明，面臨新時代，更新傳統文化是海內外中國學者共同努力的方向。就個人說，要盡畢生的努力；就學派說，要經過長期的探索，不斷地積累成果，方能迎接二十一世紀的挑戰。

關於中國傳統哲學的更新，我想再舉一個例子，就是近年來在大陸學術界經常討論的「天人合一」的話題。針對科技的發展和工業化進程引起的生態平衡的破壞和環境污染的日增，許多中國學者基於憂患意識，倡導「天人合一」這一古老的命題，作爲中華文化和思維方式的特色之一，糾正人與自然關係的失調。這種用心是好的，說明中國傳統哲學進入二十一世紀，仍有其價值和意義。但是，就「天人合一」這一命題的內涵說，哲學家們對其作過多種解釋，其中含有積極和消極兩方面意義。積極的意義是追求人與自然的和諧相處，消極的意義是抹煞了人與自然的差別，如道家老莊和宋明哲學中心學派的天人觀，強調天人不分，或倡導人因循自然，或宣揚生機主義。從整體上看「天人合一」這一思維方式，是古代農業社會的產物，人改造自然的意識較爲淡薄。這一命題，必須加以更新，對科技思維的發展，方有積極的意義。明末清初的哲學家和科學家，如王夫之和方以智，就做過這種努力，將天人合一引向天人合用，認爲人與自然是合中有分，人類應運用自己的智能和德行，控制自然，使自然爲人類造福。我們處於科技高度發展的工業化時代，對這一命題更應加以變異，清除其中不利於人改造自然的消極因素，使其中合理的因素發揚光大，並且從當代的自然科學和人文科學的成果中，引入新概念和新知識，建立一種合乎時代需要的新天人觀。不加分析地倡導天人一本，甚至將董仲舒的「人副天數」都搬出來，加以贊揚，如此弘揚中華傳統文化，我看，難以應付二十一世紀的挑戰。

（《江淮論壇》一九九五年第一期）

在中國哲學與易學學術研討會上的發言提要

一、中國哲學史研究的回顧與前瞻

(一)關於哲學史觀

(1)有兩種哲學史，即本然的哲學史和人寫的哲學史。人寫的哲學史，隨著人們對客觀歷史認識的深入，是不斷改寫的。哲學史研究中的獨斷論和不可知論，都不可取。古今中外的學術史證明，人寫的歷史總是呈現多元化的趨勢，只要對客觀歷史進程有所揭示，有所認識，即作出了貢獻。

(2)任何寫的哲學史，都受某種哲學觀和史學觀的影響，從而形成不同的學派，相互爭鳴，才有史學的進步和繁榮。馬克思主義在史學領域作出了重大貢獻，是二十世紀影響深遠的一大學派，五十年來中國大陸學者以馬克思主義哲學和史學觀爲指導，研究中國哲學史，形成自己的風格，無可非議。問題在於是否取得了積極的成果。我認爲，由於大陸學人的努力，取得了顯著的成果。如探討中國傳統哲學中唯物論和辯證思維的傳統，論證宋明道學中，除程朱陸王學派外，還存在著以張王爲代表的氣學派，從而爲寫的中國哲學史增添了新的篇章。其取得的成果，是其他流派的中國哲學史研究所不能代替的。

(3)但五十年來中國大陸的哲學史研究，也走過彎路，有許多失誤，受到極左思潮和教條主義的嚴重干擾。同樣以馬克思主義觀點研究中國哲學史，可以形成不同的流派，不必強求一律。左傾教條主義則認爲，只有他那一家的觀點，才是正確的，從而將百家爭鳴引向黨同伐異，破壞了學術自由討論的原則，使中國哲學史的研究，長期陷於困境。我們這一輩的哲學史工作者深受其害，目前仍面臨清理極左思潮的任務。

(4)但清理極左思潮的錯誤，不等於否定或拋棄「五四」以來興起的運用馬克思主義學術觀點研究中國哲學史的傳統。我認爲，這一學術傳統。爲我們揭示哲學流派的形成及其發展的歷史提供了寶貴的經驗。大陸的哲學史工作者，特別是中青年學者，應珍惜這一傳統，以實事求是的科學態度對待這一傳統，從中汲取經驗教訓。以何種觀點寫哲學史，是研究者的自由，不應干涉。至於其寫的哲學史是否符合客觀歷史發展的進程及其規律，不是靠作者的自我表白，而是靠學術群體的科研實踐來檢驗。

(二)關於中國傳統哲學的特色

(1)各民族的哲學史，一方面存在共性，即理論思維的邏輯性；一方面又存在個性，即本民族文化的特色。以西方哲學爲參照，研究中國哲學，要防止兩種偏向：民族虛無主義和國粹主義。

⑵馬克思主義屬於歐洲的學術傳統。左傾教條主義不是以其學術觀點爲指導研究中國哲學史，而是向中國哲學中尋找其結論，其結果寫的中國哲學史變成馬列哲學的注脚，抹煞了中國哲學的民族特色，我們不能再走這條道路。但由於清理極左思潮的影響，從而認爲，中國傳統哲學有自己獨特的內涵，同其他民族的哲學思維相比，沒有共同的語言，無共性可言，甚至宣稱人類未來的文明都要走中國傳統文化的道路。這種誇大中國哲學特殊的論點，難免將中國哲學的研究引向自我封閉和復舊的道路。

⑶中國傳統哲學，影響大的有儒、釋、道三大系統。此三大系統的哲學家，從漢朝開始，大都以經學的注釋和詮釋的形式，闡發其理論思維的內容，其所提出的哲學問題，同其所依據的經典不可分割。一部哲學史，就其主流說，也可以說是一部對原典的解釋史。此種學風，一直沿續到近代。探討中國傳統哲學的特色，不能脫離各系統的經學史。各派對其原典所作的詮釋，一方面有其理論思維的邏輯性，一方面又各有自己的文化特色。

⑷一部成功的中國哲學史，不僅要表明其內容是中國的，不是歐洲的，而且又要闡明其在世界哲學史上的地位，將中國傳統哲學作爲人類精神財富之一，納入人類理論思維發展的軌道。

㈢關於研究中國哲學史的目的和任務

⑴寫的哲學史，一方面要給讀者以系統的歷史知識，不同於闡明哲學體系的哲學論著；一方面通過歷史的敘述，給人以智慧，歷代哲人追求眞、善、美的智慧，以提高和鍛煉人們

的理論思維水平和能力。總之，寫的哲學史，要有哲學味，使人們讀後在思想上有所收益。哲學是文化的頭腦，中國哲學是中國文化的靈魂。弘揚中華文化及其哲學的優秀傳統，將中國人的智慧傳播於世界，是中國哲學史工作者責無旁貸的任務。

(2)在極左思潮流行的年代，大陸的中國哲學史工作者，沒有將弘揚中華優秀傳統文化看成是自己的主要任務，而是將寫的中國哲學史看成是宣傳馬列主義教條的教科書。當時的哲學史工作者致力於對歷史上哲學家和哲學流派進行所謂的階級分析，論證其歸屬於哪一陣營，從而爲階級鬥爭服務，很少去總結其理論思維成果及其經驗教訓，特別是對歷史上的唯心論採取粗暴的否定態度。這種輕視理論思維的嚴重失誤，今天，仍有清理的必要。

(3)然而歷史上哲學家提供的理論思維的內容和形式，是豐富多彩的，涉及的領域和問題是多方面的。如果寫的哲學史，只局限於一個方面，如思維與存在的關係，或內心修養的境界等，而忽視其他，也是一種偏向。哲學是時代精神的代表。哲學史也是對人類精神生活反思的總結，爲人類未來生活提供借鑑。全面探討中國哲人的理論思維發展的進程和成果，進而闡明其對中國宗教、科技、文藝以及社會政治和道德生活的影響，使今人從中受到啓迪，寫的哲學史方有其生命力。這也是中國哲學史工作者努力的方向。

(4)一部理想的中國哲學史，應包括釋義、明理、求因和評判四方面。釋義，是依據文字訓詁、文獻考證，對哲學家提出的概念、範疇和命題作出確切的解釋；明理，是分析其理論思維的內容和特徵，考查其演變的歷程；求因，是闡明其理論思維形成的原因，包括其所處的社會歷史條件；評判，是指出其理論思維的價值及得失，引導人們向前看。這四者，缺一不可，要下苦功夫，方有收獲。衷心期待中國大陸中青年一代哲學史工作者，在總結正反兩方面治學經驗的基礎上，寫出既符合歷史實際又適合時代需要的高水平的中國哲學史，爲弘揚中華文化作出新貢獻。

二、易學研究的現狀和問題

(一)關於周易文化中的兩種傳統

(1)自漢朝以來，對周易的理解，存在經學和數術的分歧。前者是對周易經傳的再詮釋，闡明其學理；後者是利用周易中的占筮術語，爲人卜問吉凶，以謀取錢財。近年來，在文化界興起的「周易熱」中，有些以研究周易爲名義而建立的學會和創辦的刊物，長期以來，宣揚和刊登占卜算命的言論和文章，出版了多種宣揚算命術的書籍，甚至稱算命術爲「科學的預測學」，有意混淆易學與數術的區別，嚴重干擾了弘揚傳統優秀文化的大方向。易學界的有識之士兩年來發表了許多論文，同文化界的占筮派展開辯論，取得了顯著的成果。但占筮派並未因此退卻，繼續干擾和破壞易學研究的方向。此是有關科教興國和精神文明建設的大事。我們衷心期待文化界的占筮派，勇敢地站出來。參加這場辯論。

(2)占筮派的言論所以迷惑一部分人，其中一條原因是，他們將數術納入象數易學領域。象數易學是經學史上的一大流派，以象數範疇解釋周易經傳中的文句，從而建立起自己的易學體系。而占筮派是利用象數學派提出的一些概念、範疇，炮制一套占卜吉凶的算命程序，二者不能混淆。盼望易學界的同仁，就此課題，即象數易學與數術的關係，開展深入研究，以正視聽。對歷史上的數術派的著作，包括講陰陽風水的書，要進行科學的分析和評價，澄清其影響。當前出版的「數術概論」一類的著作，不是研究，而是變相地宣揚古老的算命術。將這場論爭，從通俗宣傳提高到科研的高度，是易學界面臨的任務之一。

(3)在中華文化史上，從漢朝開始，出現了一批反對愚昧迷信、弘揚科學精神的學者，如王充、呂才、熊伯龍等，他們對占卜算命、陰陽風水等數術的批判，今天看來，仍有其生命力。我們應整理他們的著作，結合當代的科學知識，加以評價，以中華文化的優秀傳統，教育青少年和受數術蒙蔽和欺騙的人。

㈡周易經傳研究中的問題

(1)周易經傳是易學的基石。近年來，海內外學術界對經傳的研究取得許多新成果，特別是依數字卦和帛書本周易經傳提供的新史料，圍繞經傳的形成和傳播問題，展開了熱烈的討論，提出了許多新見解，加深了經傳研究的力度，開闢了新的研究領域。但統觀全局，有許多難點尚待突破，需易學界同仁共同努力，將經傳的研究向前推進一步。

(2)關於易經的研究，尚待解決的問題有：今傳通行本易經是一人一時之作，還是經過西周掌管卜筮的官吏們陸續編纂而成；作爲易經符號系統的卦爻象，奇偶兩畫或陰陽二爻，八卦和六十四卦，其形成是否經歷了一個演變的過程，如何評價數字卦的史料價值；作爲易經文字系統即卦爻辭，其文字、文句、文風及其所表述的內容，是否也經歷了一個演變的過程；

易經符號系統和文字系統是否存在對應關係，如何理解其對應關係。這些問題都涉及到周易的性質和形成的問題，是值得深入研討的。近年來出版了許多論易經性質和作者的專著，有些見解，十分奇特，但大都出於猜測和對經文的誤解，並無可靠的史料爲依據。盼望易學界的同仁，運用科學的治學方法，總結前人的研究成果，寫出一部新的《周易探源》，反映我們這一時代的研究水平。

(3)關於易傳即十翼的解讀問題，我曾提出兩套語言即筮法語言和哲學語言說，說明易傳解經的特點。因爲近年來發表的談易傳哲學的論著，大都脫離筮法問題，泛談其哲學思想，未能揭示出易傳哲學的特徵。我的看法是否妥當，可以討論。關於易傳解經的體例，有取象、取義和爻位三說，如何理解三者的差別，取象說是否最早，爲易經的本義，還存在著分歧，是值得進一步討論的課題。關於易傳的作者和學派歸屬問題，即屬於道家還是儒家係統，易學界曾展開熱烈的討論。其意義在打破傳統經學家長期堅持的尊孔讀經的周易觀，有助於探討易傳哲學的特徵及其形成的過程。由於帛書本易傳文的公布，再次引起易傳是否孔子所作的爭論，此爭論對探討儒家傳易的歷史也是有意義的。關於易傳哲學思維的特徵，特別是其陰陽觀，近年來，學術界通過與西方辯證思維的比較研究，將其歸結爲兩元互補論，應是一種突破。但探討其他思維方式，如變易思維、觀象思維、太極思維、易簡思維、三才思維等的內容和價值，還剛剛起步。關於已出版的解釋易傳文句的著作，其解說，大都還是以傳統經學家的注釋爲依據，很少有新的突破。辨別傳與學之異同，揭示傳文的本義，仍是一艱巨的任務。

⑷關於周易經傳的注解，近年來已出版了多種版本，統觀其內容，不外兩種傾向：一是依傳統經學家以傳解經的學風，特別是義理學派解經的學風，解讀經傳文句；一是主張經傳分開，以經解經，以傳解傳。這兩種類型，各有所見，亦各有所不見，如何統一起來，是一大難題。有些論文和專著，處理此問題，取得了可喜的成果，值得借鑑。進一步探討經傳之異同，特別是檢討彖、象二傳對經文的解釋，仍是刻不容緩的事。此問題不妥善解決，很難準確地將周易經傳譯爲歐洲文字，傳播於世界。

㈢關於易學的性質、內容及其歷史

⑴易學這一學科，從漢朝開始，屬於儒家的經學系統。按現代的學科分類，它應屬於哲學系統。易經乃中國哲學的源頭，是中國哲學史的第一章。但易學的內容，不限於周易經傳，還包括歷代易學家對周易經傳的注釋和闡發。其所作的詮釋和闡發，成爲中國哲學的重要組成部分。探討易學在中國哲學中的地位及其價值，是哲學和哲學史工作者的重要任務。我寫的《易學哲學史》只是初步的嘗試，還不等於易學史。

⑵易學的影響，不限於中國哲學，而且滲透到中國文化的許多領域，從而使中國文化在世界文化史上獨樹一幟。易學可以說是中國傳統文化的靈魂。近代以來，由於西學輸入以及占筮派的干擾，易學的文化價值沒有受到學術界的重視。探討易學對中國傳統文化，如宗教、社會、政治和倫理觀以及軍事、史學、科學技術、文學藝術等的影響，也是易學研究者的重要任務。此項研究，正在起步，已出版了一批專著，雖尚不成熟，但爲易學研究開闢了新的

領域。面臨的問題是，探討二者的關係，不能局限於易傳，應擴大到歷代易學的有關論述，以見其全貌。我們期待一部高水平的《易學與中華文化》的專著，早日同讀者見面。

(3)關於易學史的研究，近年來亦有進展，持別是有關象數易學和宋易的研究，但尚無較系統的通史問世。此項研究，應將歷代易學家探討易經中象辭相應之理，即符號系統和文字系統的對應關係，作爲重點，加以評述。因爲易學史上義理學派和象數學派的分歧，基於對解經體例理解的分歧。目前出版的有關象數易學史的著作，往往脫離或不分析此派對經傳文句的解釋，大都泛談各種圖說，應加以改進或補充。有的著作，所以熱衷於談象數易學的歷史，甚至視其爲易學的正統，其目的是爲占筮派所炮制的取象說作辯護，這種研究，實不可取。關於易圖說的研究，有很大的進展，澄清了許多誤解，但仍停留在考證和辨僞的階段。闡明易圖所蘊涵的義理或思維方式，也是易圖研究者的任務。近年來，易學愛好者發表了許多關於解釋河圖、洛書的文章和專著，其中有的是闡發他自己的觀點，然而卻聲稱「揭開了千古之奧秘」。此種六經注我的學風，實有礙於易學史的研究。有些易學史的論著，旨在闡發各派易學的義理，以顯示中國哲學和文化的精華，有助於當代文明的建設，爲易學史的研究開拓了新的方向。就易學史上的解字系統說，將歷代易學家關於周易經傳文字、訓詁和校勘方面的研究成果，加以總結，評論其得失，目前尚無此類著作問世。這要靠文字學專家們的努力了。此項研究，實有助於周易經傳形成和傳播問題的解決。

(4)歷代易學所以對中華文化產生深遠的影響，在於其所倡導的思維方式。其思維方式是豐富多彩的。初步研究，有直觀思維、形象思維、邏輯思維、辯證思維以及象數思維等，其中以辯證思維最爲突出。此外，還有人提出聯想思維、類比思維、三元聯通思維等。關於易學思維方式的探討，中國大陸的學者，頗有興趣，已發表了一些論文和專著。目前的問題是，如何定位易學思維方式的特徵，進而說明其對中華文化的影響。其中關於邏輯思維和辯證思維的關係，就是討論的重點。就易學的符號系統說，卦象的結構和排列的程序，既是邏輯的，又是辯證的，二者巧妙地融合在一起。以此種思維方式，考察世界，易學家提出許多可貴的命題。如能從中總結出某種規律性的東西，無疑對新的思維方式的形成，會起積極作用。

(四)關於科學易的前途

(1)由於歐洲近代哲學家萊布尼茲對邵雍先天圖式的解讀和現代歐美一些自然科學家對東方思維方式的嚮往，中國的科學工作者和易學愛好者受其影響，探討易學與科技發展的關係，在學術界興起了與人文易相對稱的科學易。科學易是易學研究的一種新動向，是對傳統經學家以周易爲齊家、治國、平天下之圭臬的突破。在中華原典中，只有周易系統的典籍，同科技思維有著密切的聯係。開展這一課題的研究，是無可非議的。但如何開展此項研究，近年來，也展開了熱烈的討論，有些見解，甚至針鋒相對。此是一件好事，有助於問題的解決。

(2)關於目前已發表的科學易的論述，應加以分析，有的是有前途的，有的是沒有前途的，應從其所從事的歷史的和現實的研究中，分別檢討其得失。就歷史的研究說，有些關於論中國古代科技與易學關係的著作，企圖從周易經傳的辭句中，引出古代科技成果，這種研究是沒有前途的。有些專著，如關於易學與古代數學的研究，從古代著名數學家的成就中，分析其受易學思維的影響，從而取得了顯著的成果，此種研究是有前途的。中國歷史上有名的科技家，如張衡、劉徽、一行、沈括、張介賓、宋應星、徐光啓以及方以智等，都精通易學，有的則是易學大師。總結他們的治學經驗，可以揭示出易學文化對中國古代科技發展的影響。目前有關中國科技史的著作，以闡述發明創造的成果爲主，很少涉及古代哲學對發明創造所起的正面作用。通過易學的研究，可以塡補這一空白。李約瑟的《中國科技史》，談到文化背景時，局限於儒道兩家，特別是道家的思維，不能不說是一種缺欠。

⑶關於易學與當代科技發展的關係，尚處於探索的階段。近年來發表的有關這方面的論文和專著，介紹了歐美和中國的一些科學家對易學文化的贊賞，引起了學術界的關注，但還應進一步深入分析其所以贊賞的原因，並評論其得失。關於萊布尼茲二進制與易學的關係，由於第一手資料的中文譯本已公布，此項研究已取得了重大進展，澄清了所謂萊氏依易圖而發明二進位制的誤導。探討易學與當代科技的關係，應從思維方式問題入手，重點研究易學思維是否有益於當代科技思維的發展，以促進新的發明創造。目前已發表的科學易的著作中，有一種令人擔憂的現象，即向古老的易學模式中尋找近現代科技研究的成果，視周易爲包羅各種科學的百科全書，這種研究，是沒有前途的。

㈤關於易學的現代化

⑴關於易學的研究方向，可以有不同的看法，有的強調應研究周易經傳，從事文字訓詁和文獻方面的考證與解釋，將易學研究納入古籍研究和考古研究的領域。有的強調研究易學，

不能脫離今人的現實生活，從而追求易學的現代化。我認爲，兩種方向，不可偏廢，而且可以相互促進，不應排斥一方。關於傳統文化的現代化，是一個有待解決的普遍問題。倡導現代化，無非是想使傳統文化重新獲得生命力，不至於流爲博物館中的陳列品。此涉及到傳統與創新的關係問題，易學的研究也不例外。統觀一部易學史，每一時代的易學家對周易經傳所作的詮釋，都反映了其所處的那個時代的要求。此是意識形態發展的一條規律。

(2)但如何實現傳統易學的現代化，確實是現代易學研究中的一大難題，須從多方面探索。近年來出版了多種周易經傳的今譯本，這項工作，屬於語言的表述問題，不涉及對其內容的理解，還不能稱爲現代化。就周易經傳的解讀說，如果從現代人的生活需要出發，注解其中的義理和文句，使人們讀古典著作，產生一種強烈的時代感，從中悟出處理人生問題的某種智慧，這種工作，方稱得上現代化。可喜的是，目前已出版了這種易經新解的著作，爲推進易學現代化開闢了一條途徑。

(3)關於易學現代化的另一條途徑，是與當代科學相結合，即以易學思維爲指導，促使某一學科的內容得以更新。此課題的難度也相當大，目前尙處於探索中。就社會科學領域說，近年來已發表了不少有關易學與管理學的論文和專著，即是一種探索。其目的在於建立一種具有中國文化特色的管理學，包括行政管理與企業管理。面臨的問題是，如何使傳統的易學思維同當代的科學管理思維融爲一體。就自然科學技術領域說，由於信息科學的迅速發展，有些易學與科技專家，正在運用中國傳統思維和易學符號思維從事電腦軟件的更新。這需要科技家與易學研究者的密切合作，方見成效。如果這方面的研究成果，能轉化爲生產力，易學現代化的工作，也就有了踏實的基礎。

⑷創建新的易學體系，是易學現代化的另一種嘗試。這種工作，不只是予傳統易學以新的詮釋，而更重要的是發揚傳統易學思維的精華，吸收當代哲學和科學思維的積極成果，建立新的易學理論體系，如同中國當代哲學家們所從事的哲學體系的創新工作。實現這一任務，一方面要有巨大的理論勇氣，敢於破除傳統思維的舊框架；一方面要有豐富的易學知識，深厚的哲學和科學的素養以及嚴肅的治學態度，方能有所建樹。有一本名爲《新易學》的專著，試圖依傳統易學中的陰陽觀，創建一辯證系統論符號哲學和符號邏輯，這一設想是有意義的。但其內容，同傳統易學提出的有關命題，毫無聯係，此種脫離傳統的創新，是值得商討的。

三、中國哲學和易學研究中的方法論

㈠關於方法論問題

⑴這裡談的方法論，指哲學史和易學史研究中的方法論，屬於史學研究的領域。中國哲學和中國哲學史的研究，應有所區別。前者是依傳統哲學提供的資源，通過新的詮釋，建立其哲學體系，其治學方法，因其體系而異。後者屬於史學領域，其宗旨是求實，揭示哲學發展的歷史進程和規律，則存在著共同遵循的治學方法問題。藉用馮友蘭先生的話說，後者爲照著講，前者爲接著講，二者雖有聯係，但又有區別。

⑵研究哲學史的方法，從學術史上看，並非同出一轍，從古代到現代，各有所見。如果

其使用的方法，對客觀歷史進程有所揭示，在求實上有所建樹，即應肯定。我的治學方法頗受老北大重實證，老清華重分析以及唯物史觀派的影響，這是我所處的學術環境造成的。至於運用這些方法，在研究中是否有所建村，那是另一問題。其經驗教訓是值得總結的。

(二)關於實證的方法

(1)「五四」以來興起的新史學，繼承清代乾嘉學派的學風，以實證作爲研究歷史的方法。史學中的實證方法是將史料的研究置於首位，依史料下結論，所謂有一分史料，說一分話，靠史料證實其結論是否正確。運用史料，不能誇大史料提供的內容，或對史料加以任意解釋。史料包括可信的文獻記載和出土的文物。其對史料的研究，包括文字訓詁、文獻考證以及對史料的解釋。如果出現了新史料，則修正前人所作的結論。這是一種較爲科學的治學方法，是史學研究的基本功。湯用彤先生的《兩漢魏晉南北朝佛教史》，即是運用實證的方法研究哲學史的典範。近年來，在易學研究中，有些中青年學人，沒有可靠的史料爲依據，動輒將自己的設想和猜測說成是「揭開了千古之謎」，未免太輕率了。有關哲學史的論著，如果在史料上不能過硬，其所立的新說，不可能流傳下去。

(2)如何對待古代文獻的記載，「五四」以來有三種意見，被稱爲尊古、疑古和釋古。這三派各有所見。對古代歷史文獻的記載，不能一概視爲傳說，輕易加以否定，此是尊古派之所長。但古代歷史文獻的記載，對以前歷史的論述，往往含有渲染和神化的成分，不能盡信爲實，此是疑古派之所長。古代歷史文獻的記載，有些論述，雖然查無實據，但事出有因，並非憑空炮制，應予以合理的解釋，作爲考查史實的依據，此是釋古派之所長。在對待史料問題上，應本著求實的精神，汲取各派的優點。

⑶實證的方法，並非研究歷史，特別是哲學史或思想史的唯一方法。將歷史的研究，歸結爲史料的搜集、整理和解釋，也是一種片面的見解。但脫離史料的證實，其所作的分析和論述，則成了空中樓閣。青年的哲學史工作者，應在史料上下苦功夫，爲樹立嚴謹求實的學風奠定基礎。

㈢關於邏輯分析的方法

⑴所謂邏輯分析，是指對歷史上哲學家提出的概念、範疇和命題，進行剖析，分別其異同，郭象稱爲「辨名析理」，哲學史家黃宗羲稱爲「牛毛繭絲，無不辨析」，邏輯分析方法，並非只是西方的傳統。近代以來，伴隨西方的形式邏輯學的輸入，增強了人們對這一方法的認識。邏輯分析法，是研究哲學史或思想史必備的或特有的方法。因爲任何哲學家的哲學體系，都是通過概念和命題來表述其哲學思維的，哲學史家不辨別其理論上的異同，確定其學說的宗旨，一部哲學史便成爲一本糊塗賬。

⑵馮友蘭先生是本世紀倡導運用邏輯分析法研究中國哲學史的先驅，並且運用這種方法研究中國哲學史，取得了驚人的成就。他特別強調研究中國哲學史，必須運用這種方法．這同古代漢語的特徵是分不開的。漢語非拼音系統，漢字爲方塊字，亦非曲折體。一字有多種歧義，寫出的文章，往往言簡意賅，文約義豐。對其提出的概念、範疇和命題，如不進行邏

輯分析，後人往往不知其所云。如道家系統和佛家系統提出的有、無範疇，易學史上的太極範疇，各家的理解和論點並不盡同；哲學家們使用同一範疇或引述同一命題，其內涵往往存在著思維路線的分歧。如不從事邏輯的分析，不可能將各派理論思維的特徵及其發展的進程揭示清楚。對中國哲學中的概念、命題進行邏輯分析，切忌斷章取義，須對其內容有全面而深入的了解，方能切中要害，同樣要下苦功夫。

(3)在極左思潮流行的年代，邏輯分析法遭到排斥，如同排斥形式邏輯一樣，指責其爲唯心論和形而上學方法，這是極大的誤解。在這種錯誤思潮的影響下，致使中國哲學史的研究，不能實現總結其理論思維成果的任務。近年來，還有一種說法，認爲邏輯分析法，不適用於中國傳統哲學的研究。因爲中國傳統哲學屬於直覺型、經驗型、體認型。此種概括，難以苟同。即使中國哲學中存在這一傳統，如禪宗和陸王心學所追求的，但這屬於領悟或履行其哲學信條的修養方法問題，同哲學史的研究是兩回事。

(4)運用邏輯分析法，除研究者本人具有邏輯思維的修養外，還要熟悉漢語發展的歷史。因爲語言文字是概念和命題的表述形式。不通曉一個時代的語言特徵變化，所作的邏輯分析，往往脫離其本義。運用邏輯分析法，還要同一個時代文化背景結合起來，否則，所作的分析，則流爲附會。如《荀子·天論》中頭一句話：「天行有常」。他當時所說的「天行」，指日月星辰和四時的運行，「有常」，謂有常規。如果對此命題的分析，脫離當時的漢語水平和文化背景，導出這樣的結論：「自然界的運動是永恆的」。這不是照著講，而是接著講了。

㈣關於唯物史觀的運用

⑴構建某種哲學體系，無須運用唯物史觀方法，但研究歷史和哲學史，不能不運用這種方法。唯物史觀是馬克思主義的一大創見。唯物史觀的方法，無非是說，將歷史上出現的學說、理論和思潮，置於其形成的歷史條件下來考查，並以生產力和生產方式以及依此而形成的社會制度的變遷說明一個時代思潮興衰的原因。五十年來，中國大陸的哲學史工作者，依此方法，探討了中國哲學形態演變的原因和過程，取得了重大成果，這是不容抹煞的。

⑵但在極左思潮統治的年代，唯物史觀的運用，受到嚴重的干擾和歪曲。左傾教條主義者將其引向經濟決定論和階級決定論。他們認爲，哲學家提出的概念、範疇和命題都直接來源於經濟關係，甚至提出階級分析法，將哲學思維的差異，一律歸結爲維護不同階級的利益，從而導出唯物論進步和唯心論反動的結論。其錯誤在於不承認意識形態，特別是哲學有其相對的獨立性，將認識問題同階級關係混爲一談，不肯承認邏輯思維是全民共有的精神財富。以此種分析法，考查道德問題，導致對傳統道德的全盤否定，爲中國哲學史的研究帶來嚴重的損失。但由此認爲，哲學思維的發展，可以不受一個時代的社會經濟發展以及階級關係變化的影響，將邏輯的和歷史的隔離開來，在研究中尋求哲學家的純粹抽象的精神境界，也是一種片面的見解。

⑶任何影響大的哲學流派，一方面是其所處的時代的產物，打上了時代的烙印，有其歷史局限性；另一方面又含有永恆的東西，即邏輯的東西，人類認識世界的智慧結晶，並不因

時代的變遷而失去其價值。運用唯物史觀的方法，研究一個時代的哲學，切忌將其中具有永恆價值的東西，如同洗澡水中的嬰兒，一起潑掉。如能正確區分一種哲學體系中時代的和超時代的內容，在評價問題上則不致倒向全盤肯定或全盤否定的形式主義。

㈤關於中西哲學的比較研究

(1)近代以來，由於西學的輸入，歐洲的哲學不斷傳入中國，以歐洲哲學發展的歷史爲參照系，考查中國哲學的歷史，乃時勢所趨。今天，我們研究或寫中國哲學史，不能回到《宋元學案》、《明儒學案》一類學術史的老路。運用中西哲學比較的方法，有助於認識中國傳統哲學的特性，並將中國哲學推向世界。二三十年代，胡適和馮友蘭先生寫的中國哲學史，開創了以西方近代治學方法研究中國哲學史的新風尚。

(2)西方哲學史家運用的史學範疇，如形上學、宇宙論、本體論或存有論、唯物論、唯心論、機械論、目的論、生機論以及一元論、兩元論等，已被中國哲學界所接受，作爲考查中國哲學理論思維的借鑑。但運用這些史學範疇，研究中國哲學，不能忽視中國哲學的特色，否則流爲中西比附，將中國哲學變成西方哲學的翻版。如在易學研究中，將中國的陰陽學說等同於矛盾論，即是一例。長期以來，在中西對比的研究中，中學西釋的風氣，頗爲流行，即以西方某一流派的觀點解釋中國哲學中的理論思維。此種詮釋，作爲「接著講」的一種形式，無可非議，但以此代替歷史的研究，未免將中國哲學歐洲化了。

(3)由於清理哲學史研究中的教條主義，有人認爲以西方的唯物論和唯心論解釋中國哲學的內容是一種錯誤。我的看法是，無論西方和東方，關於思維和存在關係的回答，確實存在唯物論和唯心論的分歧。教條主義的錯誤在於將其普遍化，將一切哲學流派和哲學問題都納入兩條路線鬥爭的框架，而且採取扣帽子的方式，代替具體的分析和論證。以歐洲的馬克思主義哲學原理考查中國傳統哲學，就方法論說，亦屬於中西哲學比較研究的領域。對此問題的處理，不要重蹈前人的錯誤。

（《國際儒學研究》第五輯，中國社會科學出版社，一九九八年）

儒學編

略談儒學的特質

儒學是一個歷史的概念，就是說，儒學作為一種社會意識或學術形態，是不斷演變和發展的。先秦時期的儒學只是諸子百家中的一家。到了漢代，儒學成了經學的支柱。魏晉時期的儒學則受了玄學的影響。宋明時期的儒學，主因經以識義理，被稱為宋學。清代儒學在發展過程中，又演變為漢學，但又不同於漢代的經學。近代的儒學，因受西學的影響，也有自己的特點。縱觀兩千多年的學術史，從來就沒有一成不變的儒學。每一時期的儒學，又分化為許多流派，相互爭論，歷史上也沒有鐵板一塊的儒學。但儒學作為中國學術史上一大流派，雖然經歷了不同的變化，又有其自身的規定性，有其不變的一面，否則，便不成為儒學了。我們不能依儒學中某一流派的思想談儒學的特點，也不能脫離與其對立的學派談儒學的特質。

任何學派的形成都有其社會根源，以農業為基礎的封建經濟和封建制度是儒學發生和發展的溫床。儒學作為上層建築的一部分，可以說是同封建社會共存亡。但它作為一種學術形態，雖流行於封建時代，其關於自然和人生的理解、理論思維的闡發以及治學的方法和經驗等，卻培育了中華民族的思想文化傳統，在人類文明史上獨樹一幟，並對人類文化作出了自己的貢獻。歷史和傳統是不容也不能割斷的。一個民族只有善於對待自己的文化傳統，拋棄其中陳腐的東西，發揚其中有價值的東西，不是依傍別人，而是在吸收其它民族優秀文化的同時，創造和更新自己的民族文化，方能立足於世界文化之林，受到人類的尊重。研討儒學的特質，對於我們今天建設新的精神文明，並非是多餘的事。以下，就儒學作爲一種學術形態，談談其特質及價值。

一

就中國學術思想的傳統說，儒學不同於其它流派的一大特點，是解釋和闡發其所尊奉的典籍即五經和《四書》。這些經書涉及到哲學、政治、倫理、文學、藝術、歷史等各方面。任何時代的儒家學者，都以此爲其研究的中心課題，從而構成了儒學的基本內容。封建時代的知識分子，漢朝以來，通稱爲「儒生」，即是說，受過儒家的教育，特別是知識文化方面的教育。但儒生並非就是儒家學者，這是首先應該說明的。

儒學以解釋其尊奉的經書爲任務，始於儒家的創始人孔子。孔子在魯國辦教育，以講解西周以來的典籍《書》、《詩》、《禮》、《樂》、《易》爲宗旨，晚年又編修魯國歷史《春秋》，從而爲儒學創建了基礎。戰國時期的儒學大師孟子和荀子，都是以闡發經書和孔子學說爲己任的。他們對經書的解釋，成爲漢代經學的來源之一。歷代著名的儒學家，無一不是以闡發儒家的經書爲宗旨，以解釋經書建立自己的思想體系。魏晉時期的玄學家何晏著《論語集解》，王弼著《周易注》，雖然其中滲入老莊觀點，亦是闡發儒家經典，屬於儒學範圍。清代的漢學家，其所從事的文字訓詁和考證工作，也是以儒家的經典爲主。近代著名的儒學家康有爲，其所著《禮運注》、《論語注》、《中庸注》、《孟子微》、《春秋董氏學》等，更是借注解儒家典籍，發揮其新義。總之，一部儒學史，也可以說是一部經學史。離開儒家的經學而談儒學，儒學便成了無源之水。當然，有些儒家學者，雖無關於儒家典籍的注解，但其著述的內容，是闡述儒家的教義，亦屬於儒學範圍。

儒學的共同點是闡發儒家的經義，但由於其對經義的理解不同，又分化爲不同的甚至對立的流派。如先秦儒學分爲八派，而影響最大的是孟荀兩派。漢代的經學分爲古今文兩派，學術傾向也不盡同。宋明時期的儒學，被近人稱爲新儒家，更是分化爲許多流派，彼此長期爭論不休。到了清代，儒學內部又展開了漢宋之爭。學派的分化同當時的社會政治的變化有密切的關係。但無論那一派的觀點，都出於對儒家經書的解釋或發揮。其解說，即使不符合經書的原意，並不影響其爲儒學傳統。任何學術思想的發展，都要以其前輩提供的思想資料爲前提，此是意識形態發展的規律之一，儒學也不能例外。至於儒學從漢代開始，被封建王朝尊爲經學後，奉五經和《四書》爲金科玉律，不可非議，儒家學者只有通過箋注的形式來表達自己的思想，這又是封建時代經學的一大特徵。此種尊孔讀經的傳統，具有厚古薄今的傾向，又對人們的思想起了禁錮作用。到了近代，特別是新文化運動興起時，不能不受到進步思想家的批判。

封建時代的學術傳統，具有鮮明的宗派性，總以自家一派爲正統，或以自己所信奉的一派爲儒學的眞面貌。欲探討儒學的思想特徵，必須擺脫傳統的門戶之見，特別是道學家的偏見。我們也不能以先秦孔孟言論爲尺度，衡量儒學各派思想，孔孟只是儒學的開拓者，後來的儒家著述，無論就其深度和廣度說，都大大超過了孔孟學說。因此，探討儒學的思想特質，又不能限於孔孟。

二

一個學派的思想特質，還要表現在同其它學派的區別上。就儒學說，它既不同於先秦的墨家、道家和法家，也不同於漢代以後佛道兩家。它們不僅宗旨不同，而且長期辯論不已。特別是佛教傳入中國後，東晉南北朝以來，思想界形成了儒、釋、道三大系統，又相互影響，構成了中國傳統思想文化的主體。封建時代的儒學，作爲中國傳統文化的主流，其思想特質又突出地表現在同佛道兩大系統的對比中。就此而言，儒學的思想特質，可以概括爲現實主義，即肯定自然和社會，對實在世界不採取迴避的態度，特別是對人類現實生活採取積極的立場，其論宇宙和人生，其談理想，其思維方式以及治學方法，都是以此爲中心而展開的。而佛道兩家思想的特質，可以稱之爲避世主義，或者屈服於自然，或者幻想超越自然，而對人生都採取消極的甚至於否定的立場，從而追求一種自我解脫的精神境界或彼岸世界。我們就以此爲線索，來看儒學思想特質的具體表現：

㈠厚生人，黜彼岸

儒學總是關心或重視人間即生人的生活，而不追求或嚮往死後或來世的幸福。此種現實主義人生觀，始於孔子。如關於鬼神，孔子說：「未能事人，焉能事鬼？」「未知生，焉知死？」（《論語．先進》）認爲應致力於生人之事，不必追問死後的事情。此種思想，到孟子提出修身立命說，到荀子發展爲無神論，認爲祭天和祀祖只是教化百姓和文飾人類生活的一種方式，並無神秘的意義，所謂「君子以爲文，而百姓以爲神。以爲文則吉，以爲神則凶也。」（《荀子．天論》）進而否定了命定論。宋明清時期的儒學家，都批評了道教的神仙說和佛教的來世說以及無生說，從歐陽修到戴震都以反二氏的宗教神學爲自己的任務。需要說明的是：雖然孔子所講的「知天命」，是一種命定論，卻排除了以天爲神的福善禍淫說；漢代董仲舒倡導神權論，是將天象人格化，用來警戒君主和臣民維護王朝的整體利益，具有神道設教的意味，也不是要人們追求死後的世界或靈魂的解脫；陸王心學，雖然受了佛教禪宗的影響，同樣以追求彼岸世界爲違背人道；近代儒學家康有爲，繼承今文經學派尊孔論的傳統，奉孔子爲「大地教主」（《孔子改制考序》），企圖建立孔教。但其所謂孔教，無非是借孔子的幽靈來宣傳近代的民主意識，同樣不是要人們死後到天國去享受永恆的快樂。總之，儒學不以彼岸世界爲歸宿，而以治理好人的現實生活爲目標。如果說，宗教的本質是幻想於彼岸世界中求得解脫，那麼，儒學並非宗教。

㈡明倫理，主自律

無論那一派儒學都提倡倫理教化和道德修養，以此來調整人際關係，並以聖人爲人格的最高標準。儒家所推崇的聖人，是指道德境界最高尙的人。孔、孟、荀都以此自勉，並教育其學生。儒家學者，又都是倫理學家，其著述皆談道德問題。在儒家看來，道德是人與動物的根本區別，「飽食暖衣，逸居而無教則近於禽獸。」（《孟子·滕文公上》）就維持生產和生活說，道德貴於刑罰或法律的制裁，「德教行而民康樂」，「法令極而民哀戚」（《大戴禮記·禮察》）。這兩條，爲後來儒家學者所發揚。封建時代的儒學所推崇的德目，作爲上層建築的一部分，是爲封建經濟和封建制度服務的，特別是爲維繫封建家長制服務的。所以漢朝的儒者將先秦儒家提出的忠孝、仁義等闡發爲「三綱五常」的教條，到了宋朝程頤則宣揚「餓死事極小，失節事極大。」（《遺書》卷二十二下）朱熹則說：「臣子無說君父不是底道理」（《語類》卷十三），成了禁錮人們的頭腦和壓迫下級的工具。但儒學所倡導的道德，又有其積極的因素，如孔孟的「殺身以成仁」和「舍生取義」說，歷代儒學家所闡發的公私之辨，修身爲本說，又培育了一大批有正義感的知識分子和仁人志士。儒學重視人的思想教育，認爲人靠理性的自律可以處理好人際關係，無需求助於外在的壓力或超自然的力量，這也是其現實主義的一種表現。

(三)合人群，辨等差

儒學各派都將社會看成是集合體，認爲個人總是生活在群體之中，或爲家族或爲國家或爲天下中之一員，群體受到損壞，個人的生活也就失去了保障。因此，儒學總是置家、國、民族的利益於第一位，要求個人服從群體的利益。但人群又不同於獸群，內部又分爲許多層次。個人作爲群體中的一員，各有自己的分位和職責，各盡其職，方能有秩序地從事於生產和生活。此種群體觀亦始於孔子，他批評當時的隱者「欲潔其身而亂大倫」（《論語・微子》）。孔子所提出的「正名」說就是要求君臣父子等，各守其分位，維繫群體生活的安定；此即「克己復禮爲仁」（《論語・顏淵》）；「禮之用，和爲貴」（《論語・學而》）。孟子則提出「人倫」說，將人際關係分爲五個層次，即「父子有親、君臣有義、夫婦有別、長幼有序、朋友有信」，後被稱爲「五倫」。認爲維繫五倫關係，是每一成員應盡的義務，所謂「聖人，人倫之至也。」（《孟子・離婁上》）先秦儒學的人倫觀，漢代以後發展爲公私之辨。儒家學者以群體的利益爲公，以個人的追求違背群體的利益爲私，從而尖銳地批判了佛道兩家的出世主義。當然，儒學所說的人倫或群道，打上了封建社會的烙印，具有維護等級制和束縛個性的意義，從而受到了近代民主思想的批判。但其群體觀，由於強調整體的利益，當國家和民族受到外族的侵略時，又培育了人們的愛國主義意識和許多可歌可泣的民族英雄，而且從愛家、國，進而引出愛人類的「大同」說，如儒家的典籍《禮記・禮運》所說：「大道之行也，天下爲公」，又激勵著近代史上先進的中國人爲祖國和人類美好的前途而鬥爭。

㈣尊理性，重經驗

同佛道兩家的思維方式相比，儒學觀察事物和思考問題，既尊理智，又重視經驗。孔子提出「學」、「思」不可偏廢：「學而不思則罔，思而不學則殆。」（《論語・爲政》）「思」

指理性的活動，「學」指感性經驗。此外，孔子亦重視「行」，即道德實踐。到孟子則強調「思」，尊理性，荀子則強調「學」，重視耳目經驗和生活實踐，《中庸》則概括爲「博學之、審問之、愼思之、明辨之、篤行之」五個層次，《大學》又提出「致知在格物」，即同外物相接觸而獲得知識。漢以後的學者闡發了上述的傳統，或尊理性、或重經驗、或二者並舉而不偏廢。歷代儒學關於人的認識能力的論述，其內部雖有唯理論和經驗論之爭，但都不是像佛道兩家那樣，既棄耳目，又摒理智，提倡一種神秘的領悟或直覺主義。即使王守仁的「致良知」說，曾受禪宗頓悟說的影響，但並不排斥理智，純任直覺，如其所說：「良知愈思愈精明」（《傳習錄》下），從而批評佛家的心學說：「吾儒養心，未嘗離卻事物，只順其天則，自然就是功夫。釋氏卻要盡絕事物，把心看作幻相，漸入虛寂去了。」（《傳習錄》下）這種思維路線也是同儒學的現實主義傳統分不開的。將儒學的思維方式，歸之於超理智的直覺主義，是一種誤解。

(五)參天地，育萬物

儒學作爲封建時代知識文化的傳授者，在我國教育史上佔有重要的地位。孔子作爲古代教育家的先驅，不僅提倡德育，而且以文化知識教育學生。後來的儒家學者，在傳授文化知識方面，也都作出了自己的貢獻，這是佛道兩家所不能比擬的。這裡所要指出的是，儒學對自然界和科學技術的態度。孔子承認自然現象的變化有其自己的法則，如說「天何言哉！四時行焉，百物生焉」（《論語・陽貨》）；「逝者如斯夫，不舍晝夜」（《論語・子罕》）。這兩句話，對後來影響頗大。孔子雖然反對學生參加農業生產勞動，但並不反對學習技術，其所說的「游於藝」（《論語·子罕》），包括射、御、書、數等技術。孟子反對國君參加生產勞動，但卻熱情地歌頌了大禹疏九河和后稷教民稼穡的功勞。總之，孔孟並非毫不關心自然科學的知識和有利於生產的事業，只是講道德、說仁義。他們都認爲人類應當掌握自然現象變化的規律。這一傳統，到荀子則提出「制天命而用之」口號，認爲人類可以參與天地萬物的變化，成爲自然界的主人：「天有其時，地有其財，人有其治，夫是之謂能參。舍其所以參，而願其所參，則惑矣。」（《荀子·天論》）《中庸》的作者則提出：「盡人之性，則能盡物之性；能盡物之性，則可以參天地之化育；可以參天地之化育，則可以與天地參矣。」漢代以後的儒學更是發揮了這一傳統，從董仲舒、揚雄到柳宗元、劉禹錫，從張載、邵雍、二程到方以智和王夫之，無一不提倡參天地、育萬物，而且發展爲人可勝天說。

當然，儒學內部，關於人同自然的關係，也展開了長期的辯論，表現爲是否承認自然規律有其客觀實在性。唯心主義流派則誇大了人的主觀能動性或概念的抽象性，主張人爲自然立法，如王守仁的「窮理」說；而唯物主義流派則主張人在認識自然規律即「天道」的基礎上，改造自然給與的東西，如王夫之「相天」說。但無論那一派，都不逃避自然或因循自然，都不同於佛道兩家企圖擺脫自然規律的約束而追求超自然的彼岸世界。所以儒學提出的人與天地參這一思維，培育了中國歷代自然科學家的世界觀，即認識自然從而控制自然，爲人類生活造福。我國古代的科學技術家，正是在人可以主宰自然這一光輝思維的照耀下，努力鑽研物理，發明創造器物，從而爲人類的文明做出了自己的貢獻。近代哲學家嚴復評論赫胥黎的《天演論》說：「赫胥黎氏此書之旨，本以救斯賓塞爾任天爲治之末流，其中所論，與吾古人有甚合者。」（〈天演論自序〉）嚴氏所論，可謂道出了中國傳統文化的特徵之一。

以上五點，說明儒學作爲中國傳統思想文化的主流，其思想特質，可以歸結爲：肯定人生，面向自然，從而治理人生和控制自然。張載曾說：「爲天地立志，爲生民立道，爲去聖繼絕學，爲萬世開太平」（《張載集·語錄》中），可以說是對儒學特質所作的較爲全面的概括。

以上所談，是就中國傳統文化中的學派，論儒學的特質。至於同西方和東方其他民族的學術傳統相比，讀者可以自己去評價，本文就不多談了。

三

儒學思想雖有自己的特質，但並非封閉的體系，而是在同其它學派的辯論中，不斷吸收其它學派的觀點，發展而成的。儒家的創始人孔子，雖以傳授和解釋西周時期的典籍爲任務，但其學說頗受當時進步的思想家子產等人的影響。孟子雖以闢楊墨自居，但其知類說，又是來於墨家。至於荀子則吸取了道家的無道無爲說、墨家的名學、法家的法治觀念，形成了自己的體系，並提出「解蔽」說作爲其吸取百家之長的根據。《易傳》又吸收了道家，陰陽五行家的陰陽觀，爲儒學的形而上學和辯證法奠定了基礎。漢儒董仲舒則吸收了陰陽五行家和法家的觀點，成爲漢代官方哲學體系的代表。古文經學派的揚雄、王充又吸收了黃老學說，形成了無神論體系。魏晉的何晏和王弼，因受道家清靜和簡易思想的影響，重新解釋了儒家的經典，一掃漢代的繁煩經學，標誌著儒家經學發展的新階段。唐代韓愈以闢佛老自任。但其弟子李翱的〈復性書〉則吸收了禪宗的修養方法，開宋明道學的先河。宋代的周敦頤則吸收了道教的世界圖式，提出《太極圖說》，完成了儒家的宇宙論體系。邵雍的哲學同樣受了道教象數之學的影響。張載的天人之辨，以天無意識，又吸取了老莊玄學的無爲說。至程頤提出「體用一源」說，則吸取了佛教哲學本體論的觀點，從而建立起理本論的體系。至於陸王心學，其論修養方法，以不著私念爲最高境界，又受了禪宗心學的影響。儒學大師王夫之，也是闢二氏之學的代表人物，同樣善於吸取佛道兩家的觀點，如其所說：「入其壘，襲其輜，暴其持而見其瑕」（《老子衍》），以實現其「六經責我開生面」（〈姜齋公行述〉）的抱負。近代儒學的代表康有爲，又吸收了西方民主觀念，發展了儒家的大同說。以上這些表明儒學作爲一種學術形態，如果故步自封，不批判地吸取其它流派甚至敵對學派的觀點，則不可能有所前進，有所發展。這也是中國傳統文化不斷更新的原因之一。

（《文史知識》，中華書局，一九八八年第六期）

談先秦儒學的開放性

一、以孔、孟、荀爲代表的先秦儒學，通過對六藝的解釋，建立其思想體系。詮釋六藝是儒學的根本任務，但其思想內容，不僅來於六藝，同時吸收了當時其它流派的觀點，豐富自己的體系。儒學一建立，即是開放型的，其形成和發展具有多元化的傾向。

二、孔子第一次對西周的典籍六藝作了人本主義的解釋，淡化了西周的神本論的意識形態。其人本主義頗受春秋時期人本主義和民本主義思潮的影響。孔子不言天道，來於子產的天道觀；其爲政以德說，是受了老子無爲而治說的影響。其「君子和而不同」說，又是受了晏嬰的和同之辯的影響。

三、孟子闡發了孔子學說，以闢楊墨爲己任，但同時吸收了楊墨的觀點，作爲自己立論的依據。如依墨子的類概念，論證人性善；依楊朱和道家的養生寡欲說，論證其存心養性說；依告子的不動心說和齊國黃老之學的養氣說，提出養浩然之氣說。

四、荀學吸收了老莊的自然主義天道觀，進一步發展了儒家學說，將孔孟的人文主義同道家的自然主義傳統結合起來，清除了孔孟學說中西周神本論思想的殘餘。又吸收了墨家的名實之辯，將孔子的正名說引向邏輯學的探討。吸收了法家以法治國的思想，以補禮治不足。

依法家的人性論，提出性惡論。

五、先秦儒學開放性的傾向，對後來儒學的發展起了深遠影響。從漢唐儒學到宋明儒學都從其它學派的思想中吸取養料，發展自己的體系。唐朝的韓愈，依佛教的法嗣觀，提出儒家的道統論，以孟子學說爲「醇乎醇者」，批評荀子和揚雄爲「大醇而小疵」，認爲儒學應是不受其它流派影響的思想體系。此種儒學觀，企圖保持儒學的純潔性，只是一種願望。從儒學史看，沒有一家的學說是醇而醇的體系。韓愈自己的儒學，亦是如此。如其論儒家的修養方法，則依禪宗的不動心說，以不用思慮解釋孔子的「誠明」的境界，以克服不善的念頭解釋顏回的不貳過。其弟子李翱依此，寫了〈復性書〉，進而將禪學引入儒學，從而開宋明道學的先河。

六、任何影響大的學術流派，只有從不同流派的學說中，吸收合理的東西，方能不斷更新，向前發展。故步自封是沒有前途的。此是意識形態發展的一條規律。

（《孔、孟、荀之比較》，社會科學文獻出版社，一九九四年）

關於儒學的現代價值問題的幾點意見

儒學作爲中國傳統文化的主流，有無現代的價值？此問題本身就是值得爭議的。爲了深入討論此問題，有必要對「現代價值」和「儒學」等概念，先有一明確的理解。我認爲，所謂「現代的價值」，是指適合於現代人的生產和生活的需要。任何傳統觀念，如果不能解決現代人面臨的問題，便喪失其生命力，便沒有什麼價值可言。儒學是否有現代價值，可以理解爲這一古老的文化傳統，有沒有適合於現代人需要的東西。但這一問題，又涉及到對儒學的特質和現代人生產和生活的理解。我的理解是，儒學就其形成和發展的歷史說，是中國幾千年來農業生產方式和封建宗法社會的產物，從整體上看，屬於農業社會的意識形態。所謂現代人生產和生活的需要，是指走工業化和科技高度發展的道路，包括農業生產在內。不管人們的政治見解如何，此種對現代化的理解，是世人所公認的。因此，儒學的現代價值問題，說到底，是使古老的農業社會意識形態轉變爲適合於工業社會發展的問題。離開這一前提，即脫離人們的經濟生活，談儒學的現代價值，談儒學的現代化，只能是一種清談，對實際生活不會產生什麼影響。此是我討論本題的出發點。

儒學作爲農業社會的意識形態，能否或如何爲工業社會服務？這倒是一個尖銳的問題。

據我所知，有兩種不同的意見。一種意見是，不同社會的意識形態，無調和的餘地，總是一方否定另一方，提倡儒學，有礙於工業社會的發展。另一種意見是，如果對儒學的命題、觀念作出新的解釋，賦予其新的意義，它同樣適合於現代社會的需要。我認爲，這兩種意見是，各有所見，也各有所不見。前一種意見，未看到民族文化傳統的延續性。歷史是割不斷的，傳統的東西，是一巨大的習慣勢力，滲透到全民的日常生活中，並不因某種生產方式的改變，便自然消失，相反，新的生產方式總是具有其傳統的特色。這一點，已被從事於現代化的各民族的歷史所證實，是不依人們的願望爲轉移的。後一種意見，未看到意識形態的時代性格以及不同的社會意識形態又具有相排斥的特點。這一點，也被各民族的思想史所證實。基於民族的情感和思古之幽情，企圖通過新的解釋，將傳統的東西完整地保存下來，也是一種不切實際的想法。因爲有些舊觀念和舊命題，無論如何詮釋，也難以適合新時代的需要。如古代經濟學家提出的「重農抑商」的命題，是同工業化和商品經濟的發展相抵觸的，保存這一命題，只能對工業化起消極的作用。就《論語》說，其中的觀念和命題，是否通過新的解釋，皆有現代的價值？康有爲曾作過嘗試。如他將「民可使由之，不可使知之」，通過斷句或改字，解釋爲近代的民主政治，其解釋只能令人啼笑皆非。又如董仲舒的「三綱」說，無論如何解釋，也難以轉化爲近代的道德觀念，使其適合於近代工業社會發展的需要。總之，上面的兩種意見，對儒學或者全盤否定，或者全盤肯定，都難以解決儒學的現代價值問題。

我的意見是。儒學作爲一種文化和學術形態，雖然有其特定的理論體系，但其內容，可以剖析，可以選擇，選擇其中適合於現代生活需要的東西，這就是所謂「批判地繼承」。任何民族對其傳統文化的繼承，都是有選擇的繼承，即批判地繼承，此是意識形態發展的一條規律。問題在於怎樣批判地繼承。對此，我想可以從三方面入手：一是發揚儒學中具有永恆價值的觀念和命題，使其在現代化過程中繼續發揮其生命力；二是以儒學中價值觀之所長補近代工業化意識形態之所短；三是堅決拋棄儒學中與工業化相抵觸的觀念和命題。以下，分別談談我的想法。

一

任何歷史悠久和影響深遠的文化體系或學理，所以長期爲後人推崇、傳播和研究，並非只是基於民族的情感和傳統的習慣勢力，關鍵在於其中含有永恆的命題和眞理的要素，從而吸引後代人不斷地追求。所謂永恆的命題，是說不因時代的變革而喪失其生命力。就此而言，此類命題，具有超時代的性格。當然，所謂永恆性的命題，也有其規定性，即是說，只要人類不變成禽獸，又不變成神仙，必須進行社會生產方能生活，此類命題，對全人類說，即有永恆的價值。任何影響大的思想體系或學理，包括文明宗教在內，就其形成和發展說，一方面具有時代的特徵，是一定歷史條件下的產物；另一方面其中又具有某種永恆的超時代的東西，它是時代和超時代的統一。我們長期以來，對意識形態的時代性、歷史性的研究，十分重視，也取得了不少的成果，但比較忽視對永恆命題的探討。此問題不解決，不能回答文化遺產的繼承問題。就儒學說，其中哪些觀念和命題，具有永恆的價值和眞理的要素？這需要儒學研究者的鑽研，不是輕易可以回答的。據我所見，舉以下幾個例子，以見一斑。

其一，關於人和自然的關係。所謂天人問題，其中有一條原則是，認爲人類可以參與自然界的變化。此條原則，《易傳》稱之爲「天地設位，聖人成能」；《中庸》稱之爲人「可以參天地之化育」；荀子概括爲：「天有其時，地有其財，人有其治，夫是謂之能參。」（《天論》）這條原則，後爲歷代儒學者所闡發，到明末清初，被方以智概括爲「聖人以造化」和「聖人宰天」說，王夫之概括爲「延天以佑人」和「相天」說。此命題的著眼點在「參」字上。「參」有兩層涵義：一是天地人乃一整體，相互影響，非孤立地存在。但人類居於重要的地位，與天地並立而爲參；一是參與，謂人類在自然界面前，非消極無所作爲，能夠而且應該參與自然界的變化過程。此命題的理論意義是，人與自然乃一對立統一體，王夫之稱之爲「天人之合用」。即是說，一方面，人類是自然的產物，人的活動，不能違背自然的規律；另一方面，人類又可以改變自然的東西，使其符合人類生產和生活的需要。「參」，意謂控制和駕御自然，不是破壞或毀滅自然，又非因循自然。此命題，雖然基於中國農業社會生產的需要，有其時代的烙印，但正確地回答了人與自然的關係問題，有其永恆的價值，在工業化的時代，可以繼續發揮其生命力。關於天人問題，西方的傳統思維，從古希臘開始，就強調人與自然的對立，到近代導出人力征服自然或改造自然的命題，促進了西方科技的發展。但隨著工業化的前進，征服自然又轉向破壞或毀滅自然，損害了人與自然的統一關係，對人類生存和生產又帶來新的危機。儒家提出的人與天地參的命題，同西方的傳統相比，應該說更有現代的價值。

其二，關於人際關係問題。儒學提出一條原則，即和諧原則，以社會各階層中的人和諧相處爲治理社會的最高準則。如孔子提出的「君子和而不同」、「禮之用，和爲貴」，孟子的「人和」說，荀子的「群居和一之道」說，都重視人際關係的和諧。其理由是，只有和諧，方使人類生活產生巨大的凝聚力，方能戰勝自然物。如荀子所說：「和則一，一則多力，多力則強，強則勝物。」此即《易傳》所說：「保合太和乃利貞」。儒家提出的道德準則，就是以「人和」爲中心而展開的，如孔子倡導的仁愛學說、忠恕之道以及溫良恭儉讓，都是追求人際關係的和諧。此條原則，後來同樣爲歷代儒家學者所闡發，到王夫之則從本體論上概括爲「天地以和順爲命，萬物以和順爲性」。儒家提出的人際和諧觀念，雖然基於處理等級社會的矛盾，即通過和諧保持等級秩序不趨於破裂，有其時代的烙印，但其中含有永恆的價值，適合於任何社會的生存和發展。因爲任何社會制度，其人際關係不能保持和諧的境地，人與人之間，終日你爭我奪，鬧對立、搞分裂，群體生活不得安寧，社會不得穩定，其生產必然停滯或遭到破壞。農業社會如此，工業社會也是如此。就工業社會的企業管理說，和諧原則仍有其生命力。試想，一個生產或企業單位，其各部門的人員，不是互相傷害，而是同舟共濟、協調一致，其事業必定興旺。此條原則，對後進的民族和國家加速自己工業化的進程說，也有重要的意義。西方的工業化過程，是以個人競爭爲前提的，在競爭中，以一方吃掉另一方爲天經地義，其結果，貧富差距拉大，又帶來社會失調，失業成了不治之症，產生了新的不穩定因素。如果後進的民族，其各單位在和諧原則的引導下，開展競爭，互相促進，不是相互吞食，那麼，全民族必然會產生巨大的凝聚力，無疑可以加速其現代化的進程。總之，儒家倡導的和爲貴說，是實現家庭和睦，社會安定，民族團結和國家統一的基本準則。任何群體生活，得以繁榮和發展，還必須處理好和諧和抗爭的關係。儒學提倡和諧，並非一概排斥抗爭。相反，認爲一方破壞了和諧，另一方就要與之鬥爭。如孔子主張對聚斂之臣，應「鳴鼓而攻之」。如孟子所說：「君之視臣如土芥，則臣視君如寇仇。」宋朝張載有一名言：「有反斯有仇，仇必和而解。」前一句是說，鬥爭是不可避免的；後一句是說，鬥爭的結果是和諧，即以和諧爲目的，抗爭爲手段，抗爭是爲了實現更高層次的和諧。在西方的傳統思維中，從古希臘開始，就有一種學說，強調對抗和鬥爭，並視其爲事物發展的唯一泉源，從而促進了新事物的誕生。但由此以爭奪爲目的，又導出弱肉強食的霸權主義，將人類推向戰爭的深淵。同此種傳統觀念相比，儒家的和諧學說，不僅深刻，而且更有價值。

其三，就人類政治生活說，儒家提出民爲邦本說，即孟子倡導的民本思想，荀子闡發爲「水則載舟，水則覆舟」。民本觀念，並非近現代的民主觀念，同樣有其時代的烙印，但它提出一個重要的觀點，即人民百姓是國家的基石，一個政權，如果不爲人民百姓謀福利，甚至欺壓人民百姓，遲早要垮台。只要人類生活中，還有國家存在，還存在著官民關係，或管理者和被管理者的關係，民本觀念即有永恆的價值。

以上所談，在於說明儒學中有永恆價值的觀念和命題。儒學中的此類命題，是很豐富的，需要後人發掘和總結。永恆的東西，是不能簡單地用時代局限性等辭句，加以抹煞的。永恆的東西，不是自封的，來自民族的生活經驗和智慧，是經過人類幾千年歷史的檢驗，爲人類的實踐所證實的，是一個民族共有的精神財富，也是全人類共有的精神財富。

二

現代工業社會，特別是在西方資本主義現代化過程中，出現了許多弊病，如金錢第一，相互傾軋，隨著收入的增加和物質享受的提高伴之而來的精神空虛，社會風氣下降，如黑社會猖獗，吸毒、販毒、賣淫、凶殺、掠奪的橫行，此是世人所公認的。早在本世紀初，章太炎先生即看出這一問題，寫了〈俱分進化論〉，認爲物質生活的進步帶之而來的是道德生活的退化。但他沒有解決這一問題。此問題的根源在於以個人自由爲最高的價值觀念，以追求個人利益的滿足爲第一原則，結果又給社會帶來不安定，對社會生產的發展起了負面作用。能不能避免或減少這些腐敗現象，仍是一個懸而未解的問題。有一種意見，認爲只要加強法制，就可以制止這些社會弊病。此說有一定的道理，但只是治標，而非治本。所謂本，在於價值觀念的更新或轉變。因爲法制要靠人來執行的，人的價值觀念未變，法制則難以奏效。當代西方的工業化國家，何嘗沒有法制，結果是防不勝防，即是明證。因此，我認爲儒學倡導的價值觀，可以提高人的道德風尚和精神境界，有助於此問題的解決。

儒家的價值觀是多方面的，其中重要的一條是，以維護群體利益或公共利益爲最高的價值觀念，此即孔孟提出的義利之辨，和後來儒家闡發的公私之辨。他們提倡個人應爲群體利益、公共利益和百姓的利益而奮鬥，認爲有此種境界的人，即是聖人。如孔子以「博施於民而能濟衆」爲聖人，孟子則說：「聖人，人倫之至也。」人倫即群體生活，他當時概括爲「五倫」，以聖人爲人倫的表率。基於這種價值觀，儒家則主張修己爲先或修身爲本，孔孟甚至提出「殺身成仁」和「舍生取義」的人生觀。此種人生觀，視人生的目的，不是追求和滿足個人的私利或私欲，而是謀求社會全體成員的福利，爲群體生活盡義務。此種價值觀，後來發展爲影響深遠的「天下爲公」的大同學說，成爲中華人道主義的精華。在這種價值觀的培育下，中華民族歷史上湧現出一大批仁人志士和民族英雄，爲中華民族的生存和發展，獻出了自己的生命。此種價值觀可以稱之爲群體本位的價值觀，對群體生活的昌盛和繁榮起了積極的作用，同西方近代工業化過程中形成的個人本位的價值觀，成了鮮明的對比。

哪種價值觀適合於社會生產力的發展？我認爲二者各有短長。就儒學倡導的價值觀說，其所謂群體利益是同維護封建的國家觀念、宗族觀念和種族觀念結合在一起的。從而視君父的利益爲全體成員利益的代表，認爲忠君即是報國，盡孝即是愛家，能盡孝即能忠君，總之，君父的利益至高無上，如後來宋代朱熹所闡發的「天下無不是的君父」。此種價值觀和群體觀，又是爲封建宗法關係和等級制度以及專制主義服務的，具有壓制個性和下一等級利益甚至其生存權利的內容，嚴重挫傷了勞動生產者的積極性，此是其所短。所以到了近代，不能不遭到啓蒙思想家們的批判。他們提倡個性解放，追求自由平等，倡導民權，反對綱常名教，是正確的，有利於中國走上近代工業化的道路。西方近代的個人本位的價值觀，是在反對中世紀的神權統治和封建制度的鬥爭中形成的，因而尊重個人的價值和權利，激發了生產者的積極性，促進了西方近代社會工業化的過程，並爲人類文明作出自己的貢獻，此是其所長。但是這種價值觀，又走向另一極端，即從追求個性解放，走向自由放任，只爲個人爭權利，不爲群體盡義務，以個人利益高於一切，甚至以損人利己爲人生目的，又損害了群體利益，終於在工業化過程中，形成了種種流弊，此是一大教訓。群體和個體亦是對立的統一，既相排斥，又相依存，權利和義務不容分割，否定或損害任何一方，社會生產都要遭到破壞。如果揚儒家價值觀之所長，補西方近代價值觀之所短，二者相互補充，現代化則走上健康的道路，這在理論上是無可非議的。至於這一原則，如何具體化，體現在人們的實際生活中，就要看政治家、社會活動家和企業家們的智慧及其管理藝術了。

以上是就群體和個人的關係，看儒學的現代價值。儒學中其它價值觀念，如人獸之辨，關於人格完善的學說，道德生活中的自律原則，孟子倡導的大丈夫的境界等等，對現代人的精神生活，也是有意義的。處於當今物質競爭的時代，如果說，西方人靠其傳統文化基督教的教義，來擺脫物質欲求的奴役，淨化自己的靈魂，中國的儒學則靠人格的自我完善，靠道德修養的昇華，來充實自己的精神生活。儒家的價值觀有助於解決工業化過程中的精神空虛問題。

三

儒學中的觀念和命題，也有不少過時的東西，即不適合於現代人生產和生活需要的東西，必須承認這一事實。近代史上開展的對儒學批判的思潮，即由此而發的。「五四」時期提出的「打倒孔家店」的偏激口號，犯形式主義的錯誤，但不能因此抹煞其時代的價值。因爲吳虞等人的言論，其攻擊的主要對象是兩千年來的儒學所支持的封建宗法性的倫理綱常觀念，維護等級制度的尊卑貴賤觀念，財富佔有和物質享受的特權觀念，束縛人民和壓迫個性的四大繩索——君權、父權、族權和夫權，封建家長制和專制主義。這些都是古代農業社會的上層建築，秦漢以來的儒家學者不同程度上爲其作了辯護，嚴重阻礙中華民族走向近代化和現代化的道路。與此相對立的觀念，即適合於工業現代化的觀念，是激發生產者的熱情及保護其權益的民主和法制觀念、平等觀念，特別是社會地位的平等觀念，共同富裕觀念以及社會公正原則。我們研究儒學的現代價值，還應當看到其負的一面，沒有價值的方面，因爲它至今還影響著人們的思想和言行，不可等閒視之。如果說，反對和批判儒學中過了時的東西，稱之爲反傳統，我看，這種反傳統是無可非議的。

總之，談儒學的現代價值問題，說到底，是一個價值取捨問題。取捨的標準，即我們常說的區分精華和糟粕。如何區分精華和糟粕？我看，只有一個尺度，即能否促進社會生產力的發展，從而使中華民族進入先進的工業化國家的行列，進而超過西方的工業化國家，以實現振興中華這一偉大抱負。據此，凡儒學中有利於走這條道路的觀念和命題，即爲精華，否則，即糟粕。這條取捨標準，可能被人稱之爲功利主義原則。然而，爲全體民衆謀福利，甩掉一百多年來壓在中國人民身上的貧窮落後的重擔，使我們的民族和國家，既富有、又強大，這何嘗不是一件好事。宋代的儒家學者葉適曾說過：「既無功利，則道義乃無用之虛語」，仍舊是至理名言。我們這一代人，圍繞儒學評價問題，曾有過熱烈的爭辯，提出過不少新的見解，也走過這樣和那樣的彎路。如能認眞總結經驗，將民族文化的優秀傳統同外來文化中先進的觀念和科學技術結合起來，堅定地走自己的路，我想，二十一世紀當是中華民族再次崛起的時代。

（《海峽兩岸學者首次儒學對話》，齊魯出版社，一九九三年）

關於宋學研究

宋學在中國文化史上佔有重要的地位，而且影響到日本、韓國以及歐洲，成為東方文明的一面旗幟。宋學興起於宋代，但它作為一大學術思潮或學術形態，不限於宋代，一直延續到明末清初。如何深入開展宋學研究，是一個值得討論的問題。

一、宋學作為一種學術形態，標誌著中華學術發展的新階段。它是以儒學為核心形成和發展起來的思想文化體系，不同於道家文化和佛教文化的傳統。一部宋學史，即是宋代儒家開創的儒學史。黃宗羲的《宋元學案》和《明儒學案》為宋學的形成和發展提供了描述性的輪廓、走向和內容。就其所著錄的文獻說，所謂儒學，不僅包括哲學，而且包括史學、詩論、禮論、文論以及經濟一類的文獻。儒學這一概念，不等於儒家哲學。凡是依據儒家原典或在其思想指導下形成的學問（包括人文和自然學科）皆屬於儒學的範圍。從學術史的角度看，宋學所包括的領域，是比較廣泛的，儒家的文學藝術理論以及科學技術思維，也應屬於儒學史的範圍。就此而言，我們現在尚未出現一部比較系統地敘述有宋以來儒學發展全貌的著作。

二、宋學這一概念，還有另一層涵意，即經學史上所謂的宋學，這也是宋學的本義。宋儒解經乃經學史上的新階段，不同於漢唐經學和後來的清代漢學。其解經的特點是，重視對經文義理的闡發，所謂因經明義，其解釋經傳文，不受文字訓詁的約束，通過對原典即五經四書文章的領會，建立其學術思想體系。此種解經學風乃經學史上一大轉變，也是宋學形成發展的基石。從北宋到明末清初的儒學大師，其所闡發的儒學思想，無不走明經求義的道路。我們研究自宋以來的儒學史，如果脫離此時期的經學史，可以說是只見樹葉不見根本。如不研究經學史上的名著程頤的《伊川易傳》，僅憑其《語錄》提供的資料，不可能眞正理解其理學形成和發展的過程。不研究朱熹的《四書集注》，很難理解程朱理學在儒學史上的地位。對原典提出新的解釋，通過解釋，建立其思想體系，是儒學發展的一大特色。遺憾的是，近幾十年來，學術界尚未出現一部有份量的宋明經學史的著作，亦應補上這一空白。

三、就哲學史說，宋學的涵意，亦指宋明道學或理學，被稱爲「新儒家」。顧名思義，「新儒家」一詞，應指宋代興起的儒家學說，不同於漢唐以前的儒學。但此時期的儒家學說，並不限於宋明道學或理學。如北宋的王安石，南宋的陳亮、葉適，不能說他們的學說屬於道學或理學系統。道學或理學作爲一種哲學形態，同以前的儒家學說相比，其特點在於建立起儒家的形上學和本體論的體系。如何評估這一哲學體系，也是宋學研究中的問題之一。近年來有一種較爲流行的見解，即將道學或理學歸結爲倡導主體性的心性之學，借歐洲康德的話說，將其歸結爲道德形上學。此種評估，值得商榷。從經學史的角度看。宋明道學和理學，它所依據的原典，除《四書》外，還有《周易經傳》。《四書》主要談道德問題，成爲宋學中倫理觀的泉源。但《四書》並沒有爲形上學和本體論提供一套理論基石。如宋明道學或理學所辯論的問題和提出的重要範疇，如形上形下、道器、理事、理氣、太極陰陽等，都基於易學自身發展的邏輯進程，而不是基於道德生活的要求。宋明的道學家或理學家可以用這些範疇和命題，爲其道德說教提供形上學和本體論的依據，但不能由此引出結論：宋明道學的形上學和本體論的形成，基於對倫理道德問題的回答。此種宋明道學觀，實際上視陸王心學爲道學的正統，但就心學形成和發展的過程說，其談形上學問題，也是借助於易學中的概念和範疇而展開的。此外，還有一種流行的說法，認爲道學或理學的本質，就是「存天理，滅人欲」六個字。所謂「天理」即是三綱五常。此種理學觀，同樣將問題簡單化了，仍舊是脫離經學史而形成的一種片面的見解。

四、關於宋明道學或理學，在其形成和發展的過程中，分化爲許多流派。如何區分其流派也是一個值得爭議的問題。長期以來，在宋明儒學史或哲學史的研究中，有一種成見，即以理學和心學作爲區別宋明道學或理學的標準。即是說，宋明哲學家不歸於程朱，則歸於陸王，不肯承認以張載和王夫之爲代表的氣學派的存在。其所執的理由是，理學和心學都有氣論，從而將張載氣學歸之爲程朱之學的先導，將王夫之的氣學又歸於程朱系統。此問題不可不辨。在宋明道學中，各派都談理、氣、心、性，並以這些範疇構建自己的哲學體系。問題在於以何者爲其根本，爲其哲學體系的最高範疇。張載談理，是以氣化之條理爲理，置氣於第一位。以後氣學派中的代表人物，皆不以理爲獨立自存的實體，如羅欽順、王廷相等，不同於程朱派的理本氣末說。所以哲學史家黃宗羲不將羅欽順的理氣觀歸之於程朱派的門下。黃宗羲區分流派的尺度有兩條：一是有自家宗旨，二是有所授受或繼承人。就此而言，張王氣學，當成爲一獨立的流派，與理學和心學，鼎立而爲三。這一流派的哲學，如果從張載開始，其間經過羅欽順、王廷相，到王夫之取得完善的形態，其後又爲顏元、李塨、戴震所闡發，由北宋到清朝，可以說是一脈相承，不是程朱理學和陸王心學系統所能代替的。近來又有一新說，將羅欽順以來的氣學納入「實學」系統，同樣迴避其爲獨立的哲學學派，這是不公正的。中國大陸學者，通過幾十年的研究，揭示了氣學派的傳統。但到目前爲止，偏重於氣學派中個別人物的研究，還沒有深入探討這一流派理論思維形成發展的邏輯和歷史進程。宋學中這一哲學傳統，對這一時期科學技術思維的發展影響深遠，成爲自然科學家的自然觀的主要依據。如科技家宋應星，醫學家張介賓，物理學家方以智，都是氣本論的倡導者。這一派的理論思維如能同當代的科學思維的走向相結合，在傳統的基礎上，加以創新，對東西文明的建設會起積極的作用。盼望中青年的宋學研究者，深入開展這一流派的研究，以補一般哲學史著述的不足，還宋學發展的本來面目。

（《中國文化研究》秋之卷，北京語言文化大學出版社，一九九六年）

儒家政治哲學中的民本論

儒學是中國傳統文化的主流。其內容十分豐富，包括哲學、倫理學、政治學、經濟學、教育學、歷史學和美學等多方面。本文以兩千多年前儒學的代表人物孔子、孟子和荀子的著作爲主，談談其政治哲學中的民本論在中國文化中的地位及其影響。

政治生活是人類生活的特徵之一，古希臘的哲學家亞里斯多德說：「人在本性上是個政治動物」（《政治學》卷一）。中國的儒家同樣重視人的政治生活，視其爲人類同動物的區別之一。儒家創始人孔子，提出「人群」這一概念，批評當時的隱者是與鳥獸同群，而不是與人類同群。意思是，作爲人群中的一員，應出仕問政，隱居山林，是「欲潔其身而亂大倫」（《論語．微子》），同動物便沒有區別了。孔子這一觀點，後被孟子和荀子所闡發。孟子將人的群體生活分爲五個層次，或將人際關係規定爲五種秩序，即「五倫」：君臣、父子、夫婦、兄弟、朋友。他將君臣關係置於人倫之首，表示政治生活乃人類生活中的大事，並且指出：人類如無五倫的約束，或互相爭奪，或飽食安逸，則近於禽獸，他說：「人之所以異於禽獸者幾希，庶民去之，君子存之。」（《孟子．離婁下》）認爲君子不同於百姓之處在於「察於人倫」，即懂得人類生活必須有秩序。因此，他嚴厲地抨擊了楊朱提出「拔一毛而利天下不爲也」的命題，認爲這種人只知有個人，不肯爲國家和君主盡義務，等於禽獸。到了荀子，進一步闡發了孔孟的人獸之辨，他分析了人同自然物的區別。他說：「水火有氣而無生，草木有生而無知，禽獸有知而無義。人有氣、有生、有知，有知亦且有義，故最爲天下貴。」（《荀子·王制》）所謂「有義」，謂人有理性，能辨別人際關係及個人在人倫中的地位，即「人道莫不有辨」。在荀子看來，人類的特質是從事合群的生活，所謂「人能群」，而動物則不能。因爲人能合群，則產生巨大的凝聚力，故能駕御牛馬，使其爲人類服務。如其所說：「一則多力，多力則強，強則勝物。」（《荀子·王制》）但人類所以能群，又在於懂得個人在群體中所處的地位及其職責，即「明分」，從而防止爭奪和混亂，使群體的凝聚力，不致於削弱。據此，他認爲政治生活的目的和功能，即在於使人類過著正常的有秩序的群居生活，國家和君主的責任即在於此。此即他所說：「君者善群也」。可以看出，儒家是從「人群」、「人倫」以及「群居和一」的角度，觀察人類的政治行爲和國家制度，從而將人和動物區分開來。此說同西方亞氏的觀點相比，都認爲人是有理性的動物；不同的是，亞氏強調理性的個體意義，儒家則強調理性的群體意義。重視人類生活的群體性和規範性，是儒家政治哲學的出發點，也是其歸結點。

儒家的政治哲學所研究的問題有什麼特點？前面談到，儒家重視人際關係即人倫問題的研究。從而認爲政治生活中的基本問題亦是人際關係問題，但又不同於其它的社會關係。政治生活中的人際關係，儒家歸結爲君臣民三者的關係。儒家是君主制的擁護者，以君主爲國家的首領，具有至上的權威，甚至決定國家和人民的命運。爲什麼需要君主來管理國家和群體生活？唐朝的儒家韓愈寫了〈原道〉一文，其中說：泰古時代，人類所受的害處很多，於是有聖人出來，立君主，爲百姓除害，設立官吏、刑罰和軍隊，保護和管教人們的生活。由此得出結論說：「君者出令者也，臣者行君之令而致之民者也，民者出粟米麻絲、作器皿、通貨財，以事其上者也。」他從社會分工的觀點，講君臣民三者的關係，認爲三者各有職能，相互生養。此說乃儒家正統派國家論的代表，爲君主制的合法性作了辯護。但他提出一個問題，即將人類的政治生活，分爲三個層次：君、臣、民。「君」代表國家領袖，「臣」代表各級官吏，「民」代表人民百姓。此種劃分，道出了政治生活的一大特徵，即三者缺一不可。此說可以稱之爲儒家的國家三要素說。此說，未提到土地或領土問題，但按儒家的觀點，人民和土地是分不開的，所謂「有土斯有民」、「有民斯有土」，只有土地，沒有人民，不成爲國家，「民」的概念，包括土地在內，這種觀點同中國古代社會以農業生產爲基礎的經濟生活是聯繫在一起的。由於國家由君臣民三要素所構成，儒家學者，從孔子開始，都把處理好君臣民三者的關係，作爲其政論的主要任務。他們認爲，君臣民三者，既有差別、對立，但又相互聯繫在一起，形成一個整體。一個王朝或政權，能否鞏固和發展，關鍵在於能否正確處理好三者的關係。怎樣看待三者的關係，如何處理三者的關係？儒家提出了若干條原則，構成了其政治哲學的基本內容。現分別評述如下：

㈠民本原則

此條原則，用儒家的話說，就是「民爲邦本」，或「國以民爲根」（崔寔《政論》）。儒家各派幾乎都承認這一原則。儒家雖然是君主制的擁護者，但在君民關係或官民關係問題上，認爲國家的基石是人民百姓，不是君主和官吏。此條原則，源於孔子。他警告當時各國的國君說：「百姓足，君孰與不足。」（《論語・顏淵》）意思是，國君要靠百姓來養活。又說：「民無信不立。」（《論語・顏淵》）意謂人民如果不信任政府，國家政權便不能存在了。後來孟子將這一觀點加以發展，提出「民爲貴，君爲輕」（《孟子・盡心下》）說。是說，就王朝和政權的存在說，人民比君主更爲重要。民所以爲貴，因爲一個政權，如果得不到人民百姓的擁護，必定垮台。他對當時的國君說：「得天下有道，得其民斯得天下矣。得其民有道，得其心斯得其民矣。」（《孟子・離婁上》）認爲失民心者失天下，得民心者得天下。如何得民心？他說：「所欲與之聚之，所惡勿施爾也。」（孟子・離婁上）是說，施政應以人民的好惡爲轉移。如人民欲富足，執政者就應當使他們富裕起來；人民欲安定，執政者就應當使他們得到生息。孟子認爲，執政者如果違背這條原則，即便得到政權，也要喪失。儒家荀子，是一位尊君論者，認爲君主的威嚴至高無上。但是，就君臣民三者的關係說，他同樣主張得民心者得天下。他寫了〈王制〉一文，把國君比做舟，把人民百姓比做水，他說：「水則載舟，水則覆舟。」又說：「庶人安政，然後君子安位。」所謂「安政」，指施政合乎民心，得到百姓的擁護。在他看來，執政者如果不爲人民謀福利，遲早要被人民趕下台。唐朝的大文學家柳宗元由此得出結論說：「正德受命於生人之意。」（〈貞符〉）是說，政權不是上天賜給的，而是人民授予的。荀子提出的舟水之喻，是對儒家的民本原則的生動的概括，一直爲中國人民所稱頌，成爲中國文化的優良傳統之一。儒家的民本原則，並非古希臘的民主原則，亦非近代的民主政治，因爲在儒家看來，君臣民三者屬於三個等級，三者的政治地位和社會地位都是不平等的。但是，即使是等級制的社會，儒家學者仍認爲民爲邦本，並以此來警告執政者，不要違背民心和民意。此種國家觀，即以人民爲國家基石，不是以執政者爲國家的基石，無疑具有永恆的價值。到了近代，儒家的民本原則，就成了通向民主政治的橋樑。中國近代史上的民權論者，正是在儒家民本思想的哺育下，走向了反對君主專制的道路。

㈡德政和仁政原則

怎樣得民心從而取得政權和鞏固政權？儒家提出施德政和行仁政的原則。德政是對刑罰而言的。治理百姓，是注重道德教化，還是強調刑罰的制裁？儒家主張前者，反對對人民進行暴力的統治。孔子說：「道之以政，齊之以刑，民免而無恥。道之以德，齊之以禮，有恥且格。」（《論語·爲政》）是說，用政令來引導人民，用刑罰約束人民，人民可以不犯罪，但沒有羞恥心。如果用道德引導人民，用禮制來約束人民，人民懂得羞恥，其行爲自然端正。孔子還說：「不教而殺謂之虐，不戒而成謂之暴。」（《論語·堯曰》）他還對當時的執政者說：「子爲政，焉用殺？子欲善而民善矣。」（《論語·顏淵》）他把執政者比作風，把百姓比做草，認爲執政者以德爲風，加在草上，草必然倒伏。孔子的這些名言，後來影響深遠。漢初的儒家賈誼辯論了禮義和法禁的關係，提出「禮者禁將然之前，而法者禁於已然之後。」（〈陳政事疏〉）認爲道德治本，法令治標。他還寫了著名的政論文章〈過秦論〉，深刻地揭露了秦王朝滅亡的原因。秦始皇於公元前二二一年統一了中國。但他任用法家的政策，制定了各種繁雜的禁令，並且用暴力維持統治，結果沒有多久，便被人民推翻了。賈誼總結其教訓說：「仁義不施，攻守之勢異也。」是說，統一天下，可以靠武力，可是成爲統一的國君後，再用武力維持自己的政權，對人民不講仁義，結果只有垮台。賈誼的〈過秦論〉同樣爲中國人所樂道，成爲執政者的至理名言。「仁政」，指對人民實行仁愛的政策，上面講的「德政」，即是仁政的一個方面。「仁政」這一概念是孟子提出的，包括「愛民」、「利民」、「富民」、「養民」、「教民」等內容。其實，孔子早有此見解，孔子說：「民之於仁也，甚於水火。」（《論語・衛靈公》）又說：「善人爲邦百年，亦可以勝殘去殺矣。」（《論語・子路》）又說：「因民之所利而利之」（《論語・堯曰》）。有一次，孔子到衛國訪問，看到衛國的人口很多，其弟子問道：人口多了，怎麼辦？孔子回答說：「富之」。弟子又問：富了以後，怎麼辦？孔子說：「教之」。他提出富而後教的名言，從而把「博施濟衆」看成是執政者的最高品德。孟子闡發了孔子的仁政觀念，把行仁政視爲得民心的唯一手段。他說的「仁政」，其中最根本的一條是關心百姓的疾苦，改善或提高人民的經濟生活水平。其措施之一是使百姓有自己的固定產業，農民要有自己的分地，不僅使百姓免於飢寒，而且五十歲者可以穿上絲帛，七十歲的老人，可以有肉吃，並且提出「有恆產者有恆心」（《孟子・滕文公上》），認爲百姓有了自己的產業，生活得到改善，其心思也就安定下來，就不會做壞事或犯上作亂了。他批評當時不關心人民疾苦的統治者說：自己的廚房中有肥肉，可是百姓面有飢色，路上有餓殍，等於「率獸而食人」。孟子的仁政說，後被荀子闡發爲「富民」說。他寫了〈富國〉一文，認爲國富的關鍵，在於民富。他說：「裕民故多餘，裕民則民富」、「民富則出粟百倍」，糧食則堆積如山，國庫也就充足了。此是說，執政者不僅要節約開支，而且要使百姓生活富裕；生活富裕了，方有氣力從事於生產；生活富足了，生產的積極性也就提高了。人民貧窮，不可能提高生產的水平，國家也不可能富強。因此，儒家學者都主張輕傜薄賦。總之，他們把「利民」、「富民」、「愛民」，視爲「保社稷」的關鍵。儒家的仁政說，是其民本思想的具體表現，也是其政治哲學的精華之一，並且已爲中國古代王朝興衰的歷史所證實。如果一個新起的王朝，比較重視仁政，採取某種富民政策，國家便走上富強的道路，如漢唐帝國的建立，即是如此，從而成爲當時世界上具有高度文明的國家。而歷代王朝的衰落和滅亡，又往往由於不施仁政，失去民心，以至不能抵抗外族的入侵。孟子處於當時諸侯兼併的年代。他企圖通過仁政統一中國，因而提倡「王道」，反對「霸道」即武力兼併，當是一種不切實際的幻想。但是，他的王道論，也含有一種哲理，即他所說的「以力服人者，非心服也，力不贍也，以德服人者，中心悅而誠服之。」（《孟子·公孫丑上》）他主張以德服人，即使對被征服的人民也要行仁政。他有一句話言：「仁者無敵。」（《孟子·離婁上》）這句話現在看來，仍含有眞理的因素，值得人們深思的。

㈢均平原則

儒家提倡富民，但關於社會財富的分配，則提出均平說。「均平」，不是搞平均主義，而是主張貧富的差距不應過於懸殊，此亦是儒家仁政說的一個內容。孔子對當時的執政者說：「不患寡而患不安。不患貧而患不均。」（《論語·季氏》）其理由是，貧富差距拉大，則破壞了群體的和諧，形成不安定的因素。依據均平的原則，孟子提出抑制暴發戶的政策，他將壟斷市場的大商人，稱爲「賤大夫」，認爲國家應對「賤大夫」徵收重稅。並且認爲對鰥寡孤獨四種窮人，國家應擔負起養育他們的責任，以此爲行仁政的開端。荀子同樣視「收孤寡，補貧窮」爲「王制」的內容之一。孔子提出的均平說，後來得到進一步的發展。漢朝的大儒董仲舒，反對土地兼併，他寫了〈度制〉一文，主張調均貧富。秦漢之際的儒家，又提出了大同說，把理想的社會稱爲「大同」，其宗旨是「天下爲公」。在大同時代，沒有剝削和壓迫，人們彼此相愛，「老有所終，壯有所用，幼有所長，矜寡孤獨廢疾者，皆有所養。」（《禮記．禮運》）儒家提出的「天下爲公」說，雖然是一種烏托邦，但影響也很大，作爲一種社會理念，一直成爲中國人民批評不合理的政治制度和社會制度依據。如明末清初的儒家學者黃宗羲，依據天下爲公說，寫了〈原君〉一文，嚴厲地批判了君主專制主義。認爲古之人君，以天下爲公，後世的帝王則視天下國家爲一人之私產，「以我之大私爲天下之大公」，甚至魚肉人民百姓，從而視君主爲「天下之大害」。他批評宋朝的儒者將「君臣大義」說成是永恆的眞理，是對孟子教義的背叛。大同學說，到了近代，又成了追求進步的仁人志士批判封建制度，提倡民權以及嚮往社會主義的價值準則。近代中國民主革命的先行者孫中山先生就是以「天下爲公」爲其學說的最高宗旨的。

㈣人治原則

如何管理好國家，使百姓過上安居樂業的生活？儒家提出人治原則。「人治」是針對

「法治」說的。在儒家看來，人治比法治更爲重要。所謂「人治」，指執政者從君主到各級官吏，要有高尚的品德和非凡的才智，由他們來治理國家，國運方能恆通。荀子將這一觀點概括爲「有亂君，無亂國。有治人，無治法。」（《荀子·君道》）他所執的理由是，法不能獨立存在，要靠人來制定和執行，「得其人則存，失其人則亡。」法只是治理國家的一端，而君子才是法的本原。一個國家雖有良法，不得其人來執行，仍舊處於混亂的局面，如由君子來治理國家便會走向安定和繁榮。荀子這一論點，後被稱爲「人存則政舉，人亡則政息。」儒家的人治觀，同樣始於孔子。孔子認爲國家能否治理好，主要在執政者自身。關於人治，他提出兩條意見：一是「舉賢才」，即任用有才幹的人爲官吏；二是以自身作則，即執政者自身應爲百姓做出表率。他批評當時魯國的執政者說：「政者正也，子帥以正，孰敢不正。」（《論語·顏淵》）又說：「其身正，不令而行。」（《論語·子路》）後來儒家學者，無不闡發這兩條人治學說。前一條稱之爲「任人唯賢」的路線，即選拔官吏，只看品德和才幹，不看其它，此即後來荀子說的「量能而授官」，是對「任人唯親」路線的否定，也是對世襲等級制的一種揚棄。孟子則闡發了後一條，提出「修身爲本」說。他說：「天下之本在國，國之本在家，家之本在身。」（《孟子·離婁》）「在身」，即在個人的修養。後來，儒家的一篇著名著作〈大學〉，闡發爲「自天子至於庶人，壹是皆以修身爲本」，即把修身視爲治理好天下國家的根本條件。修身爲本說，對執政者說，即是修己治人，或正己而後正人。在儒家看來，政治學即是「修己治人之學」。爲了實現修己正人，孔孟認爲君臣應相互尊敬，如孔子所說：「君使臣以禮，臣事君以忠。」（《論語·八佾》）所謂「盡忠」，並非唯君命是從，而是忠於自己的職守，對君主的錯誤言行，敢於諍諫，甚至不怕丟官喪命。而做君主的要善於納諫，虛心傾聽批評，改正自己的錯誤。在這種思想的教育下，在中國歷史上出現了一大批敢於諍諫的忠臣烈士，如唐朝的名相魏徵，明代的清官海瑞等，一直爲人民所稱頌。儒家倡導的人治理論，有忽視法治的片面性，容易造成執政者可以不受法規約束和政策因執政者個人意志而改變的弊病。但是，只講法治，而忽視人治，同樣有其片面性。就此而言，儒家倡導修身爲本說，仍有其永恆的價值。

㈤誅伐原則

儒家倡導仁政，反對暴政，並且將行仁政最終寄託在國君的身上。但是，當國君不施仁政，而且自身腐敗，甚至靠手中的政權，欺壓百姓，即是說，實行暴政，走向仁政的反面，又如何對待？儒家提出誅暴伐罪的原則。孟子是這一原則的倡導者。他以夏商兩朝的末代帝王桀、紂爲例，認爲這種暴君，已失去爲君的資格，理應打倒他們。他贊揚當時率領民眾討伐桀紂的商湯王和周武王說：「賊仁者謂之賊，賊義者謂之殘。殘賊之人，謂之一夫。聞誅一夫紂矣，未聞弒君也。」（《孟子．梁惠王下》）孟子這一評論，後來影響很大，形成了一種輿論：凡是違背民意對人民進行殘暴統治的君主，乃「獨夫民賊」，對這種統治，人人有權利將他除掉。後來，儒家的典籍《易傳》，將孟子的誅伐說，稱之爲「革命」。此書說：「湯武革命，順乎天而應乎人。」儒家提出的「革命」說，指用武力推翻暴政，建立符合仁政的新王朝，不是近代意義的革命，但對中國人的政治觀念同樣起了深遠影響，成爲中國人民推翻舊王朝或舊政權的理論支柱。

以上五條，是儒家處理君臣民三者關係的主要原則。儒家的政治學說是十分豐富的，並不限於上述五條。但這五條對中國文化以及中國人的政治觀念確實起了深遠的影響，即使到了近代，西方的政治學說傳入中國後，儒家提出的若干政治原則仍有其生命力，成爲中國人政治生活中價值觀的準則之一。儒家的政治哲學，同其它流派特別是西方的學說相比，有哪些特徵？這是一個值得探討的問題。據我個人的理解，有以下三點可以討論：

(一)群體主義傾向

從群體出發，考察政治生活，是儒家政治哲學的特徵之一。儒家一向重群體、輕個體，認爲群體的利益高於個人的利益，維繫群體生活的和諧與安定，是政治的主要功能，即荀子所說的「君者善群也」。群體有大有小。儒家分爲四個層次：天下、民族、國家和家庭，並且以家庭爲核心。在儒家看來，家庭作爲社會的單位，其成員既有尊卑上下之別，又要彼此和諧相處，家業方能昌盛。以此種觀點，考察政治生活，則視國家生活爲家族生活的擴大，從而導出家齊則國治、國治則天下平的理論。儒家的仁政論，可以說是治家原則的引伸，即家長作爲一家之長，有養育和管教其子女的責任。子女受到恩惠，應向父母盡孝；同樣理由，臣民應向國君盡忠。因此，在儒家看來，政治生活不是爲個人爭權利，而是維繫以國君爲代表的國家和民族的整體利益。這不同於西方流行的以保障和爭取個人權利爲目的的政治哲學。在中國，大凡受過儒家政治哲學薰陶的人，具有強烈的愛國主義意識和民族感，爲了整體的利益不惜犧牲個人的一切。但是，儒家倡導的群體生活，又具有等級制的內容，要求下一等級不能侵犯上一等級的利益，此即荀子所說的「明分」。因此，儒家的政治哲學缺乏個人平等觀念和近代的民主意識。有些儒家學者將等級名分誇大，鼓吹「君爲臣綱」，又成了君主專制主義的辯護士。

㈡倫理主義傾向

將倫理原則納入政治生活，也是儒家政治哲學的特點之一。前面講到的對君臣民三者的要求，總是基於其道德原則，如德政說、仁政說、修身爲本說等，都是其道德觀在政治哲學中的表現。儒家是道德決定論者，認爲道德生活高於一切，道德不僅支配政治，甚至可以決定經濟。宋朝以來的儒家學者，對於理想的統治者，提出「內聖外王」說。所謂「內聖」，指內心要有聖人的道德境界，因而儒家學者常將理想的國君稱爲「聖王」。古希臘哲學家柏拉圖曾提出「哲學王」這一概念，即讓哲學家爲王，或在位的君王應是一位眞正的哲學家，從事哲學研究，方能治理好國家。但柏拉圖所強調的是君王要有哲學家的智慧，所謂「集權力和智慧於一身」（《對話錄》）。而儒家所強調的是道德，是善的境界，荀子提出的「有治人無治法」，所謂「治人」，主要指執政者的道德水平。是道德決定政治，還是經濟決定政治？這是一個值得爭議的問題。我同意「政治是經濟的集中表現」這一命題，但是，任何時代的執政者，如果其自身缺乏道德教養，不能以身作則，甚至品質敗壞，以權謀私，必然危及政局的穩定，這也是世人所公認的眞理。

㈢理想主義傾向

儒家的政治哲學是從中國古代社會面臨的實際問題出發的，如以家庭爲單位的農業生產方式，封建的土地佔有制、等級制、家長制和君主制等，是儒家政治哲學形成的社會基礎。從整體上看，儒家的政治哲學是爲維繫這些制度提供理論依據，並爲其設計政治方案。但是，這些制度本身，又存在許多矛盾和問題，如家族不和、農民貧困、政治腐敗、獨裁專制、相互傾軋、百姓不滿等。儒家提出的政治原則，就是企圖解決這些問題，以維持群體生活的和諧，使社會生產得以順利進行。但是，他們提出的那些原則，卻帶有相當多的理想主義成分，如孟子的仁政說，要求當時的國君，「與民同樂」、「老吾老以及人之老」，這在現實生活中是不可能實現的，所以又被人們稱爲「迂闊之論」。又如，儒家要求君王從諫如流、大公無私等，也是難以實現的。至於他們嚮往的大同時代，在古代更是一種人道主義的空想。儒家是性善論者，認爲人在本質上都是善良的，以追求人際關係的和諧爲奮鬥的目標。這也是其理想主義的理論基礎。如何看待儒家政治哲學中的理想主義？我認爲不能因爲其難以實現，便否定其價值。理想不同於幻想，它來於現實，但又超越現實。就其超越現實而言，往往對現實生活起著鞭策和砥礪的作用，成爲引導人們前進的動力，所以儒家哲學，經歷了兩千多年的歷史變革，仍深入於中國人的心中，這也是東方文明的一大特徵。

總之，儒家的政治哲學作爲東方文化傳統之一，有其所長，也有其所短，揚其所長，補其所短，使其有利於現代社會的發展，是我們面臨的一項艱巨的任務。

（一九九五年在美國檀香山東西中心召開的儒學和人權學術會議上的演講）

儒家文化與和諧主義

中華傳統文化，就其觀念形態說，有三大系統，即儒家、道家和佛家。這三大系統的文化，既有相同點，又有不同點。從東漢開始，此三大系統文化，既相抗衡，又相影響，以至於相互補充，形成了統一的中華文化傳統。就共同點說，三家皆以愛與和諧作爲人際關係的準則。儒家創始人孔子提倡「愛人」，道家創始人老子提出「知和日常」，佛家則以慈悲爲本，普濟衆生爲宗。三派提出的理念，對中國和東方的生活方式和思維方式，都起了深遠的影響。正因爲如此，在中國歷史上沒有發生過西方基督教世界和伊斯蘭世界那樣的宗教戰爭，企圖訴諸武力或戰爭來解決意識形態和信仰上的分歧與糾紛。此表明中華傳統文化具有和平的、人道的、理智的，並且能融合異己和外來文化的特色，不同於那種排它性的以爭奪爲目的的文化系統。也正因爲如此，中華民族在政治上雖然有過分裂的歷史，但在文化上從未有過分裂的局面，而且正是基於統一的文化傳統，形成了巨大的凝聚力量，使政治上的分裂局面，終於走向統一。這是世界上其它民族歷史少見的。以下，僅以儒家學說爲例，談談中華文化中的和諧主義傳統。

儒家創始人孔子是中國古代人學的開拓者。他最關心的是人際關係問題。他說：「人能弘道，非道弘人。」（《論語・衛靈公》）其所謂道，指人道，即作人的準則，其所理解的人道，主要指愛人的品德即仁德。其弟子曾參稱其爲「忠恕之道」，即孔子提出的作爲道德黃金律的人我關懷的原則：「己欲立而立人，己欲達而達人」；「己所不欲，勿施於人」。（《論語・衛靈公》）此條原則又稱爲實現仁愛的方法。仁愛是孔子人學的核心，但其精髓是使人際關係處於和諧的境地，以糾正當時因等級制度而造成的人際關係的緊張、對立以及破裂的局面，所以其弟子有若說：「禮之用，和爲貴。」（《論語・學而》）因此孔子又提出「君子和而不同」以及「溫良恭儉讓」等處理人際關係的德目。在孔子看來，人與己是統一的，爲己必愛人不容分割。孟子將這一原則應用於政治方面，提出「天時不如地利，地利不如人和。」（《孟子・公孫丑下》）指出，人際關係的和諧是獲得政權的根本保證，靠武力爭伐不能服人之心，即使獲得政權，遲早也要垮台。他將這一原則應用於社會方面，又提出「人倫」說：「父子有親，君臣有義，夫婦有別，長幼有序，朋友有信。」（《孟子・滕文公上》）這裡說的親、義、別、序、信，都是指雙方相互負責和關懷，其目的亦在於維繫群體生活的和諧，消除人與人之間的對抗和爭奪。到了荀子，進而提出「群居和一」說，作爲人類生活的基本原則，他說：「人生不能無群，群而無分則爭，爭則亂、亂則離、離則弱，弱則不能勝物。」（《荀子・王制》）又說：「義以分則和，和則一、一則多力、多力則強、強則勝物。」（《荀子・王制》）「義以分」，謂各守其分位，各盡其職能。荀子認爲，人類生活的特點，是從事於有秩序的合群生活。此種生活方式，可以使個體協調一致，免於爭奪和動亂，產生強大的凝聚力，從而戰勝自然物。他所追求的同樣是人際關係的和諧，並視其爲人類支配自然界的前提。爲了實現人際關係的和諧，戰國時代儒家的一篇名著〈大學〉又提出「絜矩之道」，即以己度人，將心比心，所謂「上老老而民興孝，上長長而民興悌，上恤孤而民不倍。」認爲執政者能推己及人，君臣上下左右相互關懷，方能治理好國家。儒家的另一著作《中庸》，在道德修養方面，又提出「中和」說：「中也者，天下之大本也；和也者，天下之達道也。致中和，天地位焉，萬物育焉。」「中和」觀念原指音樂的和諧境地，如《荀子·王制》所說：「中和者，聽之繩也。」《中庸》以其爲道德修養的境界，認爲人的喜怒哀樂等情感，不偏於一端，其發作又符合節度，不走極端，即保持和諧的境界，是指導人類行爲的根本原則。此種和諧、持中的思維方式，也是天地化育萬物的法則。《中庸》又以和諧與中道，作爲提高人的精神境界從而處理人際關係的依據。戰國時代形成的解釋《易經》的著作《易傳》，同樣推崇中與和的觀念，作爲評判事物的價值準則。如〈繫辭〉所說：「雜物撰德，辨是與非，則非中爻不備。」乾卦〈彖〉所說：「保合太和乃利貞」，即以陰陽處於高度和諧的境地爲萬物存在的根本條件。可以看出，先秦儒家的代表人物和著作都將和諧視爲人類社會以及自然界發展的基本法則，此是儒家的一貫立場。

秦漢以來的儒家學者都依《論語》、《孟子》、《易傳》、〈大學〉、《中庸》提出的和諧理念闡述其人生觀和宇宙觀。如漢儒董仲舒說：「天地之道，雖有不和者而必歸之和，而所爲有功，雖有中者必止之於中，而所爲不失。」（《春秋繁露，循天之道》）如宋儒程顥所說：「聖人之言，中和之氣也，貫徹上下。」（《遺書》十一）程頤所說：「天地交而陰陽和，則萬物茂遂，所以泰也。」（《易傳·泰》）此是以和諧爲聖人的最高境界以及萬物生長的法則。張載進一步論和諧說：「有象斯有對，對必反其爲。有反斯有仇，仇必和而解。」（《正蒙·太和》）認爲宇宙中的對抗事物，終究歸於和解，從而以「太和」爲萬事萬物發展的最佳境地。明代大儒王守仁同樣是中和觀念的闡發者，他說：「古人具中和之體以作樂，原與天地之氣相似。」（《傳習錄》）他以中和的境界爲人的本性和良知的內容。清代大儒王夫之更是和諧理念的追求者，他認爲宇宙中對立的事物，都是「相因而非相反」，不是相互排斥、相互毀壞，而是相濟相成、和諧一致，方有其生命力。他說：「天地以和順爲命，萬物以和順爲性。」（《周易外傳·說卦》）又從本體論的角度論證了和諧原則是宇宙的基本大法。以上所引材料足以說明，追求人際關係以及宇宙的和諧，一直是儒家各派的共同宗旨，從而成爲中國傳統文化的一大特色。

儒家這一傳統，到了近現代，並沒有中斷，而且獲得了新的內容。這裡，著重介紹一下中國當代儒學大師梁漱溟先生關於人際和諧的理論。早在二〇年代，他寫《東西文化及其哲學》時，將孔子提倡的仁德解釋爲不分人我、不計較利害的生活態度，從而批評西方個人資本主義生活方式是「戕賊人性」。到了三〇年代，他從事鄉村建設時，提出「倫理本位」說，解釋儒家學說和中國文化的特色。他認爲，中國人生來就處於孟子所說的五倫之中，人們在此種關係中形成了情感，「因情而生義」，大家都在情義中。如父母有愛子女之情，即有教育子女之義；子女有愛父母之情，即有孝順父母之義；所謂「父慈子孝，兄友弟恭」。此種倫理關係，「就是互以對方爲重，彼此相互負責任，彼此互有義務之意。」（《鄉村建設大意》）後來，他寫〈鄉村建設理論〉時，又將這種人際關係概括爲：「人類在情感中皆以對方爲主，故倫理關係，彼此互以對方爲重；一個人似不爲自己而存在，乃彷彿互爲他人而存在。」這種人際關係的準則，梁氏又稱爲「理性」。他說：「所謂理性，要無外父慈子孝的倫理情誼和好善改過的人生向上。」到了四〇年代，他在《中國文化要義》中，進而認爲，儒家倡導的「親親而仁民」，雖基於家人父子兄弟情誼的小圈子，但將其擴大爲大圈子，即「一步一步放大，最後便到了世界大同，天下一家。」依據此種社會觀，他提出「六倫」說，即除傳統的五倫外，加上新的一倫即團體與分子，並將君臣一倫解釋爲官民關係。梁氏認爲，團體與分子、執政者與老百姓，也應互以對方爲重，如其所說：「團體尊重分子，分子尊重團體」，不能偏於一方，雙方應「休戚相關，患難與共」，發揮「公對私，私對公，各盡義務的精神」（〈鄉村建設大意〉）。依據此種社會觀，梁氏進而提出「合作主義」，作爲處理人際關係，特別是經濟生活的準則。他說：「合就是和氣，作就是創造」（〈農民運動與合作〉），認爲「和氣」是彼此情感好，相互敬愛，融爲一體；而「創造」是努力工作，在工作中有自得之樂趣。依據這一原則，他批評了西方近代流行的兩種對立的社會思潮：個人自由主義和極端干涉主義。指出，個人自由主義，「一切從個人權利出發」，不爲人群盡義務，破壞了人際之間的倫理情誼；而極端干涉主義，又以團體壓個人，抹煞了個人的自由和權利，流爲專制主義。進而指出，西方人做事情，總是偏於兩極端，而中國人則處於中間，即講「中道」。只有講「中道」，個人與團體關係，「才可以產生均衡，才是一個正常的人類社會」（〈鄉村建設理論〉）。他將此種生活方式和思維方式稱之爲「中國倫理思想的相對論」（〈鄉村建設理論〉）。其所謂「相對」，指對立的雙方處於對等的關係中，梁先生提出的互以對方爲重的合作主義，是同「仇忌心理」和「鬥爭就是一切」的觀念相對立的。他認爲一切從鬥爭出發又歸於鬥爭是西方人的思維方式，不是健康的思維方式。他在《中國文化要義》中指出，所謂「不和平就毀滅」，這是西方人的文化觀，違背了「以理性相安共處」的原則，其結果導致人類的共同毀滅。以上所引，是當代儒家代表人物梁漱溟先生在新的歷史條件下對儒家和諧主義的闡發，也是他倡導的中國文化要義的主導思想。

依據上述的歷史回顧，儒家文化中的和諧原則，其理論意義，可以歸結爲以下幾點：

其一，認爲任何事物都有其對立面或存在著差異，用王夫之的話說：「其性情才質功效不可強之而同」（《周易內傳·繫辭上》）。和諧原則的出發點是，承認差別和對立，不是追求無差別的同一，無差別的同一是違背事物存在和發展的規律的，故孔子說：「君子和而不同，小人同而不和。」（《論語·子路》）

其二，承認不同的和對立的事物，可以相資相濟、相因相通、相互補充，用漢代班固的話說：「相反相成」。在儒家看來，差別和對立規定著一事物的特性，就其特性說，雖有其相排斥的一面，但可取長補短，相互資助，不是相互毀滅，其變化方富有而日新，故《易傳》說「一陰一陽之謂道」。

其三，承認事物之間存在普遍聯繫，因而不同的事物又形成了各種類型的整體，個體或分子不能孤立地存在，總是處於一定的關係中。從而認爲，任何整體或統一體要維繫其存在和發展，其分子必須協調一致，保持均衡，如果只是排斥和對抗，其整體必然分裂和瓦解，故張載說「仇必和而解」。

其四，就人際關係說，認爲人與人之間同樣存在差別和對立，但不應相互壓迫，相互仇忌，相互傾軋，而是相互尊重、相互愛護、相互寬容、互盡義務。就群體與個人的關係說，應雙方兼顧；就群體與群體的關係說，應和平共處，此即梁漱溟先生所說的「互以對方爲重」。

以上四點，有一共同傾向，即同鬥爭的原則相對立的。儒家學者並不否認鬥爭的必要性，認爲一方不尊重另一方，使整體失去均衡，受到損害的一方，就應與之鬥爭。如孟子論君臣關係說：「君視臣如土芥，則臣視君如寇仇。」（《孟子·離婁下》）其論君民關係說：「聞誅一夫紂矣，未聞弒君也。」（《同上·梁惠王下》）但儒家認爲，鬥爭不是目的，而是實現人際關係和諧的一種手段。因而儒家倡導的和諧主義，不同於西方從古希臘就開始提出的以鬥爭爲重心的思維方式，此是東方文化傳統的一大特色。

儒家文化中的和諧主義，就其形成的歷史條件說，是同中國古代農業社會追求風調雨順以及家庭制度要求和睦的生活環境分不開的，有其歷史的局限性。但它提示了人類生存眞理的一個方面，有其永恆的價值，可補西方傳統文化之不足。當社會發生劇烈變革或統一體處於分裂過程時，和諧原則是難以實現的。如三〇年代，梁漱溟先生倡導的「合作主義」，在軍閥割據和外敵入侵的條件下，只是一種空想，不可能成爲現實，這一點，歷史已作出結論。但是，當新的統一體已經建立或新的局面已經形成，和諧原則就顯示出其應有的生命力。如果一個家庭、一個民族、一個國家或一個地區，一味追求鬥爭，從個人權利之爭到國家、民族、地區之間的戰爭，不但經濟生活和社會生活遭到破壞，而且勢必長期陷於爭奪、戰亂、動亂和分崩離析以及互相殘殺的苦難之中，這是人類歷史已經證明了的眞理。就人類的經濟生活說，和諧原則尤其有重大的意義。一個團體、一個企業、一個國家和一個地區的經濟實力的增長，一方面要靠其內部的競爭機制；另一方面又要靠其內部的團結一致，二者缺一不可。而且只有協調一致，相互關懷，方能產生巨大的凝聚力，進而增強其競爭力，並且將競爭引向共同繁榮和昌盛的道路。〈大學〉中有幾句話說：「生財有大道」，「仁者以財發身，不仁者以身發財。」這裡說的「大道」和「仁者」，可以理解爲以和諧原則來指導人類的經濟生活。東亞地區中受儒家文化影響的國家、民族和地區，處於當今世界面臨的新形勢，即被稱爲「後冷戰」的時代，應當發揚東方文化中的和諧主義傳統，相互尊重、互通有無、互惠互利、互相補充，總之，開展全面合作，促進人類經濟和文化的繁榮，盡東方人應盡的一份義務，爲人類的進步做出新貢獻。

（一九九三年在泉州東亞地區與經濟互動學術研討會上的演講）

重新評估儒家功利主義

從中華傳統文化中汲取什麼樣的價值原則，有利於市場經濟健康發展和精神文明的建設，是傳統與現代化研究中的一大課題。我想就此問題，談一些想法：

一、中華傳統文化富有功利主義傳統，這往往被人們所忽視。就先秦諸子說，儒、墨、道、法四大流派，除道家老莊外，皆倡導功利原則，雖然對功利的理解，並不盡同。儒家孔孟，以「博施濟衆」和「制民之產」爲處理政治生活和道德生活的最高準則，爲儒家的功利觀奠定了思想基礎。孔孟談義利之辨，是反對追求危害群體利益的私利私欲，主張見利思義，並非一概排斥功利。至漢儒董仲舒，由於片面強調義的價值，提出「正其誼不謀其利，明其道不計其功」，宣揚超功利主義。宋明時期的道學家繼承和發展了董氏的正誼明道說，展開了義利之辨，將儒家學說進一步引向超功利主義的說教。但是，從漢唐以來，那些爲民爭利並主張改革的政治家和思想家，則不以董說爲然，至宋、元、明、清，在儒學內部形成了大辯論，陳亮、葉適、顏元、李塨、戴震等即其代表人物。此派儒學，上繼先秦儒家倡導的富民利民的傳統，下開近代功利主義思潮的先河，成爲哲學史上的一大流派。

二、儒家功利派以關懷和增進民衆生活福利爲最高的價值原則。其所謂功，謂事功，指建功立業；利，謂福利，指滿足民衆的物質生活需求。認爲政治理念和道德原則，應對國計民生產生實際效益，使百姓富足安樂，方有其價值和生命力。總之，道義不能脫離功利，天理不能脫離人欲。如葉適所說：「既無功利，則道義乃無用之虛語」；陳亮所主張：「功到成處便是有德，事到濟處便是有理」；顏元所說：「正其誼以謀其利，明其道而計其功」；戴震所說：「理存乎欲」，「理也者，情之不爽失」。這些命題，皆將是否滿足人們的物質生活欲求，作爲評判政治原則和道德原則的尺度，反對空談義理的教條主義和壓制百姓生活欲求的禁欲主義。此種功利觀，並非不講道義，而是主張義利合一，如《易傳》所說：「利者義之和」，即「利物足以和義」；陳亮所說：「義利雙修」；顏元所說：「義中之利，君子所貴」。此種功利觀，尊重社會成員的共同福利，不是逞一人之欲，遂一人之利，而是如〈大學〉所說：「以義爲利」，「仁者以財發身」；戴震所說：「以我之情契人之情，而無不得其平」。又不同於西方近代流行的以個人爲本位的功利主義。總之，此種功利主義將效果、利益和正義融爲一體，具有東方文化的特色。

三、功利主義是適合市場經濟發展的一種價值觀。問題在於提倡什麼樣的功利主義。今天，如果我們空談道德性命，或者將道德原則同個人福利對立起來，變相地宣揚存理去欲，就會挫傷勞動生產者的積極性，不利於市場經濟的發展。如果只求個人福利，不問社會正義，置公共利益於腦後，將功利主義引向個人利己主義，勢必造成市場經濟的混亂，危害社會的和諧與安定。顏元提出的正誼謀利、明道計功，對於我們建設具有中國特色的現代文明社會仍有啓發意義。

（《哲學研究》，一九九四年第四期）

中國歷史上德教和法治的論爭

維繫人類的群體生活和社會秩序是靠道德教化還是靠法律制裁？這是一個古老的和有永恆價值的課題。在中國思想史上，哲學家和思想家對此問題有過長期的爭論，直至今日，仍爭論不休。倫理學家提倡德教，而法學家則擁護法治。先秦時期的儒家是德教的倡導者，而法家是法治的辯護士。儒法兩家對此課題的辯論，提出許多令人深思的見解，對我們今天處理此問題仍有啓發的意義。這裡，僅就先秦和兩漢時期的思想家們對此問題的爭論，作一簡要的評述，作爲討論的基礎。

儒家的創始人孔子是德教主義的首創者，關於道德教育和刑罰制裁，他說：「道之以政，齊之以刑，民免而無恥；道之以德，齊之以禮，有恥且格。」（《論語·爲政》）認爲刑罰只能使人避免犯罪，但不能使人懂得犯罪可恥。道德教化既能使百姓守規矩，又能使百姓有羞恥之心。孔子並不主張廢除刑罰，而是主張對百姓先進行道德教化，教化無效再用刑罰制裁。他說：「聽訟，吾猶人也，必也使無訟乎。」（《論語·顏淵》）意謂斷案並不難，難的是使天下無案可斷。還說：「不教而殺謂之虐。」（《論語·堯曰》）總之，主張通過道德教化，逐漸形成一種沒有犯罪行爲的社會生活，認爲德教比法治更爲根本。孔子所以如此重視德教，同他的倫理學說是分不開的。他是古代人學的開拓者，認爲人的價值在於完善自己的人格，而人格的完善，主要靠自我反思和努力學習，他相信一般人通過教養可以成爲君子，即有益於群體生活的人。如其所說：「君子無終食之間違仁，造次必於是，顚沛必於是。」（《論語・里仁》）孔子也是一位偉大的教育家，他認爲教育的目的，不只是傳授知識，更爲重要的是培養人的道德品質，在他的教學活動中，將德行列爲諸科之首。在孔子看來，一個人的知識才能再好，如果沒有好的品質，也是不足稱道的。他說：「如有周公之才之美，使驕且吝，其餘不足觀也已。」（《論語・泰伯》）他相信教育的力量，可以改變人的素質，從而提出「有教無類」的號召。孔子提出的這些論點，爲儒家的德教主義奠定了思想基礎。

孔學的繼承者孟子進一步闡發了德教主義傳統。關於德教和法治，他說：「善政不如善教之得民也。善政民畏之，善教民愛之。善政得民財，善教得民心。」（《孟子・盡心上》）「善政」，指法度禁令完備；「善教」，指道德教化完善，即孔子所說「道之以德，齊之以禮」。此是從爲政的角度談德教和法治的關係，認爲法度禁令再完備，只是使百姓怕政府，以增加自己的財政收入而已，而實行德教，則贏得百姓的愛戴，即「得民心」。孟子認爲，得民心者，方能得天下，否則，終究被人民拋棄。其所謂「得民心」，指行仁政，而不是行霸道，靠暴力統治人民。關於行仁政，孟子認爲，首先是使百姓有固定的產業，改善人民的經濟生活，其生活有了保障，再進行道德教化，百姓便不會做邪惡之事了。他說：「有恆產者有恆心，無恆產者無恆心。苟無恆心，放辟邪侈無爲已。及陷乎罪然後從而刑之，是罔民也。焉有仁人在位，罔民而可爲也。」（《孟子・滕文公上》）又說：「設爲庠序學校以教之…

…皆所以明人倫也。人倫明於上，小民親於下，有王者起，必來取法，是爲王者師也。」（《孟子・滕文公上》）「罔民」，謂設羅網陷害百姓。意謂執政者不爲民置產業，百姓生活陷於絕境，走上犯罪道路，再以刑罰懲治他們，實際上是坑害百姓。孟子認爲，要防止百姓犯罪，首先是使百姓富足起來，在此基礎上，再對百姓實行德教，提高其文化素質和道德水平，這樣，社會自然安定，政權方得到鞏固，此即孟子所說的「仁政」和「王道」。他將「明人倫」視爲德教的主要內容。所謂「明人倫」，即明察「五倫」：「父子有親，君臣有義，夫婦有別，長幼有序，朋友有信。」（《孟子・滕文公上》）在孟子看來，處理好這五種人際關係，是維繫群體生活的根本保證，也是人同動物根本區別之所在，這種人際關係的和諧局面，只能靠德教方能實現。孟子的「明倫」說，也是對孔子提出「富而後教」的闡發。孟子相信，人的品質生來都是善良的，皆有同情心，即仁德或愛人之心，所謂「人性善」。至於有人做了危害群體生活和社會秩序的壞事，那是後天環境影響的結果，所謂「若夫爲不善，非才之罪也。」（《孟子・告子上》）只要生活有了保障，通過倫理道德的教化，任何人都可以成爲有道德的人，有利於社會的人，所謂「人皆可以爲堯舜」。（《孟子・告子下》）在倫理學史上，孟子是著名的道德先驗論者，雖然未能揭示出人類道德觀念形成的根源，但他指出倫理道德是人類生活的一大特徵，人類應發揚這一特質，自覺地調整人際關係的和諧，促進社會的進步，這是無可非議的。

孔孟提出的德教優於法治的理論，到了戰國中期，由於諸侯兼并戰爭的激化，遭到了法家的尖銳批評。法家提倡耕戰，擁護實力和暴力，反對儒家的德治和仁政。他們主張以法治國，靠法律制裁，統一百姓的言行，以維繫群體生活的安定。法家商鞅說：「凡明君之治也，任其力不任其德，是以不憂不勞而功可立也。」（《商君書·錯法》）「任其力」，指從事耕戰；「不任其德」，是說不憑任道德說教。認爲空談仁義道德，不能使國家強大，人民富足，終必導致亡國。關於德教和法治，他說，「以刑治則民威，民威則無姦，無姦則安其所樂。以義教則民縱，民縱則亂，亂則民傷其所惡。」（《商君書·開塞》）「民威」，當作「民畏」；「義教」，指德教。「所惡」，指刑罰。此是說，刑罰雖爲百姓之所惡，但可以使其不敢爲姦，反而使其受到益處，即「安其所樂」。以德教治民，百姓則無畏懼之心，樂於淫佚，行爲放縱，進而作亂，反而受刑罰的制裁而傷身。由此得出結論：「吾所謂刑者，義之本也。」（《商君書·開塞》）是說，刑罰制裁才是維護正義的根本。在商鞅看來，推行法治，人民的道德品質才能建立起來，即其所說「此吾以殺刑之反於德，而義合於暴也。」（《商君書·開塞》）後一句是說，講德教反而是實行暴政。這一論點，又稱之爲「藉刑以去刑」。（《商君書·開塞》）他認爲，處於兼併的時代，法治尤爲當先。他說：「古之民樸以厚，今之民巧以僞。故效於古者先德而治，效於今者前刑而法。」（《商君書·開塞》）是說，處於人心多詐的時代，法治優於德教。進而得出結論說：「聖王者不貴義而貴法，法必明，令必行，則已矣。」（《商君書·畫策》）「不貴義」，不是說不要正義，而是說，不以德教爲貴，就倫理學說，此種法治主義是基於其功利主義原則。商鞅認爲趨利避害是人的本性，所謂「民之性，飢而求食，勞而求逸，苦則索樂，辱則求榮，此民之情也。」（《商君書·算地》）認爲如果善於利用其求利的心理，依法令對其行爲進行賞罰，有功者賞，無功而犯罪者罰，百姓則相競爭於功利，所謂「爲國而能使其民盡力以競於功」，（《商君書·錯法》）這樣，不僅社會安定，而且可以提高生產力，使國富而兵強。正是基於這種功利主義原則，得出「去奸之本莫深於嚴刑」的結論。商鞅提出的「貴法不貴義」，成爲法家治國的指導思想。

法家韓非，繼商鞅之後，提出「不務德而務法」，（《韓非子·顯學》）同儒家的德治和德教說展開了大辯論。爲了論證法治優於德教，韓非提出「慈母有敗子」的命題。認爲講仁慈教育不好子女，就父母對子女的教育說，作母親的總是厚愛其子女，結果，「子多敗」，即多出敗家之子，而作父親的對子女要求嚴厲，甚至進行體罰，結果「子多善」，即子女多半品行端正。他又舉例說，有不才之子，父母、師長和鄉人再三教育，都不能易其脛之一毛。可是，州郡的官吏要依法逮捕他，他害怕受懲罰，於是改惡從善。由此得出結論說：「夫嚴家無悍虜，而慈母有敗子。吾以此知威勢之可以禁暴，而德厚之不足以止亂也。」（《韓非子·顯學》）韓非對儒家德教說的批評，除基於前期法家提出的功利主義原則外，還提出人性自私說，認爲既然趨利避害是人的本性，人的行爲總是從私心私欲出發，處理人際關係。他舉例說，父母對其子女，生男則相賀，生女則厭惡或殺害。這是因爲女孩長大出嫁，對父母來說無利可圖，如其所說：「故父母之於子也，猶用計算之心以相待也，而況無父子之澤乎。」（《韓非子·六反》）此是攻擊儒家的父慈子孝說。他又舉例說，財主給雇工美好的飲食和工錢，雇工方努力爲其耕種，財主和雇工都是爲了自己的利益而處理雙方的關係，所謂「皆挾自爲心也」。（《韓非子·外儲說左上》）由此他得出結論說：「故人行事施予，以利之爲心，則越人易和；以害之爲心，則父子離且怨。」（《韓非子·外儲說左上》）他認爲利益一致，是維繫群體生活的紐帶，此又是對儒家仁愛說的否定。正是依據此種人性自私說，韓非認爲，只有推行法治，方能使人們爲善去惡，如其所說：「凡治天下，必因人情，人情有好惡，故賞罰可用，賞罰可用，故禁令可立，而治具矣。」（《韓非子·八經》）他又說：「民者好利祿而惡刑罰。上掌好惡以御民力，事實不宜失矣。」（《韓非子·制分》）韓非的人性自私說，是法家性惡論的一種形式。法家主人性惡，儒家孔孟主人性善，此是儒家德教說和法家的法治說爭論的焦點之一。

在先秦時期儒法兩家的論爭中，儒家或法家內部也出現了調和法治和德教的論點，提出德法並行說。齊國法家和儒家荀子即其中的代表。《管子》一書保存了齊國法家的資料。此派法家認爲，德教和法治都是不可缺少的，不可偏廢一方。如《管子·權修》說：「厚愛利足以親之，明智禮足以教之……然後申之以憲令，勸之以慶賞，振之以刑罰，故百姓皆說爲善，則暴亂之行無由至矣。」此是主張先德教而後申之於法令。儒家荀子因受齊國法家的影響，提出禮法並舉。他說：「治之經，禮與刑，君子以修百姓寧。」（《荀子·大略》），在荀子看來，禮和法的功能都在於維繫社會秩序，所謂「法以定分」，「禮以定倫」，二者可以相通。但他仍主張禮義爲治民之本，認爲人人都能遵循禮義，法令也就通行無阻了。

先秦時期關於德教和法治的爭論，同當時的社會變革是分不開的。在春秋戰國這一歷史轉折時期，舊制度向新制度過渡，諸侯割據走向統一，如何提高人民的生活水平，維繫群體生活的安定，提高國民的素質，減少犯罪行爲，以增強國力，成爲政治家、思想家共同關心的課題。儒法兩家提出的德教和法治，即是爲了解決這一問題。就當時歷史發展的趨勢說，法家的觀點較爲實際，爲當時擔負統一中國任務的秦王朝所採納，並成爲國家的政策，加以實行。而儒家的觀點，富有理想主義色彩，未被當權者所採納。秦始皇統一中國後，因採用韓非學說，大力推行法治，排斥和壓制儒家學說，成爲中國歷史上第一個實行封建專制主義統治的皇帝。法治屬於暴力範疇，秦帝國企圖靠暴力維護自己對人民的統治，結果事與願違，不久，便被人民大起義推翻了。漢王朝建立後，朝野上下總結秦王朝滅亡的教訓，有識之士皆認爲僅靠暴力不能維護自己的政權，從而提倡儒學，並開展了對法家學說的批判。這樣，德教和法治的鬥爭，又進入了一個新的局面。

如果說，先秦時期的儒法之爭是圍繞怎樣統一中國以及如何建立新的社會秩序而展開的，而漢代的儒法之爭則是圍繞如何鞏固封建政權和發展封建經濟而展開的。漢初的大思想家賈誼在其著名的論文〈過秦論〉中，檢討秦王朝滅亡的原因說：「秦以區區之地，致萬乘之權，招八州而朝同列，百有餘年矣」，可是，「一夫作難而七廟墮，身死人手，爲天下笑者，何也？仁義不施而攻守之勢異也。」（《史記・秦始皇本紀》）「仁義不施」，謂不推行儒家的德治，意謂奪取政權可以靠暴力，可是取得政權後，仍靠暴力維護其統治，是自取滅亡。他揭露說，由於不施仁義，搞「繁刑嚴誅」，「百姓困窮」，「蒙罪者衆，刑戮相望於道，而天下苦之，自君卿以下至於衆庶，人懷自危之心，親處窮苦之實，咸不安其位，故易動也。」（《新書・過秦》）他認爲，漢王朝不能再蹈秦朝的老路，必須改弦更張，提倡儒家的德治，以糾法家學說之偏。因此，賈誼繼荀子、韓非之後，進一步辯論了德教和法治的問題。他在〈陳政事疏〉中，評論德教和法治說：「凡人之智，能見已然，不能見將然。夫禮者禁於將然之前，而法者禁於已然之後，是故法之所用易見，而禮之所為生難知也。」（《新書》）此大段文字，又見於《大戴禮記・禮察》。賈誼認為，禮和法的功能都在於防民為非，去惡從善，但二者又有區別。禮的作用是防止犯罪行為發生，法的作用只是對已犯罪的行為加以懲處而已，人們習慣於重視已發生的事情，對將要發生的事情，往往忽視。其實，任何罪行都是由於平日不積禮義而造成的，如廢婚姻之禮則多淫亂之罪，廢鄉酒之禮則凌長幼之序。不守禮制，不許德教，爭奪的案件也就日益繁多。即使法令再嚴，執法無私，也無濟於事。關鍵在於推行禮義教化，杜絕百姓犯罪的動機。他說，「然而曰禮云禮云者，貴絕惡於未萌，而起教於微眇，使民遷善遠罪而不自知也。」（《新書》）是說，禮義教化有潛移默化之功，可以防止罪行的發生，此即「禮者禁於將然之前」。至於犯罪之後，依法令加以懲處，也未必能防止以後不再犯罪，反而會引起怨恨。他說：「刑罰積而民怨背，禮義積而民和親。故世主欲民之善同，而所以使民善者或異。或道之以德教，或毆之以法令。道之以德教者，德教洽而民氣樂；毆之以法令者，法令極而民風哀，哀樂之感，禍福之應也。」（《新書》）他對德教和法治的效果作了對比，認為德教有利於群體生活的和諧，而法治的後果帶來哀傷和怨恨，所以德教優於法治。最後，他以秦朝的滅亡為鑒說：「今或言禮誼之不如法令，教化之不如刑罰，人主胡不引殷周秦事以觀之也。」（《新書》）是說，湯武推行德治，其政權六七百年而不喪失，可是秦始皇推行法治，十餘年而滅亡。這種歷史的教訓，是令人深思的。《大戴禮記》有〈盛德〉一文，與賈誼的論點相同。此文認為，犯罪來於人們的嗜欲好樂不加節制，從而觸犯刑律，受到懲處。如果平日講道德修養，對嗜欲加以節制，以德教為法，就可以杜絕刑罰之源。不倡導德教，專務刑殺，實際上不是愛護民衆，而是「爲民設陷以賊之」。此文將「德法」比作馬嚼子，刑法比作馬鞭子，認爲不善御民者，專用馬鞭子，而馬必傷，車必翻，最後自己也要摔下來，從而得出結論說：「德法者，御民之本也。」以上所述，可以說是對先秦以來儒法鬥爭所作的一次總結。賈誼的論點，雖然是闡發孔子的「道之以德」說，但經過了秦王朝因推行法治而滅亡的教訓，所以頗爲深刻。其基本觀點是，法治標，德教治本，此是對荀子學說的進一步發展。

繼賈誼後，漢代大儒董仲舒也批評了法家的法治主義，他在〈舉賢良對策〉中，總結秦王朝滅亡的教訓說：「今漢繼秦之後，如朽木糞牆矣，雖欲善治之，亡可奈何。法出而奸生，令下而詐起，如以湯止沸，抱薪救火，愈甚亡益也。」（《漢書·本傳》）他認爲再以法治國，只是死路一條，進而提出「更化」的號召。其所渭「更化」，即提倡儒家的德治和德教。他說：「王者承天意以從事，故任德教而不任刑。刑者不可任以治世，猶陰之不可任以成歲也。」又說：「今廢先王德教之官，而獨任執法之吏治民，毋乃任刑之意與？」孔子曰：「不教而誅謂之虐。虐政用於下，而欲德教之被四海，故難成也。」（《漢書·本傳》）他認爲獨任法治，必走上虐政，最終激起人民的反抗而亡國。他進而贊揚德教說：「是故教化立而奸邪皆止者，其堤防完也。」（《漢書·本傳》）董仲舒的這些觀點，同賈誼說是一致的，都以德教爲立國之本，並且得到漢武帝的肯定。此亦是漢王朝獨尊儒術的原因之一。

但是，伴隨漢代封建經濟的發展，爲了打擊富商大賈勢力，漢武帝又採納桑弘羊的政策，實行鹽鐵由國家專營，受到一部分人的批評。至漢昭帝時，由官方召開了一次關於鹽鐵官營政策的研討會，參加會議的桑弘羊派爲一方，賢良文學之士爲一方，雙方展開了一次大辯論。桑弘羊派主張推行法家打擊商人的政策，而賢良文學派則主張推行儒家的德治政策，反對國家壟斷社會財富。雙方的辯論，涉及到法治與德治的優劣問題，將漢代的儒法之爭推向高潮。桑弘羊一派的論點是：商鞅在秦國推行法治，國富而兵強；刑法如同耜，可以剷除雜草和無用之苗，所謂「耜一害而衆苗成，刑一惡而萬民悅」；「刑所以正民，耜所以別苗」（《鹽鐵論・後刑》）；以德教治民，實際上憐憫「惰奢之民」，助長邪惡之風，不可謂之仁；法治和刑罰乃御馬之轡銜，如無轡銜，雖有王良之才，亦不能致遠；今刑法設備，而百姓猶觸犯刑律，無刑法，天下必大亂；刑法爲惡人而設，保護良民的利益，有以水滅火之功；以德教化民，往往流於空談。賢良文學派反駁說：商鞅治秦，「廢德而任力，峭法盛刑」，結果是人與人爲仇，家與家爲怨，破壞了人際的和諧，不足爲貴；百姓犯罪由於綱紀不張，禮義敗壞，動用刑罰，只是下策；平日不講教化，至犯罪懲以刑殺，實際上是陷民於網羅；聖人治國的原則是，「假法以成教，教成而刑不施。故威厲而不殺，刑設而不犯」（《鹽鐵論・後刑》）；防止爭奪，糾正不良風氣，主要靠道德教化，所謂「禮義立則耕者讓於野，禮義壞則君子爭於朝」，「富則仁生，贍則爭止」（《鹽鐵論・授時》）；法勢只是御民的一種工具，但需要賢人來駕御，執轡不得其人，必要翻車；廢仁義之術，任刑名之徒，是重蹈秦朝滅亡的老路。最後，得出結論說：刑罰不能使人爲善，「法能刑人而不能使人廉，能殺人而不能使人仁；良醫之所以可貴，貴其審消息而退邪氣也，非貴其下針石而鑽肌膚也，良吏之所以可貴，貴其絕惡於未萌，使之不爲非，非貴其拘之囹圄而刑殺之也」（《鹽鐵論・申韓》），德教方爲治本。賢良文學派的觀點，可以說是對賈誼以來儒家倡導的德教說的進一步發揮。西漢時期，儒學已被官方定爲一尊，但法治與德教之爭，並沒有因此而終止。此說明這一問題關係到社會治安和群體生活的重大問題，難以得出共識。所以至東漢，哲學家王充，寫了《非韓》一文，仍辯論這一課題，認爲治國之道有二：一是養德，二是養力。儒家主養德，而法家主養力，二者各有偏駁，各有不足。韓非的錯誤在於只知養力，而不知養德。他批評韓非說：「以爲世衰事變，民心靡薄，故作法術專意於刑也。夫世不乏於德，猶歲不絕於春也。謂世衰難以德治，可謂歲亂不可以春生乎。」認爲任何時代，都不乏道德高尚之人，以其爲榜樣，教化百姓，可以起潛移默化之功，所謂「聞伯夷風者，貪夫廉，懦夫有立志；聞柳下惠風者，薄夫敦，鄙夫寬，此上化也。」此亦是對儒家德教主義的闡發。

以上所談，是關於先秦和兩漢時期德教和法治之爭的歷史回顧。這一論爭，對於我們今天處理這一問題以及探討東方傳統倫理道德與青少年教育的關係，都有其意義。以下，談幾點想法，供參考。

其一，中國作爲東方古老的文化大國之一，有豐富的文化傳統。儒家文化是其中一大傳統。但中國傳統文化，除儒家外，上述的法家學說，亦是其中之一，同樣影響於後世。關於如何治理民衆以及防止犯罪問題，法家也有一套理論，不能忽視，認爲中國傳統文化，只講倫理道德教育，而無法治的傳統，這一看法，是不符合歷史實際的。問題在於如何對待兩家的理論，從中吸取有益的東西，以利於處理現代人面臨的生活問題。從儒法兩家的論爭中，可以看出，維繫人類的群體生活和社會秩序，有兩種手段，即德教和法治。不同於西方和東方其它民族和國家，靠宗教力量，引導人們爲善去惡，過好群居生活。儒家是一種學術流派，不是宗教，中國的佛教和道教，是漢代以後興盛起來的，其對維護社會的治安，雖也起了一定的作用，但不如儒法兩家的學說影響大，特別是對掌握政權的人來說，是如此。儒家的德教和法家的法治，或靠道德的自覺，或靠法律的制裁，但都不靠某種宗教的信仰。就此而言，兩家的學說具有人文主義的特色，而儒家的學說，尤爲突出。儒法兩家提出的維繫群體生活的和諧與安定的理論，其內容，雖具有時代的特徵，受到封建的道德原則和法權觀念的制約，但其中含有永恆價值的因素，不能因其維護封建政權和社會制度而加以否定。因爲如何維繫群體生活的安定與和諧，是一個永恆的課題，不是幾代人的努力可以解決的。迄今爲止，人類提出的維繫群體生活的手段，除德教、法治和宗教外，尚無其它門路。中國傳統文化中關於德教和法治的辯論，爲人類探討此問題，提供了豐富的資料，應認眞加以總結。

其二，就儒法兩家提出的德教和法治的理論本身說，可以說是各有所見。儒家強調德教，其理論前提是，認爲人是教育和環境的產物，孔、孟、荀三家皆持此觀點。孔子提出「性相近，習相遠。」（《論語・陽貨》）孟子將「性相近」，理解爲人性善，但他認爲惡的行爲是環境的產物，通過道德修養，可以恢復人的善良本性。荀子將「性相近」，理解爲人性惡，但同樣認爲通過後天的教養，可以改變人的惡性，成爲道德高尚的人。荀子引證了大量材料證明人性是可以改造的。因此，儒家各派皆提倡德育，以德教來維護群體生活的和諧與安定。這一論點，並非如法家所攻擊的，只是一種空談。法家強調法治，其理論前提是，人的行爲出於功利，功利可導人爲惡，亦可導人爲善。法治和刑罰，喻人以利害，刑罰可以損害人的身體和生命，故人不敢爲惡。對爲惡不改的人，處以嚴刑，對一般人可以起警惕作用。總之，刑法爲惡人而設，對於損害群體生活的人，不能姑息養奸。這一論點，也非如儒家所攻擊的，不講仁愛，只是造成人與人之間的悲傷和怨恨。儒法兩家所提出的理論前提，如人性論、動機論、功利論等，可以從長研討。但就人類的實際生活說，德教和法治都是不可缺少的，各有其眞理的因素，不能以一方否定另一方。如果將自己一方的觀點，片面誇大，則如王充所批評的，「各有偏駁，各有不足」了。至於德教優於法治，還是法治優於德教，要具體分析，不能一概而論。賈誼說：「禮者禁於將然之前，而法者禁於已然之後。」這兩句，可以理解爲未犯罪時，要靠道德教化；已犯罪後，要靠法律制裁。德教和法治可以相輔相成，應各自發揮其應有的功能。但是，對一般人，特別是對青少年說，德教具有重要的意義。因爲人的成長，從小到大，其品質無不受其家庭、學校和社會環境的影響，如諺語所說：「近朱者赤，近墨者黑」，無天生的聖人，亦無天生的惡人，此是至明的眞理。對青少年經常進行道德教育，如孔子所說：「道之以德」，使其通曉作人的基本準則，正確處理個人同群體的關係，不作損害社會公共利益之事，以助人爲樂，有此素質，就會自覺地抵制不良行爲的發生，此即賈誼所說：「絕惡於未萌，而起教於微渺」。如同平日講衛生之道，健全其體質，自然可以防止疾病。德教並非萬能的藥膏，如儒家所宣稱的，可以杜絕一切罪惡之源，但至少可以減少損人利己之事發生，有助於人際關係的和諧相處，促進社會的進步，此是儒家文化提供給我們的一條寶貴的生活經驗和智慧。

其三，處於當今工業生產高度發展和物質競爭激烈的時代，重溫中國歷史上德教和法治的論爭，對治理由於市場經濟的繁榮帶來的社會弊病，也是有益的。市場經濟的發展，刺激人們物質欲望的增長，貪欲和爭心，如不加以節制，往往成爲罪惡的泉源，破壞人際關係的和諧與安定。如荀子所說：「人生而有欲，欲而不得，則不能無求，求而無度量分界，則不能不爭，爭則亂，亂則窮。」（《荀子·禮論》），處於市場經濟高度發達的社會，更是如此。在工業發達的資本主義國家，犯罪率的增長，特別是青少年犯罪，令人吃驚。西方文化偏重於法治，企圖依靠法律的制裁，治理這一社會弊病。然而其效果並不顯著，其原因在於「任力而不任德」，輕視道德教化，只知「禁於已然之後」，忽視「禁於將然之前」。如果其政府肯於大力推行德教，通過各種教育方式，教育青少年一代，通曉並遵守做人的基本準則，對其社會弊病進行綜合治理，問題是可以妥善解決的。總之，要保證市場經濟健康地發展，不僅需要法治，更需要倫理教育。此亦是東方傳統文化爲人類的未來，提供的一條啓示。

（《東方倫理道德與青少年教育》，上海教育出版社，一九九四年）

范縝神滅論與佛教神不滅論的鬥爭

晉南北朝時代是佛教信仰流行的時期。佛教神學逐漸代替了中國固有的宗教信仰，成了當時宣揚鬼神迷信和靈魂不死信仰的主要勢力。佛教神學家對靈魂不死的宣傳，更加精密化了，他們在宣傳這種信仰時，不僅跟中國古代的神秘論結合起來，而且又利用了儒道兩家學說中的弱點。這樣，就使中國哲學史上關於形神問題的爭論，不能不走向一個新的局面。爲了駁斥佛教的靈魂不死的信仰，擺在當時無神論者面前的任務是：生命終結以後還有來生嗎？三世因果報應論能夠成立嗎？精神能夠脫離身體永恆不滅嗎？而這些問題的實質就是物質和精神那一方面是第一性的問題。這個時期的無神論者，在環繞這些中心問題的鬥爭中，進一步堅持了中國古代無神論和唯物主義的傳統，從而把對形神問題的理解，提到了更高的水平，范縝即其代表人物。

一、東晉時期的無神論者反對佛教的靈魂不死信仰的鬥爭

東晉時期，由於佛教的流行，社會上逐漸形成了反對佛教的鬥爭。從牟子「理惑論」

（《弘明集》，卷一）中所引的材料來看，早在漢末就已經出現了反對佛教的言論。排佛者是從儒道兩家的立場出發的，而以儒家的觀點爲主。其中主的論點是：佛教教義「虛無恍惚」，脫離實際；佛教叫人「出家」，破壞了家庭生活，違反忠孝等道德；佛教講精神不滅，難以相信；佛教是「夷狄之教」，不合中國的國情。《弘明集》中有〈正誣論〉一文，可能是西晉末年或東晉時期的作品，也引證了當時排佛的言論。其中要點是：認爲佛教僧侶「聚斂百姓」，修建寺廟，浪費財產；不相信因果報應，指出奉佛反而遭禍。排佛者又認爲佛教並不能「延年益壽」和「消災祛疫」，因而可能是從道家或道教立場來反對佛教的。到了東晉末期，反對佛教的言論和行動開始尖銳化了。東晉反對佛教的思想鬥爭，從兩方面進行的。一方面，從社會政治的角度來反對佛教；一方面從哲學角度來反對佛教。

從社會政治方面反對佛教的理由，主要有以下兩點：

㈠認爲佛教僧侶聚斂社會財富，使國家衰亡。東晉佛教徒道桓著有《釋駁論》（《弘明集》，卷六），引錄當時排佛者的言論說：

> 或墾殖田圃，與農夫齊流。或商旅博易，與眾人競利，……或聚畜委積，頤養有餘。或指掌空談，坐食百姓。……是執法者之所深疾，有國者之所大患。

又說：

> 會同盡肴善之甘，寺廟極壯麗之美，割生民之珍玩，崇無用之虛費。罄私家之年儲，

闕軍國之資實。

從這裡可以看出，佛教僧侶已成爲新的財富佔有者，並且影響了皇室和一部分地主階級的利益。東晉桓玄曾下令沙汰沙門，其理由說：

京師競其奢淫，榮觀紛於朝市。天府以之傾匱，名器爲之穢黷。避役鐘於百里，逋逃盈於寺廟……其所以傷治害政，塵滓佛教，固已彼此俱弊，實污風軌矣。（見《弘明集》，卷十二）

他指出佛教勸人出家，實際上叫人們逃避國家的賦稅、兵役和其它勞役，從而影響了國家的財政收入和武裝力量，因而主張精簡僧侶。

㈡認爲佛教某些教義和儀式違背了封建的等級制度。東晉末年，環繞著「沙門不敬王者」問題，展開了爭論。庾冰在〈代晉成帝沙門不應盡敬詔〉中說：

名教有由來，百代所不廢。……而今當遠慕芒昧，依稀未分，棄禮於一朝，廢教於當世，使夫凡流傲逸憲度，又是吾之所甚疑也。（《弘明集》，卷十二）

他指出佛教僧侶見君主不行跪拜之禮，是違反「名教」的。桓謙等在〈答桓玄論沙門敬事書〉說：

人以髮膚爲重，而髡削不疑；出家棄親，不以色養爲孝……世之所貴，已皆落之；

禮教所重，意悉絕之。資父事君，天屬之至，猶離其親愛，豈得致禮萬乘。（《弘明集》卷十二）

他們認爲佛教徒削髮爲僧，違背了養親的孝的道德；不敬王者，違背了君臣的禮節，實際上是斷絕禮教。桓玄更認爲「君臣之敬，皆是自然之所生」（〈難王中令〉，《弘明集》，卷十二），不僅是名教之事，也是人的自然本性，堅決主張沙門應敬王者。當時佛教徒反駁說：僧侶雖不敬王者，但佛教教義「實助王化」（何充〈沙門不應盡敬表〉，《弘明集》，卷十二）。慧遠認爲佛教僧侶講輪迴報應，能「協契皇極，大庇生民」，雖不敬王者，但並不違反忠孝之理（〈答桓太尉書〉）。從這些爭論中，可以看出，佛教的某些儀式的確違背了封建宗法關係和等級制度，從而引起了某些人的反對。但佛教徒卻認爲佛教教義，總的說來，是有助於「名教」的。從這些問題中，可以看出，東晉末期，從社會政治方面反對佛教的言論，主要是從儒家的立場出發的。雙方的爭論，實質上反映了世俗地主和僧侶地主的矛盾，而且當時有些佛教僧侶參與了政治活動，甚至操弄國家的大權，從而引起了統治階級中反對派的攻擊。東晉反對佛教的鬥爭是和當時的社會政治鬥爭聯繫在一起的。

從社會政治方面反對佛教的鬥爭，不能不轉向從理論上反對佛教神學的鬥爭。佛教徒爲了辯護佛教教義有助於「教化」，特別發揮了生死輪迴和因果報應等學說，企圖證明佛教並不違反儒家的社會倫理觀點。他們認爲佛教的三世因果報應，和儒家的孝悌仁義並不矛盾，而且可以補助儒家的「福善禍淫」只限於一世的缺點。這樣，反對佛教的鬥爭，就不能不面向生死輪迴和因果報應等學說。〈釋駁論〉中引錄排佛的言論說：

大設方便，鼓動愚俗。一則誘喻，一則迫懾。云行惡必有累劫之殃，修善便有無窮之慶。論罪則有幽冥之伺，語福則有神明之祐。敦厲引導，勸行人所不能行；逼強切勸，勉爲人所不能爲。……張空聲於將來，圖無象於未兆。……考現事以求徵，並未見其驗。眞所謂擊影捕風，莫知端緒。

他們認爲生死輪迴和因果報應是佛教用來欺騙人們的一種手段，而且是超乎經驗的，無法證明是否眞實。桓玄說：

大設靈奇，使其畏服。既畏服之，然後順軌。此蓋是本懼鬼神福報之事，豈是宗玄妙之道邪。（〈難王中令〉）

他認爲三世因果報應，是一種假設，目的叫人們畏懼鬼神，並非眞有其事。他在〈與遠法師書〉中說：

先聖有言，未知生，焉知死。而令一生之中，困苦形神，方求冥冥，黃泉下福。皆是管見，未體大化。迷而知返，去道不遠，可不三思。（《弘明集》，卷十一）

在這裡，他依據孔子的「未知生，焉知死」的觀點，駁斥了生死輪迴的迷信。以上這些駁斥佛教神學的論據，主要有三點：一是佛教教義，超乎經驗，無法驗證，即「神道茫昧」，存於「視聽之外」，難以相信。一是佛教的神道設教，假借方便，並非眞有生死輪迴。一是死後不可知，未必有神靈世界和來世生活。顯然，這些觀點，是屬於儒家無神論者的傳統的。

但是，儒家中無神論的觀點是十分簡單的，要想駁斥佛教神學的精密的理論，不能不借助於道家的無神論。由於魏晉道家的思想盛行，東晉時期的無神論者，繼承了玄學中無神論的因素，從理論上進一步展開了反對佛教神學的鬥爭。魏晉玄學中「生死氣化」和「性命自然」的觀點，到了這個時期，成了反對佛教的靈魂不死信仰的重要武器。這個時期的無神論者，依據「生死氣化」，反對「生死輪迴」；依據「性命自然」，反對「因果報應」。現分述於下。

㈠慧遠在〈沙門不敬王者論〉（《弘明集》，卷五）中，敘述了當時依據道家無神論的觀點反對佛教神不滅論的言論。首先，這些言論反對慧遠的「求宗不順化」的理論，認爲事物永恆在變化著，人的生命亦如此，並沒有寂靜不變的「泥洹」世界。他們說：

> 尋夫老氏之意，天地以得一爲大，王侯以體順爲尊。得一故爲萬化之本，體順故有運通之功。然則明宗必存乎體極，體極必由於順化。是故先賢以爲美談，眾論所不能異，異夫眾論者，則義無所取。

他們實際上認爲無窮的變化，就是事物的本性，因而人只有順應自然的變化，不需要追求超生死變化的絕對的精神。不僅如此，他們進一步發揮了「生死氣化」的理論，斷言死後形神俱滅。他們說：

夫稟氣極於一生，生盡則消液而同無。神雖妙物，故是陰陽之所化耳。既化而爲生，又化而爲死；既聚而爲始，又散而爲終。因此而推，固知神形俱化，原無異統；精粗一氣，始終同宅。宅全則氣聚而有靈，宅毀則氣散而照滅。散則反所受於天，本滅則復歸於無物。反復終窮，皆自然之數耳，孰爲之哉？

他們認爲人的生命是由氣組成的，而且人的生命只有一生，並無來世。人死以後，「形神俱化」，復歸於自然。並且指出，精神和形體都是「氣」的表現，形神是一個根源。「氣」聚集在一起，產生了精神作用；「氣」消失了，精神作用也同時消滅了。他們退一步說，即使形神有兩個來源，但當結合在一起，形成了人的生命以後，就不能分離；生命死亡時，形神也要同時消滅。他們說：

若令本異，則異氣數合，合則同化，亦爲神之處形，猶火之在木，其生必存，其毀必滅。形離則神散而罔寄，木朽則火寂而靡托，理之然矣。

又說：

假使同異之分，昧而難明，有無之說，必存乎聚散。聚散氣變之總名，萬化之生滅，故莊子曰：「人之生，氣之聚。聚則爲生，散則爲死。」

他們指出，即使形神有兩個來源，但形體卻是精神活動的基礎，如同火和木的關係一樣，形體死亡，精神也就喪失了自己的作用。並且依據「生死氣化」的理論，斷言，死後歸於「氣」，並沒有超自然的靈魂世界。從以上這些材料中，可以看出，古代道家的「生死氣化」的學說和形神關係問題緊密地結合起來，而且走向了形神一元論。他們根據「精粗一氣」的觀點，駁斥了當時佛教神學家的形神兩元論；依據「生死氣化」，否定了來世生活。這樣，便從理論上駁斥了生死輪迴和神不滅的信仰。正因爲如此，這些論點，遭到了佛教神學家慧遠的攻擊。

東晉末年儒家學者孫盛，在〈與羅君章書〉中，反駁了羅含的「更生論」。他也是反對道家的，著有〈老聃非大賢論〉和〈老子疑問反訊〉（《廣弘明集》，卷五），指責了老子學說中的矛盾。他是一個無神論者，認爲信神求福，必要亡國（《全晉文》六十四卷）。但當他從理論上駁斥佛教的生死輪迴說時，同樣利用了道家的觀點。他說：

> 吾謂形既粉散，知亦如之。紛錯混淆，化爲異物。他物各失其舊，非復昔日，此有情者所以悲歎……。（《弘明集》，卷五）

認爲形體腐朽以後，知覺也隨之消滅；即使轉化爲另一物體，和以前的物體，也沒有什麼聯繫。實際上依據形神俱滅，否認了生死輪迴。

㈡東晉末年，戴安公（戴逵文）著有〈釋疑論〉（《廣弘明集》，卷二十），駁斥了佛教的因果報應學說，並且和慧遠等佛教徒展開了爭論。戴安公是從儒家的立場反對因果報應的，但卻借用了道家的「性命自然」的理論。他首先解釋壽夭善惡賢愚的起源說：

> 夫人資二儀之性以生，稟五常之氣以育。性有修短之期，故有彭殤之殊；氣有精粗之異，亦有賢愚之別。此自然之定理，不可移者也。（〈釋疑論〉）

認爲個人的壽夭，來源於所稟的陰陽之性的長短；個人的賢愚，來源於所稟的五常之氣的精粗。個人的壽夭和賢愚早被自然決定了，因而個人的行爲是不能改變人的生活遭遇的。他說：「故知賢愚善惡修短窮達各有分命，非積行之所致也。」根據這種理論，他認爲道德品質和個人行爲的善惡，跟他的禍福等生活遭遇沒有聯繫。他說「顏回大賢」，但「早夭絕嗣」；「盜跖肆虐」，但「富樂自終」。在他看來，個人不過是宇宙中一個米粒，個人的善惡行爲不能影響人的自然之性。因此，他認爲禍福報應，實際上是一種「神道設教」，他說：「知修短窮達，自有定分，積善積惡之談，蓋是勸教之言耳。」（〈與選法師書〉）但他卻指出人若能履行道德規範，就不必講什麼來世報應。他說：「苟能體聖教（指儒家的名教）之幽旨，審分命之所鍾，庶可豁滯於心府，不祈驗於冥中矣。」這些論點，遭到了佛教徒的反對，慧遠授意周道祖作〈難釋疑論〉，辯護因果報應的學說。戴安公又著〈答周居士難釋疑論〉，進一步發揮了「性命自然」的觀點。他認爲「性命自然」的理論是由「校練名實，比驗古今」得來的，他說：

> 苟能悟彭殤之壽夭，則知修短之自然。……推淵商之善惡，足明冥中之無罰，等比干盜跖，可識禍福之非行。既能體此難事，然後分命可審，不祈冥報耳。

在他看來，事實上積惡的人反而享受快樂，積善的人反而遭到禍害，可見，三世因果報應的理論是和人們的實際生活遭遇相矛盾的，這正說明了「性命自然」的正確。他指出生活中福善一致的現象，只是偶然的恰合，並沒有什麼必然的神秘力量在支配著。他說：「至於善惡禍福，或有一見，斯自遇與事會，非冥司之眞驗也。」又說：「或履仁義而亡身，或行肆虐而降福，豈非無司而自有分命乎。」以上就是戴安公依據「性命自然」，反駁佛教因果報應的基本論點。顯然，這些論點，存在著很大的弱點，他把人的生活遭遇歸結爲自然的「分命」，歸結爲自然的必然性，並沒有解決善惡和禍福的關係問題，因爲他抹殺了造成善惡禍福的社會根源，因此，這種看法是錯誤的。但他強調「自然」，反對來世因果報應，反對有脫離現實世界的靈魂世界，卻是一種無神論的觀點。這種觀點，在當時反對佛教神學的鬥爭中，起了重要的影響。

總起來說，東晉以來的反對佛教神學的鬥爭，是從社會政治問題開始的，當時一部分儒家成了反對佛教的主要倡導者。這個鬥爭，反映了佛教逐漸成了社會上的統治勢力。當時佛教僧侶佔有大量的土地和勞動力，以至於侵犯了世俗地主的利益，影響了皇室的收入，這樣，就不能不引起地主階級中某些人物的反對。這個鬥爭，從社會政治問題，必然要轉向神學問題，特別轉向反對佛教的靈魂不死和因果報應的鬥爭。這樣，就出現了反對佛教的無神論的思想，但儒家學說中的無神論因素，在自然觀上，是比較貧乏的，因而不能不吸取道家無神論的因素。魏晉玄學中無神論的觀點，對當時反對佛教神學的鬥爭起了積極的支持作用，儒家強調現實生活的社會倫理學說和道家尊重自然的無神論觀點相結合，是東晉南北朝時代無神論者反對佛教神學的一個特徵。東晉時期反對佛教神學的許多論點，到了南北朝時代，得到了發展，從而出現了反對佛教靈魂不死信仰的高潮。

二、南北朝時代無神論者反對佛教神不滅論的鬥爭

南北朝是佛教興盛的時代。佛教信仰得到了皇室、貴族和豪門世族的大力支持。佛教寺院的建設，僧侶人數的增加，形成了空前未有的局面。梁武帝時，排佛者郭祖深上奏說：

> 都下佛寺，五百餘所，窮極宏麗，僧侶十餘萬，資產豐沃，所在郡縣，不可勝言。……皆不貫人籍，天下戶口，幾亡其半。而僧尼多非法，養女皆服羅紈。其蠹俗傷法，抑由於此，請加檢括。……不然，恐方來處處成寺，家家剃落，尺土一人，非復國有。（《南史》，卷七十）

從這裡可以看出，佛教在當時空前地繁盛起來，僧侶和寺院擁有大量財產和人口，妨害了國家的統治權，形成了一種社會危機。在這種情況下，反對佛教的鬥爭，就更加尖銳化了。南朝佛教的特點，偏重於佛教理論方面的宣傳，而北朝則注重宗教行爲的實踐（湯用彤著《漢魏兩晉南北朝佛教史》，四八七頁）。因而，北朝反對佛教的鬥爭，多集中在社會政治問題和實際的行動，而南朝反對佛教的鬥爭多集中在佛教神學的理論問題上。僧佑在《弘明集》後序中，總結當時爭論的問題有六點：

一疑經說迂誕，大而無徵。二疑人死神滅，無有三世。三疑莫見眞佛，無益國治。四疑古無法教，近出漢世。五疑教在戎方，化非華俗。六疑漢魏法微，晉代始盛。

（《弘明集》，卷十四）

其中，在哲學史上最重要的問題是第二點，即「人死神滅，無有三世」。環繞這個中心問題，南北朝的無神論者和佛教神學家展開了激烈的論戰。這個論戰的重點，表現在關於「因果報應」和「神不滅」兩個方面，而且二者又是互相關聯的。初期論戰的焦點，主要集中在「因果報應」問題，後來逐漸又集中在「神不滅」問題。本節所論，以「因果報應」問題爲主要線索，關於范縝的神滅論，下一節作專門敘述。

在劉宋王朝統治的初期，出現了反對佛教神學的思想家何承天。他和當時的佛教徒宋炳、顏延之等人展開了爭論。這個爭論，是由〈白黑論〉（又名「均善論」）引起的。當時佛教僧侶慧琳，著有〈白黑論〉一文，對佛教信仰表示了懷疑。認爲儒家和佛教「殊途同歸」，但不贊成佛教的三世因果報應。文章中假設黑白二人，互相爭辯。黑學道士是擁護佛教信仰的，指責儒家學說的缺點說：「周孔爲教，正及一世，不見來生無窮之祿。積善不過子孫之慶，累惡不過餘殃之罰。報效止於榮祿，誅責極於窮賤。視聽之外，冥然不知，良可悲矣。」（《全宋文》，卷六十三）認爲儒家的缺點，在於不講三世因果報應，以「福善禍淫」只限於一生，而佛教「敘地獄則民懼其罪，敷天堂則物觀其福；指泥洹以長歸，乘法身以遐覽。神變無不周，靈澤無不覃。」（《全宋文》，卷六十三）這就是說，佛教是講來世報應和天堂地獄的，因而比儒家的名教高明。這個論點遭到白學先生的駁斥，白學先生的論點，也就是慧琳自己的論點。他首先指出佛教所說的三世因果報應和死後的靈魂世界，事實上是無法證實的，是和生活中實際情況不符合的。他說：

> 今效神光無經寸之明，驗靈變罔纖介之異；勤誠者不睹善救之貌，篤學者弗克陵虛之實。徒稱無量之壽，孰見期頤之叟；咨嗟金剛之固，安覩不朽之質。苟於事不符，宜尋立言之指，遺其所寄之說也。（《全宋文》，卷六十三）

指出神靈是無法效驗的，誠實的人反而不得善報，天下並沒有不朽的東西。因爲來世生活，無法效驗，所以佛教教義，遠不如儒家學說，有助於教化。他說：「且要天堂以就善，曷若服義而蹈道；懼地獄以救身，孰以從理以端心。」又說：「夫道之以仁義者，服理以從化；帥之以勸戒者，循利而遷善。故甘辭興於有欲，而滅於悟理；談說行於大解，而息於貪僞。」（《全宋文》，卷六十三）他認爲儒家學說比佛教優越之點，在以仁義道德教化世人，使人心服從於「理」，而佛教卻以天堂地獄等迷信，誘勸世人，實際上是助長人的貪心。在他看來，只有佛教教義中「愛物去殺，尚施周人」等仁慈觀點，是可取的。因爲這一點合乎儒家的「仁義」學說。因此，他得出結論說：「是以周孔敦俗，弗關視聽之外，老莊陶風，謹守性分而已。」又說：「幽明之理，固不極於人事矣。周孔疑而不辨，釋氏辨而不實。將宜廢其顯晦之迹，存其所要之旨。」（《全宋文》，卷六十三）

在慧琳看來，佛教和儒家都講教化世人，這一點是相同的。但佛教所採取的辦法，所講的「幽明之理」，是脫離人的現實生活的。關於死後問題，儒持存疑態度，而佛教肯定來生，但又無實際的驗證，從這一點看，儒家確比佛教高明。他依據儒家的社會倫理觀點，肯定了佛教有勸人遷善之功，但同時依據儒家學說中無神論的觀點，又駁斥了佛教的來世生活的虛幻，儘管他主張「均善論」，但實際上是站在無神論的立場，他的〈白黑論〉，是佛教僧侶中的異端。

慧琳的〈白黑論〉，在當時起了很大的反響。無神論者何承天把這篇論文送交慧遠的弟子宗炳，請宗炳表示意見。宗炳作〈答何衡陽書〉，駁斥了〈白黑論〉，特別反對「周孔疑而不辨，釋氏辨而不實」的論點，斷言佛教所講的來世生活是實際存在的，並且從「神不滅」的觀點，論證了生死輪迴和因果報應。這樣，何承天和宗炳之間，圍繞〈白黑論〉中的問題，便展開了爭論。在他們的往復的爭論中，何承天提出了反對佛教的論點。首先，他不承認有來世因果報應，他說：「若果有來生報應，周孔寧當緘默而無片言邪？」（〈答宗居士書〉，《弘明集》，卷三）又說：「影響所因，必稱形聲，尋常之形，安得八萬由旬之影乎？」（〈答宗居士書〉，《弘明集》，卷三）認爲來世因果報應，周公孔子都沒有講過，可見並非實有。並且指出普通形體的影子不可能長達幾萬里，從而駁斥了現實生活中的善惡行爲到來世受報的因果迷信。在他看來，天堂地獄的理論，只適於外國，不適於中國。他說：「中國之人，稟氣清合，合仁抱義，故周孔明性習之教。外國之徒，受性剛強，貪欲忿戾，故釋氏嚴五戒之科……懲暴之戒，莫苦乎地獄；誘善之勸，莫美乎天堂。將盡殘害之根，非中庸之謂。」（〈答宗居士書〉，《弘明集》卷三）

他認爲中國人生來含有仁義的本性，因而中國聖人提倡仁義道德，教化世人；而外國人生來剛強貪暴，所以提倡天堂地獄等學說，懲勸世人；這種學說，是不合中國的「中庸之道」的。實際上他認爲有了儒家的道德說教，就不需要佛教的因果報應了。其次，針對宗炳的「神不滅」的觀點，他也提出了「神滅論」的思想，用來反對三世因果報應。他說：「形神相資，古人譬以薪火。薪弊火微，薪盡火滅。雖有其妙，豈能獨傳。」（〈答宗居士書〉，《弘明集》，卷三）斷言形體死亡，精神作用也隨之消滅了。爲了駁斥宗炳的理論，他又著有〈達性論〉，依據《易傳》的世界觀，論證了儒家的道德說教出於人的本性，駁斥了佛教的因果報應和生死輪迴說。他這個論點是：人是從天地中產生的，是萬物中最靈智的東西；人能制定各種制度，從事於道德生活，君主是協助天地來撫養和教化人民的。人和其它動物是有區別的，因爲人的本性是勤儉、樸素和仁慈的。他認爲人的特點，就在於把這種本性發揚光大，不需要追求來世報應。他說：「若乃內懷嗜欲，外憚權教，慮深方生，施而望報，在昔先師，未之或言。」（《弘明集》，卷四）至於死亡，乃生命的自然現象，人死以後並無來生。他說：「至於生必有死，形斃神散，猶春榮秋落，四時代換，奚有於更受形哉？」（《弘明集》，卷四）他的〈達性論〉，遭到了顏延之的攻擊。何承天在反駁顏延之的論點時說：「若能推樂施之士，以期欲仁之疇；演忘報之意，引向義之心；則義實在斯，求仁不遠。」（〈重達顏光祿〉，《弘明集》，卷四）

又說：「何必陋積善之延祚，希無驗於來世。生背當年之眞懽，徒疲役而靡歸，擊風捕影，非中庸之美。」（〈重達顏光祿〉，《弘明集》，卷四）

在他看來，人生的目的，就是實踐仁義道德的本性，並不在於借此得到福報；得志，則教化世人，不得志或「揚名於後世」，或「陵高志於浮雲」；不必追求來世的虛幻生活。因此，他又著〈報應問〉（《廣弘明集》，卷二十），集中地駁斥了佛教的三世因果報應論。他說：「西方說報應，其枝末雖明，而即本常昧。其言奢而寡要，其譬迂而無徵。」他論證說，鵝在池中游水，但庖人常把它殺掉；燕子吃飛蟲，但人都喜愛燕子。這是生物間常有的現象，並沒有什麼因果報應問題。因此，他得出結論說：「是知殺生者，無惡報；爲福者，無善應。所以爲訓者如彼，所以示世者如此，余甚感之。」

又說：「若謂燕非蟲不甘，故罪所不及，民食芻豢，奚獨嬰辜。」在他看來，報應之說是不通的，提倡這種理論，實際上是「爲民陷阱」。他指出佛教講因果報應只是「假設權教，勸人爲善耳，無關實敘。」（《廣弘明集》，卷二十）以上就是何承天從理論上駁斥佛教信仰的基本論點。顯然，他的論點，是建立在古代儒家無神論的基礎上的。他依據儒家的人本主義精神，強調現實生活中道德的說教，不承認有天堂地獄、因果報應和來世生活。他和慧琳的觀點，應該是當時儒家無神論思想的代表。但何承天在反對佛教信仰的鬥爭中，還存在著矛盾。他承認了祭祀，肯定了儒家的祖先崇拜。他在〈答宗居士書〉中說：「春耕秋收，蠶織以時，三靈格思，百神咸秩，方彼之所爲者，豈不弘哉？」在〈達性論〉中說：

「詩云：『悌惇君子，求福不回』，言弘道之在己也。『三后在天』，言精靈之升遐也。」

這樣，便被論敵抓住了漏洞。顏延之攻擊他說：「若精靈必在，果異於草木，則受形之論，無乃更資來說，將由三后粹善，報在生天邪？欲毀後生，反立升遐，當毀更立。固知非力所除。若徒有精靈，尚無體狀，未知在天，當何憑以立。」（〈釋達性論〉，《弘明集》，卷四）他認爲既承認「精靈在天」，即得承認有來世報應，承認「精靈」有憑依的實體。何承天回答說：「失神魄惚恍，游魂爲變，發揚凄愴，亦於何不之。」（〈答顏光祿〉）認爲雖然有精靈，但「精靈」沒有依靠的實體，因而死後並不轉生。爲了堅持這個觀點，他終於肯定了鬼神。不過，認爲鬼神同樣是沒有形質的。顯然，何承天並沒有擺脫儒家無神論的缺點。他從儒家的道德說教出發，終於肯定了祭祖和鬼神，儘管他駁斥了因果報應和來世生活，並沒有徹底駁倒佛教信仰，但他的無神論觀點，在當時卻具有戰鬥性，而且起了很大的反響。何尚之在〈答宋文帝贊揚佛教事〉（《弘明集》，卷十一）中說，慧琳和何承天都是「拘滯一方，詆呵釋教」，而宗炳和顏延之的言論，得到了皇帝的贊揚。其中引錄宋文帝的話說：「顏延年之折『達性』，宗少文之難『白黑論』，明佛法汪汪，尤爲名理，並足開獎人意。若使率土之濱，皆純此化，則吾坐致太平，夫復何事。」可見慧琳和何承天反對佛教的無神論思想，遭到了當權的皇室貴族的排斥。在當權統治者看來，佛教所宣揚的三世因果報應等迷信，對他們統治人民來說，畢竟是有利的。

慧琳和何承天主要是以儒家立場反對佛教的信仰的。這是南北朝無神論思想的一個方面。在南北朝時代，從道家無神論的觀點駁斥佛教信仰，也佔有重要的地位。其中道家的「性命自然」的理論，在當時反對佛教的因果報應論的鬥爭中，發生了很大的影響。宋梁之際，劉峻著有〈辯命論〉（見《全梁文》，卷五七），發揮了「性命自然」的理論，不相信「福善禍淫」。他首先認爲宇宙萬物的生長和變化都是自然而然地進行的，他說：「夫通生萬物，則謂之道；

生而無主，謂之自然，自然者，物見其然不知其所以然，同焉皆得不知所以得，鼓動陶鑄而不爲功……漠乎大乎，萬寶以之化；確乎純乎，一化而不易；化而不易，則謂之命。」這正是道家的「天道自然」的世界觀。在他看來，一切事物都來源於自然的造化，而自然的造化是無法改變的，這就是「命」。他說：「命也者，自天之命也」，即指「自然之命」。依據這觀點，他認爲人的生活遭遇也是由「命」決定的，人的道德才智並不能改變它。他說：「然所謂命者，死生焉、貴賤焉、貧富焉、治亂焉、禍福焉，此十者天之所賦也。愚智善惡，此四者人之所行也。……邪正由於人，吉凶在乎命。」他斷言，人的生活遭遇和道德才智沒有必然的聯繫。依據這種觀點，他駁斥了「福善禍淫」的信仰。他說：「福善禍淫，徒虛言爾。」又說：「爲善一，爲惡均，而禍福異其流，興廢殊其迹，蕩蕩上帝豈如是乎？」他引證了歷史上許多人物的遭遇，論證了德福不一致，認爲「高才而無貴仕，饕餮而居大位」，從古以來就如此，這種現象只能歸之於「命」。他還吸取了儒家的觀點，認爲人生的目的在於努力於道德的修養，並不在尋求個人生活的福利，而在於教化世人和完成自己的人格。他說：「修道德，習仁義，敦孝悌，立忠貞，漸禮樂之腴潤，蹈先王之盛則，此君子之所急，非有求而爲也。」因此，他認爲善人遇到壞的遭遇，也不需要怨恨，能夠「居正體道，樂天知命」，也就沒有苦惱了。他的〈辯命論〉具有無神論的因素，因爲他不相信人的遭遇是由上帝和鬼神決定的。劉峻的〈辯命論〉和他自己的生活遭遇有密切的聯繫。他出身貧賤，生活困苦，一生努力於追求知識，但沒有得到當權統治者的任用，這樣，就使他在社會問題上倒向了自然命定論。這一點，是和漢代無神論者王充很相似的。劉峻的〈辯命論〉，在當時並沒有直接用來反對佛教的因果報應。但其中的論點是和佛教的信仰相對立的，而且發生了一定的影響。

到了陳代，朱世卿著有〈性法自然論〉（《廣弘明集》，卷二十五），跟佛教的因果報應論，展開了鬥爭。他最初是佛教的信徒，後來背叛了佛教信仰。他的〈性法自然論〉，在表面上看，是反對某些儒家人物所講的「福善禍淫」的因果報應的，但骨子裡，卻是針對佛教的因果報應。他發揮了道家的「天道自然」的理論，認爲一切事物的發生和變化都是自然的，並沒有造物主在主宰著，自然的變化是不受意志支配的，他說：「夫萬法萬性，皆自然之理也。」又說：「夫有造爲之者必勞，有出入者必漏，有酬酢之者必謬，此三者非造物之功也。故墨子曰：使造化三年成一葉，天下之葉少哉（按：〈韓非子·喻志〉作列子語）？」他的論點是，如果萬物都是造物主有意識創造的，那麼，他就要花費很長的時間和精力，這樣，萬物就不可能很快地和毫無遺漏地被創造出來。不僅如此，他認爲社會制度和文物典章，也不是有意識地被創造的。他說：「故知禮樂不自知其所由而制，聖人不自知其所由而生，兩像亦不知其所由而立矣。」在他看來，一切東西都是「自生自滅」，這就是自然的規律。他說：「動靜者，莫有識其主；生滅者，不自曉其根。蓋自然之理著矣。」他認爲凡出於自然的東西，都是不能改變的，他說：「夫惟自然，故不得而遷貿矣。」依據這些觀點，他認爲人的品質、德行、壽夭、善惡、智愚等也都是自然決定的，並非有意製造出來的，就是說，不是人爲的。他說：

人爲生最靈，膺自然之秀氣，稟妍媸盈減之質，懷哀樂喜怒之情，挺窮達修短之命，封愚智善惡之性。夫哀樂喜怒伏之於情，感物而動；窮達修短藏之於命，事至而後明；妍媸盈減著之於形，有生而表見；愚智善惡封之於性，觸用而顯徹。此八句者，總人事而竭焉。皆由自然之數，無有造爲之者。

這就是「性命自然」的觀點。根據這種觀點，他駁斥了「善惡報應」論。在他看來，這種理論，實際上是「聖人設權巧以成教，借事似以勸威」，並非眞有其實。他說：「故聽其言也，似若勿爽；徵其事也，萬不一驗。」他同樣依據歷史上許多人物的生活遭遇，論證了德福不一致。因此，他得出結論說：

是知桀跖之凶殘，無懼來禍之將及；閔曾之篤行，勿擬慶之當臻。故鶡冠子曰：夫命者，自然者也。賢者未必得之，不肖者未必失之，斯之謂矣。

在他看來，人的命運既然是自然決定的，因而壞人不必怕遭來禍，善人也不必祈求幸福。不僅如此，他還認爲人的生活遭遇，和自然界中的偶然現象一樣，跟道德上的善惡，沒有必然的聯繫。他論證說：

譬如溫風轉華，寒飆颺雪，有委溲糞之下，有累玉階之上。風飆無心於厚薄，而華霰有穢淨之殊途。天道無心於愛憎，而性命有窮通之術。……若見善人，便言其後必昌；若睹惡人，便言其後必亡；此猶終身守株而冀狡兔之更獲耳。

認爲人的禍福遭遇，如同寒風中的雪花一樣，有的落在糞土之中，有的落在玉階之上，並沒有神秘的力量和道德的意志在決定著。他實際上把人的生活遭遇歸之於自然的變化，因此，他得出結論說：「故榮枯死生，自然定分，若聖與仁，不能自免。」他同樣走上了自然命定論。朱世卿的〈性法自然論〉，在當時遭到佛教神學家釋眞觀的攻擊。眞觀著有〈因緣無性論〉（《廣弘明集》，卷二十五），明確指出「性命自然」和「因果報應」是矛盾對立，不能調和的。眞觀的反攻，有兩點很重要，第一點，認爲如果沒有因果報應，社會秩序和道德規範就無法維持，他說：「若謂永無報應，頓絕因果，則君臣父子，斯道不行；仁義孝慈，此言何用。便當造惡招慶，爲善致殃，亦應鑽火得冰，種豆生麥，未見聲和響戾，形曲影端者也。」第二點，認爲性命定於自然，不能說明個人生活中先福後禍的現象，這種理論，抹殺了人的道德努力，叫惡人永遠作惡事。他說：「若云各有自性，不可遷貿者，此殊不然。……昔富今貧，定性之理難奪；先貴後賤，賦命之言何在。呂望屠牛之士，終享太師；伊尹負鼎之人，卒登丞相。……若依自性之理，豈容得有斯義。善人唯應修善，不可片時造惡；惡人恆自起惡，無容一念生善。是則榮枯寵辱，皆守必然；愚智尊卑，永無悛革，豈其然乎！決不然也。」眞觀這些攻擊，的確抓住了「性命自然論」的弱點。從直觀的反駁中，可以看出，自然命定論者，並不能說明社會生活遭遇的根源，其中最大的缺點，是排斥了人的主觀努力和人的實踐在生活中所起的重要作用，從而把人引向了宿命論。而佛教神學家正是利用這些弱點，來進一步宣揚三世因果報應的迷信的。可見，把社會問題歸結爲自然造化的錯誤觀點，儘管其中含有反對宗教神秘論的因素，但同樣又爲宗教神秘論的傳播留下了漏洞。古代的無神論者和唯物主義者沒有能力解決這個問題。

但「性命自然」的理論，在當時幾乎成了反對佛教因果報應的重要武器。在北朝反對佛教的鬥爭中，同樣提出了這個理論，跟佛教信仰相對抗。佛教僧侶彥琮，著有〈通極論〉（《廣弘明集》，卷四），引錄當時反對者的論點說：

> 僕聞開闢混元，分剖清濁，薄淳異稟，愚聖派流。……命分修短，身名寵辱，莫非自然之造化，詎是宿業之能爲。竊見景行不虧，夭身世而嬰禍；狂勃無理，竟天年而響福。遭墮若斯，因果何驗？且氣息聚生散死，形神則上歸下沉，萬事寥廓，百年已矣。何處天宮，誰爲地獄？

在這裡，「性命自然」和「生死氣化」的觀點結合起來，否定了來世生活、因果報應和天堂地獄。北周釋道安，又著有〈二教論〉，其中引錄當時反對者的論點說：

> 竊見好施不害，貧而早終；慳貪多殺，富而長壽……信謂苦惱由惑而生，爵祿因殺而得，其猶種角生葦，母子乖張；牛毛生蒲，因果不類。雖言業報，無以愜心；徒説將來，何殊擊影。未若陶甄稟於自然，森羅均於獨化，忽然自有，怳爾而無，吉凶任運，離合非我。人死神滅，其猶若燈膏俱盡，知何所至？胡勞步驟於空談之際，馳騁於無驗之中。

從這裡，同樣可以看出，「性命自然」和「形神俱滅」的觀點聯繫起來，駁斥了佛教的因果報應。其中某些論點，可能受了范縝的影響。從以上這些材料中，可以看出道家無神論的觀點，在南北朝反對佛教信仰的鬥爭中，並沒有中斷，而且成了一個重要的方面。

總起來說，南北朝的無神論者，是從儒道兩家的觀點，向佛教神學進攻的，他們在理論上提出了許多反對佛教神學的命題，正如釋道安在〈二教論〉中所說的：「或說人死神滅，更無來生；或云聚散莫窮，心神無間；或言吉凶苦樂，皆天所爲；或計諸法自然，不由因得。」但是，從本節所引證的材料來看，這些無神論者的鋒芒，主要集中在反對佛教的來世生活和因果報應，他們在反對來世因果報應中，也提到了神滅論的問題。但他們並沒有集中地解決這個問題，因而並沒有徹底地打中敵人的要害，這個歷史任務被偉大的無神論者范縝擔當起來了。

三、偉大的無神論者范縝在反對佛教神學鬥爭中的傑出貢獻

在南北朝反對佛教神學的鬥爭中，出現了偉大的無神論者范縝。他著有〈神滅論〉一文（《弘明集》，卷九），向佛教的靈魂不死的信仰，進行了堅決的鬥爭。在劉宋時期，當何承天等反對佛教的來世生活和因果報應的鬥爭時，佛教徒宗炳著有〈明佛論〉，提出了「神不滅」論，斷言人死精神不滅，企圖論證三世因果報應的眞實性。同時，佛教徒鄭鮮之又著〈神不滅論〉一文，論證了靈魂不滅。這些著作，顯然，是爲了回答當時無神論者反對三世因果報應論而提出來的。因爲靈魂不滅是三世因果報應論的理論基礎。爲了反駁無神論者的觀點，

佛教徒把注意力集中在「神不滅」的論證上，這在邏輯上是必然的結論。但當時的無神論者，卻沒有把注意力集中在這個關鍵性的問題上。例如，何承天在反駁來世因果報應時，曾提出了「神滅」的觀點，但論證十分簡單，也沒有新的內容。因此，在「因果報應」問題的爭論展開以後，擺在無神論者面前的重要任務，就是進一步集中力量攻擊佛教的「神不滅論」。梁代的無神論者范縝，抓住了這個關鍵問題。據〈梁書·范縝本傳〉記載，他曾經和竟陵王子良辯論佛教的因果報應問題。〈本傳〉說：

子良精信釋教，而縝盛稱無佛。子良問曰：「君不信因果，何得富貴貧賤？」縝答曰：「人生如樹花同發，隨風而墮。自有拂簾幌墜於茵席之上；自有關籬墻落於糞溷之中。墜茵席者，殿下是也；落糞溷者，下官是也。貴賤雖復殊途，因果竟在何處？」子良不能屈，深怪之。縝退論其理，著〈神滅論〉。

從這段材料中，可以看出，范縝反對佛教神學的鬥爭，是從反對因果報應開始的。他認爲人的貴賤等生活遭遇，和自然界中的偶然現象一樣，跟道德品質並沒有必然的因果聯繫。在他看來，個人的禍福遭遇純粹是偶然的事情，在這裡，范縝似乎拋棄了道家「性命自然」的命定論，採取了偶然論，但這種觀點，和「性命自然」的理論是一致的，因爲把貧富貴賤的遭遇歸之於偶然，等於肯定生活遭遇是自然的現象，即不承認有神秘的意志支配人的命運。這種觀點，同樣是和道家學說聯繫在一起的。但僅憑這種觀點，並不能從理論上駁倒佛教教義，因而，他提出了「神滅論」。可見，范縝著〈神滅論〉的目的，是爲了進一步摧毀三世因果報應論。由駁斥三世因果報應，直接轉向駁斥靈魂不滅，這正是范縝比同時代的其它無神論者英明的地方。

范縝的〈神滅論〉的產生，和以前「神滅」思想的發展，有著一定的繼承關係。爲了弄清范縝在這個問題上的貢獻，把范縝以前的「神滅」思想，加以簡單的總結，完全是必要的。中國哲學史上的形神關係問題，主要是由道家提出和發展起來的，其中顯著的特點，就是把精神看成由一種特殊物質——「精氣」組成，認爲「精氣」居住在人的形體中，從而產生了精神作用，這是一種樸素唯物主義的形神兩元論。後來，在反對神秘論的鬥爭中，逐漸想克服這一弱點。有些唯物主義者，如桓譚、王充等盡力把「精氣」跟形體和血脈結合起來，把人的形體看成「精氣」發揮精神作用的基礎，從而得出了人死形神俱滅的結論。他們用火對薪的依賴關係，論證了這個結論。但他們並沒有徹底克服以上的弱點，還保留了把精神看成一種特殊物質的殘餘思想。范縝以前反對佛教「神不滅論」的理論武器，基本上繼承了這個傳統。顯然，這個理論武器，並不能徹底駁倒佛教的「神不滅論」。例如，以薪火之喻來說，東晉佛教神學家慧遠和鄭道子就抓住了這個論證中的弱點。他們認爲「火」是一種特殊物質，火不僅寄於薪體之中，也寄於其它發光的物體之中，因而個別薪體消滅，火本身並不消滅。他們倒轉過來，利用薪火比喻的弱點，又論證了人死精神不滅。（見慧遠的〈沙門不敬王者論〉，鄭道子的〈神不滅論〉，《弘明集》，卷五）在這種情況下，無神論者就不能不尋求新的論證。而范縝的〈神滅論〉正是回答了這個問題，這是一方面。另一方面，佛教神學對形神關係的理解有它的特點，即不把精神看成一種物質的東西，而是將精神看成非物質的實體，看成脫離一切物質屬性從而支配物質變化的勢力。（參看慧遠〈沙門不敬王者論〉）東晉時期，曾圍繞著精神是否有形體問題展開了爭論，反對佛教信仰的，主張「心神有形」；支持佛教信仰的，主張「神無形論」，認爲有形便有數，有數則有盡，神既無盡，故知無形（見湯用彤著《佛學史》四二六頁）。這個爭論的實質，在於精神是否爲一種物質的東西。佛教徒斷言精神不是物質現象，這個論點很重要，含有不承認精神是一種特殊物質的因素在內。佛教神學家並不承認「氣」是世界的主體。例如，釋僧順在〈釋三破論〉中，駁斥「氣」的學說說：「莊周有云：『生者氣也，聚而爲生，散而爲死。』就如子言，道若是氣，便當有聚有散，有生有死，則子之道是生滅法，非常住也。」（《弘明集》，卷八）認爲「氣」有聚散，並不能說明永恆不變的本體。因而他們並不用「精氣」說明精神現象。雖然，他們有時也利用中國固有的「精氣」學說，論證精神不滅，但這只是爲了反駁論敵，並非他們的基本論點。佛教神學對精神現象的解釋，對當時中國的無神論者和唯物主義者起了刺激的作用，佛教把精神現象和物質現象區別開來，認爲精神不是物質，這一點是正確的（當然，這一點，在佛教的學說中是被歪曲地反映著）。但誇大了這種區別，從而認爲精神可以脫離物質獨立存在，便倒向了唯心論。而范縝的〈神滅論〉，正是從佛教神學中吸取了合理的因素，即揚棄了中國古代把精神看成一種特殊物質的觀點，同時又繼承了桓譚以來以形體爲基礎的唯物主義一元論的傳統，從而使他成了傑出的無神論者。

在范縝以前，宋鄭鮮之在〈神不滅論〉中，曾引錄了當時反對者的論點。從他們的爭論中，可以看出，當時已經接觸到精神和形體的相互關係問題。鄭鮮之提出了形神「各有其本，相因爲用」的論點，而反對者提出了「形神相資」和「生爲其本」的主張。他們駁斥當時佛教徒所提出的形神兩元論❶說：「然形神雖粗妙異源，俱以有爲分。夫所以爲有，則生爲其本。既孰有本已盡，而資乎本者，獨得存乎？出生之表則廓然冥盡。既冥盡矣，非但無所立言，亦無所立其識矣。識不立，則神將安寄，安得不滅乎？」（《弘明集》，卷五）認爲形神皆以生命爲存在的根本，生命終結以後，意識消滅，精神也無所憑寄，隨之而消滅。又說：

> 夫神形未嘗一時相違，相違則無神矣。草木之無神，無識故也。此形盡矣，神將安附而謂之不滅哉！苟能不滅，則自乖其靈，不資形矣。既不資形，何理與形爲生？終不相違。不能相違，則生本是因，斷可知矣。（《弘明集》，卷五）

這個論點是：人的精神和形體一刻也不能分離，精神若能離開形體，就等於把人看成草木，因爲草木沒有意識。承認精神不滅，等於承認精神可以不依賴形體，獨立自存。既然能獨立自存就不需要跟形體結合在一起。但事實上形神已結合在一起構成了人的生命，可見，精神並不能脫離人的形體獨立存在。以上這些駁斥「神不滅論」的觀點，很重要。他們肯定「形神一本」，從而跟佛教的「形神異本」對立起來，並且認爲，形神不能相離，是人的生

❶ 佛教的世界觀本質上是唯心主義一元論，認爲客觀物質世界是精神的表現。這裡所說的形神兩元論，是指精神和身體的關係說的。當時佛教徒辯護靈魂不死的論點，主要是依據唯心主義的形神兩元論。

命特點，指出草木沒有精神意識；斷言，人的生命死亡，形神同時消滅。他們雖然還沒有指明形體對生命和精神所起的決定作用，但卻暗示了解決形神問題的線索。范縝的「神滅論」，同樣是在這些問題的啓發下形成起來的。

以上幾點是范縝「神滅論」形成的思想前提，現在簡單地敘述一下，范縝「神滅論」產生的社會歷史條件。梁武帝時，是南朝佛教信仰鼎盛的時期，皇室貴族和佛教僧侶勾結在一起，社會財富大半爲僧侶貴族所耗費，僧侶人數的增加，破壞了生產事業。伴隨著佛教的興盛，帶來了財政經濟的危機，人民的負擔更加沉重了。當時佛教寺院和僧侶階層對社會財富的大量佔有和消費，影響了各階層的利益。在這種情況下，統治階級中某些有遠見的人物，爲了挽救這些危機，不能不出來反對佛教。從當時排佛者郭祖深和荀濟上梁武帝的奏疏中，可以看出佛教問題的嚴重性。范縝的「神滅論」，正是針對當時佛教所引起的社會問題而提出來的。他在〈神滅論〉中，敘述自己主張「神滅」的原因說：「浮屠害政，桑門蠹俗，風驚霧起，馳蕩不休，吾哀其弊，思拯其溺。」指出佛教僧侶危害了國家的政治和社會的秩序，提倡「神滅論」，是爲了挽救佛教所造成的社會政治危機。他特別指出，佛教的流行，帶來了社會經濟的貧困和政府財政的枯竭。他說：「家家棄其親愛，人人絕其嗣續；致使兵挫於行間，吏空於官府，粟罄於隨游，貨殫於泥水，所以姦宄弗勝，頌聲尙擁。」不僅如此，他還指出，佛教的流行，敗壞了人的道德品質，助長了人的自私自利。他說：「夫竭財以赴僧，破產以趨佛，而不恤親戚，不憐窮匱者何？良由厚我之情深，濟物之意淺。」認爲人們傾家蕩產，把財富送給佛教僧侶，而不願救濟自己的親朋和窮人，完全出於自私的打算，幻想借此使自己死後進入天堂。而佛教僧侶正是利用天堂地獄的迷信來愚昧世人的。他說：「又惑以茫昧之言，懼以阿鼻之苦；誘以虛誕之辭，欣以兜率之樂。」因此，他號召人們拋棄佛教信仰，把生死看成自然的現象，不必追求天堂地獄的虛幻；只要努力於生產事業，生活就會富足，社會秩序可以安寧，國家也就富強了。他說：

若陶甄稟於自然，森羅均於獨化，忽焉自有，怳爾而無，來也不御，去也不追，乘夫天理，各安其性。小人甘其壟畝，君子保其恬素，耕而食，食不可窮也；蠶而衣，衣不可盡也。下有餘以奉其上，上無爲以待其下，可以全生，可以養親，可以爲己，可以爲人，可以醫國，可以霸君，用此道也。

從這段材料中，可以看出，范縝在反對佛教的鬥爭中，融和了儒道兩家的思想，在自然觀和生死問題上吸取了道家「天道自然」而「無爲」和「生死物化」的因素，在社會倫理問題上，繼承了儒家治世的態度。從內容和表達的文字來看，和魏晉玄學中郭象《莊子》註一派的觀點很相近。從這些材料中，可以看出，范縝的「神滅論」的提出，在當時有著實際的意義。他並不是單純爲了哲學上的理論問題，和佛教神學展開爭論的。在哲學問題的論戰下面，存在著現實的社會政治的鬥爭，這就是范縝「神滅論」產生的社會根源。

范縝的〈神滅論〉，有那些基本論點呢？依據現在傳留下來的資料，他在反對佛教靈魂不死信仰的鬥爭中，先後提出了以下幾個問題：⑴形神關係問題。⑵人的本質和生死問題。⑶精神現象和生理器官的聯繫問題。⑷夢的問題。⑸鬼神問題。這五個問題是相互關聯的，都是用來論證死後靈魂消滅，其中形神關係是最主要的問題。現在分述於次。

(1)形神關係的論證——范縝把解決形神關係問題看成駁斥佛教靈魂不死信仰的關鍵。他的確抓住了問題的本質，而且唯物主義地論證和解決了這個問題。他首先提出「神滅」的原因說：「神即形也，形即神也；是以形存則神存，形謝則神滅也。」（〈神滅論〉）在這裡，他提出了「神即形」和「形即神」——「神形相即」的命題，所謂「即」是指互相依賴不能分離，也就是他所說的「名殊而體一」的意思。在他看來，精神和形體溶爲一體，不可分割，二者是一件事物的兩方面。這個命題，是前引「形神相資」和「生爲其本」觀點的進一步發展，不僅是跟佛教神學的「形神相異」相對立的，也是跟「形神相合」的觀念相對立的。我們從曹思文〈難神滅論〉（《弘明集》，卷九）的論點中，可以看出這種對立。他說：

形非即神也，神非即形也；是合而爲用者也，而合非即矣，生則合而爲用，死則形留而神逝也。

曹思文這種論點，和鄭道子所說的形神「各有其本，相因爲用」的觀點是一致的。當時佛教神學家認爲形神有兩個完全不同的本源，但在人的現實生命中可以「合」在一起，相互爲用——即「神即形爲照，形因神爲用」，生命死亡時，形神又分開，正如曹思文所說的：「然神之與形，有分有合，合則共爲一體，分則形亡而神逝也。」（《弘明集》，卷九）顯然，「形神相合」是形神兩元論的另一種表現形式，范縝的「形神相即」的命題，就是針對這種形神兩元論而發的，主張形神一元論——這就是當時爭論的焦點。但范縝並沒有停留在這一點上，他肯定了形神一元以後，進一步又指出形體是精神現象的基礎，也就是他所說的「形存則神存，形謝則神滅」。他認爲，雖然形神一體不可分離，但形體是第一性的，精神卻是第二性的。換句話說，他明確肯定，精神和形體是統一不可分割的，但這個統一的基礎在於形體。這樣，在形神問題上，他又成了唯物主義一元論者。唯物主義一元論是范縝全部「神滅論」的思想基礎，他對形神關係的理解，在哲學上是完全正確的，他不僅繼承了前輩哲學家荀子、桓譚、王充等在這個問題上的唯物主義傳統，而且在反對佛教神學的鬥爭中，發展了這個傳統，建立起鮮明的唯物主義一元論，這是范縝解決形神問題的立腳點。

其次，他爲了說明「形神相即」而「不相異」，說明形體和精神的相互關係，進一步又提出了「形質神用」的命題。他說：「形者神之質，神者形之用；是則形稱其質，神言其用；形之與神，不得相異。」（〈神滅論〉）在這裡，范縝提出了「質」和「用」的範疇，說明形神的關係。「質」和「用」相當於中國哲學中「體」和「用」的關係。范縝所謂「質」，是指物質性的主體，所謂「用」是指事物的功能或作用。在范縝以前，某些佛教徒已經用「質」這個概念形容人的形體。例如，羅含在〈更生論〉說：「神之與質，自然之偶也。偶有離合，死生之變也；質有聚散，往復之勢也」，又說：「神質冥期，符契自合。」（《弘明集》，卷五）可見當時所說的「質」，即指物質的主體，對人來說，是指人的肉體。范縝認爲形體是精神現象的主體，而精神是形體本身的作用或功能，在他看來，對形神統一的整體來說，形體是指這個統一體的物質性的主體，而精神是指這個統一體的作用或功能。梁沈約在〈難范縝神滅論〉中解釋說：「總百體之質謂之形，總百體之用謂之神」（《廣弘明集》，卷二十五），也是這種意思。他依據「質」和「用」的關係，說明了形體和精神的特點以及二者之間的統一聯繫。這個論點的提出，同樣是跟佛教神學相對立的。佛教把精神看成一種脫離物質的東西，所謂「感物而非物」（慧遠語），「神體靈照，妙統衆形」（鄭道子語），從而認爲精神不依賴於人的形體。范縝指出，精神有它的物質的基礎，這個基礎就是人的形體，而精神只是形體所具有的作用，用形體的「作用」說明精神現象的特徵和精神對形體的依賴關係，就是范縝處理形神問題的偉大貢獻。這個論點，一方面駁斥了佛教把精神看成一種實體的觀點，另一方面又克服了中國古代樸素的唯物主義者把精神看成一種特殊物質的缺點，從而強有力地打擊了當時佛教徒所提出的形神兩元論。如果精神既不是精神實體，又不是物質實體，而只是形體本身的作用，那麼，形體腐朽，它的作用也就終止，靈魂不死也就徹底被否定了。爲了論證這個眞理，范縝舉了一個通俗的例子。他說：「神之於質，猶利之於刃；形之於用，猶刃之於利。利之名非刃也，刃之名非利也。然而舍利無刃，舍刃無利。未聞刃沒而利存，豈容形亡而神在。」他指出，精神和質（即形體）的關係，如同鋒利和刀刃的關係一樣，刀刃不等於鋒利，鋒利也不等於刀刃，但沒有刀刃就沒有鋒利，沒有形體，也沒有精神。在這裡，他借用了刀刃和鋒利的關係說明了「質」和「用」的關係，從而論證了形神的特徵和二者的統一聯繫。這個論證，比薪火的比喻，嚴密多了，因爲用「薪火」或「蠋脂」說明形神依賴關係，並沒有徹底克服二元論的缺點。用「火」和「脂」比作精神，總不免有把精神看成一種特殊物質的傾向。這個比喻只能說明精神離開形體不能發生應有的作用，並不能說明精神來源於形體。薪火的比喻，在某種意義上含有承認形神兩元論的因素，因而時常爲唯心論者所利用，反過來攻擊唯物論者。而范縝所舉的例證，是徹底地站在形神一元論的立場。因爲鋒利只是刀刃本身所表現的一種作用，只是它的功能，鋒利本身沒有特殊形體；刃和利的關係，不是兩種不同東西的結合，而是一種東西的兩個方面。從物質的主體方面說，是刀刃；從這個物質主體所表現的作用說，就是鋒利。這個比喻，不僅說明了精神現象的特點，而且說明了「形神一體」的不可分割性。這樣，就從理論上堵塞住唯心論者認爲精神可以脫離形體的種種藉口，尤其是佛教的「形神相合」的論點。蕭琛在反駁這個例證時說：

> 若窮利盡用，必摧其鋒鍔，化成鈍刃。如此則利滅而刃存，即神亡而形存……刃利既不俱滅，形神則不共之。

認爲刀刃遭到折毀，鋒利就沒有了，而刀刃仍存在，企圖論證精神可以脫離形體。但這只是一種詭辯，從范縝的論點看，刀刃遭到摧折，刃就不存在了，所存在的是刀，而不是刃。這個論證是駁不倒的。總之，從范縝的論證中，可以看出，他把中國古代唯物主義和無神論者對形神關係的理解，向前推進了一步。在范縝以前，唯物主義者所達到的水平是，形體是精神作用的支持者，脫離形體的支持，精神不能發揮它的作用。他們在某種意義上，還肯定精神可以脫離形體游離，不過，這種脫離形體的精神，不再發生任何作用。而范縝所達到的結論是，形體不僅是精神現象的支持者，而且明確肯定形神是一個本體，離開形體，就沒有精神。中國古代唯物主義者對形神問題的理解，從樸素的唯物主義的形神兩元論出發，最後達到了徹底的形神一元論，這個任務，由范縝完成了。而關鍵的問題，就在於他拋棄了把精神看成一種特殊物質的觀念，肯定了精神是形體本身具有的作用。

但是，范縝從這個問題上反對佛教形神二元論時，也不是沒有缺點。如果，他能夠堅持上述一元論的論證，佛教神學家就無法駁倒他。如果，稍一放鬆，就會被敵人抓住漏洞。范縝在〈答曹舍人〉中駁斥佛教的形神「合而爲用」的論點說：

> 若合而爲用者，明不合則不用，如蛩駏相資，廢一則不可，此乃是滅神之精據，而非有神之雅決。（《弘明集》，卷九）

在這裡，他又提出了「蛩駏相資」，論證形神的依賴關係。但這種論證和薪火的比喻，是一類的東西，實際上又等於承認了精神也是一種特殊物體，這樣，便被論敵抓住了弱點。曹思文在〈重難神滅論〉中指責說：「蛩非驢也，驢非蛩也，今滅蛩蛩而駏驢不死，斬駏驢而蛩蛩不亡，非相即也。」

又說：

> 論云：「形之與神，猶刃之於利；未聞刃沒而利存，豈容形亡而神存？」雅論據形神之俱滅，唯此一證而已；愚有惑焉。何者？神之與形，是二物之合用，即論所云蛩駏相資是也。今刃之於利，是一物之兩名耳。然一物兩名者，故舍刃則無利也。二物之合用者，故形亡則神逝也。今引一物之二名，以徵二物之合用，斯差若毫厘者，何千里之遠也。（《弘明集》，卷九）

蛩有自己的形體，但寄於駏，因而，「蛩駏相資」，只能說明「形神相合」，並不能說明「形神相即」，這正是佛教神學所歡迎的。從曹思文的反駁中，可以看出，他無法駁倒刃利的比喻。他所痛恨的是「一物兩名」，所擁護的是「二物之合用」。這正是形神一元論和形神兩元論的分水嶺。范縝這個例證的弱點，不僅在於邏輯上「取譬非類的錯誤」，主要在於沒有堅持形神一元論，在於把精神比作一種形體，忽略了精神現象的特點。但這個錯誤，並不是從他的「神滅論」體系本身中得出來的，只能歸之於在反對敵人的鬥爭中一時的疏忽。從這個問題的爭論中，我們反而可以看出，范縝「神滅論」的基本命題——「神者形之用」——在反對佛教形神二元論鬥爭中起了重大的作用。

(2)論人的生命本質和生死問題——范縝爲了進一步論證形神一元論，分析了精神現象和人的生命本質的關係。他說：

> 今人之質，質有知也；木之質，質無知也。人之質非木質也，木之質非人質也。安在有如木之質，而復有異木之知。

又說：「人無無知之質，猶木無有知之形。」（〈神滅論〉）這裡所說的「知」，是指人的知覺和意識作用。他認爲人的特點，在於人體有精神意識，而樹木沒有精神意識，就是說，精神現象只是人類形體本身所特有的屬性。這個論點，在說明精神現象不是從外部遷到人的形體中來的，而是人的形體本身所固有的。佛教神學家認爲人的形體和其它物體是一樣的，當精神進入人的形體之中，才形成了人的生命。從曹思文的反駁中，可以看出來。他說：

凡萬有皆以神知，無以質知者也。但草木昆蟲之性裁覺榮悴生死；生民之識則通安危利害，何謂非有如木之質以爲形，又有異木之知以爲神邪？此則形神有二居，可別也。

他看到生物具有共同的感受性能，但誇大了一點，以爲知覺作用不是個別形體所固有的，是脫離形體的靈魂所具有的，從而認爲靈魂可以進入一切物體之中，得出了萬物有靈論。而范縝的論點，恰恰相反，在於論證人的形體之外，別無靈魂，在他看來，人的生命並不是由「無知」的形體和「有知」的靈魂二種對立物湊合而成，形體本身就是有知的，這就是人的生命特點。這樣，就駁斥了佛教的生命輪迴說的理論根據。依據這觀點，他說明人的生死現象。他說：

死者有如木之質，而無異木之知；生者有異木之知，而無如木之質。

又說：「生形之非死形，死形之非生形。」（〈神滅論〉）他認爲活人的形體和死人的屍體是有區別的，而這個區別，就在於活人的形體具有知覺和意識作用，而死人的屍體喪失了知覺和意識作用，從而也就喪失了人的生命本質。他指出，人的生命必然要經過衰老、死亡的過程，死亡意味著形體喪失了知覺，因而不能把生死現象等同起來。他說：「若枯即是榮，榮即是枯，則應榮時凋零，枯時結實……又榮枯是一，何不先枯後榮，要先榮後枯何也。」（〈神滅論〉）在這裡，他指出「生」和「死」有本質上的差異，由生到死是生命發展的必然法則，死亡是生命的質變。不僅如此，他還認為自然現象的變化，由生到滅，各有自己的特殊規律。他說：

> 生滅之體，要有其次故也。夫欻而生者，必欻而滅；漸而生者，必漸而滅。欻而生者飄驟是也，漸而生者動植是也。有欻有漸，物之理也。（〈神滅論〉）

他認為狂風暴雨，忽然而起，忽然而息，但動植物卻逐漸生長起來，並且逐漸衰頹和死亡的。他看到了生物變化的特點。范縝指出生和死的區別，肯定死後形體無知，同樣打擊了佛教的靈魂不死和生死輪迴的迷信。

(3)論精神現象和生理器官的聯繫——范縝為了說明精神和形體的關係，又分析了精神現象和生理器官的聯繫。他認為形體中各部分，如足手耳目等，都具有精神的作用，即他所說的「皆是神分」。他把人的精神現象分成兩部分，一部分是知覺，一部分是思維。他說：「手等有痛癢之知，而無是非之慮。」（〈神滅論〉）並且指出「知」和「慮」雖然有區別，但二者只是程度上的差別。他說：「知即是慮，淺則為知，深則為慮。」

他看到感覺和思維之間的聯繫。在他看來，儘管「知」和「慮」有區別，但都是精神作用的一部分，他說：「人體惟一，何得為二」，認為精神各部分的現象形成了一個統一的整體，和形體一樣，不容分割的。既然精神現象是一個統一的整體，為什麼還有知覺和思維的區別呢？范縝認為這種差別是由各部門的生理器官決定的。他說，人的手足所以沒有「是非之慮」，因為「是非之慮，心器所主。」（〈神滅論〉）他所說的「心器」，就是「五臟之心」，即人的心臟。他認為思維作用來源於人的心臟，他論證說：「心病則思乖，是以知心為慮本。」（〈神滅論〉）心臟有了毛病，思維作用就不正常，因而心臟是思維作用的基礎。因此，他反對「慮體無本」的觀點，他說：「苟無本於我形，而可遍寄於異地；亦可張甲之情，寄王乙之軀；李丙之性，托趙丁之體；然乎哉！不然也。」（〈神滅論〉）他指出，如果一個人的思維沒有它固定的物質基礎，就如同張甲的性情可以寄居在王乙的形體之中，實際上是說不通的。因此，他斷言，個人的心臟器官是思維作用的主體。依據同樣的論點，他認為人的感覺作用，是由感覺器官部門決定的。他回答眼所以沒有思維的作用說：「若慮可寄於眼分，眼何故不寄於耳分？」他回答為什麼單獨心臟具有思維的作用說：「七竅亦復何殊，而所用不均，何也？」這些論點的正面意見是說，視覺作用是由眼決定的；聽覺作用是由耳決定的；不同的器官產生了不同的精神作用，不能混同起來。以上這些觀點，都在用來說明精神現象產生的物質根源，說明精神依賴於生理器官，從而論證精神依賴於形體的形神一元論。在這裡，他把心臟看成思維作用的基礎，這種論斷，雖然是不科學的，但同樣是一種唯物主義的態度。這些論點，是和當時醫學發展的水平相適應的。從生理器官看精神作用，就更加具體地說明了「形質神用」的命題，強有力地打擊了佛教的形神二元論。當時佛教徒認為形體只是精神所憑藉的器具，不是精神產生的主體，用蕭琛的話說：「神以（形）為器，非以（形）為體。」而范縝的論點正是和這種看法相對立的。

但范縝處理這個問題時，也不是沒有缺點。為了論證精神現象依賴於生理器官，他認為人的才能和道德品質，聖人和普通人的區別，也是由他們的生理器官決定的。他說：「金之精者能照，穢者不能照。……又豈有聖人之神而寄凡人之器，亦無凡人之神，而托聖人之體。」（〈神滅論〉），他論證說，聖人有非凡的相貌，所以有非凡的才智；比干的心臟，和「七竅並列」；伯約的「膽」，「其大如拳」；因爲生理器官不同，所以他們有不同的品質。顯然，在這裡，范縝抹殺了道德品質形成的社會因素，陷入了自然決定論。他從自然觀上，論證形神依賴的關係是正確的，但一接觸到人的社會性質時，便無能爲力了。這一點，他和前輩的唯物主義者王充是一樣的。他不能區別構成精神生活的自然的和社會的因素，企圖用生理器官決定人的道德品質的說法，來論證精神對形體的依賴，這是不能駁倒敵人的。蕭琛反駁這個論點說：「今陽貨類仲尼，項籍似帝舜，即是凡人之神，托聖人之體也。」佛教神學指出，有些人的體貌相似，但聖愚不同，這個道理，只能由前世的靈魂來解釋，用宗炳的話說：「生育之前，素有粗妙矣。」（〈明佛論〉）可見，范縝這個例證的軟弱無能，反而成了佛教神學宣傳生死輪迴和形神二元論的論據。

(4)論夢境的虛幻——當時佛教信徒，如蕭琛、曹思文等人，在反對范縝的「神滅論」時，企圖用夢中的現象，證明精神可以脫離形體而獨立活動。例如，蕭琛說：

> 予今據夢以驗，形神不得共體。當人寢時，其形是無知之物，而有見焉，此種游之所接也。……夫人或夢上騰玄虛，遠適萬里，若非神行，便是形往邪。形既不往，神又弗離，復焉得如此。（〈難神滅論〉）

認爲人做夢時，形體沒有動，但卻夢見走幾萬里路，甚至飛上天空，這只能是精神或靈魂在行走。在夢中「形靜而神馳」，因而，精神和形體有兩個根源。曹思文說：

> 昔者趙簡子疾，五日不知人。秦穆公七日乃寤，並神游於帝所，帝賜之鈞天廣樂，此其形留而神逝者乎？（〈難神滅論〉）

因而他得出結論說：

> 其寐也魂交，故神游於蝴蝶，即形與神分也；其覺也形開，蘧蘧然周也，即形與神合也。（〈難神滅論〉）

在這裡，他引用了《莊子》書中莊周夢爲蝴蝶的寓言，認爲人做夢時，精神和形體分離，「形留而神逝」，從而得出了形神二元論。用夢的現象說明精神可以脫離形體，是有它的認識根源的。恩格斯在分析靈魂不死信仰的起源時說：「在遠古的時候，人們還沒有關於人體構造的任何概念，還不會解釋夢裡的現象，所以就有了這樣一種想法，以爲他們的思維與感覺並不是他們身體的活動，而是一種什麼獨特的東西——靈魂的活動，這種靈魂居留在人體之內，在人死後就離開肉體了——」（〈費爾巴哈論〉）。佛教神學家正是利用人們在這個問題上的愚昧無知，宣揚靈魂不滅的信仰的。無神論者范縝，爲了論證形神一元論，同樣駁斥了這些謬論。他首先反駁說，秦穆公夢遊天宮，耳聽優美的音樂，口嘗各種美味，身住高大的宮殿，披著文繡的衣服，這正證明，即使在夢中，精神的享受也要依靠形體。如果夢見飛入高空，那是因爲夢見自己有了翅膀，夢中飛翔同樣離不開形體。因此，他說：「故知神之須待，既不殊人。」(〈答曹舍人〉)在他看來，夢境是以人們的現實生活爲內容的。在現實生活中，精神活動離不開人的形體；在夢境中，精神現象同樣離不開形體。他進一步又質問有神論者說：「子謂神游蝴蝶，是眞作飛蟲邪？若然者，或夢爲牛，則負人轅輪；或夢爲馬，則入人跨下；明旦應有死牛死馬，而無其物何也。」(〈答曹舍人〉)他指出，如果認爲夢中變成牛馬是事實，那麼，醒來以後，身邊應有死牛死馬，但實際上沒有，可見夢境是虛幻，並非眞有其事。因此，他得出結論說：「夢幻虛假，有自來矣；一旦實之，良足偉也。明結想霄，坐周天海，神昏於內，妄見異物。」(〈答曹舍人〉)他認爲夢境是人們平日神昏痴想的結果，是不足爲奇的。從范縝對夢境的理解中，可以看出，他同樣堅持了唯物主義原則，指出夢境是人們現實生活中虛假的反映，從而駁斥了「形靜而神馳」的謬論。

(5)論鬼神——范縝從形神問題上論證了人死形朽神滅，否認了靈魂不死，必然要得出無鬼論。他駁斥古代的神話說：「妖怪茫茫，或存或亡。強死者衆，不皆爲鬼，彭生伯有何獨能然。」(〈神滅論〉)他不相信人凶死會變成鬼神。他解釋易傳中關於鬼神的話說：「有禽焉，有獸焉，飛走之別也。有人焉，有鬼焉，幽明之別也。人滅而爲鬼，鬼滅而爲人，則吾未知也。」(〈神滅論〉)在這裡，他表面上肯定了有鬼。但他所肯定的鬼，並不是人死後變成的。實際上是指自然界中某些奇怪的現象，和人的靈魂沒有關係。這一點，和王充對鬼神的看法是一致的。當時曹思文曾引證《禮記》中「骨肉歸復於土，而魂氣無不之也」，論證「形亡而神不亡」，反對「神滅論」。范縝回答這個問題說：「人之生也，資氣於天，稟形於地，是以形銷於下，氣滅於上，故言無不之。無不之者，不測之辭耳。豈必其有神與知邪？」（〈答曹舍人〉）他承認人的生命也是由「氣」和「形」構成的，肯定人死以後，形氣俱滅。他認爲「氣滅於上」，是否等於承認精神可以脫離形體呢？在這裡，他並沒有明確肯定「氣」就是「精氣」，即使他所說的「氣」具有「精氣」的意味，但他斷言，這種氣死後一定消滅。這一點，他超出了王充的觀念。王充認爲人死以後，「精氣」升天，儘管它喪失了精神作用，但精氣本身並未消滅。但范縝的「氣滅於上」的觀點，卻和他的神滅論思想相一致的，正因爲如此，他才指出死後既無神靈，又無知覺。我們不能因爲范縝談到死後「氣滅於上」，就說他保留了有鬼論的殘餘，實質上他卻是一個無鬼論者。當然，范縝沒有正面駁斥《禮記》中延陵子的論點，這是他的弱點，因爲他是儒家學者，不能否認儒家的典籍。這個弱點，事實上已被當時佛教徒所利用，用來攻擊范縝（曹思文〈重難神滅論〉）。但范縝對《禮記》中「形」「氣」問題所作的解釋，在他的「神滅論」的體系中，是不佔任何地位的，而且儘可能想把《禮記》中的論點引向無神論。

范縝不承認死後靈魂變成鬼神，但怎樣看祭祀問題呢？這一點，他和儒家荀子一樣，斷言死後無知，但祭祀是不可缺少的。他回答無鬼而祭祀的理由說：「聖人之教然也。所以從孝子之心，而厲渝薄之意。神而明之，此之謂也。」（〈神滅論〉）在他看來，祭祀是爲了推行「孝」的道德，教化世人，沒有神秘的意義。曹思文反駁說：「孝經云：昔者周公郊祀后稷以配天，宗祀文王於明堂，以配上帝。若形神俱滅，復誰配天乎？復誰配帝乎？且無神而爲有神，宣尼云：天可欺乎？……果其無稷也而空以配天者，既欺天矣，又欺人也。」（〈難神滅論〉）他認爲無鬼神而講祭祀，這種「神道設教」，實際上是用來欺騙人們，不合聖人立教的本意。他的確抓住了儒家中無神論的弱點。他的攻擊和先秦有鬼論者墨子批評儒家無神論者的觀點是一樣的。范縝回答說：「教之所設，實在黔首。黔首之情，常貴生而賤死。死而有靈則長畏敬之心，死而無知則生慢易之意。聖人知其若此，故廟祧壇墠，以篤其誠……所以聲教照於上，風俗淳於下，用此道也。」（〈答曹舍人〉）認爲聖人講鬼神祭祀，目的在藉此教化老百姓，維持名教風俗，因而談不到欺騙人民。他說：「夫欺者，謂傷化敗俗，導人非道耳。苟可以安上治民，移風易俗，三光明於上，黔黎悅於下，何欺妄之有乎。」（〈答曹舍人〉）因此，他得出結論說，死而無知，雖無鬼神，但「宗廟郊社皆聖人之教迹，彝倫之道不可得而廢耳。」（〈答曹舍人〉）他從儒家維持封建的宗法關係的立場，終於肯定了祭祀鬼神的儀式，甚至於承認「神道設教」對統治人民來說是十分必要的。他在這個問題上的論點，並沒有超出儒家無神論者荀子的傳統。顯然，他一方面，反對佛教的靈魂不死的迷信，一方面又主張保留儒家祭神的儀式，這在反對佛教的鬥爭中，是軟弱無力的，不能駁倒敵人的。正如僧佑在《弘明集》後序中所指責的：「俗士執禮而背叛五經，非誣佛亦侮聖也。若信鬼於五經，而疑神於佛說，斯固聾瞽之徒，非議所及，可爲哀矜者二也。」。范縝是一個偉大的無神論者，但在社會政治問題上，他無法超出封建階級的觀點。爲了保護儒家的封建倫理的教化，他不敢公開駁斥儒家典籍中有關鬼神迷信的部分；爲了保護封建統治階級的利益，他不敢否認宗教對人民的統治作用。這樣，就造成了他傳播「神滅論」思想的一個顯著的缺口。從當時雙方的論戰中，可以看出佛教神學家和擁護佛教的人們，在其他論點上幾乎都被范縝駁倒了，但對祭祀鬼神這個問題，他們始終堅持自己的論點，而且成了攻擊「神滅論」最後的武器。當時梁武帝在〈敕答臣下神滅論〉中說：

觀三聖設教，皆云不滅，其文浩博，難可具載。此舉二事，試以爲言。祭義云：惟孝子爲能饗親。禮運云：三日齋必見所祭。若未饗非所饗，見非所見，違經背親，言語可息。神滅之論，朕所未詳。（《弘明集》，卷十）

梁武帝這些論點，得到了佛教僧侶和信徒們的擁護，成了向范縝「神滅論」反攻的唯一的依據。

以上五點，就是范縝的神滅論的基本內容。他的〈神滅論〉發表以後，引起了巨大的反響。《南史・本傳》說：「此論出，朝野喧嘩，子良集僧難之，而不能屈。」當時從理論上攻擊范縝〈神滅論〉的有蕭琛的〈難神滅論〉，曹思文的〈難神滅論〉和〈重難神滅論〉，沈約的〈難范縝神滅〉等。而且梁武帝和當時佛教僧侶頭子法雲聯合發動了大規模的反攻，參加反攻的有六十多人。但范縝〈神滅論〉的基本思想，他們無法駁倒。正如曹思文在上武帝書中所承認的：「思文情識愚淺，無以折其鋒銳」（〈答曹舍人〉），梁武帝也不能不承認這一點，只好以不了了之。他回答曹思文說：「縝既背經以起義，乖理以致誤。滅聖難以聖責，乖理難以理詰。如此則言語之論，略成可息。」（〈答曹舍人〉）可見，眞理是駁不倒的。范縝在這個鬥爭中，並沒有屈服，表現了戰鬥的無神論者和唯物主義者的英勇姿態和堅定的立場。當時貴族子良想誘惑范縝，使他放棄「神滅論」，派使者王融對范縝說：「神滅既自非理，而卿堅持之，恐傷名教。以卿之大美，何患不至中書郎，而故乖刺爲此，可使毀棄之。」范縝回答說：「使范縝賣論取官，已至令僕矣，何但中書郎邪！」（《南史》本傳）他拒絕出賣自己的理論，取得高官厚祿，這是何等的偉大！不僅如此，他在實踐上同樣忠實於無神論的。〈本傳〉記載，他做了宜都太守以後，曾下令廢除「伍相廟」，「唐漢三神廟」，「胡里神廟」等鬼神崇拜。他不愧爲古代中國傑出的無神論者。

南北朝時代，圍繞佛教的靈魂不死問題的鬥爭，在哲學史上有著重要的意義。這個鬥爭的實質，是唯物主義一元論反對佛教唯心主義形神二元論的鬥爭。范縝在這個鬥爭中，爲古代唯物主義哲學的發展，做出了重大的貢獻，他對形神問題的光輝的論證，在世界古代史上都是少有的。他在鬥爭中也表現了弱點，這是由於時代的限制，在當時是不可避免的。他的唯物主義哲學觀點和無神論思想是不可分割的。從范縝的體系中，我們可以看出，在哲學基本問題上，愈能堅持唯物主義的原則而且合理地解決這個問題，那麼，無神論的思想也就更加徹底。這就是無神論發展的一個規律。

爲了說明范縝「神滅論」在世界唯物主義發展史上的地位，我們將西方哲學史上關於形神問題的發展，加以簡單的介紹，是完全必要的。在西方哲學史上，圍繞著形神關係問題，同樣展開了唯物和唯心的兩條路線的鬥爭。這個鬥爭是從古希臘開始的，直到十八世紀，才基本上得到了解決。而這個鬥爭也是跟反對靈魂不死和宗教神秘論聯繫在一起的。古希臘的唯物主義者赫拉克利特斯認爲靈魂是由最乾燥的「火」組成的，肯定靈魂是物質現象的一部分。原子論者德謨克利特斯認爲人的精神或靈魂是由一種精細敏捷的火性的原子構成的，這種原子散布在人的身體中，人呼吸這種原子，才能保持生命不死，而死亡意味著這種原子的消逝。伊壁鳩魯進一步發展了這種觀點，認爲靈魂是物質的東西，是由極細微的原子組成的，而這種原子具有火、氣、呼吸等活動的性質。這種原子同樣散布在身體之中，從而產生了感覺等精神現象，他特別指出，靈魂是有生死的，當肉體死亡，構成靈魂的原子也隨之分解，從而喪失了它的作用。因此，人死以後是無知的，對死亡無需恐懼。以上是希臘唯物主義者對形神問題的主要觀點。這些觀點，在於不承認靈魂是一種非物質性的精神實體，是跟柏拉圖等關於靈魂不死的觀念相對立的。希臘唯物主義者對精神現象的解釋，和中國古代道家的「精氣」學說，屬於同一個類型。原子論者對生死問題的看法，和中國道家的「生死氣化」的理論，基本上是一致的，他們都把精神現象看成一種特殊物質在身體中所發生的作用，這是古代樸素唯物主義的共同特點。恩格斯在〈自然辯證法〉中論述古代樸素唯物主義者對這個問題的看法說：「早在塔利斯那裡，靈魂已經是某種特殊的東西，某種和肉體不同的東西……。」到了中世紀，基督教神學佔了統治的地位，把靈魂看成一種精神實體的神學理論，得到了發展。在西方封建社會統治時期，唯物主義者在形神問題上沒有新的貢獻，一直到了資本主義生產關係形成時期，由於近代科學的發展，在反對中世紀宗教信仰的鬥爭中，對形神問題的理解，才走向了一個新的階段。英國唯物主義者培根，肯定心靈是物質的，指出：構成感覺這部分的心靈和頭腦有著聯繫。但他卻認爲屬於理性這部分的心靈，是宗教神學的事情。唯物主義者霍布斯反對有無形的精神實體，肯定靈魂是物質的，認爲精神活動是頭腦中物質實體運動的結果。法國哲學家笛卡爾提出了心物兩元論，認為精神和物質是兩個對立的實體，這兩種實體在人類的生命中聯合在一起，但卻不相依賴。這一點，跟中國佛教神學的「形神相合」而「不相即」的理論很相似。不過，他指出精神的特點是思維，而不佔有體積；動物的形體是一架機器；而且認為腦髓中的松果腺可以使形神發生因果的交互作用。這是其中合理的因素。唯物主義者斯賓諾莎，提出了心物平行論，認為精神和物質只是一個實體——「神」（自然）的兩方面和兩種不同的屬性；有精神的地方，就有物質；有物質的地方，就有精神；但二者卻不能互相作用。他承認形神是一個本源，力圖擺脫兩元論，但仍舊保留了兩元論的殘餘。以上這些哲學家的論點，總起來說，有兩點貢獻。一點是不承認靈魂是精神實體或物質實體，一點是認為精神是實體的一種屬性。但這兩個論點，並沒有直接結合起來，因而，他們同樣沒有科學地解決形神的關係問題。

十八世紀法國的唯物主義者和無神論者完成了這個歷史任務。他們徹底地拋棄了形神兩元論，依據當時醫學、解剖學、生理學的知識，論證了精神並不是一個獨立的實體，而是形體或生理器官的一種屬性或作用。他們克服了古代樸素的唯物主義的缺點，達到了以形體為基礎的唯物主義一元論。狄德羅反對區別精神和物質的兩種實體，認為宇宙中只有一個實體，就是物質，而在人類中，就是肉做的形體；人的精神現象只是肌體組織的產物，是形體這種物質本身所具有的感受性能。他斷言，形體腐朽，形神同化為塵土。拉·梅特里在《人是機器》這本著作中，更加科學地論證了這個眞理。他說：「有多少種體質，便有多少種不同的精神，不同的性格。」又說：「各式各樣的心靈狀態，是和各種身體狀態永遠密切關聯著的。」

他論證說：「因爲在整個自然界裡，隨著機體的發展而發展鞏固起來的心靈，正是隨著機體健全強壯的程度而日益獲得更多的聰明能力的。」他指出如果沒有食料，心靈便漸漸癱瘓，喪失了作用，至於死亡。他說：「這是一支蠟燭，燭光在熄滅的剎那，又會瘋狂的跳動一下。」這個比喻和中國古代的燭火之喻是一類的。他對精神依賴形體的說明，有很多地方，同中國古代的《黃帝內經》，唯物主義者桓譚、王充的論點相似。不過，他沒有把精神看成一種特殊物質，而是把精神看成人的機體產生的一種功能或作用，特別用近代醫學，尤其是解剖學的成果，論證了精神對生理器官的依賴關係。值得注意的是，他把人的性格、愚智、善惡等品德也看成是由人的體質決定的。他說，由於膽、痰汁、血液的性質和多寡的不同，造成了人和人的差異，甚至於人的相貌也可以決定人的精神品質。這種機械觀點，和王充、范縝的論點是一致的。在他看來，人是一部具有精神作用的機器，因而對死亡用不著恐懼。唯物主義者藹爾維修斯，同樣把精神看成形體本身所具有的性能。他說：「人是一部機器，爲感官的感覺所發動，必須按照機器的動作而行動」，又說：「記憶的器官是肉體的。」（轉引普列漢諾夫《唯物論史論叢》）當時英國的化學家普利斯特立，也同樣得到了以上的結論。他論證形神的關係說：「剃刀的剃的能力，是依靠剃刀的各個部分的某種結合和安排。如果我們假定把這剃刀放在酸裡整個分解了，它的剃的能力就一定消失了或消滅了。……如果身體因腐爛而分解了，它的思想的能力也就以同樣的方式整個消滅……。」（轉引普列漢諾夫《唯物論史論叢》）這個論證，和范縝的刃利之喻是一樣的，不過，他用近代的化學知識說明了這個問題。

從以上這些材料中，可以看出，西方唯物主義者對形神問題的解決，從希臘的原子論開始，到近代的機械唯物論，基本上完成了。這個發展過程，在中國古代，從先秦道家的「精氣」學說，經過桓譚、王充，到范縝爲止，也基本上完成了。在西方，從樸素的唯物主義觀點到近代唯物主義，中間經過了中世紀的神學階段；在中國從樸素的唯物主義觀點到范縝，中間又經過了佛教神學的階段。中國和西方不僅解決形神問題的歷史過程是相似的，而且在邏輯和理論的發展上也是一致的，這個歷史事實，反映了人類的認識過程有著共同的規律。從法國唯物主義者所取得的成果來看，范縝的「神者形之用」的命題和刃利的比喻，達到了十八世紀西方機械唯物主義者的水平，儘管他們所依據的科學知識有著程度上的不同，但結論是一樣的。所差的是，范縝沒有看到人的腦子和神經系統是精神作用產生的物質根源，這是受到中國古代醫學水平的限制。但是，作爲一個無神論者和唯物主義哲學家來說，他依據生活的直觀和有限的醫學知識，在一千四百多年以前，就達到了西方近代唯物主義者的結論，這是值得中國人民驕傲的，也是值得人類驕傲的。從中國和西方關於解決形神問題的發展中，我們可以看出，人類對形神問題的唯物主義地和科學地解決，經過了長期艱苦的鬥爭過程。恩格斯在〈反杜林〉中說：「作爲自發的唯物主義，它不能闡明思維對物質的關係。可是，弄清這個問題的那種必要性，引起了關於脫離肉體的靈魂的學說，而後引起了靈魂不死的說法，最後引出了一神教。這樣，舊的唯物主義被唯心主義否定了。但在哲學的繼續中，唯心主義也站不住腳了，它被現代唯物主義所否定。」恩格斯這些話是就西方哲學發展的過程說的，但其中卻道破了一個眞理，即哲學發展的過程——唯物主義和唯心主義的鬥爭——經歷了「否定之否定」的辯證的過程，這個規律，對中國古代哲學發展的過程說，同樣適用的。

物質第一性和精神第二性這個唯物主義哲學命題並不是憑空建立起來的。

四、中國古代無神論者在反對靈魂不死信仰鬥爭中的中心問題及其發展的規律

古代中國的無神論者反對鬼神迷信和靈魂不死信仰的鬥爭，經過了三個階段。第一個階段是先秦，這個階段是中國無神論思想萌芽和形成的時期。儒道兩家中一部分學者分別建立了無神論的傳統，跟中國固有的原始的鬼神迷信，展開了鬥爭。第二個階段是秦漢，這個階段是無神論思想發展的時期。這個時期的特點是，儒家的學說被封建貴族神秘化，中國固有的鬼神迷信在理論上得到了發展，道家學說中無神論的傳統成了反對漢代鬼神崇拜的主要擔當者。第三個階段是魏晉南北朝，這個階段是中國古代無神論思想進一步發展的時期。這個時期的特點是，外來的印度佛教信仰成了宣揚靈魂不死信仰的新的勢力，並且和中國固有的鬼神崇拜結合起來。儒道兩家學說中的無神論傳統結合在一起，跟佛教信仰展開了鬥爭。從春秋時期開始，到南北朝時期爲止，中國古代無神論者反對鬼神和靈魂不死迷信的鬥爭，基本上完成了它的歷史任務。隋唐兩宋以後的無神論者，在理論上並沒有超出前輩的貢獻，這個鬥爭是宋代以前中國哲學史上的一個主要問題。這個問題的解決，對後來中國哲學的發展起了很大的影響。無神論在這方面的勝利，使後來中國古典哲學在許多方面擺脫了宗教神秘主義，這從宋代以後的哲學發展可以看出來。不僅唯物主義者反對鬼神和靈魂不死的迷信，

就連著名的唯心主義流派如程朱等，也都反對鬼神迷信的。

中國古代的無神論者在反對鬼神和靈魂不死迷信的鬥爭中，提出和解決了那些問題呢？應該怎樣估價這些問題呢？現在分五個中心問題加以簡單地總結。

(一)關於形神問題

這是一個最重要的問題，在這個問題上存在著兩條路線的鬥爭。中國固有的宗教迷信認爲靈魂可以脫離形體獨立活動，而佛教神學家提出了唯心主義的形神兩元論，認爲靈魂是一種精神實體。中國古代的唯物主義者和無神論者，最初認爲靈魂是由一種特殊物質——「精氣」組成的。這是一種樸素的唯物主義觀點，因爲不承認靈魂是精神實體，它的缺點是肯定形神由兩種不同的物質構成的，承認了靈魂可以脫離形體。但這種兩元論跟佛教神學的兩元論卻有原則上的區別。這種樸素的唯物主義觀點，並不能駁倒唯心主義，因爲它沒有看到精神對形體的依賴性。到了漢代，桓譚指出形體是精神作用的支持者，接近了一元論。王充又把古代的「精氣」學說和桓譚的「形神論」結合起來，指出「血氣」是「精氣」活動的泉源，離開形體，「精氣」不能產生精神作用。這樣，又把古代的「精氣」學說推向了唯物主義的形神一元論。但王充同樣沒有擺脫樸素唯物主義的缺點，還肯定精神是由「精氣」組成的。到了南北朝時代，范縝在反對佛教唯心主義兩元論的鬥爭中，一方面繼承了前輩唯物主義者形神一元論的因素，一方面拋棄了樸素唯物主義的缺點，指出，靈魂既不是精神實體，也不是物質實體，而是形體本身的功能、作用或屬性。這樣，就正確地解決了精神和形體的關係，徹底地駁倒了唯心主義。因此，這個問題，在中國哲學史上基本得到了解決，這個問題的發生和發展和古代道家的「養生」學說聯繫在一起的，道家的無神論者，對這個問題的解決，起了重要的作用。

(二)關於生死問題

鬼神的迷信也是和對生死問題的理解聯繫在一起的。古代有鬼論者相信人死變成鬼，死亡對人說來，是一件恐怖和神秘的事情。一部分佛教神學家認爲肉體是要死亡的，但靈魂卻是不死的。某些道家和道教中的神秘主義認爲肉體可以長生不死，但不相信靈魂永生。莊子一派的道家無神論者回答了這個問題，他們提出了「生死氣化」的觀點，把生死看成「氣」本身「聚散」的結果，看成自然現象的一種變化，認爲個體生命有死亡，但「氣」永恆不滅；人死以後，形神俱滅，回到自然界，因而對死亡無需恐懼。這是一種樸素的唯物主義觀點，否認了死後的神秘世界。後來，桓譚、王充發揮了這種觀點，指出死亡現象是生命的特點，是生物變化的一個必然的過程，生和死是聯繫在一起的，從而駁斥了長生不死的幻想。莊子一派的道家無神論者，對生死的看法，不僅是唯物主義的，而且含有自發的辯證因素。因此，這個問題基本上也得到了解決，這個問題同樣和道家的「養生」學說聯繫在一起的。

(三)關於禍福遭遇問題

這個問題也是和鬼神迷信有關的。古代有鬼論者最初相信生活中的禍福遭遇是鬼神賜與的，後來又認爲鬼神降人禍福是以人的善惡行爲轉移的，提出了「福善禍淫」的報應觀點。佛教神學又認爲「福善禍淫」不限於一生，提倡三世因果報應。古代的無神論者駁斥了這些迷信，儒家中無神論者認爲生活的遭遇是人自己的行爲決定的，與鬼神沒有關係，並且指出人生的目的在於實踐道德生活，不在於追求個人幸福，認爲道德和幸福沒有必然的聯繫，即使遭到不幸，也不必怨恨，只要自己的行爲不違背道德良心，無需追求來生和祈禱鬼神。道家無神論者提出了「性命自然」的觀點，指出善惡愚智等品質是「自然」決定的，貧富貴賤等遭遇也是「自然」決定的，認爲道德和幸福同樣沒有必然的聯繫，不相信「福善禍淫」的因果報應。後來，范縝進一步提出了「偶然論」，把個人生活遭遇看成偶然的現象，同樣駁斥了因果報應。儒道無神論者，都不相信「福善禍淫」的，他們看到了生活中德福不一致的現象，但沒有能夠解決這個問題。儒家最初把貧富貴賤歸之於個人道德的努力，但事實上，有些好人反而陷於貧賤的生活。爲了解決這個矛盾，他們進一步把追求道德修養看成唯一的目的，迴避了禍福遭遇問題。但這個問題是無法逃避的，最後只有倒向宿命論，終於承認貧富等遭遇是「命」決定的，所謂「君子修身以俟命」——這就是儒家無神論者對這個問題的結論。道家無神論者，抹殺了人爲的努力，把社會生活問題歸之於「自然」，倒向了自然命定論，這個觀點，實際上也是一種宿命論。范縝的「偶然論」，同樣抹殺了人爲的努力，結果也要倒向宿命論。總之，儒道兩家無神論者儘管否認了鬼神迷信，但他們沒有解決禍福遭遇問題，這是因爲他們沒有看到這個問題產生的社會根源，正因爲如此，他們不能從理論上徹底駁倒宗教神秘論所宣揚的「福善禍淫」的報應觀點。這是古代無神論者不可避免的歷史局限性。

㈣關於鬼神問題

古代的宗教神秘論認爲鬼神是客觀存在的，是有人格的，無神論者駁斥了這種看法。儒家無神論者有的認爲鬼神是超經驗的，無法驗證的；有的指出鬼神是一種虛幻，來源於人的幻覺；有的認爲鬼神是聖人製造出來的，借此教化世人，並非眞有鬼神。道家無神論者認爲鬼神不是人的靈魂轉變成的，斷言人死不爲鬼。他們對鬼神作了另一種意義的解釋，有的認爲鬼神是一種自然現象；有的認爲鬼神是「氣」的一種表現；有的認爲鬼神是用來表示事物生死變化的自然過程。他們都不承認鬼神有人的意志和品德，否認具有人格神的性質。儒道兩家對鬼神的看法，具有合理的因素，但對這個問題的解決，也存在著弱點。一般說來，他們都沒有揭露出鬼神信仰產生的社會根源，儒家無神論者保留了「神道設教」的理論，認爲鬼神雖不存在，但對統治人民來說，卻是必要的，就連偉大的無神論者范縝也不能不肯定這一點。儒家無神論者對宗教性質的理解，是唯心主義的。道家無神論者拋棄了鬼神的神秘意義，但從自然的觀點來看鬼神，因而又保留了泛神論的殘餘。因此，他們對鬼神崇拜的否定是不徹底的。

㈤關於祭祀問題

這個問題和鬼神崇拜也是聯繫在一起的。古代有鬼論者認爲祭祀鬼神，能得到神的祝福，無神論者反對這種看法。儒家無神論者認爲祭祀沒有神秘意義，人死以後無知，祭祀不能給人幸福。他們一方面，主張無鬼神；但一方面，又主張祭神的儀式。他們對祭祀作了人本主義的解釋，有的認爲祭祖是「人道」的體現，因而不能廢除；有的認爲祭祀的儀式，是用來紀念對人民有功的偉人，他們從「報恩」和「報功」的觀點，說明了祭祀的必要性，他們對祭祀的解釋，實質上是一種唯心主義的觀點，因爲他們沒有從社會制度中去尋找祭祀的根源。爲了實行「祭禮」，維持封建宗法的關係，儒家無神論者始終沒有否認祭神的儀式。這種觀點同樣是不徹底的。

從以上五個中心問題中可以看出，中國古代無神論者在反對鬼神迷信和靈魂不死信仰的鬥爭中，有些問題，基本上得到了解決；有些問題，部分地得到解決；有些問題，基本上沒有解決。沒有解決的部分，是和古代無神論的歷史局限性聯繫在一起的。其中主要的錯誤是，他們用唯心主義觀點來理解社會現象，不懂得宗教信仰的歷史根源和社會根源，他們也沒有把反對鬼神迷信的鬥爭和反抗封建制度聯繫起來。相反的，儒家無神論者，是在擁護封建制度的基礎上，駁斥鬼神迷信的，他們不能超出封建社會和封建階級的局限性。

中國古代的無神論，是逐漸形成和發展起來的。古代的無神論怎樣向前發展的呢？總起來說，有四個主要原因：

㈠古代無神論是在反對宗教神秘論的鬥爭中發生和發展的。歷史證明每一時期的鬥爭，都使古代無神論向前推進一步。中國古代無神論者在鬥爭中，不僅鍛煉了自己的理論武器，而且豐富和提高了自己的理論武器。著名的無神論者荀子、王充、范縝等在鬥爭中所取得的重要成就，完全證實了這個眞理。

㈡社會經濟的變革和階級鬥爭是古代無神論發展的物質基礎。先秦的無神論是在奴隸制向封建制過渡時期產生的，無神論和當時新興的封建勢力以及一部分不滿意現實社會的沒落貴族分子聯繫在一起的，漢代的無神論者是跟封建貴族當權派相對立的，晉南北朝反對佛教的無神論者又跟皇室貴族和豪門世族勢力相對立的，而且每個歷史時期的宗教神秘論又都跟當時上層的統治勢力有著密切的聯繫。因此，無神論反對宗教神秘論的鬥爭，反映了統治階級中的反對派和上層當權派的鬥爭，也反映了社會上進步勢力和腐朽勢力的鬥爭。

㈢古代自然科學的進步，對無神論的發展起了重大的影響。這從古代無神論者，對形神問題的唯物主義的理解中，可以看出來。如果沒有古代醫學的進步，無神論者就不能走向以形體爲基礎的唯物主義一元論（如漢代醫學對桓譚和王充的影響），因而在理論上也不可能徹底摧毀靈魂不死的信仰。

㈣唯物主義哲學的發展，對無神論的發展起了巨大的推進作用。古代中國著名的無神論者，同時也都是傑出的唯物主義哲學家，他們在反對宗教神秘論的鬥爭中，建立和發展了唯物主義哲學；同時，又以唯物主義的哲學觀點，論證了無神論的傳統。如果他們堅持唯物主義原則，或者克服了唯心主義的缺點，那麼，反對宗教神秘論的鬥爭，也就更加徹底；如果在某些問題上，放棄了唯物主義原則，或者倒向了唯心主義，他們的無神論的體系也就出現了漏洞。儒道兩家學說中無神論的發展過程，強有力地證明了這個結論。

以上就是中國古代無神論發展的規律。

（《北京大學學報》一九五七年第二期，原名爲：「東晉南北朝無神論者反對佛教靈魂不死信仰的鬥爭」）

從王韓玄學到程朱理學

一、引言

中國傳統哲學中的形上學傳統，嚴格說，是由王弼玄學奠定的，後經過韓伯和孔疏的闡發，到宋代的程頤建立起理本論的體系，其後朱熹又加以發展，中國的形上學，特別是本體論，方取得完善的形態，影響以後幾個世紀的中國哲學的發展。王韓玄學和程朱理學雖是兩種不同的哲學形態，但其間存在著邏輯的聯繫。可以說，沒有王韓玄學，不會產生程朱理學。兩家的易學是這一轉變的關鍵。本文擬從易學的角度，談一談王韓玄學到程朱理學轉變的邏輯過程。

王弼易學的著作是《周易注》和《周易略例》，其對《周易》的解釋，具有玄學貴無論的特色。王弼未注《繫辭》等傳，晉韓伯，依王弼義，補注《繫辭》等傳。二人的注解，成爲玄學派解易的代表。韓注是對王弼注的發展，在玄學史和易學史上都有重要的地位，不應忽視。王韓兩家注，到唐代，爲《五經正義》的主編孔穎達收入《正義》中，並加注疏，被奉爲唐代官方經學的代表之一。孔疏解易又是對王韓注的發展，成爲王韓玄學通向程朱理學的橋梁。其所提出和闡發的哲學問題，在哲學史上同樣有重要的意義，不容忽視。《正義》

作爲唐代經學的代表，影響深遠。唐宋以來，士人學子大都受其薰陶，視其爲科舉考試的教科書。有宋以來的儒家學者治《周易》，皆以《正義》爲參考書，從中吸取教益或教訓，建立自己的易學體系。如劉牧、李覯、歐陽修、周敦頤、邵雍、胡瑗等，皆精通孔疏。至程頤治易，則以王弼注爲入門的必讀書。從經學史的角度看，北宋的易學家是在王韓易學提供的思想資料的基礎上前進的。當然，宋代的儒家學者研究《周易》經傳，並非因襲王韓易學和孔疏，而是有所批判，有所揚棄，其中突出的是不贊成王韓易學以老莊玄學觀點解釋易理。如胡瑗後學孫復所說：「專守王弼、韓康伯之說，而求於大易，吾未見其能盡於大易也。」（《宋元學案，泰山學案》）。程頤亦持此種立場，他說：「如王輔嗣、韓康伯，只以老莊解之，是何道理。」（《外書》）宋代興起的新儒家，繼承了唐代韓愈批判佛道兩家的傳統，力圖清除魏晉玄學對儒家經學的影響。經過宋儒對王韓易學的批評，在哲學上，魏晉玄學則轉向宋代理學，中國哲學進入了一個新的歷史階段。

就易學自身的發展說，王弼是義理學派的奠基人。其解經，堅持取義說，其易學體系是對漢代經學中象數之學的否定。但他又以老子形上學觀念解釋取義說，使《周易》成爲三玄之一。晉韓伯繼承了這條解易的思維路線，解釋《繫辭》等傳文，使其中的易學範疇擺脫漢易象數之學的影響，並引入郭象崇有論觀點，解說《繫辭》中的神化說。到唐代孔疏解經，進一步依郭象崇有論解釋王韓易學中的虛無概念，又使易學從玄學貴無論的影響下解脫出來，如其所說：「義理可詮，先以輔嗣爲本。去其華而取其實，欲使信而有證。」（〈正義序〉）。即是說，保存王韓以義理解經的學風，清除其貴無論的觀點。宋代的義理學派正是受到孔疏的啓發，進一步清洗玄學派解經的影響，將義理之學，推向一新階段。

就哲學發展的歷史說，中國形上學傳統始於老子的道論，以無形無名的道體爲世界的本原。王弼依此提出「天地萬物皆以無爲本」的命題，將老子的形上學引向本體論。但其貴無論的形上學是通過對《周易》的注釋而展開的。易學中的取義說，不贊成以物象解釋卦爻象和卦爻辭，這同老學追求無形無象的道體的思維方式是一致的。老子形上學自身缺乏邏輯的論證，而易學中的取義說，討論了卦象和卦爻的關係，則爲王弼建立其形上學體系提供了邏輯的基礎。其後，韓伯談玄說易，揉合易老，繼承了這條形上學的思維路線，以探求事象背後的義理，所謂「理類明辨」，爲其任務，將玄學和易學引向辨名析理的道路。這條明理的思維路線，爲宋代理學繼承下來，揚棄了玄學派以無爲本的觀念，以「理」爲最高的哲學範疇，從而爲中國形上學的發展做出了貢獻。

以下，就王韓易學和程朱易學提出的哲學問題，分別加以比較，以見從王韓玄學到程朱理學的邏輯的轉變進程。

二、象義之辨

在易學中，象指卦爻象及其所取的物象，義指卦爻象中所蘊涵的義理。王弼解易，堅決反對以物象解釋卦爻象，進而解釋卦爻辭。他寫了〈明象〉一文，指出取象說不足以說明象辭之間的相應關係，其論點是：「義苟在健，何必馬乎！類苟在順，何必牛乎！」此是從類概念出發，談物象和義理的關係，認爲乾卦義爲剛健，可以統率乾卦類中的各種物象，不限於馬；坤卦義爲柔順，可以統率坤卦類中的各種事象，不限於牛。此論，從邏輯上說，是以八卦中的義理爲其內涵，以所取的物象爲其外延，認爲一類事物的內涵比其外延有更大的包容性，而外延中的個體事物，就其本質說，皆受其內涵的規定，由此提出「象之所生，生於義」說。概念的內涵和事物的義理是無形的，而外延中的事項和物象是有形的。依象生於義說，王弼在哲學上便導出無形統率有形的結論，如其所說：「夫形也者，物之累也。有天之形，而能永保無虧，爲物之首，統之者豈非至健哉？」（《周易注·象》）認爲天地乃有形之物，但必須靠剛健和柔順之德即健順之理，方能永保其生化萬物之功能。從而爲其形上學命題：「無名無形者，萬物之宗也」（《老子注》十四章）提供了論證。關於無形和有形的關係，韓伯進而闡發說：「形之所宗者道，衆之所歸者一。其事彌繁，則愈滯乎形；其理彌約，則輔近乎道」，「形而上者，可以觀道」（《繫辭注》）。韓氏此論，以理事對照，說明無形之道爲有形之物的本原。其事繁理約說，正是邏輯中內涵與外延成反比例的思維在哲學上的表現。

如何認識八卦所蘊涵的義理？王弼於〈明象〉中提出「忘象求意」說，認爲以個別物象解釋象辭相應關係，反而妨礙對其義理的認識，所謂「象生於意而存象焉，則所存者乃非其象也」，「然則忘象乃得意者也」。在王弼看來，卦爻辭中說的物象，只是表現其義理的工具，如莊學所說的二者乃筌魚關係，執著在筌上，並不能得到魚，只有忘掉物象，方能把握到其義理。如對乾卦的理解，不執著在龍象上，方能認識其剛健之義。王弼此論，從邏輯上說，就是認爲一類事物中個體事項，有礙於對其共同本性的認識，從而導出「忘象以求其意」

說。韓伯依此，進而提出「非忘象無以制象」，認爲義理只有超越形象，方能統制形象。但韓伯並不一概否認形象的作用，認爲卦象和卦畫還是不可缺少的，又提出「托象以明義」說，以卦象爲顯示義理的媒介，又是對王弼所說的「重畫以盡情，而畫可忘」的修正。但就物象說，王韓都主張象外求義，如韓伯所說：「體神而明之，不假物象，故存乎其人」（《繫辭注》），即靠精神的領悟，與義理合而爲一。

王韓的象義之辨，對程頤易學影響很大。程氏進一步辯論了象和義或象和理的關係。其在《易傳》中解釋乾卦初九爻辭說：「理無形也，故假象以顯義。」認爲龍象升降是顯示「陽氣消息」和「聖人進退」之理，理自身無形，憑藉龍象顯示出來，方被人們理解。程氏又稱此論點爲「因象以明理。」（〈答張閎中書〉）程氏的這一提法，來於韓伯的「托象以明義」說，但將象理解爲物象，認爲八卦所取的物象，不能如王韓說的那樣廢棄不用，否則，無法理解其義理。由此，程氏探討了理與象的關係。其解釋《繫辭》文「方以類聚，物以群分」說：「事有理，物有形也。事則有類，形則有群，善惡分而吉凶生矣。」（《易說·繫辭》）。他以理解釋類，以形象解釋群，認爲一類事物之理不同，其群的形象亦異。即以象爲理表現自己的形式。此種觀點，從邏輯上說，即認爲外延中的具體事項，是其內涵的表現形式，理與象存在著內在的聯繫，不容割離。他說：「至微者理也，至著者象也。體用一源，顯微無間」（〈易傳序〉）。「體用一源」謂象乃理的表現。「顯微無間」，即理象不可分離。朱熹繼程氏後，進一步解釋理與象的關係說：「體用一源，體雖無迹，中已有用；顯微無間者，顯中便具微。」（《語類》六十七）是說，理雖無形，但其中已涵蘊著象；及其顯現爲象，理又具於象中。朱氏此論，又視理與象爲邏輯上的涵蘊的關係，進一步發展了程氏的顯微無間說。由於程朱易學不排斥物象的作用，便同王韓易學區別開來，在哲學上則導出理事合一說。如程氏所說：「以至著之象言之，則即事即物，而此理無乎不在也。」（《遺書》卷十五）。朱熹所說：「冲漠無朕，萬象森然已具。」（《周子全書》卷二引）程朱皆不以有形之物爲累，肯定現象存在的價値，從而建立起理本論的形上學體系。

由於象是理的表現形式，象理不容分割，程氏又依其「因象以明理」的思路提出格物窮理說。他說：「隨事觀理，而天下之理得矣。」（《遺書》二十五）朱熹發揮說：「事事物物皆有其理，事物可見，而其理難知。即事即物，便要見得此理，只是如此看。但要眞實於事上，見得這個道理，然後於己有益。」（《語類》卷七十五）認爲理無形象，難於認識，但它具於物象之中，通過物象可以得到其理，他特別強調窮理不能脫離物象，即其所說的「即物窮理」。「窮理」出於《易傳》，「格物」出於《大學》，二者本無聯繫。程朱依其「因象以明理」的思路，將二者結合起來，從而否定了王韓玄學的忘象求義說和體神明理說，這樣，魏晉玄學便轉爲宋明理學了。

三、一兩之辨

一指太極，兩指兩儀。此是討論太極和兩儀的關係，即一兩之辨。此問題出於對《繫辭》「易有太極」章的解釋。此章的原義是講揲蓍成卦的過程。太極指五十或四十九根蓍草未分的狀態，因其爲卦象形成的根源，故稱爲太極。兩儀，指分爲兩堆，即分二。四象指揲之以四，引出陰陽老少之象。四揲十八變導出八卦之象，故說「四象生八卦」。至漢易解釋此章，則以其爲講宇宙生成的問題，以太極爲一，或稱其爲太一，指北極星神，或指混一不分的元氣。以兩儀爲天地，或陰陽二氣，或日月之象。以四象爲四時，以八卦爲萬物。從太極到八卦爲天地萬物生成的過程。太極被看成是世界的始基。至王弼解釋《繫辭》大衍之數章，反對此種宇宙論的模式，尤其反對以太極爲神或渾一不分的元氣。他以老子的無能生有說，解釋此章的意義。他說：「演天地之數，所賴者五十也。其用四十有九，則其一不用也。不用而用以之通，非數而數以之成，斯易之太極也。四十有九，數以極也。夫無不可以無明，必因於有。故常於有物之極而必明其所由之宗也。」（韓伯《繫辭注》引）他以不用之一爲太極，此太極之一，不參與揲蓍的過程，故說「無用」；又非四十九中之數，故說「非數」。但此不用而非數之太極，卻是四十九之數演爲八卦的根據，即是說，如果此不用之一，參與揲蓍的過程，則不能導出七八九六之數，此即「非數而數以之成」。因爲此太極不用之一，非數非象，故稱其爲無，四十九之數演成卦象，可稱爲有。王弼又將此太極之一與四十九之數的關係，歸之爲無和有的關係。但此太極之無，必憑藉四十九之有，其功用方能顯現出來，此即「必因於有」。所以無作爲本原，總是在有物之極限處，顯示其存在的價值。韓伯依王弼大衍義，進而解釋了「易有太極」章。他說：「夫有必始於無，始太極生兩儀也。太極者無稱之稱，不可得而名，取有之所極，況之太極者也。」他將一兩的關係，歸之爲有無的關係，認爲太極生兩儀，即是有生於無。太極所以稱爲無，因爲它自身無名無象。此是引入老子的道論，解釋《繫辭》的太極。此種解釋，其意義有二：一是不以有形象之物爲太極，打擊了漢易的太極觀；二是太極作爲萬有的本原，不應是某種特定的物體，應具備一般的和普遍的性格，方成爲萬有存在的根據。如王弼所說：「無形無名者，萬物之宗也。不溫不涼，不宮不商。」又說：「故象而形者非大象也，音而聲者非大音也。」（《老子略例》）此是說，道作爲萬有的本原，本身不具有某種規定性，如剛柔溫涼等，如象自身不具有方圓等規定，音自身不具有宮商等聲調，方能成爲一切形象和聲音的共同本性。王弼此論，同樣基於對概念內涵的分析，指出一般和共性，不具有特殊和個別的特點，從而爲其貴無論的形上學提供了邏輯的基礎。王韓以此種思維方式解釋易學中的太極和兩儀的關係，則將太極這一範疇，納入形上學的領域。按王韓的說法，此太極不用之一，居於四十九數之外，不參與揲蓍過程。此太極之一，生出兩儀，自身不具備兩儀。此種太極觀，就一兩關係說，尚未擺脫漢易以來生成論思維模式的影響。

王弼的大衍義，到唐宋時期引起了很大的爭議。孔穎達於《正義》疏中，解釋王弼大衍義，則以太極不用之一，爲自然而然，所謂「一謂自然」，表示大衍之數所賴者五十，「自然如此，不知所以然」。其以「自然」解釋虛無，是取郭象義。孔疏此說，取消了王弼以太極不用之一爲實體的涵義。因此其解釋「分而爲二」說：「四十有九合而未分是象太一也，今以四十九分而爲二，以象兩儀也。」此說，不以不用之一爲太極，而以四十九合而未分爲太極，以分而爲二爲兩儀，認爲太極不存於四十九之外，是對王弼大衍義的一種揚棄。其後，崔憬釋大衍義，取孔疏義，批評了王弼的太極虛無說，以四十九數合而未分爲太極，認爲此太極合一之數自身展開，則爲兩儀、四象和八卦。崔氏此說，至宋代，爲胡瑗所採納，胡氏說：「四十九未分之時則爲一，以象太極，天地未判之際。」（《周易口義·繫辭》）胡氏此說，就一兩關係說，以太極之一爲合一即整體之一，其自身分開，則爲天地陰陽即兩儀。總之，王弼的大衍義，通過孔疏的解釋，將太極虛無同萬有結爲一體，從而爲王韓玄學貴無論向程朱理學本體論的轉化準備了前提。

程頤《易傳》未注《繫辭》文，其《易說·繫辭》中亦無有關大衍之數章和易有太極章的解說。今傳《遺書》中亦未見其使用太極一辭，其論一兩關係尚無明文可據。但其理學討論了理一或一理同萬殊的關係，道和陰陽的關係。這些討論，都出於易學中的太極和兩儀之辯。王韓玄學，以老子的道解釋易學中的太極，受到宋儒的批評。程頤的老師胡瑗斥責了太極虛無說，程氏受其影響，提出理一或一理範疇解釋世界的統一性，他批評太虛說：「皆是理，安得謂之虛，天下無實於理者。」（《遺書》三）他以理爲最高範疇，代替王韓的道體虛無說。但程氏所推崇的理及其對理的解釋卻來於王韓易學。王弼曾說：「夫識物之動，則其所以然之理，皆可知也。」（《周易注·文言》）程頤以理爲「一物之所以然」，即本於此。又王弼說：「物無妄然，必由其理。統之有宗，會之有元，故繁而不亂，從而不惑。」（《略例·明象》）是說，事物的運動變化皆受一根本原理支配，如一卦六爻，總是以其中的一爻爲主。程氏的一理說，認爲有一最根本的理，貫於萬事萬物之中，如其所說：「天下之理一也……雖物有萬殊，事有萬變，統之以一，則無能違也。」（《易傳·咸》）即本於王弼的「統之有宗」說。可以看出，程氏以一理爲其哲學的最高範疇，源於王韓玄學。所不同者，拋棄了萬有歸於無說，而代之以萬理歸於一理說。以一理代替太極虛無解釋世界的統一性，在邏輯上是一大進步。

關於理一，程氏說：「其書始言一理，中散爲萬事，末復合爲一理。放之則彌六合，卷之則退藏於密。」（《中庸章句》引）此是程氏對《中庸》一書的評論，認爲一理乃萬事萬物的本原，既充滿宇宙，又藏於人的心中。朱熹《周易本義》前，有〈易序〉一文，其中說：「散之在理（一本作散而在野），則有萬殊，統之在道則無二致。所以易有太極，是生兩儀，太極者道也，兩儀者陰陽也。陰陽一道也，太極無極也。」此〈序〉是否程氏遺文，尚無定論。但其中的思維路線，同程氏是一致的，特別是關於理一與萬殊的論述。按〈易序〉的說法，太極之道，即程氏說的「一理」；「散之在理」，即程氏說「中散爲萬事」，認爲陰陽兩儀乃太極一理之散開，又終歸於一理，此即「陰陽一道也」。總之，一理與萬殊，道和陰陽的關係，乃分合的關係，故一理散開後，成爲萬殊，又居於萬殊之中。程氏解釋張載的《西銘》義，提出「理一分殊」說，即基於此種思維方式。此種思維方式，來於孔疏和胡瑗的大衍義，即以四十九未分爲太極，其散開後，則爲兩儀、四象和八卦。基於此種思維方式，程氏討論了道與陰陽的關係，他說：「道非陰陽也，所以一陰一陽，道也。」（《遺書》三）他以陰陽之所以然爲道，其所說的「道」，即其所說的「一理」，但此道或一理，並不脫離陰陽而存在。這樣，程氏便揚棄了道生陰陽說或太極生兩儀說，將一兩之辨從本原與派生引向了本體與現象之辨。

朱熹繼承了程氏的思維路線，突出地辯論了太極和兩儀的關係。他以理解釋太極，認爲此太極之理乃陰陽奇偶之理的總合，其散開後，則爲兩儀、四象和八卦之象，故太極之理不脫離兩儀和八卦。他說：「太極散爲六十四卦，三百八十四爻，而一卦一爻莫不具一太極。」（《文集．答黃直卿》）此是發揮程氏的一本萬殊說，以太極之理即存於兩儀和八卦之中。由此，他得出結論說：「易有太極，是生兩儀，則先從實理處說，若論其生則俱生，太極依舊在陰陽裡。」（《語類》卷七十五）「先從實理處說」是說，總是先有太極之理，方有陰陽卦象，但此種關係，非母生子的關係，即時間上的先後關係，而是「俱生」，即有太極則有陰陽，有陰陽則有太極，二者不容分割。朱氏又稱爲「陰陽涵太極」。朱氏此說，以太極和陰陽爲邏輯上的涵蘊關係，以邏輯在先說，解釋「是生兩儀」的「生」字。正是基於此種思維路線，朱熹在哲學上展開了理氣之辨。他以陰陽爲氣，以理爲陰陽二氣之所以然，認爲有理則有氣，有氣則有理，理氣在時間上無先後之分，只有本末精粗之別，從而完成了理本論的形上學體系。

可以看出，自王弼提出大衍義後，圍繞這一兩問題展開長期辯論。王韓玄學將其歸之爲有無之辨，經過孔疏，到程朱轉化爲理氣之辨。王韓的有無之辨，仍具有生成論的傾向，但強調「無不可以無明，必因於有」，肯定太極之無和萬有，有其內在的聯繫。至孔疏解易，提出「易理備包有無」說，認爲易象屬於有的領域，乃聖人立教之本，不容否定，從而批評了玄學派的貴無賤有論。程朱理學正是基於這一傳統，以一理和太極之理，代替太極虛無，在孔疏大衍義的啓發下，以太極之一爲合一，將太極之理與陰陽歸之爲相互包容的關係，從而揚棄了王韓的有生於無的思維模式，爲中國傳統哲學中的本體論做出了新貢獻。

四、道器之辨

道器問題始於《易傳·繫辭》：「形而上者謂之道，形而下者謂之器。」此是對上文「乾坤毀則無以見易」的解釋。乾坤指卦爻畫，易指陰陽變易；道指陰陽變易的法則，器指卦爻畫。陰陽變易的法則，無形可見，故稱爲形而上，卦畫有形可見，故稱爲形而下，即《繫辭》所說：「見乃謂之象，形乃謂之器。」照《繫辭》的說法，道和器是相互依存的。

至韓伯注《繫辭》文，將易學中的道器範疇闡發爲哲學範疇，以本原或原則爲道，以具體的事物爲器。本原和原則是無形的，故爲形而上，具體事物有形迹，故爲形而下，如其所說：「形而上者況之道，形而下者況之器。於道不冥，而有求焉，未離乎諂也。於器不絕，而有交焉，未免乎瀆也。」（《繫辭注》）。此是對「君子上交不諂，下交不瀆」的解釋。此處說的道，指原則；器指器物，不再是易學中道器的本義。因爲道的特徵是形而上，韓氏又以道即王弼所講的道體虛無爲世界的本原。他解釋《繫辭》文「一陰一陽之謂道」說：「必有之用極，而無之功顯，故至乎神無方而易無體，而道可見矣。故窮變以盡神，因神以明道。陰陽雖殊，無一以待之。在陰爲無陰，陰以之生，在陽爲無陽，陽以之成，故曰一陰一陽也。」他以「無」解釋「一」，認爲此命題的涵義是：無陰無陽即是道。其論點是，無作爲道體，其成就萬有的功能，不局限於一方一體。陰和陽，皆靠無形之道體而存在，而道自身不具有陰陽形象。其所說的陰陽，包括一切有陰陽之象的個體事物。如其所說：「在天成象，在地成形。陰陽者言其氣，剛柔者言其形。變化始於氣象，而後成形。」（《說卦注》）認爲陰陽二氣無形而有象，同樣屬於形而下的器世界。經過這種解釋，道器作爲筮法中的範疇，則昇華爲哲學範疇，並被納入形上學的領域，此是韓伯解易的一大貢獻。關於道和器的關係，韓氏則視形而上的道爲形而下的器（包括陰陽二氣）形成和存在的根據，所謂「陰陽雖殊，無一以待之」，由此又形成了尊道賤器的意識，如前面所引其對「下交不瀆」的解釋，以絕器爲前提，表示對形器的鄙視。又如其論人的修養境界，以「德業既成，入於形器」，爲賢人的事業；而聖人則是「至無以爲體」，即以同道體虛無冥合爲其最高的境界。其絕器冥道說，將道器加以割裂，以追求超乎形器的道爲人生的歸宿。

韓伯的道器觀，至孔疏又提出新的觀點。孔疏以道器爲哲學範疇，繼承了韓伯說，但不以道爲虛無實體。他說：「道是無體之名，形是有質之稱，凡有從無而生，形由道而立。是先道而後形，是道在形之上，形在道之下。」又說：「既有形質，可以爲器用，故云形而下者謂之器也。」（《正義·繫辭》）「無體」謂無有形體，指非有形之物，即「道在形之上」。因爲無有形體，尚未成爲有形之物，故稱其爲無。其後，成爲有形器物，爲有，故說「形在道之下」。道先於形器而存在，又爲形器形成的本原，故說「形由道而立」。孔疏此處，以無形者爲道，以有形者爲器，認爲有形之器從無形之道而來，以此區分形上和形下。孔疏說的作爲形器本原的形上之道，究有何種內容？其解釋「一陰一陽之謂道」說：「無陰無陽乃謂之道。」又說：「在陰之時而不見爲陰之功，在陽之時而不見爲陽之力。自然而有陰陽，自然無所營爲，此則道之謂也。」（《正義·繫辭》）此是對韓伯的「無陰無陽之謂道」的再解釋。此種解釋，其義有二：一是將「之謂道」解釋爲「謂之道」，表示道之名是用來稱謂「

無陰無陽」的，無實體的涵義。二是以「自然無爲」解釋韓伯說的無，同樣取消了無的實體性。按此解釋，所謂「無陰無陽」，是說，無有爲陰爲陽的經營作爲，即自然無爲之義。此種品德則稱之爲道。他以自然無爲解釋王韓說的道和無，屢見不鮮。如其解釋「乾道變化」說：「道體無形，自然使物開通，謂之爲道，自然通物，故云乾道也。」此是以道體無形，其成物，自然無爲爲道。又其釋「乾道成男」說：「道謂自然而生，故乾得自然而爲男，坤得自然而爲女」。此又以自然而生爲道。又釋「乾以易知」說：「乾是天陽之氣，萬物皆始於氣」，「初始無形，未有營作，故云知也。」此又以陽氣使萬物始有，無所造作，自然而然爲乾道的品德。孔疏對道和無的解釋，顯然是取郭象崇有論義，以萬物自生自化而無主宰者使之然爲道的內容。依此義，考查「形由道立」這一命題，所說的道，當指陰陽二氣尚未成形，故說「道是無體之名」，後來成爲有形之物，故說「先道而後形」。陰陽二氣未成爲有形之物前，無所營造，故稱爲形而上；其成爲有形之物，可爲器用，故稱爲形而下。此種道器觀，拋棄了韓伯貴無論的內容，不以虛無道體爲陰陽存在的根據，將道器關係歸之爲陰陽二氣從無形到有形的轉化過程，並以自然無爲解釋這一轉化過程，表示道作爲本原同器存在著內在的聯繫，不應棄器言道，從而爲宋代理學和氣學的道器觀奠定了思想基礎。

程朱理學，繼孔疏後，進一步辯論了道器問題。程頤以道器或形上形下爲哲學範疇，用來解釋世界和人生，是繼承了韓伯和孔疏的見解，但又不盡同韓伯和孔疏的觀點。其不同處是，以「理」解釋形上之道，但又依韓伯義，將陰陽納入形下之中。關於二者的關係，程氏說：「形而上曰天地之道，形而下曰陰陽之功。」（《易傳·象》）「天地之道」，指天之理剛健，地之理柔順，乃天地生物的法則，故稱其爲道，又稱爲「常理」。理無形迹，故爲形而上，但天地之常理，通過陰陽二氣，生化萬物的事功，方顯示出來，此即「陰陽之功」。陰陽有形象，故爲形而下。程氏此說，將晉唐易學中的道器之辨引向了理氣之辨。因而他又說：「離了陰陽更無道，所以陰陽者是道也。陰陽氣也，氣是形而下者，道是形而上者。形而上者則是密也。」（《遺書》十五）「所以陰陽者」，即陰陽成爲陰陽原因和根據，即陰陽之理。以理爲道，便同韓伯和孔疏說區別開來。「密」謂隱藏在內部的本原，出於《繫辭》文「聖人以此洗心，退藏於密。」韓伯注，以密爲道體，稱其爲萬物日用之原。程氏以形而上者爲密，即取此義。是說，形而上的道是形而下的氣的本原，即以形上爲形下存在的根據，但此形上之道又不脫離形下之氣，故說「離了陰陽更無道」。孔疏以未成形者爲道，成形者器，二者存在內在的聯繫，並非截然分離，程氏從中得到啓發，故說道又不脫離陰陽之氣。孔疏論道器，具有生成論的傾向，是受了漢易的影響。而程氏以形上爲形下存在的根據，又將道器之辨納入本體論的領域，因而他又以體用範疇解釋道器關係，其解釋「密」說：「密是用之源，聖人之妙處。」（《遺書》十五）「用之源」，即用之體。程氏認爲，一切存在物，皆有體用兩方面，體指主體或實體，用指主體的功用。孔疏常以體用解說易理，如他說：「天者定體之名，乾者體用之稱。故說卦云，乾健也，言天之體以健爲用。」（《正義·乾》）是說，天由陽氣積累而成，此是天之體，但其運行不息，變化無窮，此是天之用。按此說法，體用是不容分割的，有其體，必有其用。程氏從中得到啓發，並受佛學華嚴宗體用觀的影響，以用爲主體顯現自己的外在的形式，二者不容分離，此即他所說的「體用一原」。並以此原則解釋象理關係，如前面所提到的。以此種體用觀，解釋道器關係，則意味著器乃道體在有形世界的實現化。這樣，程氏又將孔疏的道器觀，從生成論的模式，改造爲本體論的模式，爲中國傳統哲學中的形上學和本體論作出了新貢獻。

朱熹理學繼承了程氏的道器觀，進一步辯論了二者的關係。他說：「其形者則謂之器，其不形者則謂之道。然而道非器不形，器非道不立。蓋陰陽亦器也，而所以陰陽道也。」（《文集·答丘子野》）「道非器不形」，「形」，謂形於外，即道靠器來表現自己。「器非道不立」，本於孔疏「形由道而立」。但他認爲道器相互依存，此是闡發程氏義。他同樣以體用解釋道器關係，即道爲體，器爲用，但認爲體用非時間先後的關係，即先有體，後有用，如其所說：「有體則有用，有用則有體，不可分先後。」（《語類》七十六）以此種關係，解釋道器，則不能說先有道而後有器，又是對孔疏的「先道而後形」的揚棄。道器雖無先後之分，卻有本末之別，其論理氣說：「理未嘗離乎氣，然理形而上者，氣形而下者，自形而上下言，豈無先後。」（《語類》卷一）此處說的先後，是就二者的邏輯關係說的，如其所說：「但推上去時，卻如理在先，氣在後相似。」（《語類》卷一）此即邏輯在先說。總之，道器既有區別，又有聯繫，如朱氏所說「不離乎陰陽」，又「不雜於陰陽」（《本義·繫辭》），二者的關係是不即不離，但道卻是器的根本。這樣，其在理氣問題上，提出了理本氣末說。即理爲形上之道，爲生物之本，氣爲形下之器，爲生物之具，「是以人物之生，必本其理，然後有性；必稟此氣，然後有形」（《文集·答黃道夫》），從而完善了理學本體論的體系。可以看出，從韓伯開始的道器之辨，經過孔疏和程頤，到理學大師朱熹，經歷了一曲折的或螺旋式的發展過程，其間既有繼承，又有揚棄，宋代理學並非憑空產生的。脫離王韓玄學，孤立地研究程朱理學，理學則成了無源之水，無本之木。

五、動靜之辨

動靜關係問題，始於《老子》的「歸根曰靜」說，視靜止為事物運動變化的最終歸宿。王弼闡發說：「凡有起於虛，動起於靜，故萬物雖並動作，卒復歸於虛靜，是物之極篤也。」（《老子注》十六章）認為事物的運動起於靜止，又歸於靜止，因為萬有生於無，又歸於無。此是以運動為相對的，靜止為絕對的。王弼依此義，解《周易》復卦〈彖〉文「復其見天地之心乎」，認為復卦一陽居於地下，表示「動息於地中，乃天地之心見也」，以靜止為天地之心。復卦義意味著天地萬物的變化返本歸無，如其所說：「然則天地雖大，富有萬物，雷動風行，運化萬變，寂然至無，是其本矣。」（《周易注．復》）其釋復卦〈象〉文「先王以日至閉關」，亦持此義。即以冬至為「陰之復」，認為「復則至於寂然大靜，先王則天地而行者也。」按漢易釋復卦義，皆以一陽復生為天地之心，如京房、荀爽、虞翻說。王弼解易，反其義而為之，將一陽復生說，解釋為「動息於地中」，以「息」為止息，則將復卦義納入其玄學體系，充分體現了以老學解易的特色。《老子》談事物的變化，雖主「歸根曰靜」，但尚未動靜對舉，至王弼，通過對《周易》的解釋，方提出動靜範疇，作為考查事物變化的依據。但他提出的動靜之辨，是同其有無之辨聯繫在一起的，以有為動，以無為靜，動復於靜即返本歸無，成爲其玄學的內容之一。

至孔疏釋王弼復卦義，對其以靜爲心說，提出新的見解。他說：「天地養萬物，以靜爲心，不爲而物自爲，不生而物自生，寂然不動，此天地之心也。」（《正義・復》）孔疏此說，將王弼的「寂然至無」解釋爲「不爲而物自爲，不生而物自生」，此是取郭象義，以寂然至無爲數學上的零，其內涵是造物者無主而物各自造，即萬物自爲、自生和自化，從而取消了無的本體的涵義。按此解釋，萬物自生自化即是天地之心，復卦一陽生，意味著萬物自生，因而其解釋王弼的「冬至陰之復也」說：「冬至一陽生，是陽動用而陰復於靜也。」其將王弼的「陰之復」解釋爲陽氣初動，而陰氣復於靜，又揚棄了王弼的「動息地中」說，以陰陽互爲消息，詮釋復卦義。孔疏對復卦義的解釋，使王弼提出的動靜之辨，開始擺脫了玄學貴無論的內容，對宋代理學的動靜觀起了很大的影響。

宋儒解易，從孔疏中得到啓發，以一陽初動釋復卦義，如歐陽修於《易童子問》中說：「天地之心，見乎動復也。一陽初動於下矣，天地所以生育萬物者本於此，故曰天地之心也，天地以生物爲心者也。」歐陽修此說，依孔疏義，將王弼的「動息地中」的命題，解釋爲陽動復生，以「息」爲生息，進而導出天地以生物爲心說，否定了玄學的以靜爲心說。程頤同樣從孔疏中得到啓發，其釋復卦義，以生物之心爲天地之心。他說：「一陽復於下，乃天地生物之心也。先儒皆以靜爲見天地之心，蓋不知動端乃天地之心也。」（《易傳・復》）「先儒」，指王弼派。他又批評王弼派說：「復之卦下面一畫，便是動也，安得謂之靜。自古儒者皆言靜見地之心，唯某言動而見天地之心。」（《遺書》十八）他明確提出動爲天地之心說，同王弼的命題對立起來，在動靜觀上，實現了從玄學到理學的轉化。這一轉化的關鍵，在於程氏闡發了孔疏的陰陽互爲消息的觀點。如其所說：「消長相因，天之理也。陽剛君子之道長，故利有攸往。」（《遺書》十八）是說，復卦一陽在下，體現了陽生陰消之理，如君子道長，小人道消，陰陽二氣的運行，無絕對靜止之時。因此，他解釋復卦〈象〉文「先王以至日閉關」說：「陽始生於下而甚微，安靜而後能長。先王順天道，當至日陽之始生，安靜以養之。」（《遺書》十八）他以「至日閉關」爲安靜以養陽之長，並以此爲「順天道」。這樣，又將陽動陰靜歸之爲天理和天道，將動靜之辨納入其理學體系。程氏的靜以養動說，同樣認爲陽動和陰靜是相互依存的，不容分割，有動則有靜，有靜則有動。他說：「動靜相因，動則有靜，靜則有動。」（《易傳．艮》）又說：「靜中便有動，動中便有靜。」（《遺書》三上）如天將亮時爲陽生，反而陰黑，表示陽動和陰靜任何時候都不截然分離，他稱此爲「此理最妙，須玩索這個理」（《易傳．艮》），即以動靜相因爲天理，即前面提到的「消息相因，天之理也」，視動靜相因爲事物變化的客觀規律，從而徹底地否認了王弼的「寂然大靜」說。

由於動靜相因，程氏進而提出「動靜無端」說。他說：「道者，一陰一陽也。動靜無端，陰陽無始，非知道者，孰能識之。動靜相因而成變化。」（《易說．繫辭》）此是說，運動和靜止互相依存，二者同時存在，無先後之分。所以陰陽二氣的運行也無開頭，「不可道今日有陰，明日有陽」，「有便齊有」（《遺書》十五）。朱熹依此，得出了宇宙沒有開端，亦無終結的結論。所謂「他自是做一番天地了，壞了後，又恁地做起來，那個有甚窮盡」（《語類》九十四），並依據地質學的知識，高山上有貝殼化石，論證我們所處的世界是一陰陽流轉的過程，進而推論整個宇宙也是陰陽闔闢連續不斷的過程。朱熹依程氏義，在理氣問題上，又導出「理有動靜，故氣有動靜」說，完善了理本論的形上學體系。

總之，中國哲學中的動靜之辨，始於王弼玄學及其對《周易》復卦義的解釋，將動靜問題歸屬於有無問題，具有貴無論的特色。至唐孔疏又通過對王弼復卦義的解釋，以萬物自生自化解釋「靜無」觀念，並以陽動和陰靜互爲消長，解釋復卦一陽在下義，將動靜之辨，從玄學貴無論中擺脫出來。程朱理學繼承了孔疏復卦義的傳統，提出動靜相因命題，又將王弼的靜爲天地之心說改造爲動爲天地之心說，並以陽動陰靜爲天理，從而將動靜之辨納入其理本論體系，在本體論上做出了重要貢獻。這又一次說明，從王韓玄學到程朱理學，就其邏輯的發展進程說，存在著內在的聯繫，或繼承，或更新。那種將王韓玄學同程朱理學截然對立起來，見其異而不見其同，或者將程朱理學視爲王韓玄學的翻版，見其同而不見其異，都是不正確的。

（《中國文哲研究通訊》一九九五年，五卷四期，臺灣中央研究院中國文哲研究所刊行）

談宋明理學中的體用一原觀

中國哲學中的本體論，從形成到發展，經歷了漫長的歷史過程，而且具有自己的民族特色，不盡同於西方哲學中本體論的學說。本體論即存在論（Ontology）總是同形上學（Metapaysics）思維聯繫在一起的。中國哲學中的形上學思維，始於先秦老子。他提出「無名天地之始」，「天下萬物生於有，有生於無」的命題，以無形無名的道體爲世界的本原。其所謂「道」乃無形、無名、無爲、無欲的實體，即以形而上解釋本原的東西，以有形、有名解釋形而下即物理世界。但老子所理解的本原，乃「天地之根」，指世界的原初實體，所謂「有物混成，先天地生」，「道生一，一生二，二生三，三生萬物」，具有世界生成論或發生論的意義，尚未獲得本體（Substance）的內涵。但其提出的形上學原則，後來影響頗大，經過莊學的闡發，到魏晉時期的王弼，終於將此原則推到本體論的領域，提出「天地萬物皆以無爲本」的命題。此命題是說，一切有形的個體，從天地到萬物，都以「無」作爲其存在的根據。其所謂「無」，指無任何規定性的實體，其舉例說：「五物之母，不炎不寒，不柔不剛。」（《老子指略》）是說，作爲五行之本體，其自身不應再有剛柔等性質，如同音作爲五聲之母，不應再有聲調一樣，否則，則不能成爲一類事物的共同本質。由此，王弼認爲只有無形無象的東西即「無」，方能成為天地萬物的共同本質。王弼的這些辯論，顯然，屬於本體論問題，雖然在其有無之辨中，仍保留了老子的有生於無的思維模式。但從理論思維發展的歷史過程看，將老子提出的形上學原則同本體論結合起來，將有無之辨，引向本體和現象之辨，當是王弼玄學的一大貢獻。

但王弼派的玄學貴無論，由於以本體為虛無，貴無而賤有，主忘象以求義，又流於虛無主義，不能不遭到人們的批評。唐朝的孔穎達在《周易正義》中，通過對《周易》原理的解釋，提出「易理包備有無」，「教之所備，本備於有」，糾正了貴無論的偏向，但仍保存了以道體為無的玄學形式。直到宋代，儒家道學興起，玄學貴無論方受到尖銳地批評。到了宋朝中期，理學派的奠基人程頤，通過對《周易》原理的解釋，在同玄學貴無論的鬥爭中，一方面吸收了王弼的「象生於義」因素，一方面又揚棄了以道體為無的觀念，以「理」為本體的內涵，進而提出「體用一原」說，將玄學派的本體論轉化為理學派的本體論即理本論，從而為宋明時期本體論的學說奠定了理論基礎。以下，介紹一下程氏本體論的基本觀點。

程氏本體論的形成，不是基於倫理學問題，如理欲之辨的需要，而是出於回答對易學中的問題即象意或象義以及道器之辨。此問題的爭論始於王弼。對卦爻象和卦爻辭的解釋，王弼力主取義說，反對漢易中的象數之學。他寫了〈明象〉一文，認為乾馬坤牛等說不能解釋通象辭之間的關係，主張以乾健坤順等取義說，解釋二者的聯繫，進而導出一卦之義理統率其所取的物象，一類事物的義理統率該類具體事物的結論。此即「觸類可為其象，含義可為其徵」。由於他推崇一卦之義理，認為卦象和物象無足輕重，又提出「得意在忘象」說，即脫離卦象和物象認識和掌握其義理。王弼的象意和象義之辨，曾遭到象學派的批評，被認爲是象外求道，不合乎《繫辭》所說「聖人立象以盡意」的宗旨。到程氏解易，一方面繼承了王弼派的取義說，主以義理統率物象，另一方面又揚棄了其忘象說，提出「假象以顯義」或「因象以明理」（《文集．答張閎中書》）。意謂卦象及所取之物象乃顯示其義理的形器，象雖爲形器，但無此形器，義理則無從表現，故象不可廢，從而同王弼說區別開來。爲了進一步說明象義之間的關係，程氏提出了「體用一原，顯微無間」的命題。他說：「至微者，理也。至著者，象也。體用一原，顯微無間」（〈程氏易傳序〉）。關於此原則的提出，其學生伊和靜向程氏說：「似太洩露天機。」程氏回答說：「汝看得如此，甚善。」（《外書》十二）此表明，程氏的體用一原說，乃其解易的基本原則。此原則的意義是，以體和用，微和顯，解釋理和象的關係。體用範疇，就易學系統說，本於孔穎達《周易正義》。其論道器關係說：「以無言之，存乎道體；以有言之，存乎器用。」即以道爲體，以器爲用。微顯範疇，本於韓康伯《繫辭注》：「事顯而理微也」，即以卦爻辭所講之事，明顯可見爲顯；以其所論之義理深而幽隱爲微。程氏依此，解釋象義或象理關係。認爲理無形，其爲體；象有形，其爲用；有體必有其用，此即「體用一原」。理無形，隱藏在內部；象有形，顯露在外部；理通過象顯現出來，此即「顯微無間」。即是說，理和象合而爲一，不可分離，即無理無以爲象，無象無以顯理。如乾卦無剛健之理，則無龍象可言；若無龍象，剛健之義亦無從顯露。程氏依此，即批評了象數學派的取象說，又批評了王弼派的掃象說，從而將玄學派的易學轉化爲理學派的易學，故被視爲「天機不可洩露」。就此原則的理論思維說，是以一卦的義理爲一卦之本質，以其卦象和所取的物象爲其現象，本質的東西無形可見，故稱爲體或微，現象有形可見，故稱爲用或顯。總之，以本質和現象的關係，解釋象理或象義的關係，此是程氏易學的一大突破。

程頤將此原則同易學中的形上形下的道器之辨結合起來，則形成了其形上學的原理。程氏繼承和發揚了王弼的形上學傳統，但以理代替無，爲形而上的道，以一切有形象的個體事物爲形而下的器，依其「體用一原」的原則，解釋了本體和現象的關係。他說：「冲漠無朕，萬象森然已具。未應不是先，已應不是後。如百尺之木，自根本至枝葉，皆是一貫。」（《遺書》十五）頭兩句是說，理無形迹，然萬象皆已具於其中，意謂有理即有象，故象未應，不是理在先，象已應亦不是理在後，意謂理象無時間上先後之分，此即「體用一原，顯微無間」。理爲本根，象爲枝葉，根枝結爲一體，故又說「一貫」。此論點意謂本體和現象不容分離。又其論形上形下的關係說：「離了陰陽便無道，所以陰陽者是道也。陰陽，氣也，氣是形而下者，道是形而上者。形而上者則是密也。」（《遺書》十五）此是以形而上的道爲陰陽二氣之所以然即以道爲陰陽二氣之理，理無形迹，故爲形而上；陰陽二氣有形象，故爲形而下。形上之道不能脫離形下之器，此即「離了陰陽便無道」，但道終爲陰陽二氣之本原，此即「形而上者則是密也」。此是依其「體用一原」的原則解釋道或理同陰陽二氣的關係，以道爲陰陽二氣存在的根據，以陰陽二氣爲道或理的表現形式，或其理的現實化。也即是說，以道或理爲天地萬物的本體，從而在哲學上建立起理本論的形上學體系。

可以看出，「體用一原」這一易學原則成爲其形上學和本體論的理論支柱。就此原則的理論思維說，其特點在於強調體用或顯微，即本體和現象在時間上無先後的關係。此即程顥所說：「體用無先後」（《遺書》十一）「一原」和「無間」也是用來表示二者在時間上，無先後之分。此種體用觀，當是受到佛教《大乘起信論》和華嚴宗教義的啓發。如法藏所說：「法無分齊，現必同時；理不礙差，隱顯一際。用則波騰鼎沸，全眞體以運行；體即鏡淨水澄，舉隨緣而會寂。」（《華嚴經義海百門》）此以清淨心和生滅心，爲體用關係，二者如波水關係一樣，水顯現爲波，波又不離水，無時間上的先後，所謂「現必同時」，「隱顯一際」。此種體用觀，以現象爲本體自身的顯現，本體又同現象融合在一起，不能說先有個本體，後來才產生現象，現象又在本體之外，如同母生子的關係。程氏批判地吸取了此種體用觀，揚棄了佛家以現象爲虛幻的觀點，用來解釋理象關係和理事關係；並拋棄了王弼玄學中「有生於無」的發生論的模式，繼王弼之後，進一步確立了本體論的體系，或者說，完成了從漢唐宇宙論到本體論的轉變，此是程氏哲學的一大貢獻。由於程氏主理爲象本，以象爲理的顯現，又導出另一論點，即以象有生滅，而其理則永恆不變，這樣，又視理爲獨立自存的實體，所謂「萬理具在平鋪放著」，「不爲堯存，不爲桀亡」（《遺書》二上），終於陷入了客觀觀念論。

程氏提出的「體用一原」的本體論原則，對以後幾個世紀的哲學發展起了深刻影響。宋明哲學中三大流派，即理學派，氣學派和心學派，無不以此原則來論證和完善自己的本體論的體系。

理學派大師朱熹是這一原則的積極闡發者。他解釋此原則說：「蓋自理而言，則即體而用在其中，所謂一原也。自象而言，則即顯而微不能外，所謂無間也。」（《文集．答王尚書》）是說，理有體用，其用爲象，用即在體中；象有顯微，其微爲理，又不在象外。即是說，理中有象，象中有理，二者不可分離。因此，在本體論上，他力主理氣無時間上先後之可言。如其所說：「理與氣本無先後之可言，但推上去時，卻如理在先，氣在後相似。」（《語類》卷一）前一句，是說理氣無時間上的先後順序，後三句是說，所謂先後，只意味著理爲氣存在的根據，即邏輯在先說。因此，其本體論的命題，總是理氣並稱，所謂「天下未有無理之氣，亦未有無氣之理。」（《語類》卷一）總之，在理氣問題上，他主張理氣只有本末精粗之分，而無時間上的先後之別。正是依據此原則，他重新解釋了周敦頤的《太極圖說》，其論點有二，一是將周氏的「自無極而爲太極」解釋爲「無極而太極」，意謂無極只意味著太極之理無有形迹；二是將「太極動而生陽」，「靜而生陰」，解釋爲「理有動靜，故氣有動靜」（《文集．答鄭子上》）或「理搭於氣而行」，意謂不是太極之理生出陰陽二氣，而是說陰陽二氣依太極中的動靜之理而動靜。以上兩點表明，朱熹依程氏的「體用一原」說，將周氏的宇宙生成論引向本體論，如其稱贊周氏的《太極圖說》說：「其體用之一原，顯微之無間，秦漢以下，未有臻斯理者。」（《文集．隆興府學濂溪先生祠記》）因此，朱熹將太極之理同天地萬物的關係，同樣理解爲體用的關係，如其所說：「自太極至萬物化生，只是一個道理包括，非是先有此而後有彼。但統是一個大源，由體而達用，從微而至著耳。」（《語類》卷九十四）此是說，陰陽二氣與萬物化生皆是太極之理自身的顯現或展開，二者並無時間上的先後區別，從而完善了理爲本體論的體系，是對程氏理本論的重大發展。但關於體用關係，朱熹仍主有其體方有其用，甚至提出「必體立而後用有以行」（《太極圖說解》），視用爲體自身的表現形式，所謂「由體而達用」。這樣，其理本論同樣陷入了客觀唯心主義。朱熹以後，程朱派的哲學家，大都將「體用一原」作爲其理本論的思維模式。如明代的理學大師薛瑄說：「理不離象，故曰一原；象不外理，故曰無間。」（《讀書續錄》卷二）認爲理象「一時俱有」，「初無懸空之理象分而爲二」（《讀書續錄》卷二）。並以水之源流解釋體用關係，因此，在理氣問題上，他堅決主張「理氣不可分先後」，如其所說：「理氣一時俱有，不可分先後，若無氣，理定無止泊處。」（《讀書續錄》）他堅決反對「理生氣」說和理先氣後說，認爲朱熹的理似在氣先的說法乃理微氣顯之意，非生成之義。薛瑄的「體用一原」說可以說是程朱派中理本論的代表，對後來氣學和心學兩派的本體論的發展都起了一定的影響。

心學派的奠基者陸象山和楊簡，從天人本一出發，論證心爲宇宙的本原。如陸氏所說：「宇宙即是吾心，吾心便是宇宙。」楊氏所說：「陰陽變化無一日不自道心而生者。」（《易傳．臨》）但陸楊二人還未以「體用一原」說，論證其心本論。到了明代，心學派因受理學派形上學的影響，又以「體用一原」說論證其本體論。心學中的湛王兩大派皆以「一原」說講心之本體及其修養方法。如湛若水，以太極和兩儀爲體用或顯微關係，從而批評了周氏《太極圖說》中的「動而生陽」說。關於他提出的「隨處體認天理」的修養方法，他解釋說：「隨未發已發，隨動隨靜。蓋動靜皆吾心之本體，體用一原故也。」（《文集．答孟生津》）是說，心有體有用，但體用相涵，體在用中，故不應以動（已發）靜（未發）分體用，於動即已發中，同樣可以體認天理，此即體用一原。王陽明亦持此觀點。其對周氏的「動而生陽」說的批評，與湛氏同。他解釋程氏的「冲漠無朕，萬象森然已具」說：「萬象森然時，亦冲漠無朕；冲漠無朕即萬象森然。」（《傳習錄》上）此是說，本體與現象相互包涵，不容分割。又說：「未扣時原是驚天動地，既扣時也只是寂寞天地。」（《傳習錄》下）此是說，動靜亦相互包涵。因此，他同樣認爲，陰靜與陽動乃體用或隱顯關係，非父生子的關係，所謂「一理隱顯爲動靜」。關於已發和未發，他說：「心不可以動靜爲體用，動靜，時也。即體而言，用在體；即用而言，體在用，是謂體用一原。」（《傳習錄》上）是說，未發之中即在已發之用中，二者相互涵蘊，從而爲其隨時致良知說，提供了理論根據。王陽明的學生王畿，進一步將體用一原說引入心學體系。他以邵雍的先天圖式爲良知之體，後天圖式爲良知之用，認爲良知之體即包涵在良知之用中，後天即在先天之中，所謂「先後一揆，體用一原」（《全集·雜著》），二者相包涵。如其所說：「寂然不動者，先天之體；感而遂通者，後天之用，寂而感即體而用行焉，感而寂即用而體存焉，一也。」（《全集·易測授張叙學》）由於體在用中，所以他主張「在先天心體上立根」，「先天統後天」，爲其「即本體便是功夫」的修養方法提供了理論根據。他還認爲，此良知之體，一念萌動，天地人三才之道由是而立，天地萬物皆在良知流行之用中，從而導出太極即良知的結論（見《文集·太極亭記》）。此又是依體用一原說，論證陰陽二氣和天地萬物皆心體良知之顯現，從而完善了心學派本體論的體系。

氣學派的奠基人張載曾以體用範疇，論證其氣一元論。如其批評老子的「有生於無」和「虛生氣」的命題，是「虛無窮，氣有限，體用殊絕。」（《正蒙·太和》）即將體用一致性，加以割裂，使其對立起來。又如其論「一物兩體」的命題，提出「神，天德；化，天道。德，其體；道，其用；一於氣而已。」（《正蒙·神化》）認爲氣有體有用，其運動的根源爲神，其變化的過程爲用，但他沒有以「體用一原」說，論證太虛之氣同天地萬物的關係，從而得出太虛之氣可以脫離萬物獨立自存的結論。並且仍承認氣同天地萬物存在時間上的先後順序，如其所說「生有先後，所以爲天秩」（《易說·繫辭上》），還沒有擺脫漢唐以來的宇宙論的影響，雖然以氣之聚散解釋萬物之生滅。至南宋朱震始將張載氣論引向本體論。他以「體用一原，顯微無間」解釋太極同儀象的關係，以六十四卦爲太極自身之展開，認爲太極同六十四卦相互包涵，「體用不相分離」（《易傳·繫辭上》），體中有用，用中有體。又因受張載太極說的影響，以太極爲混一未分之氣，哲學上則導出「天地分太極，萬物分天地」（《叢說》）的結論。意謂太極之氣分出天和地，天地又分有太極；天地分出萬物，萬物又稟有天地。即是說，太極自身即涵有天地萬物之象，其散開後，成爲天地萬物，天地萬物又分有太極之氣。這樣，便將氣論納入本體論的體系。

朱震提出的氣本論，到了明代，經過蔡清、羅欽順、黃佐等人的闡發，至明末清初的方以智和王夫之達到了高峰。方以智依其父方孔炤的氣本論，以體用一原的思維模式，系統地論述了本體和現象的關係。他們以理氣合一爲體，象數爲用；或以大一爲體，大二即陰陽爲用；或以先天爲體，後天爲用；或以絕待爲體，對待爲用，總之，以大一或理氣合一爲太極，以大二即陰陽二氣和天地萬物爲有極，提出太極即在有極中，一在二中，先天在後天中，絕待在對待中等命題，論證了本體和現象融而爲一而不容分割。如其父論先後天說：「先天不能不後天」，「止盡後天，即是先天，無先無後，無容辭矣。」（《周易時論合編·繫辭下》），以下凡引該書只注篇名）是說，作爲先天的健順之理，總是寓於後天卦象之中，如水味即寓於清濁等水中。方以智發揮說：「先天爲一，今時爲多，舍多無一，舍今時安有先天耶？」（〈大畜〉）先天指誠的境界，「今時」指後天的學習，意謂離開多學多問，別無所謂誠的境界。關於大一和大二，方以智說：「十六卦相互攝入，萬理具備，謂之大二，其彌之者謂之大一。然舍大二，豈有大一哉？」（〈說卦〉）意謂先後天八卦之陰陽爻象，相互包涵，此即大二，而太極之一，即彌滿於大二之中，所謂「同時即具」，亦無先後之分。關於絕待與對待，方孔炤說：「絕待即在對待中。聖人即形象之天地，知無形象之天地。」（〈繫辭〉上）「絕待」，指本體，無陰陽對立，自身無形象，但即在一切有形有象的對待之中。關於太極和有極的關係，方孔炤說：「易故自碎其太極以爲物物之卦爻，一貫者，即一是多，即多是一也。」（〈凡例〉）方以智發揮說：「太極踐卦爻之形，於穆踐禮樂之形」（〈繫辭〉上）是說，卦爻象乃太極自身的散開，太極爲一，卦爻象爲多，二者相互包涵，太極散爲萬象，其自身本無增減，如同無聲無臭的「於穆」之天即體現在禮樂生活中一樣。故方孔炤論二者的關係說：「不落有無之太極，即在無極有極中，而無極即在有極中。」（《圖象幾表》）方以智發揮說：「費象即隱無象，費形即隱無形，因知不落有無之太極，而太極即踐卦爻之形矣。」（〈繫辭提綱〉）無極指太極無形象，爲卦爻象和萬象之所以然。有極指卦爻象和個體物象有其規定性，太極指作爲卦爻象和萬象的本原，既非虛無，亦非個別的有，故說「不落有無」。但太極統率無極和有極，即存於有極之中。方氏還以「微之顯」和「費而隱」解釋二者的關係，認爲太極作爲萬象之所以然，即隱藏在萬象之中，或者說，太極自身即涵蘊著差別之象，其展開則爲萬象，如其所說：「故深表兩間之所以然曰太極。而太極之所以然，原自歷然。」（〈圖象幾表〉）按此說法，無極或太極同有極亦無時間上的先後之別，此即「寂歷同時」。

以上所論，集中到一點，就是認爲本體和現象世界相互涵蘊，離現象世界，別無本體世界。方以智引述其家學的論點說：「道之生物，非若祖父子孫也，生之而與之同時者也。」（〈繫辭〉上）不僅同時，而且與萬物「同體同處」。總之，道與萬物融爲一體，既無時間上先後之分，亦無空間上內外之別，更無創造者與被創造者之分，所謂「無先後，無能所，無內外」。方以智發揮說：「急於明一，則姑置睹聞之天地倫物，而會通不睹不聞天地倫物耳。歸實，則止有此天地倫物之森然序別也。」（〈序卦〉）是說，太極之一作爲現象的本體，非獨立自存的實體，而是寓於現象之中，因爲只有天地倫物，即有形有象的個體事物是唯一客觀存在的實體，他舉核仁爲例，加以說明。核仁入土而生枝幹花葉，核仁雖不復存在，但未消失，其生長的功能即寓於全樹之中，所以全樹葱蔚。由此得出結論說：「既知全樹全仁，不必避樹求仁也。」（《通雅·文章薪火》）是說，本體即溶化於現象之中，離現象別無本體。其所說的太極之一，指理氣合一體，而理又浸沒於氣中，依賴於氣，這樣，方氏終於建立起氣學本體論的形上學。關鍵在於方氏家族自覺地運用體用一原的原則，解釋太極同萬象的關係，而且對此原則作了新的闡發。此原則，在程朱理學中，重體而輕用，主體立而後用行，雖然體又在用中，而方氏將此原則的重心移到用上，強調離用無體。如方孔炤說：「即用是體」（〈繫辭〉上），「欲離春夏秋冬，豈有歲乎」（〈凡例〉）。方以智所說：「望君子悟不住之一，故舍體而言用。」（〈繫辭〉上）「知體在用中乎：知至體大用在質體質用中乎」

（〈圖象幾表序〉）。此種體用觀，肯定現象世界是唯一客觀存在的世界，此外，並無獨立自存的本體世界。就形上和形下的關係說，則主張無形而下之器，即無形而上的道。就認識論說，則主張由用達體，即費知隱，即器求道，因物明理，用方以智的話說，「質測即藏通幾」。此是一種唯物主義學說，具有科學思維的內涵，是方氏本體論的一大貢獻，對王夫之的氣本論起了一定影響。

王夫之是宋明時期氣本論的殿軍，他也是「體用一原」說的闡發者。他提出「無其器則無其道」，「象外無道」等命題，認爲道或理作爲事物的本質或規律即存在於形形色色的個體之中，存於現象之中。王氏此論，一般哲學史的著作皆有評介，不再多述。這裡，僅介紹一下其太極觀。他以「太和絪縕之氣」解釋太極，關於太極同天地萬物的關係，他提出「太極有於易以有易」的命題，並以「體用相涵」論證了這一命題。認爲太極和儀象非父生子的關係，「是生兩儀」之生乃生起之義，即太極之全體表現或展開則爲儀象，太極爲體，儀象爲用，或太極爲密，儀象爲顯，所謂「唯聖人即顯知密」（《內傳・繫辭》上）。所謂體用密顯關係，不是說先體而後用，先密而後顯，而是相互涵蘊。他說：「體用相函者也」，「體以致用，用以備體」（《外傳・繫辭》上）。所謂「相函」即相資相成，互相依賴，如車爲體，乘爲用，凡可乘處，皆有車之體，總之，體用同時而有。由此，他進而認爲，太極同天地萬物也是體用顯密關係，即是說，天地萬物乃太和絪縕之氣自身的顯現，太和之氣作爲本體即寓於天地萬物之中。如其所說：「萬物之生成，俱神爲之變易，而各含一絪縕太和之氣。」（《正蒙注・太和》）是說，萬象皆來於太和之氣的變易，但又各具有太和之氣，因所稟有的分劑不同，故又有差異。即是說，太極本體同萬象亦是相互涵蘊的關係，一爲密，一爲顯，而密即在顯中。如其所說：「自其氣之沖微而未凝者，則陰陽皆不可見；自其成象成形者言之，則各有成質而不相紊。」（《內傳·發例》）是說，無形之氣同有形之物，合而爲一體；就其共性說，無形象可見，就其成爲個體事物說，又各有其規定性。按此說法，天地萬物皆具有太和之氣，故太和之氣又擁有天地萬物。此即其所說「太極有於易以有易」（《外傳·繫辭》上）。「易」，指儀象和儀象的總合。「有於易」，是說太極爲萬象所固有；「有易」，是說太極又具有萬象。以此論證，太極作爲本體，不在萬象之先，亦不在其上，總之，無時間上的先後順序。可以看出，王氏的太極觀，除以太和絪縕之氣解釋太極的內涵外，更爲重要的是，以天地萬物各有太極本體，說明世界的同一性；以萬物所稟有的太和之氣的分劑不齊，說明世界的差異性；以天地萬物爲太極本體的顯現，說明同一性自身含有差異性，而同一性即寓於差異性之中，整個物質世界是同一性與差異性的統一。進而論證現象之外無本體，離形而下的世界，別無形而上的世界，較爲正確地回答了世界統一於物質性的問題，從而對氣學本體論作出重大貢獻。而這一成果，是在其「體用相函」的思維模式下取得的，從而將程朱派的理本論轉變爲氣本論。值得注意的是，他同方以智一樣，重視個體事物及其現象。就道器關係說，他提出「天下惟器」；就體用關係說，他主張「從其用，而知其體之有」，從而改造了程朱派的體用觀，完成了氣學本體論的體系。因此，我們可以得出這樣的結論：「體用一原，顯微無間」乃中國本體論哲學的重要思維方式，不同於西方哲學中的本體論的思維，即強調體用即本體和現象的對立，具有濃厚的辯證思維的內容，即辯證地處理了一類事物的內涵和外延，一般和個別的關係，這同易學發展的歷史是分不開的。

（《中國哲學史》，一九九二年第一期）

王夫之論主觀和客觀

今年是王夫之逝世二七〇周年。王夫之是我國十七世紀的一位偉大的唯物主義者，他所處的歷史環境正是明清之際階級矛盾和民族矛盾都十分尖銳化的時期，而且民族矛盾又成了當時社會的主要矛盾。在反清的民族鬥爭中，他堅定地站在愛國主義的立場，在困苦的環境中一直堅持了戰鬥，表現了對外來的侵略者毫不妥協的反抗精神。在明末農民大起義的刺激下，他不滿意豪強權貴勢力和封建專制主義的腐敗的統治，反對封建貴族和豪強地主的土地兼併及其對農民的超經濟的剝削，希望做到耕者有其田，緩和地主階級和農民的矛盾。按照他所提出的解決土地問題的辦法，土地私有制更加深化了，農民的人身依附大大削弱了，這在客觀上正反映了後期封建制衰落時期社會經濟發展的趨勢。但是，他並不同情農民革命，一般說來，他對工商業者也是鄙視的。他的社會政治觀點，基本上沒有超出當時的地主階級改革派的要求。王夫之從愛國主義和地主階級改革派的立場，考查了明王朝滅亡的教訓，認爲其中一個主要原因是脫離實際的道學唯心主義的流行。這樣，使他在哲學上，便跟維護封建貴族和豪強地主統治的唯心主義的體系對立起來，在反清鬥爭的實踐中，走上了唯物主義的道路。

如果說，漢代戰鬥的無神論者和唯物主義者王充，通過反對宗教神秘主義的鬥爭，對先秦以來的哲學發展作了一次總結，王夫之也可以說，通過反對宋明以來的道學唯心主義的鬥爭，對魏晉以來的哲學發展作了一次總結，從而對中國古典唯物主義哲學的發展作出了重要的貢獻。他的唯物主義的哲學不僅批判地繼承了前輩的唯物主義傳統，而且和明代以來科學知識的發展也有著一定的聯繫。他在反對唯心主義的鬥爭中，不只是一般地提出和闡述了唯物主義的命題，而且又著重地從自然現象和社會現象以及日常生活所接觸到的事實中，有力地論證和豐富了唯物主義的命題。他的唯物主義是具有戰鬥性的，富有積極的進取精神，和當時的民族鬥爭以及實際生活有著密切的聯繫。他的哲學著作是十分豐富的，他所提出的哲學問題也是多方面的，對許多問題的回答，代表了中國古典唯物主義哲學發展的高峰。

從他反對唯心主義鬥爭的情況看，一般說來，對道家和佛教唯心主義體系的批判，是堅定的、徹底的；對宋明道學中陸王一派的唯心主義的批判，是比較堅定和徹底的；但對宋明道學中程朱一派的唯心主義的批判，是不徹底的，而且做了很大的讓步，從而造成了他的唯物主義哲學的一個嚴重的缺點。他比較勝任地完成了反對主觀唯心主義鬥爭的任務，但並沒有完成批判程朱派的客觀唯心主義的任務。這種情況，歸根到底是受他所代表的階級利益制約的。

這裡僅就王夫之哲學中的一個基本問題——關於主觀和客觀的關係，談談他在反對唯心主義鬥爭中的貢獻及其局限性。

一

主觀和客觀的關係問題，是哲學中的基本問題。一切唯心主義都企圖混淆主觀和客觀的差別，以主觀代替客觀，從而陷入把思維看成是第一性的，把物質看成是第二性的，甚至於否認物質存在的謬論。就魏晉以來的唯心主義哲學流派說，佛教唯心主義提出了「三界唯心所現」，「萬法唯識」等說法，露骨地宣稱客觀世界是主觀意識所引起的假象，企圖論證世界和人生的虛幻。道家唯心主義鄙視主觀作用，提出了「絕聖棄智」，「忘言忘象」等說法，宣揚一種因循自然的宿命論；另一方面，又引導人們去追求一種神秘的精神境界，虛構出一種「虛無」的本體，作為客觀世界存在的根據。在宋明以來的道學唯心主義哲學中，陸王一派主觀唯心主義者，把人的道德意識絕對化，虛構出一種先驗的道德觀念體——「良知」，認為一切事物都存在於個人的主觀意識中，宣稱「心外無物」、「心外無理」；程朱一派的客觀唯心主義者，又把事物的規律和道德規範絕對化，虛構出一種脫離具體事物獨立存在的抽象的觀念體——「理」，認為客觀世界是「理」的體現，宣稱「理得於天而具於心」。所有這些說法，都在於從不同的角度把主觀加以誇大和歪曲，以主觀吞併客觀，從而為鞏固封建的統治秩序服務。因此，擺在唯物主義者面前的一個嚴重的任務，就是嚴格地把主觀和客觀區別開來，從各方面來論證客觀世界是獨立於主觀而存在的，正確地處理主觀和客觀的關係，才能徹底地摧毀唯心主義。從魏晉以來中國唯物主義哲學的發展看，一個唯物主義者，對這個問題的處理，愈接近正確，對唯心主義的批判，就愈顯得有力，否則，在不同的程度上便被唯心主義所俘虜，甚至最終陷入了唯心主義的泥坑。

在反對魏晉以來的各種唯心主義體系的鬥爭中，王夫之以前的唯物主義者，在區別主觀和客觀的問題上，曾做出了一些貢獻。例如明代的唯物主義者羅欽順，在反對佛教唯心主義和陸王派的主觀唯心主義的鬥爭中，比較有意識地接觸到這個問題。他認爲人心只是人所具有的知覺作用，人又只是萬物中的一物，人心是小的，天地萬物是大的，天地是永恆存在的，人心是隨著生命的死亡而消滅的，因此，人心絕不能造化萬物。他指出主觀唯心主義的錯誤，就在於「洞見天地人物，皆在吾性量之中，而此心可以範圍天地，則是心大而天地小矣，是以天地爲有限量矣。」（〈困知記〉）在這裡，他區別了主觀和客觀，論證了客觀世界獨立於主觀而存在的命題。但他所作的，僅僅是從本體論的角度，區別了主觀和客觀，並沒有把這個唯物主義原則應用到認識論方面，也沒有闡述主觀和客觀的相互關係，從而對唯心主義作了很大的讓步。就中國古典哲學說，明確地提出主觀和客觀的關係問題，並且把處理這個問題的唯物主義的原則，推廣到認識論的領域，比較全面地論述了二者的互相關係，從而有力地揭露了唯心主義，特別是主觀唯心主義的錯誤，這要歸功於十七世紀的唯物主義者王夫之。

王夫之關於主觀和客觀問題的分析和論證，是在直接反對佛教唯心主義、道家唯心主義和陸王派的主觀唯心主義的鬥爭中提出來的。在他的哲學著作——《尙書引義》中，有三篇文章討論了主觀和客觀的關係，這三篇文章是〈堯典一〉、〈仲虺之誥〉和〈召誥·無逸〉。特別是最後一篇，集中地論述了主觀和客觀的區別，批判了唯心主義。這裡，根據這三篇文章所提供的材料，談談王夫之在這個問題上的主要貢獻。

在《召誥·無逸》中，王夫之通過對《尚書·無逸》中「君子所其無逸」和《尚書·召誥》中「王敬作所不可不敬德」兩句的解釋，提出了主觀和客觀的關係問題。他反對蔡沈《集傳》中的解釋，認爲「無逸」和「敬」是主觀的活動，「所」是客觀的對象；如果把「所」解釋爲「處所」，「君子所其無逸」句，就被說成是「君子以無逸爲所」；「王敬作所」處斷句，就被了解爲「王以敬爲所」；這樣，就混淆了主觀和客觀的區別，倒向了佛教唯心論。關於這兩句話的斷句和文字訓詁上的爭執，就哲學史上的意義說，並不十分重要，重要的是王夫之通過對這兩句的解釋，表達了自己的唯物主義的命題。

王夫之認爲，唯心主義的錯誤在於把主觀和客觀等同起來，以主觀活動代替客觀存在，因此，弄清主觀和客觀的意義，是十分必要的。他借用了佛教哲學中「能」和「所」的範疇，對主觀和客觀的差別，作了界說。他說：「夫能所之異其名，釋氏著之；實非釋氏昉之也。其所謂能者，即用也；所謂所者，即體也，漢儒之已言者也。所謂能者，即思也；所謂所者，即位也；大易之已言者也。所謂能者，即己也，所謂所者，即物也，中庸之已言者也」（〈召誥·無逸〉，《尚書引義》卷五）。在佛教哲學中，「能」指意識的主動的活動，「所」指意識的對象。王夫之在這裡把「所」看成體，把「能」看成用，用體和用的差別說明了主觀和客觀的不同，這是對佛教哲學中「能」和「所」的範疇的一種改造。佛教唯心主義認爲意識的對象，是意識創造出來的，實際上是以「能」爲體，以「所」爲用，而王夫之的解釋，正是把這種關係倒轉過來，這個顚倒本身就含有唯物主義的意義。王夫之又借用了《易經·艮卦象辭》「君子以思不出其位」（又見《論語·憲問》篇），解釋了「能」和「所」的差別。按著這種解釋，「能」指思維活動，「所」指客觀的條件和處境。又《中庸》說：「誠者，非自誠己而已也，所以成物也。」王夫之認爲「己」屬「能」，「物」屬「所」，這又是用主體和外物的關係說明了主觀和客觀的不同。所有這些解釋都表明「能」是主體，是主觀的能動作用；「所」是客體，是外在的客觀世界，不能把二者等同起來。《論語・雍也》說：「知者樂水，仁者樂山。」王夫之解釋說：「仁知能也，山水所也。」（《論語・雍也》）這是對主觀和客觀所作的十分生動的說明。

王夫之進一步依據體和用的關係，論述了主觀和客觀的差別及其聯繫。他說：「境之俟用者曰所，用之加乎境而有功者曰能。」（《論語・雍也》）這是說，客觀（所）是接受主觀作用（用）的對象（境），主觀（能）是主體（用）作用於對象而發生實際效果的能力（功）。這個論點表明，主觀和客觀是對立的，但又是統一的。也就是說，主觀和客觀不能等同，但也不能離開主觀孤立地去看客觀，或離開客觀孤立地去看主觀。這個論點是正確的。王夫之接著又指出，「能」和「所」都是眞實的。他說：「乃以俟用者爲所，則必實有其體，以用乎俟（當作『以俟乎用』）；用而以可有功者爲能，則實有其用。」（《論語・雍也》）這是說，作爲接受主觀作用的「所」（客觀），必須是客觀存在的實體，這樣才能接受主觀的作用；作用於客觀對象的「能」（主觀），在客觀上必須產生實際的效果，這樣主觀的作用才不是空虛的。也就是說，主觀的東西和客觀的東西都不是虛構的。王夫之的這個論點，是對佛教唯心主義所說的「能」和「所」的一種有力地打擊。佛教唯心主義所說的「所」，並不是客觀的存在。按著唯識宗的說法，意識的對象，是「所變」，意識是「能變」；對象是意識的產物，但仍存在於意識之中，由於人們妄加分別，所以才執爲實有。王夫之指出「所必實有其體」，這就和佛教唯心主義的說法根本對立起來。王夫之強調主觀的作用要「實有其用」，是說主觀並不是一種瞑想，要對客觀有所作爲，這又和唯心主義所講的抽象的能動性根本對立起來。從這裡可以看出，王夫之對客觀和主觀都作了唯物主義的理解，這是他反對唯心主義鬥爭的一個貢獻。

王夫之進一步又指出，主觀和客觀雖有差別和聯繫，但是歸根到底，客觀的東西是第一性的，主觀是依賴於客觀的。他說：「體俟用，則固所（當作「所固」）以發能；用用乎體，則能必副其所。」（《論語·雍也》）這是說，客觀的實體雖接受主觀的作用，但主觀的作用畢竟是客觀所引起的（「所固以發能」）；主觀的能力雖然作用於客觀，但必須與客觀的實際相符合（「能必副其所」）。這就是說，客觀是第一性的。這樣，王夫之便把存在是第一性的原則推廣到認識論的領域，達到了主觀歸根到底是被客觀決定的反映論的結論。僅僅看到主觀和客觀的差別及其聯繫，還不就是一個唯物主義者，關鍵的問題在於能否堅持客觀是第一性的原則。從這裡可以看出，王夫之不愧是一個偉大的唯物主義者。從這種唯物主義的立場出發，王夫之最後得出結論說：「所著於人倫物理之中，能取諸耳目心思之用。所不在內，故心如太虛，有感而皆應。能不在外，故爲仁由己，反己而必誠。」（《論語·雍也》）王夫之認爲，客觀的東西表現在人倫物理中，主觀的能力表現在人的感覺和思維活動上；客觀的東西不在主觀之中（「所不在內」），主觀只能反映客觀，不能創造客觀；另一方面，客觀的東西也不會自動到主觀中來，必須發揮主觀的能動性（「爲仁由己」），才能把握著客觀（「反己而必誠」）。

關於「爲仁由己」，他在《尙書引義・大禹謨二》中解釋說：「乃目之交也，己欲交而後交，則己固有權矣。有物於此，過乎吾前，而或見焉或不見焉。其不見者，非物不來也，己不往也。遙而望之得其象，進而矚之得其質，凝而睇之然後得其眞，密而察之然後得其情。……不然，則錦綺之炫煌，施嬙之治麗，亦物自物而己自己，未嘗不待吾審而遽入吾中者也。」這是說，主體必須積極地主動地去考察外物，外物才能被人所認識。從這裡可以看出，在主觀和客觀的關係上，他一方面堅持了存在是第一性的原則，另一方面又重視主觀的能動作用。這樣，就比較正確地解決了主觀和客觀的關係問題。

根據以上的論點，他深刻地揭露了主觀唯心主義的錯誤。他揭露佛教唯心主義體系形成的過程說：「乃釋氏以有爲幻，以無爲實，唯心惟識之說，抑矛盾自攻而不足以立。於是詭其詞曰：空我執而無能，空法執而無所。然而以心合道，其有能有所也，則又固然而不容昧。是故其說又不足以立，則抑能其所，所其能，消所以入能，而謂能爲所，以立其說，說斯立矣。」（《論語・雍也》）他指出，佛教唯心主義的形成，經過了三段的變化：開始時，把一切存在的東西都看成是虛幻的，但另一方面又說心是實有，這在理論上是自相矛盾；其次，爲了克服這個矛盾，進一步又把客觀（所）和主觀（能）都看成是不眞實的假象，但在人的實際生活中，主觀和客觀又確實是實在的，這又發生了矛盾；爲了克服這個矛盾，最後，把主觀和客觀混同起來（「能其所，所其能」），用主觀呑併客觀（「消所以入能」），把主觀當成客觀（「謂能爲所」），從而建立起主觀唯心主義的體系。因此，他批判佛教唯心主義體系說：「惟吾心之能起爲天下之所起，惟吾心之能止爲天下之所止，即以是凝之爲區宇，而守之爲依據，三界惟心而心即界，萬法惟識而識即法。嗚乎！孰謂儒者而有此哉？」（《論語·雍也》）這是說，佛教哲學把意識當成客觀世界，從而得出了主觀意識生滅天地萬物的荒謬的結論。王夫之的這些分析和批判是深刻的，擊中了佛教唯心主義的要害。從魏晉以來反對佛教唯心主義的鬥爭看，如果說，宋代的哲學家張載第一個以唯物主義的立場批判了佛教的主觀唯心主義哲學體系，王夫之是繼張載以後出現的批判佛教唯心主義體系的一位大將。張載對佛教唯心主義的批判，還沒有超出本體論的範疇。例如，他僅認爲佛教的錯誤在於「以六根之微，因緣天地」（《正蒙·大心篇》），而王夫之進一步從認識論領域深刻地批判了佛教唯心主義的虛妄，這就遠遠超過了張載的水平。

王夫之在當時批判佛教唯心主義體系的一個主要目的，在於批判和揭露宋明道學唯心主義體系形成的歷史根源。因此，他在主觀和客觀的問題上，又進一步批判了宋明道學的主觀唯心主義。他說：「今日『以敬作所』，抑曰『以無逸作所』，天下固有所，而惟吾心之能作者爲所。吾心之不能作者爲所，則吾心未作，而天下本無有所，是民嵒之可畏，小民之所依，耳苟未聞，目苟未見，心苟未慮，皆將捐之，謂天下固無此乎？」（《論語·雍也》）這是說，道學家同樣把主觀的東西當做客觀，以爲主觀沒有意識到的，就是不存在的，這樣，在政治上就導致了毫不關心國家存亡和人民疾苦的錯誤。從這裡可以看出，他對主觀唯心主義的批判，是和他的政治觀點緊密聯繫在一起的，因此，他認爲必須把主觀和客觀嚴格區別開來，他提出論證說：「越有山，而我未至越，不可謂越無山，則不可謂我之至越者爲越之山也。」又說：「所孝者父，不得謂孝爲父；所慈者子，不得謂慈爲子；所登者山，不得謂登爲山；所涉者水，不得謂涉爲水。」（《論語·雍也》）在這裡，他通過日常生活中所接觸到的事實，說明了主觀的活動絕不能代替客觀的對象，客觀對象是獨立於主觀而存在的。他所提出的論證是平凡的，但意義卻非常深刻。宋代的道學家陸象山說：「宇宙便是吾心，吾心便是宇宙」，這是以主觀代替客觀。明代的主觀唯心主義王陽明說：「心即天，言心則天地萬物皆舉之矣」，同樣是以主觀代替客觀，從而導出了「離卻我的靈明，便沒有天地鬼神萬物」的謬論。王夫之在這裡所提出的論證，擊中了陸王一派的唯心主義的要害。他在另一部哲學著作——《思問條》中解釋《易繫辭傳》中「天下何思何慮」的話說：「則天下之有無，非思慮所能起滅，明矣。妄者猶惑焉。」（〈內篇〉）所謂妄者，即指陸王一派的主觀唯心論者。

以上是王夫之在〈召誥·無逸〉中對主觀和客觀的關係所提出的論證。在〈堯典一〉中，王夫之又就「己」和「物」的關係，對主觀和客觀的關係作了論述。他指出，如果不能正確地處理主觀和客觀的關係，就會產生四種錯誤。一種錯誤是「以爲非物之必待」，就是說，認爲主觀不能作用於客觀。他論述這種錯誤說：「物自治也，即其不治者猶治也。以文治之而物琢，以思治之而物滑，以恭治之而物擾，以讓治之而物疑。夫物固自治而且治之，是亂物也，則莫若絕聖而棄智。此無他，不明於物之必待也。」（〈堯典一〉，《尚書引義》卷一）這是對道家「因循自然」、「順應外物」，抹殺人的主觀作用的宿命論思想的批判。王夫之指出，客觀是獨立於主觀而存在的，但不能因此得出結論說，主觀對客觀應消極無所作爲。他說：「物自有之待我之先而已矣。乃若琢者，則惟其無文。」這是說，外物是客觀的，但由於它沒有文彩，所以需要人來雕琢。他認爲抹殺人的主觀能動性，就會導致「苟簡以免一日之禍亂，而禍亂之所自生在是也。」(《堯典一》，《尚書引義》卷一)這條批判是深刻的。王夫之又指出，另一種錯誤是「以爲非己之必勝」，就是說，認爲主觀不能改變客觀。他評述這種錯誤思想說：「道不可盡，聖人非盡；時不可一，聖人弗一。是故堯有不令之子，舜有不諧之弟。……堯有不令之子，胡亥之淫，非始皇之失教也。……然則天下者時勢而已矣。此無他，不明於己之所必勝也。」(《堯典一》，《尚書引義》卷一)這是說，人對客觀的形勢是無可奈何的。堯雖然是個好皇帝，但他卻有一個生來品質惡劣的兒子，堯無法改變他兒子的品質，秦始皇也無法使秦二世不淫暴，結果政權讓給了別人，因此，王朝的興亡，只有順應時勢而已。顯然，這同樣是對人的主觀勢力的否定。王夫之批判說：「夫惟不得於天而後己可用也；惟見詘於時而後道可伸也。」(《堯典一》，《尚書引義》卷一)這是說，正因爲客觀形勢對自己不利，所以才更加需要發揮主觀的能動作用，使客觀形勢轉向有利於自己的方面發展，他說：「內取之身，外取之物，因其自然之成能，以坐消篡弒危亡之禍。明乎此，則何爲其不勝。」這是說，把主觀和客觀的有利的條件都能充分發揮出來，危亡的處境是可以消除的。

以上兩點，都是對抹殺主觀作用的宿命論的駁斥。但是，王夫之並沒有因此走向對客觀的否定，相反的，他又有意識地批判了誇大主觀作用以及抹殺客觀存在的唯心主義思想。他指出，還有一種錯誤是「以爲惟己之所勝而無不安」，就是說，只憑主觀努力就可以解決一切。他評論這種錯誤說：「聖人之所爲，天無與授，地無與制，前古無與詔，天下無與謀。可以爲而爲之，聖人已爲矣，可以爲而爲之，我亦爲也。其未爲者，彼之未爲而非不可爲也，非不可爲而我可以爲矣。於是窮無實之文而文淫，馳不度之思而思荒。……此無他，不明於惟己勝者之非可安也。」(〈堯典一〉，《尚書引義》卷一)這是說，人的作爲可以不依據客觀的條件，我想怎麼做，就可以怎麼做，其結果寫文章是華而無實，辨事情是胡思妄想，毫無所得。王夫之批判說：「天無與授，而授之以宜其民；地無與制，而制之以當物；前古無與詔，而考之也必其不謬；天下無與謀，而徵之者必其咸服。明於其故，如寒裘而暑葛也。」(〈堯典一〉，《尚書引義》卷一)這是說，人的所做所爲，雖不是天地安排的，但自己的行爲總不能違背人民的利益和事物的法則；自己的言行，雖無古訓可循、衆人參謀，但檢驗起來，總要合乎客觀的道理和衆人的要求，這就是說主觀的努力要依據客觀的條件。最後，王夫之指出，還有一種錯誤是「以爲絕物之待而無不可」，就是說，把客觀和主觀都拋棄掉。他表達這種錯誤理論說：「物非待我也，我見爲待而物遂待也。執我以爲物之待而我礙，執物以爲待我而物亦礙。徇物之華，文以生妄；逐物之變，思以益迷……。」這是說，主觀不必作用於客觀；要求主觀作用於客觀，不僅主觀遭到限制，客觀也遭到限制；一味追求客觀，反而被客觀所迷惑。因此，最好的辦法是「莫若絕待。內絕待乎己，外絕待乎物，絕己絕物而色相以捐，寂光之照，無有不文也。」(〈堯典一〉，《尚書引義》卷一)「絕待」是說，斷絕主觀和客觀的聯繫，實際上是拒絕客觀，去追求一種虛無的精神境界。這正是佛教否定現實生活的理論。王夫之指出，這種理論是叫人們「廢人倫，壞物理，握頑虛，蹈死趣」(〈堯典一〉，《尚書引義》卷一)，是極端荒謬的。他批判說：「此無他，不明於物之不可絕也。且夫物之不可絕也，以己有物；物之不容絕也，以物有己。己有物而絕物，則內戕于己；物有己而絕己，則外賊乎物。物我交受其戕賊，而害乃極於天下。」(〈堯典一〉，《尚書引義》卷一)他認爲，人不能和客觀世界斷絕聯繫，人需要外物的支持才能活著（「己有物」），外物被人利用才能繁盛（「物有己」），絕己絕物，實際上是賊害天下。王夫之進一步指出，人的活動根本不可能完全和客觀事物斷絕聯繫，他說：「一眠一食而皆與物俱，一動一言而必依物起。不能充其絕而欲絕之，物且前卻而困己，己且齟齬而自困，則是害由己作，而旋報於己也。」（〈堯典一〉，《尚書引義》卷一）這是說，人的日常生活總是依賴於客觀世界的，想擺脫外物的束縛，其結果反而遭到更大的損害。這樣，便從理論上有力地評擊了佛教和道家唯心主義所宣揚的虛無主義的人生觀。

從以上王夫之對四種錯誤思想的批判中可以看出，他同樣比較正確地處理了主觀和客觀的關係問題。他一方面批判了宿命論，一方面又駁斥了唯心論。他堅持了唯物主義的立場，但沒有倒向消極無爲的宿命論；他強調主觀的能動作用，又沒有陷入唯心論，這同樣是王夫之的一個貢獻。

王夫之在〈仲虺之誥〉中，又就「心」和「事」的關係，闡述了主觀和客觀的聯繫。他認爲，客觀事物是獨立於人的主觀而存在的，但必須和人的「耳目口體」相接觸，被人所感知，才可以叫做「事」。他說：「不接於吾之耳目口體，天下非無事也，而非吾之所得制，非吾之所得制，則六合內外固有不論不議者矣，則非吾事矣。」（〈仲虺之誥〉，《尚書引義》卷三）這是說，客觀事物能被人所掌握，才能成爲主觀作用的對象，對人才有實際意義。他還認爲，人的思維——「心」，通過感覺器官才能發揮主觀的能動作用，才能叫做「心」：「不發而之於視聽言動，吾亦非無心也，而無所施其制，無所制，則人生以上固有不思不慮者矣，是尚未得爲心矣。」（〈仲虺之誥〉，《尚書引義》卷三）依據以上的了解，王夫之進一步說明了「心」和「事」的關係。他認爲，外在事物的特徵在於向主觀接觸，心的特徵在於去掌握外在的事物：「於事重用其所以來，於心重用其所以往」（〈仲虺之誥〉，《尚書引義》卷三）；就外在的事物說，要重視心對它的控制；就心說，要重視接受外在事物的約束：「於事重用其心之往，於心重用其事之來」（〈仲虺之誥〉，《尚書引義》卷三）。王夫之指出，心和事的這種關係不能顚倒過來，否則，要犯嚴重的錯誤，他說：「於其往而游於虛，於其來而制以機；往而曲以避物之來，來而巧以試心之往，以反爲動，以弱爲用之術也。」（〈仲虺之誥〉，《尚書引義》卷三）這是說，心有所往，但脫離客觀實際（「游於虛」），結果拒絕外在事物的到來；事有所來，以機巧或消極的辦法去應付，如道家所講的以柔勝剛，以靜制動，又抹殺了心控制外物的作用。王夫之認爲，這就是老子所說的「以反爲動，以弱爲用」，這是違背事情的眞實情況的。因此，他提出了正確對待心和事的態度：「其往也，極其用而不忒；其來也，順以受而不逆；夫是之謂建中也。」（〈仲虺之誥〉，《尚書引義》卷三）「極其用而不忒」，是說心應充分發揮能動的作用，但要合乎事物的實際情況，不發生差錯；「順以受而不逆」，是說，事物到來，應該接受，但又不能違背內心的正義的要求。王夫之認爲，心之往和事之來，都各有其限度，不超過其限度，就是「建中」。因此，他又說：「夫民受天地之中以生者也。耳目口體，形著於實，受來以虛；視聽言動，幾發於虛，往麗於實；其互相入者，有居中以宰之者也。」（〈仲虺之誥〉，《尚書引義》卷三）這是說，感官是有形的實體，其作用能接受外來的事物，所以又是虛的；感覺的作用雖然是虛的，但它去認識外界的時候，卻又依賴於實際事物，王夫之認爲這也是一種「中道」。依據以上這些觀點，他指出，放縱心思（「因其往而往之」）和因循外物（「因其來而來之」），是錯誤的；禁止心的活動（「於往而禁其往」）和遺棄外物（「於來而忘其來」）也是錯誤的，這實際上是對佛教和道家的唯心主義的一種抨擊。總之，王夫之認爲主觀和客觀也是互相制約的，主觀的活動受客觀的約束，客觀事物又受主觀的控制，他借用《尚書．仲虺之誥》中的話說，就是「以義制事，以禮制心」。只看到心的能動作用，從而脫離客觀實際，以至於拒絕和外物接觸，在認識論上要倒向唯心主義，在人生觀上要陷入禁欲主義。反之，如果抹殺心的主動作用，聽客觀事物任意擺佈，在認識論上要陷入爬行主義以及神秘的直覺主義，在人生觀上要流於縱欲主義，這就是王夫之在反對佛教、道家和道學唯心主義的鬥爭中所達到的結論。這個結論基本上是正確的。

從以上這些材料看，王夫之對主觀和客觀的關係所作的分析和論證，就中國古典哲學說，達到了最高的水平。他一方面堅持了客觀是第一性的唯物主義原則，另一方面又相當重視主觀對客觀所起的反作用，他對主觀和客觀的論證，具有樸素的辯證唯物主義的性質。正因爲如此，在他的哲學體系中，對許多問題的處理，都超過了前輩的唯物主義者的水平。

王夫之所以比較正確地處理了主觀和客觀的關係問題，這和他的政治實踐聯繫在一起的。他感到明王朝的滅亡，是由於統治階級脫離實際，不關心人民的疾苦和國家的興亡；特別是通過反清鬥爭的實踐，深刻地覺察到面向現實的嚴重意義；因此，他要求尊重客觀，反對主觀瞑想。另一方面，他又是一個愛國主義者，要求改革現狀，反對因循保守，積極地抵抗外族的侵略，又使他不能不重視人的主觀的努力。從哲學戰線上看，爲了批判主觀唯心主義的體系，他必須堅持唯物主義的原則；爲了駁斥道家學說中自然主義的宿命論，又不能不強調主觀的能動作用。他揭露了唯心主義在主觀和客觀問題上所犯的錯誤，但是他又從唯心主義的體系中，特別是佛教唯心主義的體系中，批判地吸取了有用的思想材料，所有這些，使他對主觀和客觀的分析，終於作出了卓越的貢獻。

王夫之對主觀和客觀的論證，並沒有超出樸素的直觀的性質。他對主觀和客觀的關係所作的具有唯物主義性質和辯證因素的分析，也不是建立在近代的科學基礎上的。他所了解的主觀能動性，還不是指人的變革現實的社會實踐。但是，他通過生活的直觀，在反對主觀唯心主義的鬥爭中，天才地觀察到主觀和客觀的辯證的統一關係，而且唯物主義地處理了二者的關係，這對馬克思主義以前的舊唯物主義者來說，是一個了不起的成就，和西方近代的資產階級的機械唯物論比較起來，王夫之在這個問題上，超過了他們的水平。

二

以上所講的，只是王夫之對於主觀和客觀問題的了解的一個方面，也是他的哲學思想的一個主要方面。但是，從反對程朱派的客觀唯心主義鬥爭的這一方面看，他對這個問題的處理，就顯得軟弱無力了，以至於對程朱派的理論作了很大的讓步，終於使自己陷入了唯心主義。

關於主觀和客觀的關係，表現在宋明以來的哲學問題中，有兩個方面：一個是心和物的關係問題，一個是心和理的關係問題。對前一個問題的解決，王夫之做出了貢獻，如前面所說的；對後一個問題的解決，王夫之卻沒有完成任務。心和理的問題，就自然觀方面的意義說，是主觀和客觀規律的關係問題；就社會歷史觀方面的意義說，是社會意識和社會制度、社會規範的關係問題。關於心和理的問題，王夫之在反對主觀唯心主義的鬥爭中，在一定程度上，也表現了唯物主義的見解。例如，他認爲人心是氣的產物，具有知覺的作用，所謂理，是客觀事物具有的規律，他說：「萬物皆有固然之用，萬事皆有當然之則，所謂理也。」（《四書訓義》卷八）關於心和理的關係，他說：「以本言之，則天之化生，而理以生心，以末言之，則人以承天，而心以具理。」（《讀四書大全》卷十）這是說，就心的來源說，心是氣（天）化的產物，氣化是有規律的，氣化的規律，叫做理，所以說「理以生心」；另一方面，人心形成以後，又可以把握事物的理，所以說「心以具理」。這就是說，心和理並不是一件事。根據這種觀點，他駁斥了陸王派的「心即理」的說法，他說：「理以生心，故不謂心即理，諉之則任之天；心以具理，尤不可謂心而即理。」（《四書訓義》卷八）王夫之指出，說「心即理」，會導出兩種錯誤：「心外無理」和「理外無心」。關於「心外無理」，王夫之認爲，這是佛教的「唯心之說」的翻版，這種說法是站不住的。他論證說，如果有一個人沒有兒子，他不會發生愛子的心，但不能因此說，天下沒有父慈之理（《四書訓義》卷八），這也就是說，父慈之理是離開個人的心而存在的。他這條駁斥，具有合理的因素，肯定了社會規範和道德規範並不是人心隨意創造出來的。他還駁斥佛教唯心主義的「萬變不出吾宗」的說法說：「天之有日月風雨也，吾其能爲日月風雨乎？地之有草木金石也，吾其能爲草木金石乎？……彼皆有理以成其事。謂之理即吾宗之秩序者，猶之可也，謂彼之事一吾宗之結構運行也，非天下之至誕者敢信其然哉？」（《續春秋左氏傳博議》卷下）所謂「吾宗」，即個人的心。王夫之認爲，天地萬物都有自己的規律；如果說，天地萬物的規律和人心的規律相一致，還不算錯；如果說，天地萬物的規律都是人心創造出來的，那就十分荒謬了。因此，他得出結論說：「有即事以窮理，無立理以限事。」（《續春秋左氏傳博議》卷下）「即事窮理」，是說向客觀事物本身中尋找事物的規律；「立理限事」，是說主觀虛構出一種規律，強加在客觀事物的身上。王夫之認爲後一種方法是錯誤的，在這裡他表現了唯物主義的立場。

陸王派所說的「心即理」和「心外無理」，同樣是混淆了主觀和客觀的區別，以主觀代替客觀，用來論證封建的倫理綱常出於人的內心要求，從而爲封建制度的永恆性作辯護。王夫之在反對這種唯心主義的鬥爭中，在相當大的程度上堅持了區別主觀和客觀的原則，認爲事物的規律是客觀的，主觀只能認識客觀規律，不能創造客觀的規律。但也可以看出，他在處理這個問題時，並沒有著重從反映論的觀點，批判陸王一派的關於「心即理」的虛構。他所著重指出的是主觀不能創造客觀規律，而沒有指出人對客觀規律的認識只能從客觀世界中來，從而對陸王學說的批判又表現了相當大的弱點。陸王一派的「心外無理」的說法，在認識論上是露骨地宣揚天賦觀念說。因此，作爲一個唯物主義者，必需徹底地堅持反映論，才能徹底駁倒陸王一派的理論。從上面的材料看，王夫之並沒有這樣做，他所說的「理以具心」，不僅意味著主觀把握客觀，也意味著人心具有事物的理，也就是說，客觀的規律，也存在於主觀之中；他說的「理即吾宗之秩序」，也有這種意義。因此，他認爲陸王派的說法，也有一定的合理成分，正如他自己所說：「以云心外無理，猶之可也。」（《讀四書大全》卷十）這是對主觀唯心主義的鬥爭作了讓步。

王夫之所以對主觀唯心主義作了讓步，其主要的原因，是由於他沒有能夠擺脫程朱派學說的影響。王夫之對程朱派的客觀唯心主義體系的批判，曾做出了一定貢獻，特別是在自然觀方面。例如，他關於理和氣、道和器所作的唯物主義的論證，肯定了物質世界是永恆不滅的，物質世界的變化是有規律的，而規律存在於具體事物之中，從而有力地駁斥了程朱派把事物的規律和規範說成是脫離物質世界和具體事物獨立存在的謬論。但是，在認識論方面，特別是關於心和理的問題，他終於作了程朱派的俘虜。

關於心和理的問題，程朱派的基本論點，用朱熹的話說，就是「理得於天而具於心」。他們認爲，事物的規律是從天來的，不是人的主觀意識任意安排的，是獨立於個人而存在的，這就是所謂「理得於天」。另一方面，他們又認爲每個東西都是理的體現，就人說，事物的規律也體現在人的意識之中，這就是所謂「理具於心」。就前一個論點說，程朱一派在表面上區別了主觀和客觀，認爲個人的心不能創造客觀的規律，但是他們卻把規律了解爲脫離具體事物而存在的實體，這樣的實體實際上是頭腦中虛構出來的觀念，這就倒向了客觀唯心主義。就後一個論點說，程朱派又把主觀和客觀混淆起來，認爲主觀意識本來包藏客觀規律，實際上是說，人對客觀規律的認識也是天賦的。從這一方面看，程朱派和陸王派就沒有什麼大的區別了。就前一個論點說，王夫之批判了程朱派的「天即理」的說法，指出理是氣化的規律，是不能脫離具體事物而存在的（見《讀四書大全》卷十），另一方面又批判地吸收了其中關於主觀不能創造客觀規律的合理因素，堅持了唯物主義。就後一個論點說，王夫之承認了程朱派的「理具於心」的說法，又離開了唯物主義的原則，陷入了唯心主義。

王夫之說：「萬物皆有固然之用，萬事皆有當然之則，所謂理也。……具此理於中而知之不昧，行之不疑者，則所謂心也。以心循理，而天地民物固然之用，當然之則，各得焉，則謂之道。……故理者人心之實，而心者即天理之所著所存者也。」（《四書義訓》卷八）這一段關於心和理的說法，基本上是程朱派的論點。這是說，理是萬物所固有的規律，但又存在人的心中，心能遵循心中的理，就可以把握著萬物的規律，理是充實心的，心是理存住的處所。這正是「理具於心」的說法。因此，他認爲能盡心，就可以窮理。他接著說：「蓋萬事萬物之理，無非吾心之所固有，特不能盡吾心之知以知之，盡吾之行以行之……而事物之所遺者多矣。」又說：「天下無心外之理，而特夫人有理外之心。以心循理，心盡而理亦盡。」（《四書義訓》卷八）認爲萬物萬事的規律也是人心所固有，這就混淆了主觀和客觀的界限，背叛了反映論，承認了天賦觀念說。

王夫之承認了「理具於心」，是和他反道學唯心論的不徹底性聯繫在一起的。宋明道學家一般都區別道心和人心，認爲天理（封建道德）來於道心，人欲出於人心，宣揚「存天理而去人欲」，使下一等級屈服於封建教條的奴役。王夫之同樣區別了道心和人心，並且作了解釋，認爲道心就是「仁義之心」，人心是「知覺運動之心」，這兩種心是結合在一起的，但又各有自己的作用，他說：「以本體言，雖不可竟折爲二心，以效用言，則亦不可概之爲一心。」（《讀四書大全》卷十）王夫之所說的「仁心」，指道德意識；「知覺運動之心」指一般的意識活動。他認爲道德行爲來於「仁義之心」，道德修養就是通過「知覺靈明」的心，恢復「仁義之心」（《讀四書大全》卷十）。從這種論點出發，他認爲「理具於心」，是說人的「仁義之心」，「具衆理而應萬事」，他說：「聖賢言心，皆以其具衆理而應萬事者言之，豈疑於此肉團之心哉！孟子言此具衆理而應萬事者，則仁以爲之德，而非能知能覺運動之識，即可具衆理，能運能動之才，即可應萬事，不然則物之有其知覺運動者，何以於理昧而於事舛也。」（《讀四書大全》卷十）這是說，人和動物比較起來，都有知覺靈明，但人有道德意識，能使自已的行爲合乎事物的規律和社會規範，而動物卻不能，可見萬理存在人的道德意識之中。他把這個錯誤的論點進一步誇大，又得出了「仁義之心」比「知覺運動之心」更加根本的結論。他說：「仁義自是性，天事也；思則是心官，人事也。天與人以仁義之心，只在心裡面。唯其有仁義之心，是以心有其思之能，不然則但解知覺運動而已，此仁義爲本而生乎思也。」（《讀四書大全》卷十）這是說，人的一般的知覺和思維活動是依賴於人的道德意識的，而道德意識又是天賦的，他企圖用這種說法論證人和動物的區別，這就嚴重地陷入唯心主義。

在人的一般意識以外，虛構出一個「道心」或「仁義之心」，從而論證萬理（主要指封建的社會規範）也存於人的心中，這是程朱派的一個主要思想。宋代的唯物主義者張載認爲在人的「心知」以外，還有一種最高的智慧——「德行之知」，而「德行之知」是不依賴於人的「心知」的，同樣沒有擺脫這種思想的影響。在這個問題上，王夫之也同意了張載的論點，他解釋張載的「合性與知覺有心之名」的話說：「性者道心也，知覺者人心也，人心道心合而爲心，其不得謂之心一理也，又審矣。」（《讀四書大全》卷十）這裡所說的「性」，指仁義的本性，也就是「仁義之心」。在人的知覺思維以外，追求一種先驗的道德的心，這樣的心，事實上是不存在的，只是道學家所虛構出來的東西。從認識的根源說，這是把人的道德意識片面誇大的結果，其目的在於借此宣揚封建道德觀念是天賦的。在反道學唯心論的鬥爭中，王夫之以前的某些唯物主義者，已經開始覺察到這種錯誤，並且對這種錯誤進行了批判。例如，明代的唯物主義者王廷相在反對道學唯心主義的鬥爭時，指出：「世之儒者乃曰：思慮見聞爲有知，不足爲知之至，別出德性之知爲無知，以爲大知。嗟呼！其禪乎！不思甚矣。」（《雅述》上）這是否認有「德性之知」，並且進一步依據反映論的觀點，論證了天賦道德觀念的虛幻（《雅述》上）。在王夫之以後，出現了一位偉大的唯物主義者戴震，在反對程朱派的唯心主義體系的鬥爭中，又提出了「合血氣心知爲一本」的理論，他說：「有血氣，則有心知；有心知則學以進於神明，一本也。」（《孟子字義疏證》卷上）這裡所說的「神明」，指人的理性思維。戴震認爲，人的道德意識只是在人的血氣心知的基礎上高度發展起來的理性思維的一種表現，並沒有脫離血氣心知的「德行之知」，從而有力地打擊了「理具於心」的理論根據。和這些唯物主義者比較起來，在這個問題上，王夫之就顯得十分落後了。

從這裡可以看出，就人的一般意識活動說，王夫之認爲「心如太虛，有感而皆應」，堅持了反映論，比較正確地處理了主觀和客觀的關係問題。但是，他並沒有把這個原則堅持到底，談到主觀對客觀規律的認識，特別是接觸到道德問題，又虛構出來一個超感覺思維的道德的心，肯定了理在心中，放棄了反映論，使他對主觀和客觀問題的處理，又退後了一大步。

王夫之哲學中的這個嚴重的缺點，在其它許多問題上都得到了反映。例如，關於感性認識和理性認識的關係問題，王夫之認爲思維的作用必須要以感覺經驗爲基礎，如他說：「心之情狀，雖其無形無象，而必依所見聞者爲影質，見聞不習者，心不能現其象。」（《正蒙注》卷三）另一方面，他又認爲感覺經驗是有局限性的，對事物的規律的認識要依靠理性思維，如他說：「故星日之明，雷霆之聲，爲耳目可聽睹，而無能窮其高遠；太虛寥廓，分明可見，而心知固不能度，況其變化難知者乎？知耳目心知不足以盡道，而徒累之使疑爾。」（《正蒙注》卷四）但是，他並沒有正確解決理性認識的問題。他把「德性之知」，也看成是理性認識，認爲人心生來就具有一種認識宇宙根本原理的本能，它是不依靠感覺經驗的，他說：「見聞可以證於知已知之後，而知（指「德性之知」）不因見聞而發。德性誠有而自喻，如暗中自指其口鼻，不待鏡而悉」（《正蒙注》卷四），這又陷入了唯心主義和神秘的直覺主義。又如，關於格物和致知的關係問題，他一方面認爲格物才能致知：「遞推其先，則曰在格物；格物而後知至」（《大學補傳衍》），表現了唯物主義的見解；另一方面，他又認爲，有些知識，特別是關於道德知識的獲得，是不需要依靠格物的：「吾心之知有不從格物而得者……孝者不學而知，不慮而能，慈者不學養子而後嫁，意不因知，而知不因物，固矣」（《讀四書大全》卷一），這又陷入了唯心主義。又如，關於知行的關係問題，他說：「且夫知也者，固以行爲功者也。行也者不以知爲功者也。行焉可以得知之效也，知焉未可以得行之效也。……行可兼知，而知不可兼行。君子之學，未嘗離行以爲知也，必矣。」（《尚書引義》卷三）。他認爲知和行是有區別的，但又互相聯繫的，行可以使知更加明確和正確，但知卻沒有行的效果，不能代替行。這是把行擺在第一位的唯物主義的見解。但他所強調的只是已知的東西要依靠行的檢驗，對於未知的東西，行就軟弱無力了。他認爲，關於道德的知識，並不是從行中來的，因此，他沒有看到行是知的起點，沒有將行是第一性的唯物主義原則貫徹到底，也就沒有解決知行的關係問題。

從以上這些材料看，關於主觀和客觀的關係問題，王夫之在認識論方面，表現了唯物主義的和辯證的觀點，但是，由於他在道德問題的領域中，陷入了唯心論，又使他在認識論方面的唯物主義思想不能貫徹到底，從而造成了他的唯物主義哲學體系的嚴重缺點。就當時中國唯物主義哲學發展的水平看，這個缺點，是可以避免的。作爲一個反道學唯心論的戰鬥的唯物主義者來說，這個缺點，也不是不能克服的。但是，王夫之卻沒有完成他應該完成的歷史任務，這的確是令人深思的事情，這個原因只能從他所代表的階級性中得到解答。

王夫之的哲學，是在明清之際階級矛盾和民族矛盾尖銳化的歷史條件下形成的，在民族的鬥爭中，他是個愛國主義者，但是，就農民和地主階級的矛盾說，他對明末的農民大起義是敵視的。他認爲當時社會上有兩大界限，絕不能混淆，一條是民族的界限，一條是階級界限。他說：「天下之大防二：夷狄華夏也，君子小人也。」（《讀通鑒論》卷十四）關於君子和小人的區別，他說：「君子之與小人，所生異種。異種者，其質異也；質異而習異，習異所知所行蔑不異焉。」（《讀通鑒論》卷十四）這是說，君子和小人是生來兩種不同的人。關於「小人」，他明確地指出，一是「農圃」，一是「商賈」；所謂「君子」，也就是地主階級了。他認爲君子和小人的界限，不可混亂，「亂則人理悖」，他說：「嗚呼！小人之亂君子，無殊於夷狄之亂華夏，或且玩焉，而孰知其害之烈也。」（《讀通鑑論》卷十四）這實際上是對明末農民大起義的一種反動。因此，他力圖維護封建的秩序，以鞏固地主階級對農民的統治。

要求封建時代的地主階級知識分子同情或支持農民革命，這是不現實的。王夫之的問題，並不僅在於他不同情農民革命，而在於他過分地強調了君子的地位不可侵犯，過多地對勞動人民採取了鄙視的態度。正因爲如此，使他在哲學上，終於對維護封建制度的程朱學說作了妥協，在反道學唯心論的鬥爭中表現了不徹底性。他所以要區別道心和人心，承認了「理具於心」的說法，其目的在於辨別君子和小人，論證君子是社會上的特殊階級。他在《讀四書大全》中發揮孟子的「從其大體爲大人，從其小體爲小人」的思想說：「耳目不思而亦得，則其得色得聲也，逸而不勞，此小人之所以樂從。心之官不思則不得，逸無所得，勞而後得焉，此小人之所以憚從。釋氏樂將現量而取耳爲圓通，正小人懷土懷惠，唯逸乃諺之情，與徵聲逐色者末雖異，而本固同，以成乎無忌憚之小人也。」（《讀四書大全》卷十）這段話的意思是說，小人不懂仁義，不運用心思，一味追求聲色物欲，所以重視耳目等感官的活動，而君子懂得仁義，肯用心思，所以不受耳目感官的迷惑。他認爲佛教哲學宣揚世界依賴於感覺（「現量」），反而助長小人追求物欲。這種思想，反映在認識論上，就表現了對感覺經驗的輕視，並且虛構出一種「仁義之心」或「德行之知」，宣稱封建的社會規範存在人的心中，要求勞動人民安分守己，以鞏固地主階級的利益，這就是王夫之陷入唯心主義的階級根源。

三

總起來說，在主觀和客觀關係的問題上，王夫之比以前的唯物主義者作出了貢獻。他的貢獻是在反對唯心主義的鬥爭中取得的。這表明唯物主義和唯心主義的鬥爭是哲學發展的規律之一。從王夫之反對唯心主義的鬥爭中，可以看出，作爲一個唯物主義者，能否嚴格地區別主觀和客觀，堅持唯物主義的原則，是一個帶有根本性的問題。列寧引證普列漢諾夫的話說：「對於唯心論，沒有主體就沒有客體；對於唯物論，客體不依賴於主體而存在著，並且或多或少正確地被反映在主體的意識中。」（《唯物論與經驗批判論》，第一〇八頁）王夫之對於客體不依賴於主體而存在這一唯物主義的基本原則，曾作出了許多有價值的論述，但是，他並沒有將這個原則堅持到底，特別是在道德問題的領域中，在社會意識和社會存在的問題上，他不能前進了，從而陷入了唯心主義。還可以看出，作爲一個唯物主義者，在認識論方面，能否徹底堅持反映論，又是考驗自己的唯物主義立場的一個關鍵性的問題。王夫之沒有將反映論貫徹到底，特別是在理性認識問題上，表現了很大的弱點，終於陷入了唯心主義。正因爲如此，使他對主觀能動性的了解，也不能不帶有局限性，他肯定了「德性之知」，又把主觀能動性神秘化了。從王夫之反對唯心主義的鬥爭中，還可以看出，不將反映論堅持到底，是不能徹底駁倒唯心論的。他比較深刻地批判了主觀唯心主義的體系，但由於對客觀唯心主義的體系作了讓步，從而也就不能出色地完成批判主觀唯心主義的任務。所有這些，都是王夫之在反對唯心主義鬥爭中留給我們的寶貴的教訓。

王夫之沒有完成的歷史任務，到了十八世紀，被另一個偉大的唯物主義者戴震完成了。戴震在反對當時的官方哲學體系——程朱理學的鬥爭中，深刻地揭露了程朱派的客觀唯心主義體系的認識論的根源及其反動的社會作用，特別是集中地批判了程朱派的「理具於心」的唯心主義理論，在認識論方面，堅持了反映論，唯物主義地解決了理性認識問題，否定了天賦道德觀念論，在反道學唯心論的鬥爭中表現了高度的徹底性。戴震所以能夠完成這個歷史任務，這是和十八世紀中國社會經濟的發展聯繫在一起的。在當時，資本主義萌芽有了增長，又一次醞釀著農民革命的風暴，戴震站在被壓迫階級的立場，對封建的等級制度表現了強烈的不滿，對人民群衆遭到的痛苦表現了更多的同情，從而使他在哲學上能夠完成王夫之所不能完成的任務。如果說，王夫之的哲學代表了地主階級改革派的利益，那麼戴震的哲學更多地代表了當時新興市民階層和一部分社會下層群衆的利益。從王夫之到戴震的唯物主義哲學的發展，深刻地表明唯物主義也是和先進的階層和先進的社會集團的利益聯繫在一起的。這又是哲學發展的一條規律。

（《北京大學學報》，一九六二年第五期）

戴震倫理學說述評

前　言

戴震是我國十八世紀的唯物主義哲學家，也是封建時代著名的進步的倫理學家。在哲學上，他繼承和發展了宋明以來唯物主義的傳統，比較堅定地同宋明道學唯心論，特別是程朱理學進行了鬥爭，其對唯心主義的批判，標誌著我國古代哲學的終結。在倫理學領域，他以唯物主義學說，考察和分析了倫理學中的問題，對封建時代的倫理觀的發展，做了一次較爲系統的總結。他不僅尖銳地揭露和批判了封建正統派倫理學理論上的錯誤及其對社會的危害，而且提出了新觀點，開我國近代倫理學說的先河。研究戴震的倫理學對了解古代倫理思想的發展，總結我國優秀的文化遺產以及建設新的精神文明都有重要的意義。

戴震的哲學和倫理學的形成有其社會根源。他生活在雍正、乾隆時期。此時，由於社會生產力的發展，特別是商品經濟的發達，資本主義萌芽有所增長，表面上呈現出繁榮氣象，同時又醞釀著新的危機。土地兼併，日趨激烈，大批農民破產流亡。封建勢力竭力掠奪社會財富，壓制民間工商業的發展。封建統治階級和農民、市民的矛盾激化了，貧苦農民的抗租鬥爭彼伏此起，市民階層特別是手工業工人也展開了擺脫封建壓迫的鬥爭。清王朝爲了維護走向衰亡的封建制度，除使用暴力鎮壓各族人民的反抗外，在思想文化領域，一味強化封建專制主義的統治，不僅大力表彰程朱理學，爲壓制新思想的封建禮教作辯解，而且大興文字獄，殘酷迫害具有反清意識和民主觀點的知識分子。在這種高壓政策的統治下，戴震作爲進步的和酷愛眞理的思想家，挺身而起，不畏強暴，在哲學上高舉批判理學的旗幟，抨擊了清王朝的高壓政策和腐朽的封建統治。他在其著作《原善》結尾中說：

在位者多涼德而善欺背，以爲民害，則民亦相欺而罔極矣。在位者行暴虐而竟強用力，則民巧爲避而回遹矣。在位者肆其貪，不異寇取，則民愁苦而動搖不定矣。凡此，非民性然也，職由於貪暴而賊其民所致。亂之本，鮮不成於上，然後民受轉移於下，莫之或覺也，乃曰民之所爲不善，用是而仇民，亦大惑矣！

意思是說，居上位的不講道德，以欺詐禍害百姓；強用暴力，對人民進行野蠻統治；逞其貪欲，如強盜一般掠奪財富；人民只有採取各種辦法與之鬥爭，甚至挺而走險，進行暴動了。戴震警告說，人民的反抗，並非其本性不善良，而是由那些權貴勢力的殘酷壓迫造成的。所謂「亂之本，鮮不成於上」，就是說，官逼民反，民不得不反。這段沉痛的控訴，不僅揭露了封建統治者的僞善面貌及其醜惡的行徑，並且充分肯定了人民反抗鬥爭的正義性。因此，他把其倫理學的著作，稱爲「原善」，即原百姓人民之善，察貴族、官僚之惡。正是基於這種立場，他探討了與人民疾苦相關的倫理學問題，進而研究了作爲其理論基礎的哲學問題，能夠突破封建正統觀念，使他成爲一位傑出的戰鬥的唯物主義哲學家。

戴震勇於向封建等級壓迫和封建理學挑戰，同他個人的身世和生活處境也是分不開的。他生長於工商業發達的安徽休寧，出身貧寒，青少年時期做過商販，由於刻苦學習，積累了淵博知識，後來靠教書維持生活。他出身微賤，遭到豪強勢力的迫害和歧視，六次參加進士考試，都沒有被錄取。晚年被召為《四庫全書》的纂修官，負責歷算、天文、地理等書籍的校訂和整理。他對自然科學造詣頗深，十八世紀自然科學的進步，對其唯物主義哲學的形成起了一定的影響。他大部分生活是在貧困中度過的，沒有功名，卻是一位大學問家。由於他青少年時期，隨父行商，往來各地，受迫害後又過著長期的流離生活，對民間疾苦，感受較深，對社會下層的不幸及其反抗精神，十分同情。因而在哲學上，特別是倫理學的研究上，敢於同當時佔統治地位的思想體系決裂，探討新問題，從而做出了新貢獻。戴震的哲學和倫理學是我國封建社會末期階級矛盾複雜化和尖銳化的產物，反映了十八世紀新興的但又十分軟弱的市民階層反抗封建統治和等級壓迫的要求和願望。

戴震哲學著作的代表作是《孟子字義疏證》，此書經過多次易稿而成。其初稿為《原善》寫於一七六六年，內容的重點是講人性問題，但其哲學、倫理學的基本觀點已經形成。後來在此文稿的基礎上寫了《緒言》。同《原善》相比，此稿從人性問題推廣到本體論和認識論的探討，尤為突出的是直接批判了程朱理學唯心論的體系。後來又加以修訂，成為《孟子私淑錄》，表明其哲學、倫理學是繼承和闡發孟子的傳統。最後於一七七七年臨死前，修訂為《孟子字義疏證》一書。從《原善》到《疏證》經歷了十一年。《疏證》同以前的文稿相比，有兩點值得注意。一是就此書的內容說，從批判程朱理學唯心論進而譴責了理學在倫理生活和政治生活中產生的危害作用，控訴理學是「殘殺之具」，即以理殺人，抨擊了清王朝推行的高壓政策。他臨終那年給段玉裁的信中說：「僕生平著述最大者爲《孟子字義疏證》一書，此正人心之要。今人無論正邪，盡以意見誤名之曰理而禍斯民，故《疏證》不得不作。」（《戴東原集·年譜》）此書對唯心論的評論，對唯物主義思維路線的貫徹，顯得更加成熟和深刻，對前稿中受唯心主義影響的觀點，如《緒言》中以仁義禮智四德根於人心說法，作了清理和刪改，堅持了反映論。二是就此書的體例說，採取對《孟子》一書中字義解釋的形式，來闡述其哲學和倫理學的體系。如將其觀點分別納入「理」、「天道」、「性」、「才」、「道」、「誠」、「權」、「仁義禮智」等條目下加以論述。其所以採取這種文字考據和訓詁的形式，除不滿意宋學解經「緣詞生訓」、「流而爲鑿空」（《戴東原集·古經解鈎沈序》）外，也有其客觀的原因。當時，清王朝爲了推行其文化專制主義，禁錮人們的頭腦，不僅大興文字獄，不允許指責理學。而且大力提倡考據學（被稱爲漢學），引導知識分子埋頭於一字一物的考證，不問政治。戴震是當時考據學的大師，皖派漢學的奠基人，主張「由字以通其辭，由詞以通其道」（《文集·與是仲明論學書》），即通過文字訓詁闡明經書中的義理，不是唯漢是從。他也沒有因從事訓詁和考據之學而逃避現實鬥爭，而是利用漢字的形式，通過對儒家典籍字義的解釋，譴責理學，評論時政。這也是乾嘉時代其他漢學家所不能比擬的。此書雖名爲《孟子字義疏證》，但其所依據的思想資料，並不限於《孟子》一書。其中對《論語》、《大學》、《中庸》、《易傳》和《禮記》中的辭句，皆有解釋和發揮，其目的在於表明程朱派的解釋，不符合儒家經典的原意，從而論證程朱理學非孔孟之正統，用來打擊清王朝奉程朱理學爲官方哲學的統治政策。這是此書名爲《孟子字義疏證》的主要原因。他對儒家典籍的解釋，敢於打破宋儒的舊框框，在經學史上有創新的意義。以注釋儒家經書文句的形式，表達自己的觀點，甚至用來建立自己的理論體系，這是兩漢以來儒家學者共同遵循的學風。戴震作爲十八世紀的進步思想家，儒家陣營中的著名學者，在著述的形式上，不能打破經學的傳統，這又是歷史的局限。

由於戴震的哲學、倫理學的著述，是以解釋儒家的經典，特別是《孟子》書中字義的形式寫成的，因此，我們在研究戴震的哲學著作時，要注意以下兩點：其一，戴震對儒家典籍中文句和字義的解釋是有選擇的，其選擇的標準，或者是便於論證自己的觀點，或者是基於同程朱派辯論的需要。如其論人性，常援引《孟子．盡心》中「形色，天性也」，可是對《孟子》書中的「良知」、「良能」說，既不引用，也不評論。因此，不能將戴震的學說只看成是對孟子思想的發揮和繼續。其二，其對儒家典籍中字義的解釋，實際上是對儒家哲學和倫理學中的概念、範疇、命題的解釋。戴震自認其解釋符合經典的本義，如他所說：「懼學者蔽以異趣也，復援據經言疏通證明之。」（《原善》上）實際上是按他自己的觀點作了疏證，有些解釋，甚至與原意相反。如《孟子》以「誠」爲「天道」，可是，戴震則以「氣化流行」的過程解釋之，從而把孟子的天道觀視爲氣論哲學的先驅，這當然不符合歷史實際。因此，我們讀戴震的哲學著作時，要研究戴震的解釋與孔孟的異同，將戴震的疏證置於他所處的歷史條件下加以考察，方能見出其學說的特點和貢獻。

《孟子字義疏證》既是一部哲學著作，也是一部倫理著作。其學說在我國哲學史上和倫理學史上都有重要的意義。就哲學史說，由於他受了明清以來自然科學發展的影響，重視分析的方法，探求事物的性質和概念的異同，在《疏證》中揭露了唯心主義本體論的認識論的根源及其政治上的危害性，有力地打擊了程朱理學的客觀唯心論，完成了王夫之未能完成的任務。就倫理學史說，其意義有以下幾點：

㈠從《原善》到《疏證》所討論的核心問題是理欲關係。這是一個老問題，先秦時代便提出來了。到了宋明時代，道學家大講理欲之辨，無論是理學派還是心學派，都宣揚「存天理，滅人欲」的說教，將理欲對立起來，爲封建專制主義的統治提供理論根據。宋明以來的進步的思想家都不贊成道學家的理欲之辨，在反對封建禁欲主義的鬥爭中，形成兩種理論傾向。一是以明代功利派李贄爲代表的「人必有私」說，以私心私欲爲人的天性，把封建的道德規範看成是對人性的壓制，揭露了道學家鼓吹的仁義道德的虛僞性，但在理論上都走上了重人欲而輕倫理的個人主義。一是以王夫之爲代表的「理寓於欲」說，一方面認爲天理不能脫離人欲，反對欲外求理；一方面又認爲離理無欲，天理應該統率人欲。其理欲觀，具有調和論的傾向，沒有擺脫道學家說教的影響。戴震批判地繼承了宋明以來進步思想家的理欲觀，將理欲統一起來，以「情之不爽失」爲理，既反對了道學家的禁欲主義，又揚棄了功利派的個人福利主義，在理論上做出了超越前人的貢獻。

㈡戴震的理欲觀是建立在其人性論的基礎上的。關於人性問題的辯論，先秦時代便展開了。到了宋明時代，道學家繼承了孟子的性善論，把規律性的和理性的東西神化爲天理，以天理爲人性的本質，以感性的活動爲惡的根源，或崇理而薄情欲，或尊心而賤耳目，鼓吹超感覺的唯心主義唯理論，爲其理欲之辨提供理論根據。相反，同道學家相對立的功利學派則繼承了先秦告子「生之謂性」說的傳統，以感性和欲望爲人性的本質，如清代的顏元和李塨，以耳目之欲爲「天性」，以男女之欲爲「天理」，反對了道學家以氣質爲惡的性善論，但又倒向了輕視理性的感性主義。在人性問題上，戴震一方面繼承了顏李學派的傳統，以血氣心知爲人性的本質，同時又批判地吸取了孟子尊重理性的思想，揚棄了功利派的感覺主義，以感性和理性的結合，說明人性的本質，將古代的抽象人性論推向新的水平。戴震在哲學上仍舊是一位樸素唯物主義者，但其對道德現象的觀察和分析，有些結論，同歐洲法國十八世紀的唯物論和德國的唯物主義者費爾巴哈的觀點是一致的，倫理學史上佔有重要的地位。

㈢秦漢以來的儒家倫理學說大都把等級主義作爲道德的基本標準，宋明道學家把這一原則宣布爲「天理」，用程顥的話說：「天理如此，豈可逆哉。」（《遺書》卷十一）公開爲等級制度的合理性作辯護，論證君權、父權和夫權神聖不可侵犯。戴震作爲儒家學者則著重闡發了先秦孔孟特別是孟子提出的仁愛學說和民本觀念，第一次以自己的倫理學說論證了等級壓迫的不合理性，控訴封建理學是「以理殺人」。並提出「達情遂欲」說，作爲道德的基本準則，企圖將個人利益同社會成員的利益結合起來，宣布人生來具有求生存的平等權利。其「達情遂欲」說，到近代發展爲人道主義，同黃宗羲對君權的批判一樣，開近代民主觀念的先河。其倫理學說可以說是我國近代啓蒙思想的先驅。

㈣戴震的倫理學說是在中國的資本主義因素尚處於萌芽的狀態，市民階層的勢力還十分軟弱的歷史條件下產生的，有其時代和歷史局限性。就其理論思維說，雖然企圖以唯物主義學說解釋人的道德生活，但沒有也不能突破抽象人性論的傳統。他不懂得道德生活的社會性及其賴以形成的經濟基礎，因此在同程朱派的論戰中也表現了其自身無法克服的弱點。就其倫理學的社會意義說，只反對等級壓迫和歧視，並不反對等級差別和等級制度，還沒有從反對等級壓迫中引出近代的平等觀念，其對封建的道德規範和禮教仍持保留的態度，同近代史上啓蒙思想家譚嗣同等人的倫理觀相比還有很大的差距。但是戴震的倫理觀畢竟提出了一些新東西、新問題，後爲近代的民主主義者繼承下來。這表明中國近代的新道德、新思想，同中國的資本主義一樣，並非全是外來品或只是歐美近代觀念的移植，也有自己的民族的傳統。但這一傳統，不是像某些人所說出於宋明道學家的「道統」及其心性學說，恰恰相反，而是來源於同唯心主義道學家相對立的流派，即功利學派和唯物主義流派。

一、論人性的本質

戴震的人性論可以稱之爲「血氣心知」說，此說是針對程朱派的人性論而發的。程朱派的哲學是理本論。其以理爲世界的本原，以氣爲構成世界的物質材料，主張理爲氣本或理主宰氣。此種哲學是把物質的規律和事物的規則看成是先於或脫離物質而存在的獨立實體，用戴震的話說，「以虛語夫不可譏議指爲一物」（《緒言》上），即把形容事物必然性的概念視爲實體，以其爲物質世界的本原，是一種客觀唯心論的本體論。此種本體論，表現在人性論上，認爲人性由理氣結合而成，理成爲人的道德本性，稱之爲「天命之性」或「義理之性」；

氣成爲人的氣質之性，指肉體所有的生理、心理、情欲等自然屬性。但人之所以爲人，即人和動物的區別，不在於氣質之性，而在於義理之性。即是說，人的本質屬性，不是氣質之性而是義理之性，此即「性即理」說。理學家認爲義理之性是善的，氣質之性是惡的根源。按其理爲氣本的說法，義理之性是氣質之性的主宰者，其使命是使氣質之性不流爲人欲或私欲，以此說明人的道德行爲基於義理之性。此種人性論，實際上是把封建的道德規範和道德觀念看成是脫離人的自然屬性在天上什麼地方存在的實體，把道德行爲看成是此種實體在人類生活中的現實化。總之，以人的本質屬性爲天理的化身，宣揚唯心主義的人性論。宋明以來的功利學派和唯物主義者都不贊成這種人性論，反對區分義理之性和氣質之性，如明代的唯物主義者王廷相，明清之際的王夫之，清代的功利學派顏元和李塨，只承認有氣質之性，認爲離開氣質之性，別無義理之性。總之，以氣質之性即人的自然屬性爲人的本質屬性，以氣質之性爲人類道德行爲的基礎，從而批判了唯心主義道學家鄙視氣質之性，特別是以人欲爲惡的說教。戴震的人性論就是繼承了這一傳統，如戴望於《顏氏學記》中所說：「乾隆中，戴吉士震作孟子緒言，始本先生此說言性，而暢發其旨」（〈習齋一〉），進一步同程朱派的人性論展開了大辯論。其論點有：

㈠血氣心知，性之實體

人性是怎樣形成的呢？戴震繼承了宋明以來以氣爲世界本原的唯物主義傳統，認爲人的生命和人的本性同天地萬物一樣，來於氣化的過程。他說：

> 道，猶行也。氣化流行，生生不息，是故謂之道。《易》曰：「一陰一陽之謂道。」〈洪範〉：「五行，一曰水，二曰火，三曰木，四曰金，五曰土。」行亦道之通稱。……《大戴禮記》曰：「分於道謂之命，形於一謂之性。」言分於陰陽五行以有人物，而人物各限於所分以成其性。（《疏證．天道》）

又說：

> 在氣化曰陰陽，曰五行，而陰陽五行之成化也，雜糅萬變；是以及其流形，不特品物不同，雖一類之中又復不同。凡分形氣於父母，即爲分於陰陽五行；人物以類滋生，皆氣化之自然。（《疏證．性》）

他以「氣化流行」解釋「道」或「天道」，本於張載「由氣化，有道之名」（《正蒙．太和》）和李塨的「陰陽之氣之流行也，謂之道」（《周易傳注．繫辭上》），即不以道爲實體，而以其爲氣化的過程。戴震則以陰陽五行之氣爲道之實體。此種解釋是反對程朱派的理爲氣本說。其引《大戴禮記》文，見《本命》。「一」，戴震理解爲一類事物的共性。此處是以氣化的觀點解釋《禮記》文，認爲天地萬物包括人類都是從陰陽五行之氣分化出來的，氣化的過程，複雜萬變，其形成個體事物，又千差萬別，不僅有類的不同，類之中又有種的差別，其種屬的差別便成爲人和物的本性。戴氏此論，一方面說明人物皆依陰陽五行之氣而成性，故其性即是氣質之性；另一方面又指出，人物的氣質之性又各有差別，即各有自己的特性，講人性和物性，必須看到其間的差異。其在《緒言》上說：「如飛潛動植，舉凡品物之性，皆就其氣類別之。人物分於陰陽五行以成性，舍氣類更無性之名。醫家用藥，在精辨其氣類之殊。不別其性，則能殺人。」據此，他指出程朱派論性，其錯誤在於不懂得人性乃人所特有的氣質之性，從而別立義理之性爲人性的本質。他說：「知其性者，知其氣類之殊，乃能使之碩大蕃滋也。何獨至於人而指夫分於陰陽五行以成性者，曰『此已不是性也』？豈其然哉！」（《緒言》上）可以看出，戴震論性，首先把人看成是自然物中的一物，同其它自然物一樣，有其共同的物質屬性。但人作爲自然物中的一類，又有其特性，此特性乃人所具有的物質的特性，此即他所說的「知其性者，知其氣類之殊」。這種對物性和人性的分析是同明清以來自然科學發展的水平相適應的。對物品進行分類，深入研究其特性，在當時已成爲新的風氣。李時珍的《本草綱目》就是分類研究物質特性的典範。戴震的「精辨其氣類之殊」的論點，顯然是受了當時自然科學，特別是醫學發展的影響。

人類同其它物類相比，又有什麼特性呢？戴震提出「血氣心知」說，說明人所稟有的氣質之性的特點。他說：

> 人分於陰陽五行以成性，而其得之也全。喜怒哀樂之情，聲色臭味之欲，是非美惡之知，皆根於性而原於天。其性全，故其材亦全，材即形氣之爲耳目百體而會歸於心也。（《緒言》上）

此是說，人所稟有的陰陽五行之氣最爲完整，所以人的氣質之性不同於其它自然物。具有情、欲、知三方面，構成了人性的內容，其表現在體質即形體上，則爲耳目感官和思維的能力，此即人的材質，亦即孟子所說的「天降之才」。性和才是一致的。戴震此論，在於說明人性又是人的肉體器官所具有的本性。人所具有的情、欲、知，戴震歸之爲「血氣心知」。他說：

> 人生而後有欲，有情，有知，三者，血氣心知之自然也。給於欲者，聲色臭味也，而因有愛畏；發乎情者，喜怒哀樂也，而因有慘舒。辨於知者，美醜是非也，而因有好惡。（《疏證・才》）

戴震認爲，人生來就有血氣心知，故稱其爲「自然」。有此血氣心知，故有耳目聲色之欲，喜怒哀樂之情，辨別美醜是非之智。按此說法，人之所以爲人，在於有血氣心知。此即他所說：「性者，分於陰陽五行以爲血氣心知，品物區以別焉。舉凡即生以後所有之事，所具之能，所全之德，咸以是爲其本，故《易》曰：『成之者，性也。』」（《疏證・性》），引「易曰」見《易傳・繫辭》。此處說的「性」，指人性。認爲陰陽五行之氣，形成人的血氣心知，成爲人的本性，從而同其它自然物區別開來。人的一切活動包括人的道德生活，都是以血氣心知之性爲基礎。由此得出結論說：

> 陰陽五行，道之實體也；血氣心知，性之實體也。有實體，故可分；惟分也，故不齊。古人言性惟本於天道如是。（《疏證・天道》）

此是說，天道即氣化的過程以陰陽五行爲實體，人是氣化的產物，故人性以血氣心知爲實體。凡實體皆可以區分，有區分，則有差別。人和人性的實體是血氣心知，此是人和物區別的標誌。戴震說的「實體」，屬於客觀的物質存在的範疇。他以血氣心知爲人性的實體，在於說明人性不是什麼靈魂或天理的化身，而是人這一物質實體所具有的屬性。由此，他又引出結論說：

有是身，故有聲色臭味之欲；有是身，而君臣、父子、夫婦、兄弟、朋友之倫具；故有喜怒哀樂之情。惟有欲有情而又有知，然後欲得遂也，情得達也。（《疏證·才》）

「是身」，指人的形體即人的肉體。是說，人首先是一肉體的存在物，即由血氣心知構成的存在物。有此肉身方有情欲和心知，方有五倫的關係，方有遂情達欲的道德生活。總之，談人性，首先要看到人是一個有生命的有血有肉的有感覺和思維能力的物質實體，此是人類一切活動的基礎。

可以看出，戴震的人性論或人類觀是把人看成自然的人，特別是生物學意義上的人。其血氣心知說，本於《禮記·樂記》：「民有血氣心知之性。」〈樂記〉出於荀況後學之手，吸收了荀況人性論的內容。但〈樂記〉的作者並不以血氣心知爲人性的本質，而戴震以此爲依據，結合其所掌握的生物學和醫學的知識，考察人的本質，解釋人所稟有的氣質之性的特徵，用來駁斥程朱派的「性即理」說。戴震把人看成是自然的人，雖然沒有揭示出人的本質屬性，但在當時的歷史條件下，卻沉重打擊了唯心主義者神化人性的說教，也是其唯物主義自然觀在人性問題上的表現。

㈡人無有不善

戴震以血氣心知爲人性之實體，此血氣心知之性是善還是惡？或者說，人之善惡同人性有什麼關係？惡是否出於血氣心知之性？這是在同程朱派的辯論中必須回答的問題。程朱派的論點是，人的氣質之性，可以爲善，又可以爲惡，特別是人欲乃惡的根源；如果以氣質之性爲人性的本質，人和禽獸便沒有差別了，不能解釋人類道德行爲的來源。戴震則依據孟子的「人無不有善」說，分析了血氣心知和道德行爲的關係，論證了人性善，即以血氣心知爲道德行爲基礎，駁斥了人欲爲惡說。

關於人的欲望，戴震指出：「欲根於血氣，故曰性也」。（《疏證·性》）認爲欲望來於血氣，所以稱其爲「性」。欲望所以爲人的本性，因爲其功能是向外界吸取養料，滋補血氣，以維持人的生命。所謂「聲色臭味之欲，資以養其生」（《疏證·才》）。他論證說：

五行有生克，生則相得，克則相逆，血氣之得其養、失其養繫焉。資於外，足以養其内，此皆陰陽五行之所爲。外之盈天地之間，内之備於吾身，外内相得無間而養道備。「民之質矣，日用飲食」，自好古及今，以爲道之經也。血氣各資以養，而開竅於耳目鼻口以通之；既於是通，故各成其能而分職司之。（《疏證·理》）

「民之質矣」句，引自《詩經·小雅·天保》。此是說，五行之氣，一方面成爲人體之外的聲色、臭味；一方面又成爲人體內部的血氣。體外的聲色、臭味適合體內血氣的需要，即符合五行相生的法則，血氣便得到資養，此即「外內相得無間而養道備」。所以《詩》說百姓的日用飲食，乃人類生活的基本規則。耳目口鼻等感官是通向體外吸取養料的門戶，其職能是分別吸取聲色臭味以滋補人的血氣。戴氏此論的要點是，物質欲求的滿足是維持生命的手段，而其滿足又是通過感覺器官的職能實現的，所以耳目之求，聲色之欲不能壓制，更不能禁止。據此，他駁斥道學家的禁欲主義說：

> 老釋之學，則皆貴於「抱一」，貴於「無欲」；宋以來儒者，蓋以理說之。其辨乎理欲，猶之執中無權，舉凡飢寒愁怨，飲食男女，常情隱曲之感，則名之曰人欲，故終其身見欲之難制。其所謂「存理」，空有理之名，究不過絕情欲之感耳。……天下必無舍生養之道而得存者。凡事皆有於欲，無欲則無爲矣；有欲而後有爲，有爲而歸於至當不可易之謂理，無欲無爲，又焉有理！（《疏證·權》）

此是說，道學家的無欲說同老釋的無欲說是一致的，都是要斷絕人的情欲之感，使人不得生養之道，殘害人的生命，違反人的本性。他特別指出，道學家的理欲之辨，是把「天理」當作僵死的教條，把「飢寒愁怨，飲食男女」視爲「人欲」，以存理去欲說剝奪人的生養之道。這是對程頤所說的「餓死事極小，失節事極大」的控訴，是爲受壓迫、受奴役的人們爭取生存的權利。他還指出，「理」作爲規範是用來指導人的行爲的，可是一切作爲都基於人的欲求，鼓吹無欲，是要人們無所作爲，其結果又是對「理」的否定。這種批評也是比較深刻的。

道學家的禁欲說，同佛道兩家相比，也有其特點，即以反對私心私欲的形式，宣揚禁欲主義。他們也宣稱飲食男女是人之大欲，甚至說成是天理之一，認爲其所反對的是私欲或私心，私欲總是壞事，會腐蝕人的道德意識。就此而言，戴震將道學家的禁欲說簡單地歸結爲佛道兩家的僧侶主義，主張斷絕情欲，未免言之過激，也可以說是一種失誤。但其目的是反對把下一等級求生存和求發展的欲望視爲私欲，如程頤所說的「餓死事極小」的封建教條，這又是不容抹煞的。針對道學家的這種說教，戴震研究了欲和私的關係，認爲欲和私是兩回事，欲生於血氣，並非壞東西，欲流爲私，才成爲壞事。他說：

> 凡出於欲，無非以生以養之事。欲之失爲私，不爲蔽。自以爲得理，而所執之實謬，乃蔽而不明。天下古今之人，其大患，私與蔽二端而已。私生於欲之失，蔽生於知之失；欲生於血氣，知生於心。因私而咎欲，因欲而咎血氣；因蔽而咎知，因知而咎心，老氏所以言「常使民無知無欲」，彼自外其形骸，貴其眞宰；後之釋氏，其論說似異而實同。宋儒出入於老釋……故雜乎老釋之言以爲言。（《疏證·理》）

按朱熹的說法，天理不明，由於「人欲所蔽」，去人欲之蔽，方能恢復天理。針對此說，戴震提出「欲之失爲私，不爲蔽」。其論點是：欲望的滿足出於生命的需要，欲望自身並無過錯；蔽出於愚昧，即「生於知之失」，與欲無關。而「私生於欲之失」，即不正當的欲求方爲私，不能因責備私而責備欲，進而責備血氣，如同不能因責備愚昧進而責備心知一樣。

以欲爲私，必然走向佛道兩家鄙視形體、貴其精神的出世主義。戴震認爲道學家的禁欲主義同佛道二教一樣，其錯誤在於把私和欲混爲一談。他所說的「欲之失」，指只追求自己情欲的滿足，不關心別人，甚至戕害別人的情欲滿足。如他所說：「欲遂其生，至於戕人之生而不顧者，不仁也。」（《疏證．理》）此不仁之心，即是「欲之私」。在戴震看來，楊朱的「爲我」說，道教的「長生久視」說，佛教的「不生不滅」說，都是以個人的生命和靈魂爲貴，不關心別人的死活，都是出於自私之心。他評論說：

> 人之患，有私有蔽。私出於情欲，蔽出於心知。無私，仁也；不蔽，智也；非絕情欲以爲仁，去心知以爲智也。是故聖賢之道，無私而非無欲；老莊、釋氏，無欲而非無私。彼以無欲成其自私者也；此以無私通天下之情，遂天下之欲者也。（《疏證．權》）

是說，儒家以無私爲仁，並非斷絕情欲，此即「無私非無欲」。可是老釋之徒，口頭上談無欲，實際上不是貪生，便是怕死，「以無欲成其自私」。這種評論，十分深刻地揭露了禁欲主義者打著無欲的招牌以滿足其個人私欲的僞善面貌。這一揭露實質上是對道學家鼓吹的存理去欲說的沉重打擊。以上這些都是論證情欲作爲人性的組成部分，由於其根於血氣，憑依感官，乃維持生命的手段，故不爲惡。

人性的另一部分內容是心知。關於心知，戴震說：

有血氣，夫然後有心知；有心知，於是有懷生畏死之情，因而趨利避害。其精爽之限之，雖明昧相遠，不出乎懷生畏死者，血氣之倫盡然。（《原善》中）。

此是說，一切有血氣的動物都有心知，心知使其有懷生畏死之心，在生活中能趨利避害。心知的活動同欲望一樣，是維持生命的手段。心知又稱爲「精爽」，人同動物的精爽，有明昧之分，但都以血氣爲基礎。這是從生物學的意義解釋「心知」。關於「精爽」，他說：

蓋耳之能聽，目之能視，鼻之能臭，口之知味，魄之爲也，所謂靈也，陰主受者也；心之精爽，有思輒通，魂之爲也，所謂神也，陽主施者也。主施者斷，主受者聽，故孟子曰：「耳目之官不思，心之官則思。」是思者，心之能也。（《疏證·理》）

他以陰魄爲靈，陽神爲魂，本於《左傳·昭公七年》子產語：「人生始化爲魄，既生魄，陽曰魂。」又本於《大戴禮記·曾子天圓》：「陽之精氣曰神，陰之精氣爲靈。」其以耳目爲魄，本於鄭玄《禮記》注。此是說，人稟陰陽二氣而生，二氣之精者，分別形成人的感覺能力和思維能力，成爲人的靈魂。耳目口鼻等官能，因爲出於陰氣，其職能是接受或吸收外物；心之官能，出於陽氣，其職能是對外物進行裁斷和取舍，即孟子所說的「心之官則思」。此即「心之精爽，有思輒通」。按此說法，戴震所說的心知或精爽，就動物說，指知覺能力；就人說，則指思維能力，即知覺能力之大者，如其所說「心之所通曰知，百體皆能覺，而心之知覺爲大」（《疏證·性》）。這又是從生理學和心理學的角度解釋心知。這種解釋，把思維和知覺聯繫起來，說明心知有其生理的基礎，依賴於人的形體，故成爲人性之一。其如此解釋心知，也是針對佛道二教以神識爲性說提出來的。他評論說：

在老、莊、釋氏，就一身分言之，有形體，有神識，而以神識爲本。推而上之，以神爲有天地之本……遂求諸無形無迹者爲實有，而視有形有迹爲幻。在宋儒，以形氣神識同爲己之私，而理得於天。推而上之，於理氣截之分明，以理當其無形無迹之實有，而視有形有迹爲粗。（《疏證·天道》）

是說，佛道二家皆以神識爲人性之本質，視形體爲幻有，進而以神識爲天地之本。此種觀點，「皆起於自私，使其神離形體而長存。其所謂性，所謂道，專主所謂神識爲言」（《疏證·理》）。而程朱派從神識爲性說得到啓發，則把形氣神識看成是同情欲一樣的爲私之物，別立「天理」爲人性的本質，同樣鄙視形體，舍氣質而談人性。按道學家中理學和心學兩派都以「知覺運動」爲氣質之性，認爲同情欲一樣，可以爲善，亦可以爲惡。因其可以爲惡，不承認心知爲人的本質屬性。戴震所論，一方面反對了釋老離形體而談精神；另一方面又抨擊了道學家以心知可以爲惡的說教。總之，他把心知同樣看成是人的自然屬性，所以又稱其爲「心知之自然」。

戴震認爲，正因爲人有心知，人在物質欲望滿足的過程中，能衡量輕重，進行取舍，從而形成人的道德行爲。他說：「性者，血氣心知本乎陰陽五行，人物莫不區以別焉是也。而理義者，人之心知，有思輒通，能不惑乎所行也。」（《疏證·性》）是說，人類靠心知即思維能力，能使其行爲得當，即是理義。又說：「在天爲氣化推行之條理，在人爲其心知通乎條理而不紊，是乃智之爲德也。惟條理，是以生生；條理苟失，則生生之道絕。」（《疏證・仁義禮智》），所謂「心知通乎條理而不紊」，即心知通曉事情的條理，能使人求生存的欲望得到合理的滿足，此即智之德。他論證說：

> 既有欲有情矣，於是乎有巧與智。性之徵於巧智，美惡是非而好惡分。生養之道，存乎欲者也；感通之道，存乎情者也；二者，自然之符，天下之事舉矣。盡美惡之極致，存乎巧者也，宰御之權由斯而出；盡是非之極致，存乎智者也，賢聖之德由斯而備；二者，亦自然之符，精之以底於必然，天下之能舉矣。（《原善》上）

「巧與智」，按上文意，指心知之性能。此是說，有欲則有情，有情則有智，皆出於自然。但心智有分辨美醜的權力，此即「盡美惡之極致，存乎巧者也」；有判斷是非的能力，此即「盡是非之極致，存乎智者也」。總之，能使情欲的活動符合「美」和「是」的原則，使其歸於必然，即符合人類生活的規範。戴震認爲，欲求是通過耳目等感官的活動而實現的。因此，心知的作用又在指導感官的享受遵循一定的規則。他說：「耳目鼻口之官，臣道也；心之官，君道也；臣效其能而君正其可否。理義非他，可否之而當，是爲理義。聲色臭味之欲，察其可否，皆有不易之則。」（《孟子私淑錄》中）「察其可否」，即考察感官的享受是否符合規範，此即心知的職能。心有此職能，人的行爲自然符合理義。由此，得出結論說：

> 欲者，血氣之自然；其好是懿德也，心知之自然，此孟子所以言性善。（《疏證．理》）

這裡，戴震提出了人性善說。其性善說，不是說情欲自身即是善的；而是說，欲望的追求總是受心知的支配，使其得到正當的或合理的滿足。他闡述說：

> 孟子之所謂性，即口之於味，目之於色，耳之於聲，鼻之於臭，四肢於安佚爲之性。所謂人無有不善，即能知其限而不逾之爲善，即血氣心知能底於無失爲之善。（《疏證．性》）

「能知其限而不逾」，指心知能使欲望的滿足不越出其軌道，即符合人類生養之道。此種性善論，並不同於孟子。孟子以人生來具有仁義之心爲善，認爲思維的作用是「求其放心」。至於耳目之欲雖爲天性，但「君子不謂性」（《孟子．盡心下》）。並且認爲耳目感官追求物欲的滿足，總要喪失仁義之心，所謂「物與物交，則引之而已」（《孟子．告子上》）。而戴震則以心知能使欲望的滿足而無過失爲善，認爲心知和耳目不是對立物，而是相反相成；所謂仁義之德是心知指導欲望所結的果實。此種性善論，可以說是對孟子學說的批判地改造。至於人爲不善，在戴震看來，即非由於有欲望，也不是出於有心知，如道學家所說，而是由於不肯學習，心知不開通，即「知之失」，所謂「不擴充其心知而長惡遂非也」（《疏證．性》）。按此說法，惡是後天習慣造成的。他解釋孔子的「性相近，習相遠」說：「分別性與習，然後有不善，而不可以不善歸性。凡得養失養及陷溺梏亡，成屬於習。」（《疏證．性》）是說，

「性相近」，即孟子說的「人無有不善」；「習相遠」，即孟子說的「失其養」或「得其養」。因此，他認爲孟子講性善，不是就物說的，而是就人說的，「性善者，論人之性也」（《疏證・性》）；其講人性善，亦不是說，人之善性初無差等，而是說，任何人都具備爲善的材質，即都有血氣心知，只要盡其才，都可以成爲道德高尚的人，此即「人無有不善」。

總之，戴震講人性善，是從「血氣心知，性之實體」這一命題出發的，其理論意義在於說明血氣心知是人類道德行爲的基礎，反對道學家以善的行爲出於義理之性，特別是反對程朱派的「性即理」說。可以看出，同樣講人性善，卻存在兩條不同的思維路線。這說明倫理學史上的性善論並非都是唯心論的先驗論。同以前的性善論相比，戴震的人性善的學說，充分體現了十八世紀啓蒙思想的先驅者爲受封建壓迫的群衆爭取生存權利的善良願望。

㈢評諸家人性論

戴震依據其血氣心知說，評論了各家的人性論。他自以爲其人性論是繼承孟子的傳統，實際上是打著尊孟的旗幟，以自己的觀點評論各家學說。其基本論點，可以稱之爲「合血氣心知爲一本」，認爲各家的學說，都講二本，都有其片面性。其所謂一本，是說只有血氣心知是人性之實體，而血氣和心知又不可分割，此外別無實體爲人性之本原。其論佛道兩家說：

> 夫人之生也，血氣心知而已矣。老、莊、釋氏見常人任其血氣之自然之不可，而靜以養其心知之自然；於心知之自然謂之性，血氣之自然謂之欲；說雖巧變，要不過

乎血氣心知爲二本。（《疏證・理》）

是說，釋老以心識爲性，追求虛靜，養其心知之自然，排斥血氣欲望，將血氣和心知對立起來，自貴其神而外形體，導致禁欲主義。其評告子的「生之謂性」說：

告子未嘗有神與形之別，故言「食色性也」；而亦尚其自然，故言「性無善無不善」。雖未嘗毀訾仁義，而以桮棬喻義，則是災杞柳始爲桮棬，其指歸與老莊、釋氏不異也。（《疏證・性》）

是說，告子雖不區分神和形，但以食色爲性，崇尚血氣之自然，不懂得心知之自然；結果以仁義爲桮棬，視其爲對自然之壓制，同釋老一樣，「貴其自然以保其生」（《疏證・性》）。甚至不辨氣類之殊，抹煞人和動物的差別。關於荀況的人性論，戴震評論說：

荀子見常人之心知，而以禮義爲聖心。見常人任其血氣心知之自然不可，而進以禮義之必然。於血氣心知之自然謂之性，於禮義之必然謂之教。合血氣心知爲一本矣，而不得禮義之本。（《疏證・理》）

是說，荀況以血氣心知之自然爲性，合乎一本論。但以血氣心知之自然爲惡，認爲禮義出於聖人之心，聖人以禮義制裁常人之性，使其進於善。其結果於血氣心知之外，別立禮義，仍不懂得禮義本於人的自然之性。在戴震看來，古人關於人性的論述，荀子的地位，僅次於孟子。他說：「荀子之所謂性，孟子非不謂之性；然而荀子舉其小而遺其大也，孟子明其大而非舍其小也。」（《疏證·性》）是說，孟荀皆以血氣心知之自然爲性。荀子只看到順其自然則流爲惡，沒有看到禮義亦出於性，此即「舉其小而遺其大」。孟子則知禮義本於心知之自然，但又不否認血氣之自然，此即「明其大而非舍其小」。荀況不如孟子的地方是，以聖人之性獨善，以常人之性爲惡，即「不當遺理義而以爲惡」（《疏證·性》）。總之，不贊成荀況的性惡的說法。從戴震的評論中可以看出，其血氣心知說實際上來於荀況。其對荀子的批評，表明在人性問題上不贊成區別聖人和百姓，這也是對封建正統觀念一種打擊。他還指出，揚雄的善惡混說，韓愈的性三品說，都是受了荀況的人性論的影響。

戴震著重評論了宋明以來儒者，特別是道學家的人性論。他指出孟荀說的血氣心知之性，宋儒則稱之爲「氣質之性」。宋儒承認人有血氣心知之性，不同於釋老以心識爲性，亦不同於告子的以食色爲性；但於氣質之性外，別立一理，以其爲善，歸之於天；以氣質歸於人，以惡出於人心，仍不懂得一本。他評程朱派說：

> 程子、朱子見常人任其血氣心知之自然之不可，而進以理之必然；於血氣心知之自然謂之氣質，於理之必然謂之性；亦合血氣心知爲一本矣，而更增一本。分血氣心知爲二本者，程子斥之曰異端本心，而其增一本也，則曰吾儒本天。如其說，是心之爲心，人也，非天也；性之爲性，天也，非人也。以天別於人，實以性爲別於人也。（《疏證·理》）

是說，程朱派講的氣質之性，包括血氣心知兩方面。就這一點說，亦可以謂「合血氣心知爲一本」。但不承認氣質之性爲道德的本原，以天理落入人心之中解釋人性善，於血氣心知之外，另立一本，從而引出存天理、滅人欲的結論。關於陸王一派的人性論，他評論說：

在老莊、釋氏既守己自足矣，因毀訾仁義以申其說。荀子謂常人之性，學然後知禮義，其說亦足以伸。陸子靜、王文成諸人同於老莊、釋氏，而改其毀訾仁義者，以爲自然全乎仁義，巧於伸其說者也。（《疏證・理》）

是說，陸王派的人性論，來於佛老系統，以心爲性。其所謂心或性，並不排斥仁義，不同於釋老。但認爲心「自然全乎仁義」，即不必學問，仁義本來自足，其結果同釋老一樣，獨守其心，以人欲爲惡，別血氣心知爲二，宣揚禁欲主義。因爲陸王一派的守心說，比較精致，所以說「巧於伸其說」。戴震對宋明以來氣學派的人性論亦有評論，如其評張載說：

張子有見於必然，故不徒曰神而曰神而有常，此其所見近於孔孟而異於釋氏也。然求之理不得，就陰陽不測神以言理，因以是爲性之本源，……則其合虛與氣，虛指神而有常；氣指游氣紛擾，乃雜乎老釋之見，未得性之實體也。（《緒言》下）

是說，張載說的「合虛與氣有性之名」（《正蒙・太和》），其所謂「虛」，指「神而有常」，即有其常理；「合虛與氣」，即理與氣合，異於釋老的人性論。但以虛爲性之本源，以氣化爲性之末流，沒有擺脫老釋以神爲性的影響。戴震認爲，張載以氣化爲道，以陰陽合一不測爲神，都是精闢的見解，所謂「聖人復起，不易斯言」。但以神爲天德，氣外求神則是不對的。張載說的神，就其爲天德說，指氣化的性能，所謂「氣之性本虛而神」（《正蒙·乾稱》），非老釋所說神識之神。戴震所評，出於誤解。但他指出，張載以太虛爲性之淵源，於氣質之性外，追求「天地之性」，不懂得血氣心知之自然乃仁義之基礎，同樣追求二本，這種評論是中肯的。

從戴震的這些評論中可以看出，其人性論的基本觀點是，血氣心知是道德的基礎。血氣心知出於自然，其自身可以導出作爲道德原則的必然，所以人性是善的。

戴震的人性論在倫理學史上有其重要的意義。以下談三點：

1.血氣心知說將先秦告子的「生之謂性」和荀況的「生之所以然者謂之性」，發展到更高的水平。此種人性論，明確認爲人是有生命的物質實體，此實體包括情欲和心知兩方面，而又都依賴於血氣。情欲同感官聯繫在一起，心知又出於「心之官」，即思維器官。感覺和思維都是人的生命要素，也是人維持生命的手段。思維指導感覺向外界吸收養料而無差錯，使欲望得到正當的滿足，即是道德行爲。按此觀點，人、人性和道德並不是什麼神秘的東西，即非靈魂的化身，也非天理的顯現。戴震把人看成是一個有生命的肉體，從自然觀的角度說，這是一種唯物主義學說。他從生理學的角度談人性，即將人性看成是人這一肉體的物質屬性。這同歐洲十八世紀的唯物論和德國費爾巴哈的人性觀是一致的。這種人性論，反對以道德壓制甚至摧殘人的生命，在馬克思主義以前，是批判中世紀封建禁欲主義的有力武器，具有思想解放的進步意義。

2.以人的自然屬性解釋人性的本質，可以稱之爲自然人性論，即戴震所說的「血氣心知之自然謂之性」。這種人性論，在倫理學史上，一般說來不能區別欲和私。它承認情欲是人的本質屬性，往往由此導出個人享樂主義和個人利己主義的倫理觀，從反對封建的禁欲主義走向另一極端。歐洲十八世紀的法國唯物論就具有這種傾向。就中國的歷史說，明代的進步思想家李贄說：「夫私者，人之心也。人必有私，而後其心乃見。若無私，則無心矣。」（《藏書·德業儒臣後論》）認爲即使孔子那樣的聖人也是追求人欲之私。他以私心私欲爲「自然之理，必至之符」（《藏書·德業儒臣後論》），其目的在於揭露道學家的超功利主義的虛僞說教，但由於不能辨別私和欲，結果被其論敵耿定向攻擊爲提倡「人盡夫」、「人盡君」、「人盡父」（《耿天台先生全書·馮道論》）。人性自私說，在反對封建的禁欲主義鬥爭中，有其進步意義，但不能說明人類社會生活的特徵。如戴震所指出的，私其身說，連動物的生活，「同類之不噬」都不能得到說明。戴震作爲古代自然人性論的代表，吸取了前輩的教訓，提出「欲之失爲私，不爲蔽」，捍衛了其中的合理因素，揚棄了其理論上的弱點，從而有力地打擊了封建道學家的禁欲主義說教，這在倫理學史上是少見的。

3.戴震的血氣心知說，在當時的歷史條件下，雖有其進步的意義，但仍舊是抽象人性論的一種形式。他所了解的人和人性，同歐洲的費爾巴哈一樣。是生物學意義上的人，脫離人的歷史性、社會性，考察人的自然屬性，考察人的欲望和心知的活動，從而把人的自然屬性看成是人類道德生活的基礎。這種觀點，把人的次要屬性看成是人性的特徵，並不能說明人類道德生活的泉源。無論是人的感性還是理性的活動，總是受一定的社會歷史條件制約的。

血氣是生命的基礎，但滋補血氣的生活方式，卻依各時代的生產方式而異。人作爲一個有生命的肉體，實際上生活在一定的生產關係中，人的自然屬性不能脫離其所處的生產關係而獨立存在。戴震對人性的考察只停留在「氣類之殊」上。但人類作爲氣類之一，其特性並非如戴震所分析的，是稟有陰陽五行之秀氣或其全體，而是人類能從事勞動生產，在生產關係中形成人的本質屬性，從而同其它自然物區別開來。這是舊唯物主義者包括戴震在內所不能認識的。

二、論道德意識的形成

在戴震看來，人的道德生活基於血氣心知之自然。但人的這種自然屬性怎樣引申出人類的道德生活？這是需要進一步闡明的問題。這一問題涉及到道德判斷的性質，道德意識的來源，屬於傳統哲學中的心性問題，也是宋明以來倫理學家長期爭論的問題。《書經·大禹謨》說：「人心惟危，道心惟微。」區別人心和道心。道學家據此，將人的意識分爲兩種：一是人心，指知覺、思維之心；一是道心，指仁義之心，即道德意識。陸王一派心學認爲，道心即是人心，思維之心即是仁義本心，所謂「此心此理，實不容有二」（《陸九淵集·與曾宅之》），「心一也，人安有二心」（《陸九淵集·語錄》）。心學派不區分人心和道心，實際上認爲人心充滿道德意識，完備無缺；或者說人的知覺、思維之心自然符合道德。程朱理學派則區別人心和道心，於知覺思維之心外，另立一仁義本心，認爲此仁義本心乃天理在人心中的體現，如朱熹所說「人莫不有是形，故雖上智不能無人心；亦莫不有是性，故雖下愚不能無道心」（《中庸章句序》），主張以道心統率人心。理學和心學的說法，雖有差異，但都承認人生來具有仁義本心，都認爲人的道德判斷爲是先驗的、自足的，人生來具有道德意識，以此說明人和動物的區別。道學家的心性學說是對孟子的良知良能說的闡發。這一時期的功利學派和某些唯物主義者則認爲道心基於人心，道心乃人心的產物，離開人心別無道心。如明朝王廷相所說，仁義禮智「皆人之知覺運動爲之而後成也」，「苟無人焉，早無心矣，無心則仁義禮智出於何所乎」（《橫渠理氣辯》），斷言人只有思慮見聞之知，別無什麼「德性之知」（《雅述》）。戴震繼承了這一傳統，認爲離開人的心知，別無仁義之心，道德意識乃心知高度發展的產物，進一步打擊了道學家的先驗論。

㈠人之精爽能進於神明

前面談到，戴震認爲凡有血氣的動物皆有知覺，所謂「有血氣則有心知」。但動物的知覺又有明暗之別，人的心知更不同於動物的心知。他說：「知覺運動者，統乎生之全言之也，由其成性各殊，是以本之以生，見乎知覺運動也亦殊。」（《疏證．理》）是說，同爲生物，由於其性不同，其知覺運動亦不同。他舉例說：「魚相忘於水，其非生於水者不能相忘於水也，則覺不覺亦有殊致矣。聞蟲鳥以爲候，聞雞鳴以爲辰，彼之感而覺，覺而聲應之，又覺之殊致有然矣，無非性使然也。」（《疏證．性》）是說，魚、候鳥、雞鳴的知覺各有差別，這是出於成性各殊。由此認爲，人和動物的差別亦在於知覺。他說：「知覺運動者，人物之生；知覺運動所以異者，人物之殊其性。」（《疏證・理》）人類的知覺又有什麼特點呢？他說：

專言乎血氣之倫，不獨氣類各殊，而知覺亦殊。人以有禮義，異於禽獸，實人之知覺大遠物則然，此孟子所謂性善。（《疏證・性》）

此是說，人的知覺比動物的知覺大而且遠，能通曉禮義，所以說人性善。人類的這種知覺，戴震稱之爲「神明」。他說：「凡血氣之屬皆有精爽，而人之精爽可進於神明。」（《疏證・性》）或者說，人的心知可以擴充爲神明。他說：

就人言之，有血氣則有心知，有心知，雖自聖人而下，明昧各殊，皆可學以牖其昧而進於明。（《疏證・理》）

又說：

有血氣則有心知，有心知則學以進於神明，一本然也。（《疏證・理》）

是說，人的心知，通過學習，可發展爲神明。其論證說：

如血氣資飲食以養，其化也，即爲我之血氣，非復所飲食之物矣。心知之資於學問，其得之也亦然。以血氣言，昔者弱而今者強，是血氣之得其養也。以心知言，昔者

狹小而今也廣大，昔者暗昧而今也明察，是心知之得其養也，故曰雖愚必明。」（《疏證·性》）

引「故曰」文，本於《中庸》。此是說，血氣通過飲食的滋養，由弱而強，心知通過學問的滋養，由暗昧而明察，從而成爲神明。關於神明的作用，他解釋說：「孟子曰：耳目之官不思，心之官則思。是思者，心之能也。精爽有蔽隔而不能通之時，及其無蔽隔，無弗通，乃以神明稱之。」（《疏證·性》）認爲知覺感物總有蔽塞不通之時，而神明出於「心之官則思」，乃思維的高度發展，其對外物的認識，如同日月之光，容光必照，無所蔽塞。由此，得出結論說：

人之異於禽獸者，雖同爲精爽，而人能進於神明也。理義豈別若一物，求之所照所察之外，而人之精爽能進於神明，豈求諸氣稟之外哉！（《疏證·理》）

此處說的「理義」，指對事物義理的認識。戴震認爲，心之神明，有認識事物法則的能力，而且其認識準確無差誤。此即人和動物不同之處。因此，理義不是從天上掉下來的，而是神明所照所察的結果，不在所照所察之外；人之神明是從心知發展來的，亦不在人的氣質之外。

戴震所說的「神明」一辭，本於《易傳》：「神而明之，存乎其人」，荀況所說：「積善成德，而神明自得，聖心備焉。」（《荀子·勸學》）「神明」原指精神的領悟，戴震用來表達認識義理的能力。他將神明同孟子說的「心之官則思」結合起來論述，表明神明乃思維能力高度發展的產物。因此，戴震所說的神明，即今人所說理性。他以火光的強大和明亮形容神明（見下一節），表明理性是人認識事物法則的功能，其自身不是實體，作爲神明實體的是思維器官，即「心之官」。這是從生理學和心理學的角度解釋人的理性，此即他所說的「豈求諸氣稟之外哉」！不僅如此，他還認爲，人類作爲有血氣的動物，其知覺是天賦的，但其心知發展爲神明，則是後天學習的結果。這一論點，極爲重要，表明理性並非如孟子所說的天賦的良知良能。

戴震對理性的解釋，具有重要的理論意義。按朱熹的說法，知覺運動之心即人心，乃人物所共有，而人類所以異於動物者，在於有仁義禮智之心即道心，所謂「蓋徒知知覺運動之蠢然者，人與物同；而不知人仁義禮智之粹然者，人與物異也」（《孟子集注·告子上注》）。此是朱熹注《孟子》對「生之謂性」的批評。認爲告子的錯誤是只知有人心而不知有道心，從而混淆人和動物的差別。戴震認爲，朱熹的注解是對孟子學說的歪曲，也是對告子學說的誤解。他反駁說：「如其說，孟子但舉人物溹之可矣，又何分牛之性犬之性乎？犬與牛之異，非有仁義禮智之粹然者，不得謂孟子以仁義禮智詰告子明矣。」（《疏證·性》）意思是在孟子看來，告子的錯誤，不僅不懂得人和動物的差別，也不懂得動物之間的差別。因爲其差別不在於是否有仁義禮智之心，而在於其知覺運動各有不同，特別是不懂得人的知覺可以進於神明。朱熹和戴震都是以自己的觀點注解孟子對告子的批評。二者的分歧是，朱熹以人心和道心來區分人和動物的不同，戴震則以知覺運動之心來區別人和動物的差異。前者承認人生來就有仁義本心，即天理在人心中的顯現，後者不承認人有獨特的仁義本心，即不承認有先天的道心，所謂道心乃人的知覺發展爲神明的產物。在程朱派看來，人心和道心是對立的；在戴震看來，二者是統一的，即離開人心，別無道心。這種分歧，就其對道德意識的理解說，程朱派認爲思維自身不能成爲道德意識，所謂「人心惟危」，道德判斷力是從天上掉下來的，所謂「道心惟微」。而戴震則認爲人的道德意識是人的思維能力高度發展的產物。人心並不「危」，道心亦不「微」。總之，道德判斷力不是什麼神秘的先驗的東西，而是人類通過後天的學習取得的正確判斷是非善惡的能力。據此，他批判道學家的先驗論說：

> 人之血氣心知，其天定者往往不齊，得養不得養，遂至於大異。茍知問學猶飲食，則貴其化，不貴其不化。記問之學，入而不化者也。自得之，則居之安，資之深，取之左右逢其源，我之心知，極而至乎聖人之神明矣。神明者，猶然心也，非心自心而所得者藏於中之謂也。心自心而所得者藏於中，以之言學，尚爲物而不化之學，況以之言性乎！（《疏證·理》）

「自得之……左右逢其源」句，引自《孟子·離婁下》。此是說，心知靠後天學習成爲神明，如同血氣靠飲食資養日益強大。問學如同飲食，貴在消化，成爲自己所理解的東西，方能取之不盡，用之不竭，由是心知方達到神明的境地。神明如思維之心，不是將自己所得的東西只是藏在心中，如同記憶之學，食而不化；而是加以消化，成爲一種養料，提高自己的性能。這是以飲食和問學爲例，說明心和神明只是人的認識能力，它自身不是什麼實體，藏有事物之理，所謂「非心自心而埋藏於中之謂也」（《緒言》下）。這一論點，就認識論說，即心之神明不具有某種觀念，如程朱派所說「理得天而藏於心」，或如陸王派所說「心即理」；就倫理學說，即心不藏有仁義禮智諸德，其自身也不產生什麼道德觀念，它只是價值判斷的能力。這就有力地批駁了道學家所說的人生來就有仁義之心的先驗論。這是戴震同唯心主義流派鬥爭中所取得的一大貢獻。

戴震取得這一成果，經歷了艱苦的思索過程。他的哲學和倫理學著作，從《原善》到《疏證》，都是打著尊孟的旗號來闡述自己的觀點的。孟子是古代倫理學中先驗論的創始人，以良知良能說影響於後世。宋明道學家說的道心或仁義本心，都是從孟子的良知良能說發展來的。戴震在同程朱派的鬥爭中，以孟子的「心之官則思」理解孟子的良知良能說，將孟子的「理義之悅我心」解釋為心之精爽進於神明，將孟子的「四端」了解為「由心知而生」。總之，將孟子說的天賦的道德本能，皆理解為基於血氣心知的認識能力，如其所說：「人之性善，其血氣心知異於物，故其自然之良，發為端緒，仁義禮智本不缺耳。」（《緒言》中）這種解釋，是對孟學的一種揚棄，從而反對了程朱派別心理為二，以性為理的先驗論。但是這種解釋，同陸王派的心即理說、以心為性說，還難以劃清界限，似乎仍肯定人心自身可以引出仁義禮智等道德觀念，未免帶有心學的痕迹。為了克服這一弱點，他引進了荀況的重學思想，於《疏證》中明確提出「學以進於神明」，把思維之心闡發為神明。將後天的學習看成是提高認識能力的重要手段，以神明察照事物之理，說明仁義之心的形成，從而駁斥了陸王派以仁義之心為生來自足、不學而能的先驗論。

㈡明之盡，無往非仁義

心之神明怎樣使人成為有道德的人？或者說，人的理性怎樣進行道德判斷？借用道學家的話說，人心怎樣產生道心？戴震說：「人能擴充其知至於神明，仁義禮智無不全也。」（《疏證．性》）為什麼人類的道德生活出於神明，而不是出於道心？這是需要進一步回答的問題。對此問題，戴震在《原善》中，提出心能擇善說：

有血氣，夫然後有心知；有心知，於是有懷生畏死之情，因而趨利避害。其精爽之限之，雖明昧相遠，不出乎懷生畏死者，血氣之倫盡然。故人莫大乎智足以擇善也。擇善，則心之精爽進於神明，於是乎在。（《原善》中）

是說，凡有血氣的動物，則追求情欲的滿足，於是有知覺。有知覺則有懷生畏死之感，趨利而避害。動物的知覺雖明暗不等，但懷生畏死之情是共同的。人類與動物不同之處在於有高度的智慧，懂得選擇善的行為，此即神明的作用。此種擇善的作用，《疏證》稱為「權」。他解釋孟子的「執中無權，猶執一也」說：「權，所以別輕重，謂心之明，至於辨察事情而准，故曰權。」（《疏證．權》）「心之明」，指神明。認為此心有權衡輕重的作用，從而處理事情而無差錯。其所謂「事情」，指人的生養之事和懷生畏死之情。按此說法，神明即理性，能指導人類在維持生命的過程中選擇正當的途徑和手段，於是形成了人的道德行為。戴震此論，其要點有二：一是道德意識基於人的懷生畏死之心；二是人的神明能引導人的懷生畏死之心，自覺地遵循人類的生活規範。關於第一點，他論證說：

> 已知懷生畏死，故怵惕於孺子之危，惻隱於孺子之死。使無懷生畏死之心，又焉有怵惕惻隱之心？推之羞惡、辭讓、是非亦然。使飲食男女與夫感於物而動者脫然無之，以歸於靜、歸於一，又焉有羞惡、有辭讓、有是非？此可以明仁義禮智非他，不過懷生畏死、飲食男女，與夫感於物而動者之皆不可脫然無之以歸於靜、歸於一，而恃人之心知異於禽獸，能不惑乎所行，即爲懿德耳。（《疏證·性》）

此是對孟子的四端說的解釋。他這種解釋，以懷生畏死之心爲四端的基礎，以人的血氣心知爲四德的根源，是對孟子學說的發展。戴震認爲，人見孺子將入井，懷有同情心，首先是因爲人有懷生畏死之心，此心在神明的指導下，則成爲愛人的美德。此種觀點，借用道學家的話說，即道心基於人心，無人心則無道心。關於第二點，他闡述說：

> 凡血氣之屬，皆知懷生畏死……人之異於禽獸者不在是。禽獸知母而不知父，限於知覺也。然愛其生之者及愛其所生，與雌雄牝牡之相愛，同類之不相噬，習處之不相契，進乎懷生畏死矣。一私於身，一及於身之所親，皆仁之屬也。私於身者，仁其身也。及於仁之所親者，仁其所親也。心知之發乎自然有如是，人之異於禽獸者亦不在是。（《疏證·性》）

此是說，動物也知懷生畏死，形成了動物的愛，如雌雄相交，母子不相食，同類不相噬等。但這種愛，限於其知覺有限，只知愛護自己的生命及其生之者和所生者，是出於其自然的本能，不是出於人類的神明，不是基於理性的自覺，其愛的範圍是有限的。人類的愛、人的道德生活並不在此。人類又如何對待懷生畏死之心及其情欲的滿足？他說：

惟人之知，小之能盡美醜之極致，大之能盡是非之極致。然後遂己之欲者，廣之能遂人之欲。達己之情者，廣之能達人之情。道德之盛，使人之欲無不遂，人之情無不達，斯已矣。欲之失爲私，私則貪邪隨之矣；情之失爲偏，偏則乖戾隨之矣。知之失爲蔽，蔽則差謬隨之矣。不私，則其欲皆仁也，皆禮義也；不偏，則其情必和易而平恕也；不蔽，則其知乃所謂聰明聖智也。（《疏證．才》）

此處說的「知」，指人的心知發展爲神明。認爲人類有此種智慧，懂得美醜是非的準則，即以滿足自己的情欲又能滿足別人的情欲爲美、爲善。使欲不爲私、情不爲偏、知不爲蔽，此即孟子所說仁義禮智四德。又說：

聖人順其血氣之欲，則爲相生養之道，於是視人猶己則忠，以己推之則恕，憂樂於人則仁，出於正不出於邪則義，恭敬不侮慢則禮，無差謬之失則智。曰忠恕，曰仁義禮智，豈有他哉！（《疏證．理》）

戴震認爲，聖人乃神明之盛者，懂得人類相生養之道，所以視人猶己，能推己及人，與人同憂樂，爲正不爲邪，尊敬人而不侮辱人，處事而無差錯，此即忠恕之道，亦是仁義禮智四德。此處說的「相生養之道」，即人類共同生存的生活規範。這種生活的規範，戴震稱之爲「必然」。由此又得出結論說：

人與物咸有知覺，而物之知覺不足與於此。物循乎自然，人能明於必然，此人物之異，孟子以「人皆可以爲堯舜」，斷其性善，在此也。（《緒言》上）

所謂「人能明於必然」，即人的神明通曉人類的生活規範。戴震認爲，由於人心能明於必然，從而使個人的懷生畏死之心同別人懷生畏死之心統一起來，由是而形成人的道德意識和道德行爲，這就是孟子所說的人性善。

以上兩點歸結起來，是說人的道德意識基於人的血氣心知，但血氣心知自身不就是道德的行爲，人的血氣心知受理性的指導，使其符合於人類相生養之道，方有人的道德意識和道德行爲。此即戴震所說：

有血氣心知，則發乎血氣心知之自然者，明之盡，使無幾微之失，斯無往非仁義，一本然也。（《疏證·理》）

「明之盡」，指「學以進於神明」。「無幾微之失」，指符合人類的生活規範。「一本」，指血氣心知和神明，不可偏廢，不可分割爲二。這種一本論，既批評了程朱派離人心而談道心，又批評了陸王派以人心爲道心的說教。

戴震把人類的道德生活歸之於神明對血氣心知的指導，歸之於「人能明於必然」，在於說明人類的道德意識同人類的理性思維發展的水平是分不開的。表明他尊重理性，把道德生活看成是理性思維能力高度發展的成果。此即他所說：「仁義禮智非他，心之明之所止也，知之極其量也。」（《疏證・性》）後一句是說，理智發展到高峰。這是戴震的自然人性論的又一特徵。

戴震的心性學說，在倫理學史上也有其重要的理論意義。概括起來，有以下幾點：

1.「心」這一術語，在古代哲學著作中有多種涵義：有生理學和醫學講的心，指心臟和主官思維的生理器官，如孟子說的「心之官」；有心理學講的心，指知覺和思慮之心，如孟子說的「心勿忘，勿助長」；有倫理學意義上的心，指道德意識，如孟子說的「仁義之心」、「良心」，道學家說的「道心」；有邏輯學講的心，指演繹推理的程序，如邵雍說的「心法」；有哲學意義的心，指精神，如陸象山說的「滿心而發，充塞宇宙」。除第一種涵義外，心皆指人的意識。怎樣理解心，是哲學，特別是倫理學中的重要問題。唯心主義流派總是將意識的主觀性誇大，視爲不依賴於形氣而又主宰形氣的精神實體，表現在倫理學中，將道德意識看成是不依賴於肉體，甚至同肉體相對立的東西，如佛道兩家說的清淨之心，道學家說的道心或仁義本心。戴震只承認有一種心，即基於心之官的知覺和思慮之心。指出其低級狀態爲心知，其高級狀態爲神明，都依賴於人的血氣。而仁義之心不過是神明在倫理生活中的表現，同樣依賴於人的肉體。戴震對心的理解，就精神和物質的關係說，堅持了唯物主義一元論的路線，並且作了理論上的闡發，特別是關於仁義之心的探討，超過了以前的唯物主義者的水平。值得注意的是，他以「神明」這一範疇，說明理性的特徵，並把理性思維能力的形成看成是後天學習和人爲的結果，這同樣是一種唯物主義學說，在哲學史和倫理學史上都是少見的。正是基於這種唯物主義的學說，他將價値判斷的能力歸結爲理性思維辨別美醜、是非、善惡的能力。此外，別無超出理性思維之外的先驗的判斷能力，沒有先天的道德本能，如孟子所說的那樣的良知良能。在戴震看來，人和動物的根本區別在於人有良心，但良心作爲道德的責任感是理性思維發展的結果，是後天形成的。這是戴震心性學說的主要貢獻。

2.戴震以神明解釋理性，表明理性不是什麼神秘的東西，只是人類認識世界的一種能力，是比感覺和知覺更高一級的認識能力，其特點是認識事物的規律和規範，如他所說「明其必然」，明察理義。這一論點意味著，理性不是實體性的概念，因而它自身不能產生任何概念，也不包括或藏有任何道德概念，所謂「非心自心而埋藏於中」。這一論點，將認識的能力同認識的對象及其成果區分開來，就倫理學說，將善惡的判斷力同道德規範和道德觀念區分開來，認爲不能從理性思維自身的活動中引出道德規範和道德觀念，這就爲批判唯心論的先驗論提供了有力的武器。以前的唯物主義者，如張載和王夫之，都不能做到這一點，從而在倫理學中陷入了唯心論的先驗論。

3.戴震將理性思維活動同道德生活聯繫起來，以道德意識爲理智的產物，所謂「心之明之所止也，知之極其量也」。這一論點意味著，道德和知識是統一的，人心愈發達，知識愈擴大，學習愈深入，其道德思想境界也就愈高尚。在宋明倫理學史上有道問學和尊德性的論爭。道問學一派雖比較重視知識，但將知識的積累，僅看成是領悟和反省內心固有觀念的一種手段，知識仍居於次要的地位。而戴震則將增加知識看成是擴充智力和提高道德境界的根本途徑。按戴震的說法，「知之失爲蔽」，一個愚昧無知的人，其道德思想水平是很低的。這種尊重知識、推崇智力的觀點，其進一步的發展，必然引出新的倫理學的命題：道德即是知識。這對封建時代的儒家倫理學說，是一大進步。

4.戴震的一本說，即以血氣、心知和神明三者不可分割的觀點解釋人的道德意識，仍舊是立足於其自然人性論的基礎上的。他從生理學、心理學和認識論的角度考察仁義之心，對道德意識的分析，含有許多積極的因素，爲後人觀察道德現象提供了可貴的借鑒。但戴震作爲一個舊唯物主義者，只是從人的自然屬性方面探討了道德意識的形成，不懂得人的社會性。道德意識是一種社會意識，雖然有其生理的和心理的基礎，但並非僅僅是理性思維能力的產物。道德判斷形成的物質基礎，除人的大腦的功能外，更爲重要的是一個時代的社會生產關係及其生產水平。

三、論道德規範和道德觀念的來源

在宋明哲學史和倫理學史上圍繞著心和理的關係問題，展開了長期的爭論。這一爭論的實質，就哲學問題說，是主觀和客觀，思維和存在的關係問題；就倫理學的問題說，是關於道德規範和道德觀念的根源問題。對此問題的回答，道學唯心主義內兩大流派的說法，各有不同。理學派認爲道德規範和觀念都是從天上掉下來的，乃天理在人類生活和人心中的顯現，如朱熹所說「心是神明之舍，爲一身之主宰；性便是許多道理得之天而具於心者」（《語類》

卷九十八）。戴震將其概括爲「理得於天而具於心」。心學派則認爲道德規範和觀念是從思維自身中引出來的，以個人的心爲規範和觀念的根源，如王守仁所說「致吾心良知之天理於事事物物，則事事物物皆得其理矣」（《傳習錄》中），主張心即理。這一時期的唯物主義者都不贊成心即理的觀點，認爲事物之理及其觀念，皆非人心所創造，有其客觀規律性和客觀的內容。但對理具於心說的批評，有的顯得軟弱無力，甚至陷入其中而不能自拔，如羅欽順、王夫之等。戴震繼承了前輩唯物主義者提出的客觀決定主觀的思維路線，探討了道德規範和道德觀念的根源，堅持了反映論，重點批判了程朱派的「理得於天而具於心」說，對心理問題的論爭作了一次總結。其論點如下：

㈠人倫日用謂之道

關於社會倫理規範的來源，戴震提出「人倫日用謂之道」。「道」作爲哲學範疇，在宋明哲學中有三種理解：一是指事物的規律和規範；一是指事物變易的過程；一是指事物的本原即本體。但都認爲道是無形的東西，故稱其爲形而上。與道相對的範疇是「器」或形器，指有形質的東西，故稱其爲形而下。在這個問題上，程朱理學以「理」解釋道，以形而上的道爲獨立自存的實體，居於形器之上，並爲形器的主宰者，實際上是將反映事物的規律和規範看成是可以脫離具體事物而存在的實體。這種觀點表現在倫理學中，則把封建的倫理規範看成是不依賴人的現實生活並主宰人類生活的教條，如朱熹所說「道者，天理之當然」（《中庸章句注》）人們只能絕對服從。戴震則繼承了前輩唯物主義者提出的道寓於形器的觀點，以道爲事物變易的過程，論證了人類的生活規範不能脫離人的實際生活而存在。他說：

> 人道，人倫日用身之所行皆是也。在天地，則氣化流行，生生不息，是謂道。在人物，則凡生所有事，亦如氣化之不可已，是謂道。（《疏證．道》）

此是說，氣化的過程而不中斷，即是天道；人是氣化的產物，其生命的一切活動而不停止，即是人道。此種解釋都是以道爲物質實體運動的過程，天道是陰陽五行之氣運動的過程，人道則是人的生命活動的過程，即人類於日常生活中所做的一切事情。按此說法，天道不是「天理」，人道也不是朱熹說的「日用事爲當行之理」（《中庸章句注》），而是人事，即人這一生命實體的所作所爲。戴震認爲，「道」同「理」是有區別的。他說：

> 曰道曰性，亦指實體實事之名也。道有天道、人道。天道，陰陽五行是也；人道，人倫日用是也。曰善曰理，亦稱夫純美精好之名也。（《緒言》上）

是說，「道」和「性」這類名稱所指的是實體和實事，「性」指血氣心知，「道」，指生命實體的所作所爲。而「理」同「善」乃虛名，指事物的準則和完善的境地，非指實體實事。此說的意義是否定程朱派以理爲性，以道爲理。因爲「道」之所指是實體實事，就人類生活說，即是「人倫日用」，此即他所說「人倫日用舉凡出於身者謂之道」（《疏證．道》）。「身」指個體生命；「人倫」本於《孟子》，指人與人的關係，即五倫關係；「日用」，指飲食男女等事。這句話是說，人倫和飲食男女等日常所爲之事，皆依賴於人的生命，故稱其為「道」或「人道」。他說：「道者居處、飲食、言動，自身而周於身之所親，無不該焉也，故曰修身以道。」（《疏證・性》）後一句引自《中庸》。「周於身之所親」，指人倫。戴震認為，人總是生活在人與人的關係中，個人的飲食、言行等事，總是涉及到同自身相處的其他人，所以人倫為道的內容之一。但無論是人倫還是日用飲食等事，皆以人的生命本性為基礎，此即他所說「凡日用事為，皆性為之本，而所謂人道也」（《緒言》上）。所謂「性」即人的血氣心知。所以又說：「人倫日用，皆血氣心知所有事，故曰率性之謂道。」（《疏證・誠》）後一句，也引自《中庸》。按此說法，性和道是統一的，血氣心知之性，表現為人倫日用之事，就是「人道」。因此，離開血氣心知和人倫日用之事，別無所謂道。他解釋《中庸》「人莫不飲食也，鮮能知味也」說：「飲食，喻人倫日用；知味，喻行之無失。使舍人倫日用以為道，是求知味於飲食之外矣。」（《疏證・道》）

以上這些，是戴震對《中庸》中「率性之謂道」、「修身以道」和「天下之達道五」的解釋。其所以如此解釋「道」，在於反對朱熹《中庸章句注》以理為道的注釋。表面上看，是關於「道」字的文字訓詁之爭，實際上是關於人道觀的論爭。程朱派以人道為人倫日用之所遵循之理，居於形氣之上，而戴震以人道為人倫日用之事，存於形氣之中。

戴震依其人道觀，進一步論述了仁義禮智諸德同人道的關係。他說：

> 古聖賢之所謂道，人倫日用而已矣，於是而求其無失，則仁義禮之名因之而生，非仁義禮有加於道也。於人倫日用行之無失，如是之謂仁，如是之謂義，如是之謂禮

而已矣。（《疏證．道》）

此是說，行人倫日用之事而無錯誤，即以仁義禮稱之，仁義諸德不是從外部強加於人道的。所以離開人倫日用之事，別無所謂仁義禮諸德。此即他所說：「由血氣心知而語於智仁勇，非血氣心知之外別有智、有仁、有勇以予之也。就人倫日用而語於仁，語於禮義，舍人倫日用，無所謂仁，所謂義，所謂禮也。」（《疏證．誠》）這種觀點，是把仁義禮諸德看成是人倫日用之事符合生活規範的表現。他說：「曰性曰道，指其實體實事之名；曰仁曰禮曰義，稱其純粹中正之名。」（《疏證．性》）認爲仁義禮諸德自身不是實體實事，而是人倫日用之事的規範化，即推行人倫日用之事的準則。其解釋《中庸》章句「修道以仁」說：「道之責諸身，往往易致差謬，故又曰修道以仁。此由修身而推言修道之方，故舉仁義禮之準則。」（《疏證．性》）他舉例說，君行君之事，臣行臣之事，就是道；君臣之事而無過錯，即是仁，即是義。仁義禮諸德乃「修道之方」，非實體實事。爲什麼人倫日用之事會有差錯？戴震認爲，人道本於天道，但二者又有區別。天道即氣化流行，無所謂過錯，如生物生於陸地者入水則死，生於水者離水亦死，其死亡出於不符合其生存的條件，並非天道有意殺生，天道總是「生生不息」，其流行即純美精好。可是，人道則不然，「人之心知有明暗，當其明則不失，當其暗則有差謬之失」（《緒言》上），人倫日用之事，未必人人皆能保持其純美精好。所以《中庸》又說「修道以仁」、「修道之謂教」。戴震此論，無非是說，人是有意識的動物，當其理智不明時，其人倫日用之事，便產生過失，所以要講道德修養，提倡仁義禮諸德。這一論點是說，仁義禮諸德是維繫人倫日用的生活規範，既出於人倫日用，又存在於人倫日用之中。據此，他批評程朱派說：

> 宋儒合仁義禮而統謂之理，視之如有物焉，得於天而具於心，因以此爲形而上，爲冲漠無朕；以人倫日用爲形而下，爲萬象紛羅。蓋由老、莊、釋氏之舍人倫日用而別有所謂道，遂轉之以言天理。在天地則以陰陽不得謂之道，在人物則以氣稟不得謂之道，以人倫日用之事不得謂之道。六經孔孟之言，無與之合者也。」（《疏證·道》）

此是對朱熹說的批評，朱說見於《語類》卷六十八和《文集·答呂子約書》。戴震認爲，程朱派講的形而上的道，居於人倫日用之上，來於佛道兩家所說的「道」；不同的是代之以「理」，以仁義禮諸德爲天理，這是對孔孟學說的背叛。

以上所論，是說，仁義禮諸德目出於人類的實際生活，不是從天上掉下來的教條，駁斥了程朱派道外求理的說教。由此，戴震進一步又研究了「理」這一範疇的性質。他說：

> 理者，察之而幾微必區以別之名也，是故謂之分理。在物之質，曰肌理、曰腠理、曰文理（亦曰文縷、理、縷，語之轉耳）；得其分則有條不紊，謂之條理。（《疏證·理》）

是說理是表示事物之間最細微的差別的術語。在戴震看來，每類事物皆有其特性，它們之間的差別，則稱之爲理。但各類事物又都有其條理，正因爲各有其條理，所以事物之間方有類的差別。因此，他以理爲「分理」。其所說的「分理」，有二義：一是理乃一類事物所分有，以區別於它類事物；二是每類事物所分有的性質，又都是條分縷析，有其規律性。此即他所說「蓋氣初生物，順而融之以成質，莫不具有分理，得其分則有條理而不紊，是以謂之條理」（《孟子私淑錄》上）。此種對理的解釋，就文字訓詁說，本於許愼《說文解字》；就其義理說，出於韓非《解老》。此種解釋，就哲學意義說，就是以理爲一類事物的本質屬性及一類事物所固有的規律性。其目的在於說明理乃一類事物所固有的法則，不是如程朱派所說的「得之於天」。依據這種觀點，戴震解釋了「道」和「理」的關係。他解釋天道說：「其流行，生生也，尋而求之，語大極於至巨，語小極於至細，莫不呈現其條理。失條理而能生生者，未之有也。故舉生生即該條理，舉條理即該生生。實言之曰德，虛以會之曰理，一也。」（《緒言》上）是說，天道即氣化流行的過程，其過程遵循一定的規律，有條而不紊，所以萬物從大至小，其運動變化也都有其條理，故能生生而不息，此種規律性，稱之爲理。「虛以會之曰理」，是說「理」是虛詞，用來形容氣化過程有條有理，其自身不是實體。此說本於李塨語：「不知聖賢言道，皆屬虛字，無在陰陽倫常之外而別有一物曰道曰理者。」（《論語傳注問．學而》）他又說：「古人言道，恒該理氣，理乃專屬不易之則，不該道之實體。」（《緒言》上）這一觀點，十分重要，認爲道即氣化過程可以包括理，而理卻不能包括道，從而否定了程朱派以理爲實體的觀念。關於人道中的理，他解釋說：

孟子申之曰：故有物必有則，民之秉彝也，故好是懿德。以秉持爲經常曰則，以各如其區分曰理，以實之於言行曰懿德。物者，事也；語其事，不出乎日用飲食而已矣。舍是而言理，非古聖賢所謂理也。（《疏證·理》）

此是說，人道即人的生命實體活動而不息的過程，此過程不出乎日用飲食之事，同樣有其法則，此即孟子所說「有物必有則」。因爲有其法則，所以人類生生之道不絕，從而同其它自然物區分開來，此法則即是理，表現在人的言行上，則爲美德。他說：

就人倫日用，舉凡出於身者求其不易之則，斯仁至義盡而合於天。人倫日用，其物也；曰仁曰義曰禮，其則也。（《疏證·道》）

此處說的「不易之則」，指人類生活中的理，表現爲人的道德生活即是仁義禮諸德。他又說：

自人道溯之天道，自人之德行溯之天德，則氣化流行，生生不息，仁也。由其生生，有自然之條理，觀其條理之秩然有序，可以知禮矣；觀其條理之截然不可亂，可以知義矣。（《疏證·仁義禮智》）

此是說，人類生活的法則，同天道即氣化的法則是一致的。氣化的過程是生生而有條理，人類生活的過程也是生生而條理。此生生之條理即人類生存的規律。因其生生，故有仁德；因其生生而有條理，故有禮德；因其條理而不紊亂，故有義德。總之，仁義禮諸德乃人類得以生存的規範，基於人倫日用之事有其不易之則。此不易之則，有其客觀性，不是人的主觀產物。他說：

凡舉天地、人物、事爲，虛以明夫不易之則曰理。所謂則者，匪自我爲之，求諸其物而已。（《緒言》上）

戴震的這一論點，也十分重要。就其哲學意義說，是主張「理在事中」，是對顏李學派理事觀的闡發；就倫理學的意義說，肯定人倫日用之理，即在人倫日用之中，人倫日用之事自身有其規律性，不因個人主觀的意念而轉移。也就是說，道德作爲人類行爲的規範，根源於人類日常生活的規律性，即非「得之天」，也非出於「吾心之良知」，這是戴震倫理學的又一特徵。他以生生而有條理，解釋仁義禮諸德的涵義，雖然具有自然主義的色彩，但對程朱派以存理去欲解釋仁義諸德，卻是一沉重的打擊。

㈡所照不謬謂之理義

此問題，就哲學說，討論的是關於眞理的標準問題；就倫理學說，討論的是關於道德判斷的正確和謬誤以及道德觀念和道德原則的根源問題。戴震認爲，每類事物皆有其不易之則，人類的生活也有其不易之則。但人如何認識事物的不易之則？什麼樣的觀念和判斷方是眞理？道德原則是頭腦固有的，還是來於事物的不易之則？這也是宋明以來心理之辯的核心問題。

前節中談到，戴震將仁義之心看成是人類理性思維能力即神明高度發展的產物，認爲不存在先驗的道德本能，此是就人的認識能力說的。但神明這種認識能力，畢竟屬於心的領域，屬於主觀的範疇。人對不易之則的認識是自生的，如程朱派所說「得於天而具於心」，還是出於對事物不易之則的反映？這也是必須回答的問題。戴震對此，提出了神明照物說。其解釋孟子所說「至於心獨無所同然乎」說：

> 明理義之悅心，猶味之悅口，聲之悅耳，色之悅目之爲性。味也、聲也、色也在物，而接於我之血氣。理義在事，而接於我之心知。血氣心知，有自具之能：口能辨味，耳能辨聲，目能辨色，心能辨夫理義。味與聲色，在物不在我，接於我之血氣，能辨之而悅之；其悅者，必其尤美者也；理義在事情之條分縷析，接於我之心知，能辨之而悅之；其悅者，必其至是者也。（《疏證·理》）

此段論述，對感覺和心知的職能作了區分。指出感覺同血氣直接聯繫在一起，其職能是感知外物之色聲臭味；心知的職能是認識事物之理義，以此解釋孟子說的「心之所同然者」。此處提出「味與聲色，在物不在我」，「理義在事情之條分縷析」，肯定聲色和理義乃事物自身所固有，獨立於人的意識而存在。其所說的「理義」有二義：一是指事物的不易之則，一是指人對不易之則的認識。這裡說的理義，指事物的分理，即一類事物所具有的規律。戴震認爲，對分理的認識是心知的任務。但心知對理義的認識，怎樣方無差誤？他接著說：

> 凡血氣之屬，皆有精爽，其心之精爽，鉅細不同。如火光之照物，光小者，其照也

> 近，所照者不謬也，所不照斯疑謬承之，不謬之謂得理。其光大者，其照也遠，得理多而失理少。且不特遠近也，光之及又有明暗，故於物有察有不察。察者盡其實，不察斯疑謬承之，疑謬之謂失理。（《疏證．理》）

此是說，心知對事物法則的認識，如同火光照物一樣，有強弱、明暗、遠近之分。光強而照近物，所照則無差謬；無差謬，則得到對事物法則的正確認識。如果不去照物，則生疑誤；如果光線暗，或距離遠，所照亦有差誤，便得不到對事物法則的正確認識。由此，得出結論：心知發展爲神明，其光強盛，所照則無謬誤。他說：

> 神明之盛也，其於事靡不得理，斯仁義禮智全矣。故理義非他，所照所察者之不謬也。何也不謬？心之神明也。（《疏證．理》）

此處說的「理義」，指對事物法則的正確認識。其以火光之強盛比喻神明，其義有二：一是以神明爲理性思維認識事物規律的功能；二是以神明具有正確反映事物法則的能力。這兩點都在於說明「理義非他，所照所察者之不謬也」，即眞理是理性思維對事物規律的正確的反映。所以又說：

> 理義非他，可否之而當，是謂理義。然又非心出一意以可否之也。若心出一意以可否之，何異強制之乎！是故就事物言，非事物之外別有理義也。有物必有則，以其則正其物，如是而已矣。就人心言，非別有理以予之而具於心也。心之神明，於事

物咸足以知其不易之則，譬有光皆能照而中理者，乃其光盛，其照不謬也。（《疏證‧理》）

「可否之而當」，是說心對感官所接受的東西有取舍的權利，其取舍得當，便是理義。但心之可否，並非出於個人的意見，而是基於神明對事物法則的正確反映，此即所謂「譬有光皆能照而中理者，乃其光盛，其照不謬也」。據此，其神明照物說，不只是講認識能力的問題，還包括關於眞理的標準的問題。所謂「非事物之外別有理義」，「非別有理以予之而具於心」，都是講主觀和客觀的關係，反對程朱派的理具於心說。在戴震看來，程朱派在心理問題上的根本錯誤是把人們關於規律性的認識看成是先天就有的，即不承認理在事中，又不承認理義是心對事物之理的正確反映。可以看出，其神明照物說，就其認識論的意義說，是以唯物論的反映論反對程朱派的唯心論的先驗論。

戴震關於心理問題的辯論，在於論證善惡判斷的標準和道德觀念，非人的主觀的產物，而是人的理性思維對人倫日用之則的正確反映；也就是說，是對人類生活規律的正確反映。總之，不是先天就有的，而是後天獲得的，即「因乎其事，得其不易之則」（《緒言》上）。它是神明所照所察而不謬的產物，所謂「神明盛矣，其事靡不得理，斯仁義禮智全矣」（《疏證‧理》）。這種觀點，不僅反對了程朱派的理具於心說，也是對陸王派以良知甚至主觀好惡爲善惡判斷標準和心即理說的否定。由於戴震在心理問題上堅持了反映論，有力地批判了道學家倫理學中的先驗論，這就大大超過了王夫之的水平。王夫之曾說：「德性誠有而自喻，如暗中自指其口鼻，不待鏡而悉。」（《張子正蒙注·大心》）他把對道德的認識看成是自明的眞理，拒絕以反映論的觀點解釋道德生活中的義理，沒有擺脫程朱派的影響。

戴震依其神明照物說，進一步提出了「意見不可以名理」，區別了意見和理義。其所謂意見，指個人一己之見。認爲意見，沒有客觀性，不能成爲眞理，不能作爲道德生活的準則和評判善惡的尺度。他進一步解釋孟子所說「心之所同然者」說：

> 心之所同然始謂之理，謂之義；則未至於同然，存乎其人之意見，非理也，非義也。凡一人以爲然，天下萬世皆曰是不可易也，此之謂同然。舉理，以見心能區分；舉義，以見心能裁斷。分之，各有其不易之則，名曰理；如斯而宜，名曰義。是故名理者，明其區分也；精義者，精其裁斷也。（《疏證·理》）

是說，理義乃天下人共同認爲是正確的，而且萬世不可改易，非一人以爲然者。一人以爲是者是意見，意見不代表眞理。因爲理義，是依據對事物的分理作出的正確的判斷，有其客觀的內容，所以能爲天下人所共認。相反，意見則出於對分理的錯誤判斷，來於知之失，智有所蔽。他說：

> 不明，往往界於疑似而生惑；不精，往往雜於偏私而害道。求理義而智不足者也，故不可謂之理義。自非聖人，鮮能無蔽；有蔽之深，有蔽之淺者。人莫患乎蔽而自智，任其意見，執之爲理義。（《疏證·理》）

「不明」，是說，心知不能明事理之區分，疑而生惑。「不精」是說，下判斷時，出於私心雜念而害公道，此即是意見。可以看出，其所謂意見，指不符合事物規律的個人的主觀偏見，是同眞理相對立的。戴震指出，以意見爲理義，作爲評判人的行爲善惡的準則，人民所受的禍害，便沒有窮盡了。他控訴說：

> 今雖至愚之人，悖戾恣睢，其處斷一事，責詰一人，莫不輒曰理者，自宋以來，始相習成俗，則以理爲有物焉，得於天而具於心，因以心之意見當之也。於是負其氣，挾其勢位，加以口給者，理伸；力弱氣慴，口不能道辭者，理屈。嗚呼！其孰謂以此制事，以此制人之非理哉！（《疏證·理》）

此是說，自宋以來，愚蠻之人，動不動便以天理來責備人，已成爲風氣。其實，其所謂理，無非是個人的意見。其結果那些在上位的，憑藉自己的權勢和口舌，斷事責人，強辭而奪理；那些在下位的，弱小而膽怯，又不善於言辭，則無理可伸。接著程朱派「理得於天而具於心」的教條，斷事責人，便把個人的私見說成是天理。這樣，天理則成了壓迫人的工具。他控訴說：

> 不悟意見之多偏之不可以名理，而持之必堅；意見所非，則謂其人自絕於理。此理欲之辨，適成忍而殘殺之具，爲禍又如是也。（《疏證·權》）

此是說，以天理壓人，實際上是以意見殺人。戴震進一步指責說：

知己之意見不可以理名，而今人輕言之。夫以理爲有物焉，得於天而具於心，未有不以意見當之者也。今使人任其意見，則謬；使人自求其情則得。……惟以情絜情，故其於事也，非心出一意見以處之。苟舍情求理，其所謂理，無非意見也。未有任其意見而不禍斯民者。（《疏證·理》）

「以情絜情」是戴震提出的道德基本準則（見下一節）。戴震認爲，此原則基於人倫日用之則，凡理智清醒的人，都可以認識到，此即「使人自求其情則得」。如果離情講理，此理便成爲個人的主觀偏見，以其爲道德基本原則，必然導出存理滅欲的說教，使人民百姓身受其害。

總起來說，戴震關於理事問題、心理問題的辯論，就倫理學的意義說，有以下幾點，值得評論：

1.他通過對儒家典籍，特別是《孟子》一書中「道」和「理」的解釋，提出了自己的人道觀；在此基礎上，闡述了道德作爲人類行爲規範不能脫離人的實際生活即人倫日用而存在，認爲人類生活的規律即存於人倫日用之事中。這是理在事中的唯物主義學說在其倫理學中的表現。這種觀點十分重要。因爲道德生活是人類精神生活的主要部分，不同於人類物質生活，人們容易將其視爲脫離人的物質生活而獨立自存的領域。歷史上許多熱心於道德說教的哲學家，思想家往往由此通向了唯心主義道路。戴震學說的可貴之處，在於努力尋求道德生活的物質基礎，探討精神生活賴以存在的客觀規律。承認人類生活自身有其客觀的規範，先秦法家韓非已開其端。但韓非說的道和理，指等級差別及維護等級差別的規範。而戴震則以其爲滿足物質生活欲望以維繫人類生存的法則，這比韓非對人類生活的觀察又深刻了一步。

2.戴震以反映論的觀點解釋道德判斷的標準和道德觀念的來源，從而反對了唯心論的先驗論，又是其哲學中的唯物主義認識論在倫理學中的運用。這在中外倫理學史上都是少見的。他的反映論，就其理論思維的內容說，總的說來，屬於唯物論的唯理論的類型。他依據孟子的觀點，區別了感覺和思維的職能，認爲思維的作用在於認識事物的規律。這一點是無可非議的。但是，就感性和理性的關係說，戴震認爲，理性僅僅是對感性提供的聲色臭味起選擇的作用，所謂「臣效其能而君正其可否」（《疏證·理》），沒有看到理性認識是感性認識昇華的結果，理性所作的判斷是以感性的東西爲基礎的。因此，其神明照物說意味著理性可以直接地正確地反映事物的規律。這正是唯物論的唯理論的特色，即只相信理性的可靠性。同明朝的王廷相相比，戴震關於道德觀念形成的論述，沒有重視感性在認識過程中的地位。王廷相是一位唯物論的經驗論者，把經驗看成是道德觀念形成的基礎，提出「父母兄弟之親，亦積習稔熟然耳」（《雅述》）。唯物論的經驗論和唯理論，對道德觀念和道德判斷形成的論述，各有其片面的眞理。正因爲如此，戴震在同先驗論的鬥爭中，也表現了一些弱點。如他爲了論證觀念的客觀性，引了《孟子》的「心之所同然者，謂理也，義也」一句話，認爲人心共同承認的便是眞理，而不是意見。這種解釋又有偏離反映論的傾向，沒有徹底擺脫孟子的唯理論的影響。

3.戴震論道德規範和道德觀念的來源，同樣是以其自然人性論爲基礎的。他把「日用飲食」看成是人道的本質，把人類生活歸之爲欲望滿足的過程，把正確處理欲望的滿足看成是人類生存的法則，仍舊是把人看成自然的人。他對道德規範和道德判斷準則的理解都是從這一原則出發的。他把道德規範和道德準則歸之於人的理性對生活規律的正確反映，從認識論的領域說，雖然具有合理的因素，但並沒有科學地揭示出道德生活賴以存在的物質基礎。因爲人倫日用，總是一定歷史條件下的人倫日用，是一定的生產關係中的人倫日用，沒有脫離一定社會形態的人倫日用之道。人類生活的規律不是存在於「日用飲食」中，而是存在於欲望滿足的生產方式中。戴震作爲一個舊唯物主義者，在同道學先驗論的爭論中，堅持了存在決定思維、客觀決定主觀的唯物主義的一般原則。但是由於他把人看成是自然的人，用來解釋社會現象時，便軟弱無力了。社會生活中的善惡觀念是受生產關係制約的，道德判斷的標準因生產關係的變革和人們在生產關係所處的地位而不同。在這個問題上，是人的社會存在決定人的社會意識。由於戴震不懂得這一道理，其結果把人類的生活規範和道德規範看成是氣化流行的產物，認爲天道生生而有條理，所以人道有仁義禮諸德，企圖從自然界的變化規律中引出人類的生活法則和倫理規範，如其所說「在天爲氣化之生生，在人爲其生生之心，是乃仁之爲德也」；「禮者，天地之條理也」；「聖人見於天地之條理，定之以爲天地萬世法」（《疏證．仁義禮智》）。這又抹煞了天人的差別。由於不懂人倫日用有其特定的歷史內容，其結果把孟子的五倫關係視爲「天下之達道」，即永恆的和普遍的關係，並規定爲人類「相生養之道」不可缺少的東西，終不能突破封建的生活關係，考察人的道德生活。這種局限性，一方面由於其所代表的市民階層十分軟弱無力，沒有形成爲一獨立的階級力量，另一方面也是由於舊唯物主義者的理論上的缺欠所造成的。

四、論道德的基本準則

這一問題是戴震的倫理學所要解決的核心問題，也是傳統哲學所辯論的理欲關係的主要問題。宋明以來的道學家都把封建等級主義視爲道德的基本準則。其所謂「天理」，就其倫理學的意義說，無非是等級制主義的代名詞。理學和心學兩派關於天理的來源，其解釋各有不同，但都承認天理是人的行爲的基本準則。依據這一準則，他們提出「存天理，滅人欲」的口號，認爲道德的作用就是禁止人欲，即從思想上、動機上，消除一切違反等級制度的「私心」和「私欲」，以鞏固封建的生產關係。這種封建主義的說教，就是不承認下一等級中的人與上等級中人有同等的物質生活的享受權利，甚至企圖剝奪下一等級中的人求生存的權利。戴震作爲新興市民階層的代表，對此問題不能不辯，提出了自己的理欲觀，討論了道德的基本準則及其社會作用。其主要論點有：

㈠理也者情之不爽失

他解釋《禮記·樂記》中的「天理」說：「理也者，情之不爽失也，未有情不得而理得者也。」（《疏證·理》）此處說的「理」，指道德原則。「情」，指同外物打交道而引起的好惡情感。「不爽失」，無差錯。「情不得」，是說好惡無節度，失去公平。戴震認爲，人有血氣則有欲望，欲望追求滿足，便形成了對外物的好惡之情。天理作爲道德原則不是脫離人的情感和欲望，而是情欲的滿足無過差。情得其平，就是理，就是有道德的人。什麼是「情之不爽失」？戴震提出兩條規定。一是個人在欲望滿足的過程中，既不過分，也無不及。他說：「在己與人皆謂之情，無過情不及情之謂理。」（《疏證・理》）是說，情欲的滿足要恰到好處，有其節度，既不能壓制，又不能放縱，禁欲和縱欲都是不道德的。戴震不僅反對禁欲主義，也反對縱欲主義。他說：「君子不藉口於性以逞其欲，不藉口於命之限而不盡其材。」（《疏證・性》）他闡述說：

> 命者，限制之名，如命之東則不得而西，言性之欲之不可無節也。節而不過，則依乎天理；非以天理爲正，人欲爲邪也。天理者，節其欲而不窮人欲也。是故欲不可窮，非不可有。有而節之，使無過情，無不及情，可謂之非天理乎！（《疏證・理》）

此是對孟子說的「口之於味也……性也，有命焉」的解釋。其以命爲節制欲望而不過分，是對孟子的命定論思想的揚棄。戴震認爲，性如同水，欲如水之流，不加節制，就會泛濫成災，但不能因惡泛濫而塞其流。禁欲派的錯誤是，或者塞其流，或者絕其源，都不懂得治水之道。因此，不能以天理爲正，以欲望爲邪，鼓吹存天理，滅人欲。對欲望加以節制，使其無過和不及之失，便是天理。他把「節其欲而不窮人欲」作爲衡量人的行爲善惡的一條原則，是對荀況節欲說的發展。二是就人與人的關係說，在欲望滿足的過程中，不能逞己之欲而損害別人的利益。他說：

> 一人之欲，天下人之所同欲也，故曰性之欲。好惡既形，遂己之好惡，忘人之好惡，往往賊人以逞欲。反躬者，以人之逞其欲，思身受之情也。情得其平，是爲好惡之節，是爲依乎天理。（《疏證．理》）

此是對〈樂記〉文「好惡無節於內，知誘於外，不能反躬，天理滅矣」的解釋。〈樂記〉的原意是說，一味追求物欲的滿足，不知反省內求，會丟失天理。戴震將「好惡無節於內」解釋爲「往往賊人以逞欲」；將「反躬」解釋爲將心比心，所謂「人以此施於我，能受之乎」？將「天理」解釋爲「情得其平」，即情欲的滿足，公平合理。按這種解釋，其所謂「情之不爽失」，是說，不要妨害別人的欲望滿足。不僅如此，戴震還認爲，一個有道德的人，不僅是遂己之欲，而且要遂人之欲，使天下人都能達情遂欲。他解釋仁德說：

> 人之生也，莫病於無以遂其生。欲遂其生，亦遂人之生，仁也。欲遂其生，至於戕人之生而不顧者，不仁也。不仁，實始於欲遂其生之心，使其無此欲，必無不仁矣。然使其無此欲，則於天下之人，生道窮促，亦將漠然視之。己不必遂其生，而遂人之生，無是情也。（《疏證．理》）

是說，仁德不僅是遂己之生，而且遂人之生，賊人之生即是不仁。不仁，出於個人求生的欲望，因其不顧別人之生，因而成爲不仁。但個人無求生的欲望也不會關心天下人的生存。按此說法，遂己之生和遂人之生是統一的。因此又說：

> 民之質矣，日用飲食，無非人道之所以生生者。一人遂其生，推之而與天下共遂其生，仁也。（《疏證．仁義禮智》）

這裡提出「與天下共遂其生」，認爲仁作爲愛人的美德，不只是愛自己的生命，還要愛護天下人之生命。由此，得出結論說：

> 天理云者，言乎自然之分理也。自然之分理，以我之情絜人之情，而無不得其平是也。（《疏證．理》）

此處說的「天理」，指道德的基本準則，衡量善惡的準則。「分理」，指人類所具有的生存的法則。戴震認爲，這一法則就是「以我之情，絜人之情」，又稱之爲「以情絜情而無爽失」（《疏證．理》）。「以情絜情」，本於《大學》所說的「絜矩之道」，孔門所說的「忠恕之道」，「爲仁之方」，也就是宋明以來的倫理學家講的推己及人、「將心比心」。戴震依此，提出「理也者，情之不爽失」，作爲道德行爲的基本準則。

戴震的天理觀，在同宋明道學家的鬥爭中有重要的意義。他斷言，天理不是壓制人的情欲，而是使人的情欲得到正當的合理的滿足。天理的內容是，既遂己之欲，又遂人之欲，使人的情欲滿足，「無不得其平」。其所謂「平」，不是說一切都平等，而是公平，即他說的「推之而與天下共遂其生」。這一論點的實質是，承認人類有同等的求生存的權利。正是在這一思想的基礎上，他以「以情絜情」，重新解釋了儒家的「絜矩之道」、「爲仁之方」。

按朱熹解釋「絜矩之道」說：「使彼我之間，各得分願，則上下四方，均齊方正」（《大學章句注》）。此是以不同等級中的人，各安其分，各盡其心願爲「絜矩之道」。又其解釋「爲仁方之方」說：「以己所欲譬之他人，知其所欲亦猶是也……於此勉焉，則有以勝其人欲之私，而全其天理之公矣。」（《論語集注・雍也》）此又是以「存天理，滅人欲」解釋孔門的「忠恕之道」。朱熹的這種解釋，基於孔孟的愛有差等說。此說後被程朱闡發爲理一分殊，認爲社會上的成員不能平等地推己及人，如朱熹所說：「非是言上下之分欲使之均平。蓋事親事長當使之均平」（《語類》卷十六）。因此，儒家正統派的學者，都將推己及人看成是一種方法，即維護等級關係而不趨於破裂的方法。而戴震從「一人之欲，天下人之所同欲」出發，把「絜矩之道」解釋爲「推之而與天下共遂其生」，不僅視爲方法，進而看成是道德的基本準則，如其所說乃「自然之分理」，並以此原則解釋仁義禮智諸德。這是對儒家的推己及人說的新發展，也是對先秦以來儒家倫理學說的一種突破。

依據這一道德原則，戴震沉痛地控訴了道學家的理欲之辨。他說：

> 古之言理也，就人之情欲求之，使之無疵之爲理。今之言理也，離人之情欲求之，使之忍而不顧之爲理。此理欲之辨，適以窮天下之人盡轉移爲欺僞之人，爲禍何可勝言也哉！（《疏證・權》）

「古之言理」，指堯舜、文王和孟子，關心百姓之疾苦，所謂「視民如傷，何一非爲民謀其人欲之事」（《疏證・理》）。「今之言理」，指當時的統治者借道學家的理欲之辨，不僅不能「體民之情遂民之欲」（《疏證·理》），而且以理爲壓迫人民百姓之工具。他進而控訴說：

> 故今之治人者，視古賢聖體民之情，遂民之欲，多出於鄙細隱曲，不措諸意，不足爲怪。而及其責以理也，不難舉曠世之高節，著於義而罪之。尊者以理責卑，長者以理責幼，貴者以理責賤，雖失，謂之順。卑者、幼者、賤者以理爭之，雖得，謂之逆。於是天下之人不能以天下之同情，天下之所同欲達之於上。上以理責其下，而在下之罪，人人不勝指數。人死於法，猶有憐之者，死於理，其誰憐之！（《疏證·理》）

此段控訴，其在〈與某書〉中概括說：「聖人之道，使天下無不達之情，求遂其欲而天下治。後儒不知情之至於纖微無憾是謂理。而其所謂理者，同于酷吏之所謂法。酷吏以法殺人，後儒以理殺人，浸浸乎舍法而論理，死矣！更無可救矣！」（《戴東原集》）「後儒」指宋明以來的道學家。戴震此論的要點有三：其一，天理作爲道德原則，不能脫離人的情欲，特別是人民百姓求生存的欲望，此即他所說的「理者存乎欲」（《疏證·理》）。理存於欲，不是說，以欲爲理，而是以「情之不爽失」爲「理」。道學家離人之情欲講理，理則成爲殘殺人民的工具。其同道學家辯論的焦點，不是要不要天理，而是以什麼原則爲天理。其二，離欲言理，強迫人民服從，其所謂理，比酷吏推行的法，更爲殘酷。因爲酷吏以暴力殺人，人民尚存反抗之心，此即「猶有憐之者」。可是以天理即封建教條來殺人，人們則不知不覺地甘受其害，此即「其誰憐之！」指出道學家的理欲之辨是殺人不見血的軟刀子。其三，尊者、貴者、長者，依據理欲之辨，責備卑者、賤者和幼者，可以將自己的過失說成是天理，而卑者、賤者和幼者據理爭辯，卻被視爲叛逆。理欲之辨成了等級壓迫的工具。這一條十分重要，表現了戴震的理欲觀是針對等級壓迫而提出的，可謂發前人之所未發。他指出，「不難舉曠世之高節，著於義而罪之」，又是對清王朝推行的文字獄等文化高壓政策的抗議。

理欲問題，在宋明哲學中討論的是關於道德規範和情欲的關係，來於古代的義利之辨。程朱派將此問題歸結爲君子和小人之辨，以存天理爲君子、爲正；以求人欲爲小人、爲邪；以能否區分理欲作爲評判行爲善惡的準則。戴震從其人性論出發，以物質欲望的滿足爲人的本性，認爲道德的原則不是壓制人的自然本性，而是使其得到合理和正當的發展。行爲善惡的評判準則不是無人欲，而是「情之不爽失」。在他看來，道德生活和物質生活的追求，既不相同，又不相離，二者是統一的關係。這種觀點，在對待情欲問題上，即反對了禁欲主義，又反對了縱欲主義；在義利問題上，既反對了虛僞的超功利主義，又反對了個人利己主義；在德福問題上，既不贊成否定個人的幸福，又不贊成享樂主義。總之，他吸取了歷史上感性主義和理性主義兩派論理學說的長處，作爲確立道德原則的依據。這在中外倫理學史上都是少見的。

㈡歸於必然，適完其自然

戴震爲了說明其倫理學的基本觀點，提出自然和必然這一對範疇，對其人性論、人道觀、理欲觀作了理論上的概括。從《原善》到《疏證》，他都以這一對範疇考察和解釋了人的道德生活。其所謂「自然」，本於荀況所說「不事而自然謂之性」；「必然」，來於程朱理學對理和天理的解釋，如程頤所說「天理之必然」（《程氏易傳・泰》）。戴震說的「自然」，指實體實事本來如此，即天然；「必然」，指實體實事運動變化的條理，即規律性。他認爲任何事物都有自然和必然兩重性質；就其實體實事說，爲自然；就其運動和變化的規律和準則說，爲必然。他說：「物者指其實體實事之名，則者稱其純粹中正之名。實體實事，罔非自然而歸於必然，天地、人物，事爲之理得矣。」（《疏證・理》）如氣化流行，生生不息，則爲自然；其流行過程，具有條理，則爲必然。他說：「陰陽流行，其自然也；精言之，期於無憾，所謂理也。理非他，蓋其必然也。」（《緒言》上）「無憾」，謂氣化流行而無差錯，即有其規律性，故稱其爲必然。就人類生活說，人作爲有生命的實體，其血氣心知、情欲，爲自然；其表現爲人倫日用之事，亦爲自然；其生活規律和道德規範則爲必然。他說：

> 性之欲，其自然也；性之德，其必然也。自然者，散之見於日用事爲；必然者，約之各協於中。知其自然，斯通乎天地之化；知其必然，斯通乎天地之德（《緒言》上）。

「約之各協於中」，謂人倫日用之事得其要領而無偏差，此即人類生活中之必然。戴震認爲，「自然」和「必然」皆非實體概念，而是用來表示實體實事存在的狀態及其發展的趨勢，就其字義說，皆爲「虛語」。就「必然」這一概念說，「期於無憾無失之爲必然，乃要其後，非原其先」（《緒言》上）。是說，「必然」表示實體實事按其自身固有的規律而變化，並非先有什麼「必然」，而後方有實體實事，此即「乃要其後，非原其先」。這一論點，是針對程朱派的理本論而發的。認爲程朱理學的錯誤，是把實體實事的必然性，視爲「一物」，作爲陰陽五行之氣的主宰，即將「有物必有則」說成「有則始有物」（《緒言》下）。戴震對必然這一範疇的理解，是唯物主義的，是對程朱理學的一種批判地改造。關於「自然」這一概念，戴震認爲是表示實體實事的客觀實在性，虛靜不能稱爲自然。他批評道家說：「外形體，一死生，去情欲，以寧其神，冥是非，絕思慮，以苟語自然。」（《原善》中）又批評老子說：「老氏言致虛極，守靜篤，言道法自然，釋氏亦不出此，皆起於自私，使其神離形體而存。」（《疏證・理》）是說，道家以無欲無爲爲自然，鄙視形體，貴其精神，是對「自然」的歪曲。其對「自然」這一範疇的理解，也是唯物主義的。

戴震認爲，自然和必然不容分割，自然的東西合乎規律地發展，便是必然，必然的東西不在自然之外。此即他所說的「必然爲自然之極則」（《緒言》上）。所謂「極則」，指合乎規律地發展，不是說必然是「自然之主宰」（《緒言》下）。據此，他論述了人類生活中自然和必然的關係：

> 心知之自然，未有不悅理義者，未能盡得理合義耳。由血氣之自然，而審查之，以知其必然，是之謂理義。自然之與必然，非二事也。就其自然，明之盡而無幾微之失焉，是其必然也。如是而後無憾，如是而後安，是乃自然之極則。若任其自然而流於失，轉喪其自然，而非自然也。故歸於必然，適完其自然。（《疏證・理》）

此是以血氣心知爲自然，以理義爲必然。意思是，血氣之自然表現爲對物欲的追求，心知之自然表現爲對理義的認識。心知雖追求理義，但由於不明，未必盡得其理。對情欲的活動，詳加考查，認識到其規律性，即「知其必然」，則爲理義。所謂「知其必然」，即懂得情欲的滿足無細微之差誤。情欲無差錯即是必然，二者不可分割，所以說必然乃自然之極則。此處說的理義，指道德原則和道德規範，認爲道德來於對「必然」的認識。以上是說，理義作爲人類生活中的必然，不能脫離血氣心知，特別是不能脫離情欲。下文意思是，血氣心知雖爲自然，但是聽其自然、放任自流，即由於心知不明，縱欲而不加以節制，其結果既不能遂己之情，也不能達人之欲，反而「喪其自然」，即使生命遭到損害。所以血氣心知之自然，必須遵循其活動的規律，才能得到正常的發展，此即「歸於必然，適完其自然」。這又是說，自然的東西不能脫離必然，即情欲的滿足不能脫離生活的規範、不能脫離理義，要受道德規範的約束。但此約束，不是壓制情欲，而是使情欲的滿足更好地實現。

依據自然和必然的統一原則，戴震評論了各家的倫理學說。他批評告子、老莊和佛教說：「貴其自然，同人於禽獸也。聖人之學，使人明於必然。」（《緒言》上）是說，告子以生爲性，知自然而不知必然，抹煞了人獸的差別。佛道兩家，以神識爲性，以虛靜爲自然，廢棄倫理道德，也是不知必然。其批評荀況說：「荀子知禮義爲聖人之教，而不知禮義亦出於性。知禮義爲明於其必然，而不知必然乃自然之極則，適以完其自然也。」（《疏證．性》）是說，荀子只知禮義爲必然，但不知其出於血氣之自然，以情欲爲惡，視必然爲對自然之強制，不懂得禮義是情欲之完善化。其批評程朱理學說，「宋儒亦見於理之必然」，但是，「以必然非自然之極則」，而爲「自然之主宰」，其結果「奉一必然之理」於形氣之上，同佛道兩家一樣，宣揚禁欲主義（以上見《緒言》下）。關於陸王心學，戴震認爲，同老釋一樣，只貴心知之自然，「以爲自然全乎仁義」（《疏證·理》），指心爲理，不去認識必然，走上虛靜養神的道路。他認爲孔孟的學說則體現了自然與必然的統一。其論孔子說：「孔子言從心所欲不逾矩。從心所欲者，自然也；不逾矩者，歸於必然也。」（《緒言》上）此是以血氣心知之自然，解釋「從心所欲」；以自覺地遵循道德規範解釋「不逾矩」；以必然與自然的統一爲最高的道德境界。又解釋孟子說的「聖人，人倫之至也」說：「聖人亦人也，以盡乎人之理，群共推爲聖智。盡乎人之理非他，人倫日用盡乎其必然而已矣。」（《疏證·理》）此是以人倫日用爲自然，以人之理爲必然，認爲孟子所推崇的聖人是就人倫日用之事，明其必然，此即「人倫之至也」。

戴震關於自然和必然的論述，就其倫理學說，涉及到道德的意義和作用問題。在他看來，道德作爲人類生活的特徵，就是使人的情欲滿足合理化、規範化，此即「必然乃自然之極則」。這種學說，是歷史上自然人性論的高度發展。以人的自然屬性爲人的本質屬性的學說，在處理道德生活時，往往有兩種傾向：或者導致輕視甚至否認人的行爲規範性，如明代李贄的人性學說；或者將道德規範歸之爲聖人的發明，用來改造人的自然屬性，如荀況的性惡論。戴震提出「必然爲自然之極則」，認爲人的自然屬性自身具有規範性，道德生活就是這種規範性的體現。人類所以不同於動物的生活，在於人能「明於必然」，即自覺地認識這種規範性，並按此規範性而活動，此即他所說「人之異於物者，人能明於必然，百物之生各遂其自然也」

（《疏證．理》）。所謂「人能明於必然」，「歸於必然，適完其自然」，用現代的話說，即理性的自覺。他吸收了孟子倫理學中的合理因素，糾正了生之爲性說的流弊，從而有力地打擊了程朱派以天理壓制人欲的說教。

但是，其自然與必然不可分割的理論，是以其自然人性論爲前提的。他只是從自然史的角度了解人類生活的特徵，解釋道德的意義和作用，沒有看到人類生活的社會性，還不能揭示出道德生活的本質。人類物質生活欲求的滿足，是通過生產活動來實現的，人同人的關係從根本上說是社會生產的關係。因此，人類生活中的必然，還不能同自然界中的必然，相提並論。自然界中的必然，即物質運動變化的規律性，如戴震所說的氣化流行的條理，不存在善惡問題。而人類生活中的必然，則是在一定生產方式基礎上形成的生活規則。生產方式的不同，人在生產關係中所處的地位不同，人們對生活規則的理解也不一樣。正因爲如此，人類的生活規則存在著善惡的評價問題。某一時代某一社會的人認爲是善的，另一時代和另一社會中的人未必認爲就是善的，因而形成了不同的道德原則和不同的行爲規範。戴震將人類生活中的必然，歸之爲「情之不爽失」，這是一種抽象的說法，沒有看到「不爽失」是受一個時代的生產方式制約的。他爲了論證「情之不爽失」是普遍的道德原則，只有向自然界中尋找根據，其結果將自然界的必然同人類生活中的必然，混同起來。他說：「天地之氣化，流行不已，生生不息，其實體即純粹精好。人倫日用，其自然不失即純美精好。」（《緒言》上）「純美精好」，按戴震的解釋，指「善」或完善。他認爲天和人的區別，在於人能使自己的行爲「歸於純美精好」，而天道自身即純美精好。他說：「善者，稱其美好之名；性者，指實體之名。在天道不分言，而在人物分言之始明，究之美好者即其實體之美好，非別有美好以增飾之也。」（《緒言》上）此種觀點，雖然區別了天道和人道，但是仍承認自然界的必然，有善的性質，從而將人道中的必然看成是天道的引申。這是自然人性論者不能克服的弱點。其實，戴震說的人類生活中的必然，實際上是「當然之則」。「當然」，屬於價值判斷的問題，乃人類生活的準則，不是從自然規律中直接引申出來的。這是中國古代哲學難以突破的問題。

總起來說，戴震對道德的理解及其提出的道德基本準則，其理論自身雖然有其歷史的局限性，但在倫理學史上卻有重要的意義。以下談兩點：

1.他提出的「理也者情之不爽失」，「以情絜情」，作爲一種倫理思想，具有反抗等級壓迫的意義。這條原則包涵著不同等級的人，在求生存這一點上，應該是平等的，此即他所說的「無不得其平」。戴震並沒有否認等級差別，也不一般地反對禮教。如他所說：「言仁可以賅禮，使無親疏上下之辨，則禮失而仁亦未爲得。」「先王之以禮教，無非正大之情。君子之精義也，斷乎親疏上下，不爽幾微。」（《疏證・仁義禮智》）他說的「情之不爽失」，還包涵著辨別親疏上下的內容。因此，他並沒有從「無不得其平」中引出近代的平等觀念，即社會地位和政治上的平等。但他認爲社會上的成員應該有同等的求生存的權利。這一觀點，正是近代的人道主義思想的萌芽。正因爲如此，戴震的倫理學說受到近代的民主主義者的讚揚。如革命民主派的代表章太炎所說：「震自幼爲賈販，轉運千里，復具知民生隱曲，而上無一言之惠。故發憤著《原善》、《孟子字義疏證》，專務平恕，爲臣民愬上天。」（《太炎文錄初編・釋戴》）章文所說的「專務恕平」，即戴震說的「無不得其平」。我國近代史上的人道主義，是從反抗等級壓迫開始的，進而反對等級制度，形成了近代的民主觀念，其後又發展爲社會主義的平等觀。戴震的倫理學說對近代思潮的發展起了先驅的作用。

2.戴震提出的道德原則雖然是建立在其抽象的人性論的基礎上的，但它實際上所要處理的是個人利益和社會利益的關係問題。以程朱派爲代表的封建理學，以個人的利益爲私，以上一等級的利益爲社會公利的代表，通過公私之辨、義利之辨、理欲之辨，以其所說的社會公利來壓制下一等級的利益。而戴震提出的道德原則，充分肯定了下一等級的利益，即他所說的卑者、賤者、幼者的利益。認爲這種個人利益不是私，是正當的，不容抹煞；而社會的利益，並非只是上一等級的利益，而是社會全體成員的利益，此即他所說的「一人之所欲，天下人之所同欲也。」這兩種欲求應該是一致的。因此，作爲道德的基本準則，既要尊重個人的利益，又要滿足社會其他成員的利益。這就是他所說的「以情絜情」，將心比心。這條原則同歐洲十八世紀法國唯物主義霍爾巴赫的學說有相似之處。他說：「愛別人……就是把自己的利益同我們同伴的利益融合在一起，以便爲共同的利益而工作……美德不外就是組成社會人們的利益。」（《社會體系》，轉引自《馬克思恩格斯全集》卷二，一七〇頁）其論點是，人總是從愛自己出發，進而去愛別人，從而將個人的利益和其他人的利益融合在一起。此即戴震所說「欲遂其生，亦遂人之生，仁也」。馬克思指出，十八世紀法國唯物主義者的倫理學說，「同社會主義和共產主義之間，有著必然的聯繫」（《馬克思恩格斯全集》卷二，一六六頁）。如其中關於「正確理解的個人利益是整個道德的基礎」這一思想，其進一步的發展，則導出

「必須使個別人的私人利益符合於全人類的利益」（《馬克思恩格斯全集》卷二，一六七頁）。戴震的「達情遂欲」說，是從個人求生存的利益出發的，如他所說「不必遂其生，而遂人之生，無是情也。」但是，他反對追求個人的私利，區別欲和私，要求把個人的利益同其同伴的利益融合在一起，所謂「與天下共遂其生」。這種觀點，同法國唯物主義者的學說是一致的。據此，戴震的倫理學說，同樣爲我們留下一份可貴的遺產。其可貴之處在於它同情被壓迫階層的利益，沒有停留在追求個人利益的水平上，進而充分肯定了同伴的利益。這種思想，對我們建設新的精神文明，正確處理個人利益和社會利益的關係，無疑是有益的。

五、論修養方法

戴震在其哲學、倫理學的著作中，對修養方法也有評論。總的說來，他繼承了荀況重學的思想，從而批判了道學家的主靜或主敬說以及反省內求的修養經。

(一)德性資於學問

道學中的兩派，理學和心學，其論修養方法，大同小異。由於他們都是先驗論者，認爲道德觀念是天賦的，仁義禮智諸德，爲內心所固有，完全自足。因此，關於道德的認識，都主張反省內求，此是其共同點。但是，兩派關於心和理的關係，其說法又有差別。程朱派理學主張「理得於天而具於心」，認爲道德原則和道德觀念是從天上來的，落到人心中，便成爲人的道德觀念。但一般人的道德觀念，爲其氣質所蒙蔽，不能自明，如同寶珠落在污泥中，不能發光，需要借助於反省和學習，擦去寶珠的污泥，使其恢復原來的光輝，此即朱熹所說「故學者當因其所發而遂明之，以復其初也」（《大學章句注》）。理學一派，一般不否定學習，提倡所謂「格物窮理」，但把學習看成是恢復天賦觀念的一種手段。陸王心學一派，主張心即理，認爲道德原則和道德觀念不是從天上掉下來的，而爲人心所固有，即思維自身便產生道德觀念，只要無私欲之蔽，當下體認或反思便顯露明白，行爲自然符合道德的準則。此即陸象山所說「欲窮此理，盡此心也」（《象山全集·與李宰書》），「收拾精神，自作主宰」（《語錄》）。亦即王守仁說的「致良知」。心學一派鄙視耳目經驗和學習，甚至將學習看成是發明本心的障礙。此是兩派的不同點。戴震對這兩派的修養方法都進行了批評，認爲對道德原則的認識以及提高道德修養的方法在於學習即知識的積累。因爲人生來沒有天賦的觀念，只有心知之自然，心知靠學習方能發展爲神明。認識能力提高了，則「能明於必然」，成爲道德高尚的人。他堅決反對反省內求的修養方法，提出「德性資於學問」，同道學家的修養經展開了辯論。他駁斥朱熹的「復其初」說：

> 試以人之形體與人之德性比而論之，形體始於幼少，終乎長大；德性始乎蒙昧，終乎聖智。其形體之長也，資於飲食之養，乃長日加益，非復其初。德性資於學問，進而聖智，非復其初，明矣。（《疏證·理》）

是說，道德境界的提高，同形體成長一樣，都要從外界吸收養料，形體靠飲食，德性靠學問。學問可以使人從蒙昧進入聖智。就是說，道德修養不是體認內心的天理，學習的目的不是恢復寶珠的光輝，而是提高和鍛煉人的理性思維能力。所謂「聖智」，不是如道學家所說的心具萬理、備萬事，而是智力的高度發展。這同程朱派的「道問學」是不同的。他批評程朱派的「學以復其初」說：

> 水之清喻性，以受污而濁喻性墮於形氣中污壞，以澄之而清喻學。水靜則能清，老、莊、釋氏之主於無欲，主於靜寂是也。因改變其說爲主敬、爲存理，依然釋氏教人認本來面貌，教人常惺惺之法。（《疏證·性》）

此是說，程朱講的道問學，只是其反省內求的修養方法「主敬」和「存理」的補充，而其主敬說無非是佛道兩家主靜說的改頭換面。這種批評是相當深刻的。

關於人的品質的形成，程朱派認爲，是由於人所稟受的先天的氣質不同而造成的；稟氣清明，則有爲善的才質；稟氣重濁，則有爲惡的才質。戴震認爲，惡的行爲，不是出於人的才質不美，而是出於不肯學習，受習慣感染而形成的偏私之見。他說：

> 人之初生，不食而死；人之幼稚，不學則愚。食以養其生，充之使長；學以養其良，充之至於賢人聖人，其故一也。才雖美，譬之良玉，成器而寶之，氣澤日親，久能發其光，可寶加乎前矣。剝之蝕之，委棄不惜，久且傷壞無色，可寶減乎其前矣。
>
> （《疏證·才》）

是說，通過學習，可以使人的才質充分發揮爲善的能力，成爲聖人；不學習，才質雖美，也要成爲愚昧之人。如同玉器一樣，善於保護，會發出比原來更大的光彩；不善於保護，任其剝蝕，光彩便消失了。他還舉例說，譬如人的身體，生下來並非就是病身，後來或感於外而病，或體內受損傷而病，身體便衰弱了。由此，他得出結論：「才雖美，失其養則然」。（《疏證・才》）所謂「失其養」，就道德修養說，就是不學習或不善於學習。戴震說的才質，指血氣心知之自然。就心知說，本來就有認識的能力，此即才之美，如同玉器，本來有發光的才質，但不學習，就會喪失其認識能力，所謂「知之失爲蔽」。蔽則不能辨別是非，明於必然，情欲的滿足便流爲私，不道德的行爲便產生了。戴震此論，可以稱爲學以成德說，認爲品質的善惡取決於是否肯於學習。這是對荀況學說的闡發。

據此，戴震解釋了孔子所說的「上智與下愚不移」的命題。認爲孔子說的「不移」，是說，不肯學習而成爲愚人，並非「不可移」。他說：

> 生而下愚，其人難與言理義，由自絕於學，是以不移。……苟悔而從善，則非下愚矣；加之以學，則日進於智矣。以不移定爲下愚，又往往在知善而不爲，知不善而爲之者，故曰不移，不曰不可移。雖古今不乏下愚，而其精爽幾與物等者，亦究異於物，無不可移也。（《疏證・性》）

此是說，人通過學習，不僅可以改變下愚的狀況，而且可以成爲有智慧的人。自甘落後、不想從善，方爲「不移」。人和動物同有知覺，但動物不知學習，所以其精爽不可移，而人類能學習，可以改變自己的認識能力，此是人獸區別之所在。孔子這句話的原意，是講命定論，而戴震通過「不移」二字的解釋，認爲人可以改變智力的差距，這也是對孔子學說的一種揚棄。關於人的智力的差異，戴震又說：

> 人雖有智有愚，大致相近，而智愚之甚遠者蓋鮮。智愚者，遠近等差殊科，而非相反。善惡則相反之名，非遠近之名。知人之成性，其不齊在智愚，亦可知任其愚而不學不思乃流爲惡。（《疏證·性》）

是說，人的智力本沒有大的差距，其不齊，只是程度上的不同，不是性質上的對立，如善惡之對立。因爲是程度上的不齊，人們通過學習，可以改變其差距，愚可以變爲智。任其智力低下而不學習，方有不道德的行爲。意思是，智力低下，並非惡的根源，不學習方流爲惡。因此，他又說：「人與人較，其材質等差凡幾？古聖賢知人之材質有等差，是以重問學、貴擴充。」（《疏證·理》）戴震此論，也是針對朱熹而發的。朱熹注解「唯上智與下愚不移」說：「人之氣質相近之中，又有美惡一定，而非習之所能移者。」（《論語集注·陽貨》）認爲人的智愚，同貧富貴賤生死一樣出於氣稟之不齊，難以改易，宣揚命定論。而戴震解《論語》，則取程氏以「自暴自棄」爲「不移」義（《論語集注·陽貨》），並以不學解釋「自暴自棄」。這是對程朱學說一種批判地吸取。總之，在智力高低問題上，戴震同樣不贊成先驗論的說法，置後天學習於首要的地位，這也是對荀況思想的闡發。他雖然不贊成荀況的性惡論，但對〈勸學篇〉給予很高的評價，認爲其「積善成德」說，在於重視學習，「聖人復起，豈能易

其言哉！」（《疏證·性》）

戴震把後天學習、積累知識看成是提高道德境界的重要手段，這表明其倫理學說具有主智主義傾向。他重視學習，不是說，尊重感覺經驗，使其上升爲理論來指導人的行爲，而是說，將學到的知識，化爲智力，提高理性思維的認識水平，這同其尊理性的思想是一致的。因此，在知行問題上，他認爲知比行重要。他說：

> 聖人之言，無非使人求其至當以見之行；求其至當，即先務於知也。凡去私不求去蔽，重行不先重知，非聖學也。（《疏證·權》）

此是對孔子說的「克己復禮爲仁」的解釋。他以「克己」爲「去蔽」即消除偏見；以「禮」爲「至當不易之則」，以「復禮」爲「明於必然」；以「仁」爲推己及人。這同朱熹以「存天理，滅人欲」注解「克己復禮」很不相同。戴震如此解釋《論語》文句，就修養方法說，是強調「知」的重要性。在他看來，不道德的行爲，首先是由於愚昧無知，知有所失，從而使欲求流爲私，不能推己及人。所以進行道德修養，首先要「去蔽」，正確認識生活中的「必然」。這樣，行爲才沒有過錯，行動方符合道德的準則。此即「重行不先重知，非聖學也。」這是知先行後說的一種形式，其目的在於反對禁欲主義。他評論佛道兩家的修養經說：

> 凡異說皆主於無欲，不求無蔽；重行，不先重知。人見其篤行也，無欲也，故莫不尊信之。聖賢之學，由博學、審問、慎思、明辨而後篤行，則行者，行其人倫日用

之不蔽者也。非如彼之舍人倫日用，以無欲爲能篤行也。（《疏證·權》）

此是說，佛道二教不尊理性、不思不學、主無欲，結果其所篤行的是禁欲，不是實行人倫日用之事，走向了對人倫日用的否定。儒家則不然，如《中庸》所說，以博學爲先，以篤行爲後，所以其所行爲人倫日用之事，就人倫日用，推己及人、達情遂欲。此條辯論，在於說明所行不同，出於知之愚明，宗教的禁欲生活是同其蒙昧主義分不開的。不僅如此，他還指出，不先重知，動機雖好，難保行爲的後果而無過錯。他說：

忠信由於質美，聖賢論行，固以忠信爲重，然如其質而見之行事，苟學不足，則失在知，而行因之謬，雖其心無弗忠弗信，而害道多矣。行之差謬，不能知之，徒自期於心無愧者，其人忠信而不好學，往往出於此。此可以見學與禮之重矣。（《疏證·仁義禮智》）

此條是對《論語》「繪事後素」說的解釋。他取鄭玄注，以「素」爲白彩，以「先布衆色，然後以素分布其間以成其文」釋「繪事後素」文（見何晏《論語集解·八佾》）。戴震發揮說：「是素功後施，始五彩成章爛然，貌既美而又嫻於儀容，乃爲誠美，素以爲絢之喻，昭然矣。」此說，不以「素」爲白地，不以「禮後」爲「後於素」，不同於朱熹注。他以素爲白采，比喻禮儀節文，認爲內心的情操，如忠信之質，必須加以文飾，其德行方爲誠美，意在重禮。而禮節儀容又是靠學習得到的，其意又在重學。在戴震看來，只有忠信之心，動機雖美好，如果不學習，不知事情的條理和不易之則，即不知禮，其行爲仍有差錯，所以孔子說，繪事之後，加以白采，以成其文，此即「繪事後素」。戴震的這種解釋，表明其重知、重學，又在於重視行爲的效果。程朱派亦講知先行後，但其所謂知，就道德修養說，指對心中天理的體認，強調動機純正，無人欲之私，行爲方能正確。而戴震則以知爲心知，指知覺思維的能力，其重知是尊理性，不是宣揚動機主義，這也是對程朱學說的一種批判地改造。

總之，戴震關於學問和知行問題的論述，就道德修養方法說，基本上是闡發荀況的思想，也是其唯物主義認識論在倫理學說中的表現。其知行觀，看到知對行的指導作用，有其合理的因素，對佛道兩家的批評也是中肯的。但同荀況相比，沒有看到行對知的檢驗作用，如荀況所說：「學至於行之而止矣。行之，明也，明之爲聖人。」（《荀子·儒效》）同明代的王廷相和清代的顏元相比，也沒有看到行是知的基礎，如王廷相所說：「行得一事，即知一事，所謂眞知矣。」（《與薛君采二》）這同戴震的唯物論的唯理論不重視感覺經驗而形成的片面性分不開的。一般說來，舊唯物主義者總是以認識脫離實踐爲特徵的。即使戴震說的知，指心知，但人的智力同樣是在實踐的基礎上發展的，戴震沒有把學問放在實踐的基礎上去理解，終於導致重知輕行的道路。

㈡心精於道

前面講道，戴震重學問，其目的是將學問看成養料，加以消化，提高理性思維的認識能力，此即「德性資於學問」。在此基礎上，他研究了理性思維怎樣認識事物的規律問題。關於這一問題，程朱派提出「格物窮理」或「即物窮理」說。此說的宗旨是，通過格物的功夫，克服人欲之私，啓發對心中固有之理的認識。如朱熹所說：「即凡天下之物，莫不因其已知之理而益窮之，以求至乎其極。」（《大學章句注》）「已知之理」指已領悟到的一事一物之理。「至乎其極」，指達到對根本的理即天理的認識。無論已知之理或天理，朱熹認爲都爲心中所固有，格物的目的是通過對事物之理的了解，啓發心中之理，「豁然貫通」，提高道德思想的境界。針對這種修養方法，戴震提出自己的窮理說。他說：

> 宋儒亦知就事物求理也，特因先入於釋氏，轉其所指爲神識者以指理。故視理如有物焉，不徒曰事物之理，而曰理散在事物。事物之理，必就事物剖析至微而後理得。理散在事物，於是冥心求理。謂一本萬殊，謂放之則彌六合，卷之則退藏於密。實從釋氏所云遍見俱該法界，收攝在一微塵者，比類得之。（《疏證·權》）

意思是，程朱派說的即物窮理，其所窮之理乃心中所固有，即「如有物焉」，此種理，無非是佛教說的神識的改頭換面。理本來存於事物之中，可是程朱卻說理散在事物，即以事物之理爲天理之散開，如月印萬川，稱之爲一本萬殊或理一分殊。程頤又稱其爲「放之則彌六合，卷之則退藏於密」（《遺書》卷十一），即此理散開，充滿上下四方，卷起來，又藏在人心深處。此種一本萬殊說，實際上來於佛教禪宗所說「遍見俱該法界，收攝在一微塵」（《景德傳燈錄》卷三），即佛性普遍於一切法界，收縮起來又存於一粒塵土中。因此，程朱派說的即物窮理，其結果同佛教一樣，只是「冥心窺理」，即憑冥想向心內求理。這種窮理的辦法，只能以個人的偏見爲理。他說：「徒以理如有物焉，則不以爲一理而不可，而事必有理，隨事不同，故又言心具衆理、應萬事。心具之而出之，非意見固無可以當此者耳。」《疏證·權》戴震這裡揭露了程朱派即物窮理說的唯心主義的實質以及同其唯心主義理本論的聯繫。這種揭露，相當深刻，沒有被程朱派的「格物」說所迷惑。他指出，理是「分理」，是一類事物所固有的特殊規律，只存於事物之中，並非天上的「一理」的散開，也非退藏於人的心中。因此，窮理就是窮事物之間的區分，剖析事物的性質至細微之處，將一類事物同另一類事物區分開來，這樣，方得到對理即分理的認識。此即他所說：「事物之理，必就剖析至微而後理得」。所謂「剖析」，即分析事物的性質；「至微」，指一類事物中的本質屬性。「剖析」屬於理性思維的能力。據此，戴震所理解的格物窮理，就是運用理性思維的能力，分析事物的特性，從中引出其規律。就其倫理學的意義說，是就人倫日用之事，分析其特性，從中引出道德原則，作爲人的行爲準則。這種格物窮理說，是建立在反映論的基礎上的，乃其神明照物說在方法論中的表現。

按戴震的分理說，萬物依陰陽五行之氣，各自形成自己的特性，萬物之理，總是某一類事物之理，沒有程朱派所說的「一理」，居於天地萬物之上，其散開後則爲萬物萬事之理。因此，關於即物窮理，戴震反對追求「一理」。孔子曾說：「吾道一以貫之。」其弟子曾參解釋爲「忠恕之道」（《論語·里仁》）。關於學習的方法，孔子又說：「予一以貫之。」（《論語·衛靈公》），朱熹注釋說：「聖人之心，渾然一理。」又說：「至誠無思者，道之體也，萬殊之所以一本也。萬物各得其所者，道之用也，一本之所以萬殊也。以此觀之，一以貫之之實，可見矣。」（《論語集注・里仁》）此是以「一本萬殊」解釋「一以貫之」，認爲孔子主張於萬殊中求一理。戴震反駁說：

> 一以貫之，非言以一貫之也。道有下學上達之殊致，學有識其迹與精於道之異趣。吾道一以貫之，言上達之道即下學之道也。（《疏證・權》）

是說，孔子說的「一以貫之」，意思是上下貫通爲一，不是追求「一理」，此即「非言以一貫之也」。因爲道有上達和下學之分，爲學又有識其表面形迹和領會其實質之不同。就上達和下學說，其道爲一，不容分割，此即「吾道一以貫之」。關於孔子說的「予一以貫之」，戴震解釋說：「言精於道，則心之所通，不假於紛然識其迹也。」（《疏證・權》）「精於道」，意謂爲學要領會事物之實質，掌握其原則，這樣，對事物的認識則通達而無蔽塞。這不是靠識其表面形迹所能達到的，故孔子說「予一以貫之」。戴震認爲，孔子一方面講多聞多見，「不廢多學而識」；另一方面又講「予一以貫之」，即「精於道」，其目的是提高人的認識水平和思想境界。思想水平提高了，便可以正確處理各種具體的事情了。他說：

> 聞見不可不廣，而務在能明於心。一事豁然，使無餘蘊，更一事而亦如是。久之，心知之明，進於聖智，雖未學之事，豈足以窮其智哉！……心精於道，全乎聖智，自無弗貫通，非多學而識所能盡。（《疏證・權》）

意思是說，多學多見的目的，在於使心知明通。心知明通，認識具體的事情，則清楚明白，久而久之，進入聖智，雖未學之事，也能正確對待。心知明通，則能領會和掌握事物的原則，此即「心精於道」。能精於道，處事則自無隔閡。戴震認爲，此即《周易・繫辭》所說的「精義入神，以致用也」，「知周乎萬物而道濟天下，故不過」。這是多學強識所不能勝任的。以上是解釋孔子說的「予一以貫之」。此種解釋，就道德修養方法說，就是主張於人倫日用之中，領會和掌握忠恕之道，即「心精於道」，使心知之明，進入聖智，遇到具體的事情，自能推己及人而無阻塞。他說：

凡未至乎聖人，未可語於仁，未能無憾於禮義，如其才質所及，心知所明，謂之忠恕可也。聖人仁且智，其見之行事，無非仁，無非禮義，忠恕不足以名之，然而非有他也，忠恕至斯而極也。（《疏證・權》）

是說，一般人雖有爲善的才質，亦可實行忠恕之道，但由於覺悟不高，難免沒有過錯。可是，聖人之心，精於道、具有高度的智慧，見之於行事，無不貫通，無往而非仁義，其忠恕之德達到最高峰。據此，他又解釋《周易・繫辭》文「天下同歸而殊途，一致而百慮。天下何思何慮」說：「同歸，如歸於仁至義盡是也；殊途，如事情之各區以別是也。一致，如心知之明盡乎聖智是也；百慮，如因物而通其則是也。」（《疏證・權》）是說，儘管人事各有不同，都能歸於仁至義盡；通曉事物之則雖有百慮，終究出於心知之神明。此即聖人「何思何慮」的精神境界。據此，他又批評程朱派的窮理說：

> 六經、孔孟之書，語行之約，務在修身而已。語知之約，致其心之明而已。未有空指一而使人知之求之者。致其心之明，自能權度事情，無幾微差失，又焉用知一求一哉！（《疏證·權》）

「約」，要領。是說儒家經書所說的「守約」，就人的行爲說，是努力於修身；就知識學問說，是致力於心之明。心明進於聖智，處理事情，自能權衡輕重，其達情遂欲，必無過錯。意思是，「守約」非如道學家所說的冥心求理或存而不失，而是心知明通，掌握人類求生的原則，推己及人時，毫不勉強，從容中道。此即道德修養的最高境界。

關於修養方法，孔子提出學和思，認爲二者不可偏廢。孟子重思，荀子則重學。戴震的「德性資於學問」，來於荀子的重學；所說的「心精於道」，來於孟子的重思。但其對孟荀兩家的觀點，都做了批判地吸取。「心精於道」，「致其心之明」，並非如孟子所說，保持仁義之心而不喪失，自我反省心中固有的道德觀念，提高道德生活的自覺性，而是剖析人倫日用之理，研究和掌握推己及人的道德原則，鍛煉和提高理性思維判斷是非善惡的水平，以此增強道德生活的自覺性和道德責任感。總之，將達情遂欲從不自覺變成高度自覺的活動，這就是他所說的「聖智」。這樣，戴震便將孟子以來儒家所提倡的內求於心的先驗論的修養方法改造爲提高思想境界的方法。這種批判地吸取，也是受了荀況的「以心知道」說的影響。荀況認爲，心的作用不是反省內心的觀念，而是認識和掌握外在的規範，指導情欲的活動；保持理智的清醒，所謂「清明內景」，則能以理化情，此即聖人的精神境界。戴震說的「聖智」，即本於此。但荀況將理智的活動視爲對情欲的制裁，認爲一般人必須通過聖人的教化，方能提高自己的境界。而戴震則不以理智爲情欲的對立物，並將遂情達欲看成是人類理性的自覺活動，揚棄了荀況的聖人化性起僞說。就其強調人類理性的自覺說，又是受了孟子的影響。總之，戴震關於道德修養的論述，繼承和發揚了儒家學說的優良傳統，並且予以新的解釋，反映了新的市民階層追求新的道德生活的願望。其所提出的重學習、貴自覺的修養方法，加以批判地改造，對提高我們的道德思想境界，也是有益的。

（《國學研究》第一卷，北京大學出版社，一九九三年）

中國當代人學的開拓者——
評梁漱溟著《人心與人生》

梁先生作爲中國當代著名的哲學家，一生著述有三十餘部，爲後人留下一筆豐富的精神財富，値得我們研究和總結。五〇年代初，我在北京大學哲學系編《中國近代思想史講授提綱》，開始閱讀了梁先生的著作。六〇年代初，編《中國現代哲學史資料》時，又閱讀了梁先生的著述。七〇年代，「文革」後期，我在馮友蘭教授家中，看到《人心與人生》一書的稿本。當時梁先生將親筆寫的稿本，送給馮友蘭先生審閱，徵求意見。稿本用毛筆寫的，蠅頭小楷，字字工整。當時梁先生已年過八旬。此事對我感觸很深。他以如此之高齡，親自動手抄寫稿本，並徵求同行的意見，充分體現了其嚴肅認眞和謙虛謹愼的學風以及不畏艱險、追求眞理的高尚品格。一九八四年，此書出版。一九八五年，爲了指導研究生寫畢業論文，我方拜讀此書，感到此書提出許多新的觀點，非常珍貴。這次來日參加紀念梁先生的學術討論會，我又閱讀了一遍。從五〇年代初到現在，我有四次機會閱讀過梁先生的著作，其中感受也不相同。我是研究和講授中國哲學史的。我閱讀梁先生著作的目的，是探討梁先生在中國現代哲學史上的地位及其成就和問題。由於過去長期受極左思潮的影響，在我的研究和教學中，沒有能夠對梁先生在學術上的造詣作出公正的和科學的評價。我想，藉此次討論會的機會，就梁先生晚年的著述《人心與人生》，談談我的想法，同日本學人交換一下意見，歡迎朋友們指正。

梁先生一生思想有一個變化的過程。《人心與人生》一書，是其哲學思想的總結。其哲學著作，可以說先有《東西文化及其哲學》，後有《人心與人生》。兩部書相比較，前者偏重於文化問題的探討，後者偏重於哲理的闡發。其一生哲學思想精華，體現在《人心與人生》一書中。此書，現由日本學者池田篤紀先生譯爲日文，景嘉先生校正，和崎博夫先生發行，此是中日文化學術交流的一件喜事。我作爲中國的哲學工作者，謹向三位先生致以謝意。

《人心與人生》一書，從學術特別是哲學上看，所討論的中心課題，究竟是什麼問題？他在此書《自記》中說：「其改正要點，全在辨認人類生命（人類心理）與動物生命（動物心理）異同之間。此一辨認愈來愈深入與繁密，遂有志於《人心與人生》專書之作。」此是用來說明《人心與人生》一書同其早年著作《東西文化及其哲學》不同之處，認爲本書的宗旨在於辨人獸之異同。人一方面是高等動物發展的頂峰，有其獸性的一面，但人與動物又有本質的區別。此書的目的在於研究「人之所以爲人者」，即探討人的本質屬性。如梁先生所說：「吾書蓋不啻如一篇《人性論》也。」（第二章）探討人的本性的學問，可以稱之爲「人學」。研究人的本質，在中西哲學史上都是一個古老的問題。但作爲一種獨立的學科，全面而系統地研究人，則是現代哲學和科學的任務。在中國大陸，近年來學術界也開始重視關於人的研究，揭起了人學熱。關於人的研究，可從多方面入手，有從生物學、生理學和心理學角度進行研究的，有從人類學和社會學角度進行研究的，有從倫理學和美學角度開展研究的，也有從哲學角度進行討論的。但當前學術界關於人的研究，可以說是各有偏重。在自然科學和社會科學的基礎上，對人的本質作出哲學的概括，在中國大陸梁先生的《人心與人生》可爲其代表。

梁先生在自己的著作中，常談到中西學術所討論的問題，可以歸結爲三大問題：一是人同物的關係，一是人與人的關係，一是人自身生命的反思。由於所關心的問題不同，在歷史上形成三大文化傳統：西方文化、中國文化和印度文化。這三個問題的提出，表達了梁先生的一個基本立場，即他重視人的研究，所以三個問題的開頭，都冠以「人」字。重視人的研究，在西方始於古希臘哲人蘇格拉底，在中國始於春秋時代的孔子。梁先生一生的學術研究，正是繼承和發揚中西古代哲人的這一傳統。梁先生生活於二十世紀，其對人的研究，無論其深度和廣度，都不是蘇格拉底和孔子所能比擬的。就《人心與人生》一書的內容看，他吸收了十九世紀以來西方科學發展的重大成果，特別是達爾文的生物進化論和馬克思的社會歷史觀，如其所說：「設非得此種種啓示於前賢，吾書固無由寫成」。此外，二十世紀以來，生物學、生理學和心理學的某些積極成果，也都爲梁先生所吸收。因此，《人心與人生》一書中的論點，有較爲深厚的當代自然科學和社會科學的基礎，或者說，梁先生依據現代科學的成果建立起自己的人學體系，或爲自己的人學體系作了論證。但梁先生作爲一位善於用心思的哲學家，並不滿意當代科學關於人的論述或所作的結論，而是對諸家有所吸收，又有所揚棄。總之，不倚傍別人、努力創新、走自己的路，這正是梁先生作爲當代哲學家的高貴品格之一。在中國近現代史上，能建立自己的哲學體系的哲學家，爲數很少，梁先生是其中之一。人們儘管對梁先生的思想，有各種不同的評價，但有一點是應當肯定的，即他系統地建立起人學的體系，在世界歷史大變局的今天，喚起人們關心人、研究人，從而爲人類的現狀和未來，尋求出路。梁先生可以說是中國當代人學的開拓者。

梁先生在《人心與人生》一書中，對人的研究，提出哪些精闢的論點，自成一家之言呢？首先，從方法論上說，他以進化和發展的觀點考察人的本質，用梁先生自己的話說：「人心不是現成可以坐享的」（第十七章），因此，他從動態，而不是從靜態的角度研究人。因爲人同物比較，其特徵是充滿了生命的活力，所以不能靜止地、孤立地研究人的本性，如傳統的心理學和倫理學對人性的剖析。從生物進化觀點研究人，歸功於達爾文；從社會發展觀點研究人當歸功於馬、恩和近代的人類學家。梁先生的人類觀將兩大派的觀點綜合起來，將人看成是歷史長河中的人，從人性的形成和發展的歷史探討人的本質和人類的歸宿，這在方法論上是一大突破。因爲從進化和發展的觀點考察人性，梁先生提出不少精闢的見解。如關於人性論中的先後天之辯，是人性論史上長期爭論不休的問題。梁先生認爲，人心的特點之一是，人有理智。就人的理智說，有其生理的基礎，即出於人腦的功能；而人腦又從動物進化而來，通過種族繁衍，遺傳給下一代。所以一個人生來就具有思維的能力，如同目能視、耳能聽一樣，此爲先天。但人類理智的形成，同動物本能區別開來，卻經歷了漫長的歲月；個人理智的形成，又要靠生活經驗的鍛煉和蓄養，其成熟和光大，還要靠不斷地學習和反思，就此而言，理智又是後天的產物。只承認先天，不能說明人類之間何以有智力上的差異；只承認後天，不能解釋人類的理智何以又有相同處。在梁先生看來，人性乃先天和後天的統一，從而科學地解決了心理學史和倫理學史上長期爭論的問題。

其次，由於梁先生將人心或人性看成是一個進化和發展的過程，進而提出人性三層說，即從本能到理智，從理智到理性。此三層既相互聯繫，又有質的區別。人類從動物進化而來，人爲動物中之一物，乃一生命有機體，受新陳代謝的法則支配，以個體圖存和種族繁衍爲活動的內容。凡依此生命有機體而形成的人的性情、氣質等，梁先生稱之爲「本能」。中國古代哲人孟子說：「食色天性也」，即屬於本能的範疇。同孟子辯論的告子，提出「生之謂性」，其所說的人性，亦是指本能而言。但人類又不同於動物，乃高等動物發展的頂峰，同動物有本質的區別，即有「人之所以爲人者」。關於人的本質，梁先生回答說：「吾書開宗明義曾謂：人之所以爲人在其心。而今則當說：心之所以爲心者在其自覺。」（第六章第七節）認爲人同動物的區別在於人有自覺心。即是說，動物的生活靠其本能，而人類的活動則靠其心的自覺。其所說的「自覺心」，指人同動物相比，有清醒的自我意識，其表現之一，即是人的理智。按梁先生的解釋，理智作爲人的心理活動之一，在於認識外在的事物，通過思維，構成觀念和概念，形成人的知識系統。理智不同於本能，它「好眞惡僞」，如孟子說的「是非之心」，乃追求眞理的意識，不受基於本能的利害得失之情的干擾。理智增長一分，情感衝動即減少一分。就此而言，理智又有反本能的傾向。理智的活動亦在於解決和處理個體生存和種族繁衍兩大問題，但又不受此兩大問題的局限，即是說，能超越發自本能的求生的方式，不受其牽累。如梁先生所說：「人必超於利害得失之上來看利害得失，而後乃能正確地處理利害得失。」（第六章第七節）總之，人憑理智的活動成爲外物和人身的主宰者。人類憑理智而勞動，從而發明創造了各種工具，增人類本能之所不能。人類正是倚靠理智的活動，脫離了動物的自然狀態，由野蠻進入文明，並且創建了各門科學，從而使人類進入了高度文明的社會。一部人類文化史，即是理智不斷向前發展的歷史。總之，理智使人類從本能生活中解放出來，實現了人類生命的第一次飛躍。但人心的發展，並未至此而停止，向更高一層邁進，則爲理性的活動。梁先生區別理智和理性。理智主知，理性主情。但此情感非出於本能，而是基於理智。梁先生認爲，理智求眞，具有無私的要求，不受個體情欲的支配，其進一步發展，則爲「無私的情感」，即「在情感中不失清明自覺之心」，此心即是理性。理智的活動，向外努力，其所認識的對象爲「物理」；理性的活動，向內努力，其所認識的對象爲「情理」，即人類的同情心和共同生活規則。在梁先生看來，人一刻也不能脫離群體或社會而生活，個人總是生活在人際關係中，社會是個體存在的方式，因而又形成了人的社會生命。社會生命將個體生命聯結爲一個整體，人心總是彼此相通的，求通乃人類生命的本性。理性所要求的是人在群體生活中，應尊重對方、關心別人、愛護同類、互相照顧。此種無私的情感，是人的社會生命的基礎。如孟子所說的「惻隱之心」和人們所說的「正義感」，即是理性活動的表現。如果說，理智的追求是眞，那麼理性的追求則是善和美。人類正是依靠好善惡惡、好美惡醜之心，進一步擺脫動物的本能，從基於求生本能而形成的貪求、忌妒、怨恨、傾軋等情欲衝動中徹底解放出來，從事於道德和美育生活，如儒家倡導的禮樂生活，使人的自覺心，得到充分的發展，生命方獲得了眞正的自由。梁先生描述理性的王國說：「一向爲生存競爭而受牽制於種種本能衝動，多所障蔽的人心，至此乃始解除障蔽與隔閡，而和洽相通。人們乃不復在彼此競爭、鬥爭上耗用其心思力氣，而同心一力於憑藉自然，創造文化；利用自然，享有文化」（第六章第八節）。是說，人心進入理性主宰的境界，人類方眞正成爲自然的主人。因此，他得出結論說：「理智者人心之妙用，理性者人心之美德。後者爲體，前者爲用」（第七章第二節）。是說，人心進入理性發達的層次，理智方能發揮出其神奇的作用，如科學技術的進步作爲理智發展的成果，納入理性的軌道，方能造福於全人類。所以人類之所以貴於物類者，不只在於理智的優越，而在於理性的發達。理性才是人類的特徵。總之，人心的發展，從理智到理性，可以說是人類生命的第二次飛躍。經過這次飛躍，人不僅區別於動物，而且成爲高尚的人。以上所述，是我所領會的梁先生人學的基本綱要。

梁先生所建立的人學，在心理學史和倫理學史上都有重要的理論意義。從心理學史看，他既批評了自然主義流派即將人視爲自然的人，對其心理活動進行分析；又批評了本能學派，即將人心的一切活動歸之於有機體的本能。指出，人不僅是自然的人，而且是社會的人，人的意識具有社會性，而人心的社會性，又是通過後天生活環境形成和發展的，所以人心能從理智進於理性。從倫理學史看，他既批評了將道德原則歸之爲基於本能的功利主義流派，又批評了將道德意識神秘化的直覺主義。指出，人的道德意識基於人的理性的自覺和自律。即是說人依其理性，一方面自覺地控制和改造自己的本能，如孟子所說「唯聖人乃可以踐形」；另一方面，又自覺地講倫理情誼，即互以對方爲重，盡自己應盡的義務，彼此過著相安的社會生活，如孟子所說的「盡倫」。此種倫理學說，可稱之爲新理性主義。西方近代的理性主義者如康德，提出「要把人當作目的看待，決不要把人只當作手段使用」（《道德形上學的基礎》），認爲道德行爲基於人先天具有的道德律令。但人類作爲理性的動物，爲什麼具有這種道德的律令？康德最後將其原因歸於「上帝的存在」。而梁先生則從人類心理和人類社會發展的歷史，依據自然科學和社會科學研究的成果，論證了理性乃人心高度發展的產物，則超過了康德的水平。拋開梁先生提出的「宇宙大生命」這一形上學或本體論的命題外，其對人心的分析，富有實證的精神。此是梁先生人學研究的一大特色。

梁先生提出的人學，因爲討論了人類的現狀和前途問題，也具有重要的現實意義。我們生活在理智高度發展的今天，科學技術突飛猛進的時代，滿足人類求生本能的物質生活得到了空前的提高。可是另一方面，人與人的關係，按理性的原則來衡量，沒有得到改善，人與人爭、族與族爭、國與國爭。總之，基於動物本能的生存競爭，還很激烈，甚至不惜將原子能的發現用於戰爭，使人類面臨著自我毀滅的災難。梁先生在他的人學中，大聲疾呼，喚起人類理性的覺醒，克服動物的本能，以情理代替暴力，互以對方爲重，以無私的情感對己對人，使人類得以和諧相處、共存共榮。梁先生於此書開宗明義第一章就說：「『人類設非進於天下一家，即將自己毀滅』（One world, or none）；非謂今日之國際情勢乎？」梁先生的理性主義，就是針對此種現狀而提出來的。我想，人們如果不存有某種政治成見，梁先生提出的關於人類前途的設想，在理論上是無可非議的。他深信，一個充滿人道的、和諧的而又有創造活力的理性王國，通過全體人類的不懈努力，一定會在人類生命發展史上放出光彩。

總之，梁先生的人學，充滿了奮發向上的和積極進取的樂觀主義精神，從而成為中國當代人學的開拓者。

最後，我想談談梁先生人學的傳統問題。《人心和人生》一書，引證了西方近代學術界許多觀點，如以英國現代哲學家羅素的「無私的情感」（impersonal feeling），解釋理性的內涵，即其一例。但從其學說的體系看，不是出於西方，而是來自東方，特別是中國儒家心性學說的傳統。這一傳統始倡於孟子，重視人的群體生活和倫理情誼，重視人的內心修養和精神境界，到了宋明時代，形成了完善的心學體系。心學以研究人心為其主要宗旨，以內心的自覺即「良知」為道德行為的基礎，進而建立起心本論的形上學。梁先生此書〈東西學術分途〉一章中，贊揚了這一學派的傳統。如他所說：「不有古東方人轉向外之心而向內以發揮其自覺性也……我又何從而會悟到此乎！」這裡說的「東方古學」，就心性學說說，主要指儒家哲學中心學派的傳統。所以他於本書中常引用闡發孔孟學說的程顥、王陽明以及湛若水等心學大師的言論，如「仁者與天地萬物為一體」說、變化氣質說、致良知說以及心包天地萬物說等，作為其人學立論的依據。二〇世紀以來，宋代興起的新儒家學說，其中理學一派偏重道問學，發展為新理學，可以馮友蘭先生為代表；其中心學一派偏重尊德性，發展為新心學，可以梁先生為代表。所謂「新」，是說因受西方學術和哲學的影響，對各自所繼承的傳統，作出新的闡發。這也是中國近現代哲學思潮的一大特色。但是他們借助於西方思潮詮釋東方哲學的傳統，並非是生搬硬套，而是有所取捨、有所消化、有所發展，其目的是發揚東方文化和哲學的優良傳統，並傳布於世界。

就梁先生的人學來說，他早年在《東西文化及其哲學》中，頗受柏格森的創化論的影響，以欲念的衝動解釋人類生命的特徵，以直覺解釋無私的情感和孔孟倡導的仁德。可是，一九二四年在北京大學講儒家哲學時，開始覺察到柏氏本能說的錯誤。以後，特別是在其《中國文化要義》中，明確提出理性這一範疇，代替本能和直覺，闡明中國文化的特質。其在《人心與人生》一書中，雖然仍引用柏氏創化論中的有關論點，但僅取其生命不斷創新之義，同儒家心學派倡導的「生生不息」的宇宙觀相印證，堅定地拋棄了柏氏的「生命衝動」說，使他成了一位理性主義者。同時，依據理智後天形成說，不僅揚棄了羅素的「創造衝動」說，而且修正了儒家心學中的天賦觀念論，成爲新理性主義的倡導者。按照梁先生的解釋，儒家人學的基本特徵是，以群體和諧爲本位的理性主義，不同於西方文化傳統中以個人競爭爲本位的主知主義。他並不否認西方文化傳統在人類文明史上所作出的巨大貢獻。但他堅信人類終究會在理智生活的基礎上向理性的王國邁進。這也是東方文化傳統對人類所做的一大貢獻。

這一貢獻，梁先生以「文化早熟」解釋之。其所謂「早熟」，照我的領會，有兩層涵義：一層是，近代以來，西方的文化傳統突飛猛進，東方人應奮起直追，補上這一課；另一層是，東方人也不要因此妄自菲薄，要看到自己的長處，將其發揚光大。總之，東西文化傳統各有所長，可以相互補充，爲創造人類的新文化開闢道路。這也是梁先生作爲中國當代人學的開拓者一生爲之奮鬥的目標。總之，走東西文化融合的路——是梁先生爲我們留下的一條重要的提示，我們應爲此而盡自己的一份力量，迎接人類美好的明天。

（一九九二年在日本東京亞洲問題研究會上的演講）

梁漱溟先生的儒學觀——
紀念梁先生誕辰一百周年

今年是梁先生誕生一百周年。我想，就這個機會，談談梁先生在中國和東方思想史上的地位和貢獻。梁先生作爲現代著名的思想家，其貢獻是多方面的，其中突出的貢獻是對儒家學說的闡發。由於梁先生曾相信佛學，而且一直未放棄這一信仰，因而有人提出梁先生的思想是佛家，還是儒家的問題。其實，這個問題，是容易回答的。梁先生雖然視佛教出世主義的理論，爲解決人生問題的最終歸宿，但是從他一生的學術研究和社會活動說，他是一位儒家學者，而不是一位宗教或佛學家。如他晚年評價自己的思想說：「我轉向儒家，是因爲佛家是出世的宗教，與人世間的需要不相合」（〈訪梁漱溟先生〉，《中國文化與中國哲學》，東方出版社，一九八六年）。此說明梁先生一生的學術和社會活動，是入世的，不是出世的，雖然他嚮往佛教精神。所以研究現代思想史的人，將梁先生列爲「現代新儒家」的代表之一，這是有道理的。但梁先生倡導儒家學說，不是簡單重複傳統的東西，而是結合現代人的需要，作了新的闡發，從而成爲中國和東方的大思想家之一。

梁先生作爲二十世紀儒家學說的代表，他所闡發的儒學有什麼特色？我想，談三點。其一，從儒學發展史上看，他所繼承和發揚的是先秦時代的孔孟學說，即原始儒學。因爲，就梁先生的著述看，他所詮釋的主要典籍是《論語》、《孟子》和《中庸》。雖然也引用了宋明儒學中心學一派代表人物，如程顥、王陽明、王艮、湛若水等人的一些言論，但只是用來解說孟子的心性學說，而不是直接闡發心學的理論。在他看來，凡是對孔孟學說的闡發有貢獻者，皆應加以肯定。如十八世紀的學者戴震寫了《孟子字義疏證》，批評了程朱理學。梁先生則讚揚其學說是：「於孔孟之懷蓋無不欣合。」梁先生所以以倡導孔孟之學爲己任，因爲孔孟哲學是中國古代人學的開拓者，奠定了中國哲學中人本主義的傳統，視道德生活爲人道的本質。這正是梁先生一直所追求的。其二，梁先生生活在二十世紀，其對孔孟學說的闡發，也有自己的時代特徵，即將孔孟學說置於新的歷史環境下，特別是同西方近代思潮的比較中，看孔孟學說的價值及其意義。他早年闡述孔孟思想的著作，名爲《東西文化及其哲學》，即表現了這一時代特徵。因此，其對孔孟學說的闡發，自然要借用西方哲學的術語和概念，甚至某些研究成果。這樣，其所倡導的孔孟學說，便獲得了面向世界的意義。其三，梁先生對孔孟學說的理解，經歷了一個變化的過程。其一生的代表性的學術著作有四部，即《東西文化及其哲學》、《鄉村建設理論》、《中國文化要義》和《人心與人生》。此四部著作中，都談到孔孟學說，但對其理解，並不盡同。如早年曾以直覺或本能，解釋孔子的仁、孟子的良知，後來，放棄了這種說法，而代之以理性說。又如於《東西文化及其哲學》中，因受吳虞說的影響，不承認《禮運》中的大同說爲儒家的思想。後來，則放棄了此說，以大同世界爲儒家所追求的理想社會。這些變化，說明梁先生對孔孟學說的理解，是逐漸深入的。因此，我們評論梁先生的儒學觀，應全面考察其著述，特別要重視其後來的闡發，不能停留在其早期的著作上。

梁先生對孔孟學說的闡發，有哪些新意和貢獻？我想，談以下四個問題：

一、人倫觀

孟孔都十分重視人的群體生活。孔子曾批評當時的隱士，是與鳥獸同群，而不是與人同群。孟子依這種人群觀念，提出「人倫」說，將人際關係歸爲五種秩序，即五倫：「父子有親，君臣有義，夫婦有別，長幼有序，朋友有信」。並且認爲此是人類和禽獸的根本區別，聖人即是人倫生活的表率。人倫觀成了儒家各派人道觀的基石。

梁先生作爲當代中國的儒學大師，全面闡發了孔孟的人倫說。在三〇年代，他從事鄉村建設活動時，提出了「倫理」這一概念，說明中國社會結構的特色。其後，他在《鄉村建設理論》和《中國文化要義》中，提出了「倫理本位」說，以區別於西方的兩種社會模式，即「個人本位」和「社會本位」。晚年，在《人心與人生》中，仍將「倫理」視爲人類道德生活的基礎。可以看出，人倫說在梁先生的思想中，佔有重要的地位，也是其儒學觀的核心。

怎樣理解人倫或倫理關係，是歷代儒學所探討的重要課題。漢代的儒家董仲舒提出「三綱」說：「君爲臣綱，父爲子綱，夫爲妻綱」，片面誇大君權、父權、夫權，要求臣、子、妻，一方絕對服從。宋代的理學家，將三綱視爲「天理」，認爲只能順從，不能違背。如朱熹所說「天下無不是的君父」，從而成爲統治人們的封建教條。梁先生一直反對這種人倫說。他在《東西文化及其哲學》中，將「三綱」一類的教條稱之爲「偏激之思想」、「加於社會人生的無理壓迫」（《全集》一卷，四七七頁）。後來，在《中國文化要義》中，將這種偏失，概括爲「個人永不被發現這一點上」（學林本，二五九頁）。爲了正本清源，梁先生提出了自己的倫理觀，其要點有：

㈠互以對方爲重

他認爲所謂「倫理」，即人際關係之理。他說：「倫者，倫偶，正指人們彼此之相與」（《要義》，七十九頁）。是說，人一生下來，就處於各種關係之中，如父子、兄弟、姊妹、夫婦等家庭關係、宗族關係；師生、財東和夥計、朋友、君臣、官民等社會關係。生活中的各種人際關係，總稱之爲「倫理」。這種關係都是兩兩相偶的關係，彼此相與的關係。如何維繫這種對偶的關係？梁先生依孔孟義，揭示出一條原則：「互以對方爲重」，即雙方在往來中，爲對方著想，把自己放得很輕。如父子關係，父親常以兒子爲重，便是好父親；兒子以父親爲重，便是好兒子。兄弟關係、夫妻關係亦是如此。就主客關係說，客人來了，能以客人爲重，就是好主人；客人又能顧念到主人，爲主人打算，便是好客人。所以梁先生說：「所謂倫理者，無他義，就是要人認清楚人生相關係之理，而於彼此相關係中，互以對方爲重而已」（《要義》，八十九頁）。按此說法，人際關係的雙方，是相對的，或對等的，不是一方凌駕於另一方之上。即其所說，「輕重得其均衡，不落一偏」（《要義》，九十三頁）。梁先生將這種對等的關係稱爲「相對論」。他說：「中國倫理思想，就是一個相對論。兩方互以對方爲重，才能產生均衡」（《要義》，九十三頁）。梁先生認爲，有均衡，才有人際關係的和諧局面，方有社會生活的安定。這是孔子的「一大貢獻」。梁先生所揭示的這條原則，是符合孔孟人倫說的本義的。孔子說：「君使臣以禮，臣事君以忠」（《論語·八佾》）。孟子說：「君之視臣如手足，則臣視君如腹心」；「君之視臣如土芥，則臣視君如寇仇」（《孟子·離婁下》）。此是就君臣關係說的。就父子關係說，子不以父爲重，則爲不孝；父不以子爲重，則爲頑父或凶父，都應受到社會輿論的譴責。孔子的弟子子貢，稱讚孔子處理社會關係的準則是：「溫、良、恭、儉、讓。」這五種美德，即是以對方爲重的表現。

㈡由情而生義

梁先生指出，孔孟人倫說的另一特徵是，認爲人在相互往來中，首先產生感情，由感情而產生義務感。他說：「在相關係中，就有了情，有情就發生了義。例如，父母有愛子女之情，即有教養子女之義；子女有愛父母之情，即有孝順父母之義。總之，因情生義，大家都在情義中；大家從情分各盡其義，這便是倫理」（《鄉村建設大意》，全集一卷，六五九頁）。是說，情和義是構成倫理關係的基本因素。關於情，梁先生解釋說：「吾人親切相關之情，發乎天倫骨肉，以至於一切相與之人」（《要義》，七十九頁）。是說，情是人在往來中而形成的相互關照的感情。它來於家庭間的骨肉之情，推而廣之，則爲師生之情、朋友之情等。往來愈深，雙方的情感也就深厚。關於義，他解釋說：「父義當慈，子義當孝，兄之義友，弟之義恭。夫婦，朋友，乃至一切相與之人，莫不自然互有應盡之義」（《要義》，八〇頁）。「義」，梁先生解釋爲盡義務。如父親對子女應盡慈愛之義務，子女對父母應盡孝敬的義務。義務關係也是相對的，即雙方各盡義務、各負責任。因爲情不是個人的私欲私情，因而情和義是統一的。所以梁先生又將倫理關係，稱爲「情誼」關係，即情義關係。如父母爲兒女而忘身，孝子每爲父母而忘身，既出於愛對方的情感，又是基於爲對方盡義務的責任感。梁先生認爲，此種情義合一的生活方式，不同於西方的權利和義務的觀念。因爲權利和義務是一種等價交換的觀念，即對方給我權利，我方爲對方盡義務。此是基於個人利害的關係。而倫理生活中的義務感，只要求爲對方盡義務，並不要求從對方中獲得某種權利。雖不要求對方賜給某種權利，但其應有的權利，即在對方應盡的義務之中。他說：「父母之情義在慈，子女之情義在孝，子女的生活權利不是早在父母慈愛撫育的義務之中了嗎？父母年老，子女負責奉養，父母的權利也就在於子女的義務中了」（《人心與人生》，二二五頁）。倫理生活中的義務感，是不計較個人利害的道德責任感。有此責任感，人類方能消除對立，從而產生巨大的凝聚力。梁先生以情義合一說，解釋「父慈子孝，兄友弟恭」的生活方式，是對孔孟人倫說的重大發展。

㈢天下一家

梁先生認爲，孔孟倡導的倫理情誼，雖「始於家庭，而不止於家庭」（《要義》，七十九頁），即將此種關係推廣於全社會，甚至全人類。如其所說：「舉整個社會各種關係而一概家庭化之，務使其情益親，其義益重」（《要義》，八〇頁）。即是說，每一個人在各種社會關係中，都以對方爲重，由情而生義，各負其相當的義務。這樣，全社會中的人，便相互聯繫成爲一個整體。在此種社會組織中，經濟上彼此顧恤、相資相濟；政治上君臣官民互盡義務、相安相保，此即儒家所說的「天下一家」、「四海皆兄弟」。這種社會，是以倫理爲本位，不是以家族爲本位。按照這種倫理觀，梁先生對傳統的五倫提出了補充和修正。認爲於父子、君臣、夫婦、長幼、朋友之外，還可加上「團體對分子，分子對團體這一倫」（《鄉村建設大意》全集一卷，六六五頁），或以團體和分子取代君臣一倫。所謂「團體」包括工廠、企業、機關以及國家和民族等。他認爲這一倫，同樣要發揮倫理情誼關係，即團體和分子，互以對方爲重，互盡義務，互負責任。他說：「只有根據倫理，指示站在團體一面必尊重個人，而站在個人一面，則應以團體爲重。此外，更無他道」（《要義》，九十三頁）。梁先生認爲，西方人的生活方式是，或從個人看團體，或從團體看個人，各偏於一方。結果是，個人與團體，互相紛爭，使社會不得安寧。而孔孟倡導的倫理情誼，可以使群體與個人合而爲一，如其所說的「消融了個人與團體這兩端」（《要義》，二十八頁）不分彼此，免於抗爭，人人在倫理關係中都各自得到好處，此即儒家所說的「天下太平」。

可以看出，梁先生所闡發的人倫觀，不僅揚棄了漢代以來的三綱說，而且又批評了西方近代的個人主義和團體主義兩種思潮，在現代思想史上有重要的意義。

二、仁禮觀

從維繫人倫生活出發，孔孟提出了自己的道德原則和道德規範，即仁和禮。仁的內涵是「愛人」，即要求對別人同情心，彼此關懷和愛護，此即孔子說的「己欲人而立人，己欲達而達人」、「己所不欲，勿施於人」。孟子依此提出推己及人的生活方式：「老吾老以及人之老，幼吾幼以及人之幼」。並以「惻隱之心」解釋仁愛之德。禮的意義是，要求個人自覺地遵守在人倫中的地位及其應盡的義務。如孔子所說：「不學禮，無以立」。仁和禮是統一的，不可偏廢，以此來維繫社會的和諧和安定。梁先生作為中國現代的儒學大師，對孔孟提出的仁愛之德和禮樂生活的闡發，同樣作出了新的貢獻。

關於愛人之德，他在《東西文化及其哲學》中解釋為「敏銳的直覺」，即不計較個人利害的求善的直覺或本能，認為人做了違背人倫的事，心總感到不安，即是直覺的表現。這種直覺或本能，同理智是對立的。理智的特點是，打量計算、分別物和我、彼和此，而仁德作為直覺或本能，則與對方融合為一。他借英國哲學家羅素的話，又稱為「無私的情感」。後來，他從事鄉村建設時，放棄了直覺或本能說，以理性這一概念，解釋仁德的特點。如在《鄉村建設大意》中說，人所以有向上之心，「存乎人類自有的理性」。其後，他於《鄉村建設理論》、《中國文化要義》和《人心與人生》中，皆以理性說明人的道德生活的來源。在《中國文化要義》第七章題為「理性——人類的特徵」，認為尊理性是孔孟學說的精華。在此章中，他將人的心理活動，分為三個層次：本能、理智和理性。認為凡動物皆有求生的本能，至人類通過後天的學習，方形成理智，從事發明創造，製造工具，以維繫人類的生存，使人類從本能中解放出來。但人類在向理智前進的過程中，還產生另一種心思，即向上之心。此種向上之心，是追求眞、善、美，不把心思看成是謀生的手段方法，此即是理性。他說：「如求眞之心，好善之心，只是人類生命的高強博大自然要如此」，即以理性爲人類生命高度發展的產物。梁先生認爲孔孟倡導的仁愛之德，即基於人的理性。其論點是，因爲人有理性，即向善的要求，所以由別人的處境，可以想到自己的處境，因而形成了關懷別人的情感，此即他所說的「對於旁人的感情乃能相喻而關切之」（《要義》，七七〇頁），即形成了相互理解和相互關切的意識。他說：「凡痛癢親切處，就是自己，何必區區數尺之軀」（《人心與人生》，八十七頁）。此種推己及人的意識，即是孔子說的「愛人」、孟子說的「惻隱之心」。此種「仁民愛物」的意識，不同於動物的本能，如虎狼不食其子，而是出於人的理性自覺，所以能將骨肉之情推廣到社會各種關係中。梁先生稱此種關懷之理爲「情理」，表示理性作爲仁愛的根源，自身即含有情感的成份。此即他所說「人在情感中，恆見對方而忘了自己」（《要義》，二七〇頁）。此種「尚情無私」之心，既基於情感，又不遠離理智。此是梁先生對孔孟仁愛觀的新的闡發。

關於禮，他說：「孔子深愛理性，深信理性。他要啓發衆人的理性，他要實現一個生活完全理性化的社會，而其道則在禮樂制度」（《要義》，一〇九頁）。認爲禮樂生活，直接作用於人的身體和血氣，使人「清明安和」，可以淨化「愚蔽偏執之情和強暴衝動之氣」，即使人心平氣和，在人際往來中，盡自己應盡的義務。總之，禮的作用是「涵養理性」（《要義》，一〇八頁）。梁先生將禮樂生活納入理性之中，認爲禮樂可以陶冶人的性情，使人安身立命，不需要崇拜神靈和造物主，從而提出「以道德代宗教」的口號。他說：「儒家沒有什麼教條給人，有之，便是教人反省自求一條而已。除了信賴人自己的理性，不再信賴其它。這是何等精神」（《要義》，一〇六頁）。其對禮樂生活的解釋，具有鮮明的人文主義的特色。

梁先生所闡發的仁禮觀，也是爲其人倫說提供理論依據。在他看來，因爲人有理性，有自覺自律之心，所以在人際關係中，一方面形成關懷對方的情感；一方面又產生了爲對方盡義務的責任感，前者爲仁，後者爲義，仁義結合是人類生活的最高準則。因此，他將孔孟哲學稱之爲「理性至上主義」。梁先生以理性主義解釋人的道德情操，視道德生活爲人類從本能中解放出來，由理智向理性邁進的結晶。這是對孔孟學說的又一重大貢獻。

三、中庸說

孔孟都提倡中庸之道，作爲人的行爲準則。孔子說：「中庸之爲德也，其至矣乎」（《論語・雍也》）。「中庸」，又稱爲「中行」。中庸和中行，都指人的行爲不偏於兩極端，即「過猶不及」（《論語・先進》）。孟子將中庸解釋爲因時而取中，即因所處的環境不同，而講中道，不贊成各取一半的折衷說。《中庸》一書，進一步發展了孔孟的中庸說。或以過猶不及爲中，或講隨時以處中，或意味著於兩極端取中立的態度，即「中立而不倚」或以「中和」，即處於和諧的境地爲中庸。先秦儒家的中庸說，後來影響很大。可以說，凡儒家學者都講中庸之道。梁先生同樣倡導中庸說，但不僅視其爲道德原則，而且將其看成是一種生活態度思維方式，並將其納入倫理情誼之中。

他在《東西文化及其哲學》中，解釋孔子的中庸說：「雙、調和、平衡、中，都是孔家的根本思想」；又說「他不走單的路，而走雙的路；單就偏了，雙則得一調和平衡」。此是以不偏一端，使對立的雙方，處以調和與平衡的境地解釋中庸。梁先生認爲，中庸是出於理智的選擇。這種生活態度，也是宇宙的法則。他說：「宇宙間實沒有那絕對的，單的，極端的，一偏的，不調和的事物」。又說：「凡是現出來的東西都是相對、雙、中庸，平衡、調和，一切存在，都是如此」。這是爲中庸之道提供形上學的根據。總之，按梁先生的理解，中庸之本義就是不走極端，因爲不走極端，對立的兩端則形成和諧與平衡的局面。後來，他在《中國文化要義》中，又以中庸、和諧、均衡解釋人倫關係。認爲互以對方爲重，就是使人際關係的雙方處於平衡的境地，而不落於一偏。他說：「理性則能視人如己，以己度人。讓步調和，無疑是表現了人類心思作用的特徵」。又說：「中國人做事情，總力求平穩、妥貼、不落一偏，尤不肯走極端」，所以「中國倫理推家人之情以及於社會一切關係，明著其互以對方爲重之義，總是使它對立不起來」。反之，如果雙方各不讓步、你爭我奪，其結果，則是兩敗俱傷、同歸毀滅。從而把調和視爲「長久不敗之道」。依據中庸之道，他在《鄉村建設理論》中，尖銳地批評了西方人的思維方式，認爲個人主義和團體主義，自由主義和極端干涉主義，「都是偏於兩極端」，不懂得「中道」。依據孔孟的中道觀，梁先生認爲，團體與個人，應和諧相處，既不能以團體壓制個人，又不能以個人威脅團體，從而爲實現群己合一的社會生活提供了思想基礎。

梁先生對中庸說的闡發，有一個明顯的特點，即從東西兩種思維方式或生活態度的對比中，揭示中道觀的特色及其價值，視其爲維繫人類和平生活的基本法則，同樣是對孔孟學說的一大發展。

四、生命觀

人爲什麼而活著？生命的價值是什麼？孔孟都討論這一問題。孔子說：「富與貴是人之所欲也，不以其道得之，不處也」（《論語·里仁》）。又說：「君子謀道不謀食。耕也，餒在其中矣；學也，祿在其中矣。君子憂道不憂貧」（《論語·衛靈公》）。是說，君子所追求的是「道」，不是富貴榮華和物質生活的享受。爲了實現自己的理念，寧可犧牲自己的生命，所謂「殺身成仁」，「朝聞道，夕死可矣」。孟子進一步發揮說：「生，亦我所欲也；義，亦我所欲也。二者不可兼得，舍生而取義者也」（《孟子·告子上》）。是說，生命和行義，都是人之所欲，當二者發生矛盾時，寧可犧牲生命而實現正義。按此說法，人的生命有兩層涵義：一是滿足求生的欲望，一是履行自己的道德使命，二者相比，後者爲貴。成仁取義，方是生命價值之所在。梁先生依此，對人的生命作了新的詮釋，成爲其人學的內容之一。

他於《東西文化及其哲學》中，依《論語》「天何言哉，四時行焉，萬物生焉」和《易傳》「生生之謂易」、「天地之大德曰生」等，認爲孔子一向贊美生的偉大，「以爲宇宙總是向前生發的，萬物欲生，即欲其生」，「全宇宙充滿了生意春氣」。此種解釋是爲孔子的人生哲學提供一形上學的根據。目的在於說明儒家的人生是入世的，不同於佛教的「無生」的出世主義。後來，在《中國文化要義》和《人心與人生》中，進一步討論人的生命問題，提出兩條新見解。其一，他認爲生命的特點是，不斷地向前發展，如其所說：「生命本性是在無止境地向上奮進，是爭取生命力的擴大，再擴大」（《人心與人生》，四十九頁）。此是人的生命不同於一般生物之處。也就是說，人的生命是一個不斷進化的過程。按照梁先生的說法，這一進化的過程是：從本能到理智，由理智進入理性。理性集中體現了生命中的「向上之心」，乃生命力高度發展的結果。他說：「一切生物皆限於有對之中，唯人類則以『有對』超進於『無對』。只有理性是人類生命『無對』一面之表現」（《要義》，二六七頁）。「有對」，指有所利用和反抗，如好名爭勝等，此是理智之所爲，皆同人的自然生命有關；「無對」，指超越利用和反抗，即向上之心和群體之情，乃理性之表現。從而認爲，倫理情誼和道德行爲，既從理性而來，則超越了人的自然生命的要求。人生的價值即在於發揚人的理性，如他所說：「人要不斷自覺向上實踐他所看到的理」（《要義》，一三六頁）使人的生命不斷擴大。他說：「權利欲所以不如義務感之意味深厚，可能引發出更強的生命力，表現更大的成效」（《要義》，八十七頁）。按此說法，「殺身成仁」、「舍生取義」等道德行爲，雖犧牲了自然生命，但卻眞正實現了人的生命價值。其二，梁先生還認爲，人的生命有個體生命和群體生命或社會生命兩方面。因爲人的個體生命一生下來，便同其他人的生命（如父母的生命）聯結在一起，個體生命離開群體無法生存下去。他說：「人類則自從本能解放出來，生命乃不復局於其身體，而與其他生命相聯通」（《要義》，二七〇頁）。這是說，個體生命與群體生命是統一的，不能分割。據此，人與人之間相互關切，互盡義務，正是出於生命自身的要求。他說：「根據人類廓然與物同體之情，不離對方而有我的生命，故處處以義務自課，盡一分義務，表現一分生命」（《要義》，二一二頁）。按此說法，基於倫理情誼之上的道德行爲，如殺身成仁，舍生取義等，雖然犧牲了個體生命，但對群體生命，如社會生命、民族生命的生存和昌盛，都做出了貢獻。如果說，人的生命有自然生命和價值生命兩方面。按照梁先生的見解，人的自然生命的價值即在能否完成其價值生命，此是對孔孟人生哲學的進一步闡發，爲儒家的人生觀提供了新的理論基礎。

以上四條，是我理解的梁先生對孔孟學說的重大發展。這四條內容，貫穿一中心思想，即人道主義或人本主義。孔孟學說本涵有人道主義的因素，如其所倡導的仁愛學說，梁先生繼承並發展了這一傳統。這種人道主義，不同於西方近代的人道主義。西方的人道主義，是在同中世紀的封建特權的鬥爭中形成的，要求尊重個人的生存權利，維護個人的尊嚴，主張個性的解放，進而發展爲近代的個人主義。而梁先生所倡導的人道主義，是從家庭中的情誼出發，推廣到社會各種人際關係上，視人類社會爲一大家庭，要求人們普泛地關懷，普泛地負擔義務，將個體與群體的利益融爲一體，以消除人與人之間的猜忌、仇視、紛爭和戰爭，從而實現一個人人平等又和諧相處的「天下太平」的時代。這種人道主義，可以稱之爲東方的人道主義。任何人道主義都具有理想主義成份。以梁先生爲代表的東方人道主義，也具有理想主義的成份。梁先生已覺察到這一點，如他所說：「孔孟論調太高」，或將其歸之於

「理性的早熟」。但理想並非空想。梁先生作爲當代的理想主義的代表，雖然承認價値理性高於工具理性，但他並不將二者割裂，而是主張在工具理性的基礎上發展價値理性。因此，他認爲當人類的生產力高度發展，從經濟上將人類社會密織在一起，分離不開，便爲社會一體、天下一家時代的到來創造了條件。他在《中國文化要義》中，將人類的文明分爲兩大時期：第一期是理智文化時期，第二期爲理性文化時期。第一期文化的成就正是爲第二期文化的發展奠定基礎。

梁先生生活於二十世紀，經歷了近百年的歷史滄桑，人世的浮沉，各種戰亂和鬥爭，不僅關心中國的前途，同樣關心人類的前途。他始終相信，理性、和平、仁愛、正義高於一切，並爲實現這一理念奮鬥了一生。二十世紀快要結束了，我們今天紀念梁先生，要學習他熱愛生命、熱愛和平，爲求眞理而奮鬥的精神。盼望二十一世紀的人類社會向著梁先生所指引的理性文化時代邁進。

（一九九三年在日本東京亞洲問題研究會上的演講）

國家圖書館出版品預行編目資料

燕園耕耘錄：朱伯崑學術論集

朱伯崑著. – 初版. – 臺北市：臺灣學生，2001 [民 90]
冊；公分

ISBN 957-15-1063- 7 (上冊：精裝)
ISBN 957-15-1064- 5 (上冊：平裝)
ISBN 957-15-1067-X (下冊：精裝)
ISBN 957-15-1068- 8 (下冊：平裝)

1. 哲學 — 中國 — 論文，講詞等

120.7 90002959

燕園耕耘錄——朱伯崑學術論集（上冊）

著者：朱伯崑
出版者：臺灣學生書局
發行人：孫善治
發行所：臺灣學生書局
臺北市和平東路一段一九八號
郵政劃撥戶：○○○二四六六八號
電話：(○二)二三六三四一五六
傳真：(○二)二三六三六三三四
本書局登記證字號：行政院新聞局局版北市業字第玖捌壹號
印刷所：宏輝彩色印刷公司
中和市永和路三六三巷四二號
電話：二二二六八八五三

定價：精裝新臺幣五○○元
平裝新臺幣四○○元

西元二○○一年三月初版

12035-1
有著作權・侵害必究
ISBN 957-15-1063-7 (精裝)
ISBN 957-15-1064-5 (平裝)

臺灣 學生書局 出版

中國哲學叢刊

❶ 孔子未王而王論　羅夢冊著
❷ 管子析論　謝雲飛著
❸ 中國哲學論集　王邦雄著
❹ 王陽明傳習錄詳註集評　陳榮捷著
❺ 江門學記　陳郁夫著
❻ 王陽明與禪　陳榮捷著
❼ 孔孟荀哲學　蔡仁厚著
❽ 生命情調的抉擇　劉述先著
❾ 儒道天論發微　傅佩榮著
❿ 程明道思想研究　張德麟著
⓫ 儒家倫理學析論　王開府著
⓬ 呂氏春秋探微　田鳳台著
⓭ 莊學蠡測　劉光義著
⓮ 先秦道家與玄學佛學　方穎嫻著
⓯ 韓非子難篇研究　張素貞著
⓰ 商鞅及其學派　鄭良樹著
⓱ 陽明學漢學研究論集　戴瑞坤著
⓲ 墨學之省察　陳問梅著
⓳ 中國哲學史大綱　蔡仁厚著
⓴ 儒家政治思想與民主自由人權　徐復觀著
㉑ 道墨新詮　光　晟著
㉒ 中國心性論　蒙培元著
㉓ 管子思想研究　徐漢昌著

㉔ 譚嗣同變法思想研究 王 樾著
㉕ 明清之際儒家思想的變遷與發展 林聰舜著
㉖ 張載哲學與關學學派 陳俊民著
㉗ 明末清初學術思想研究 何冠彪著
㉘ 道教新論 龔鵬程著
㉙ 儒釋道與中國文豪 王 煜著
㉚ 帛書老子校注析 黃 釗著
㉛ 中國古代崇祖敬天思想 王祥齡著
㉜ 黃老學說與漢初政治平議 司修武著
㉝ 近思錄詳註集評 陳榮捷著
㉞ 老莊研究 胡楚生著
㉟ 莊子氣化論 鄭世根著
㊱ 韓非之著述及思想 鄭良樹著
㊲ 儒家的生命情調 戴朝福著
㊳ 中國文化哲學 馮滬祥著
㊴ 朱子學與明初理學的發展 祝平次著
㊵ 明末清初理學與科學關係再論 張永堂著
㊶ 中華文化的省思 戴朝福著
㊷ 老子新校 鄭良樹著
㊸ 孔子的生命境界——儒學的反思與開展 蔡仁厚著
㊹ 仁學 譚嗣同著，湯志鈞·湯仁澤校注
㊺ 荀子集釋 李滌生著
㊻ 劉宗周及其慎獨哲學 黃敏浩著
㊼ 燕園耕耘錄—朱伯崑學術論集(上冊) 朱伯崑著
㊽ 燕園耕耘錄—朱伯崑學術論集(下冊) 朱伯崑著